SAP赛普咨询 管理创造价值

赛普地产管理系列丛书

操盘

地产项目总5项修炼与实战手册

赛普管理咨询　编著

中信出版集团 | 北京

图书在版编目（CIP）数据

操盘：地产项目总 5 项修炼与实战手册 / 赛普管理咨询编著 . -- 北京：中信出版社，2020.12（2021.8 重印）
（赛普地产管理系列丛书）
ISBN 978-7-5217-2349-6

Ⅰ . ①操… Ⅱ . ①赛… Ⅲ . ①房地产企业—项目管理 Ⅳ . ① F293.34

中国版本图书馆 CIP 数据核字（2020）第 202376 号

操盘：地产项目总 5 项修炼与实战手册
（赛普地产管理系列丛书）

编 著 者：赛普管理咨询
出版发行：中信出版集团股份有限公司
（北京市朝阳区惠新东街甲 4 号富盛大厦 2 座 邮编 100029）
承 印 者：北京启航东方印刷有限公司

开 本：787mm × 1092mm 1/16 印 张：29 字 数：387 千字
版 次：2020 年 12 月第 1 版 印 次：2021 年 8 月第 6 次印刷
书 号：ISBN 978-7-5217-2349-6
定 价：239.00 元

《操盘》编审委员会

什么才是优秀的项目总？

带领团队，圆满完成项目目标，持续为客户、员工、企业创造价值。

前言

在当今的市场环境下，房地产项目类型繁多，对项目经营与管理能力的要求越来越高。同时，房地产项目数量越来越多，房企需要大量能独立操盘的项目总。

操盘房地产项目就像进行一场战役，打赢这场战役的标志是项目总实现项目的各项目标——成功标尺。项目总作为战役的指挥官，其领导力、管理力、经营力及专业力决定着战役的成败。

从领导力来看，项目总要具备带领团队通过决策、分配资源和指导行动达成目标的能力。项目总的具体定位不同，其领导力要求也不同。许多领先房企都形成了具有企业基因和特色的领导力模型。

从管理力来看，项目总要以项目目标为导向，在整个项目开发周期中，结合各阶段的关键经营成果及时对经营指标进行跟踪、分析和预警，做到可知、可控、可管。

从经营力来看，行业对项目总的协同能力要求越来越高，即从最初的工程型项目总转变为经营型项目总，前者只需要推动工程建设保质保量按时完成，而后者则要推动地产开发全专业协同并承担更多经营责任。

从专业力来看，项目启动准备、产品策划、工程建造、销售交付及评估改进等各个阶段对操盘事项与能力都有相应的要求，项目总应有不同的关注点和侧重点。只有充分熟悉业务过程，项目总才能通过统筹计划和推动内外部各专业协同来管理和协调好业务。

由于项目开发过程中有很多“坑”，所以项目总要具备足够的填“坑”能力。唯有如此，项目才能顺利开展并获得更好的经营结果。

本书基于赛普咨询常年与房企合作过程中的学习、研究及经验总结，站在项目全局的视角，对项目总应掌握的关键能力、操盘思路及方法进行了阐述，以期帮助项目总提升操盘能力，实现项目的经营管理目标。

“道”统一，“术”精准。这是本书的核心所在，也是目标所向。

赛普管理咨询

2020 年 11 月

目　录

第四章 第三项修炼：推动协同

第五章 第四项修炼：成长团队

第一章
项目总的角色与能力素质模型

本章观点

- 依靠能力的成长，才是有质量的成长。
- 房企“有质量成长”主要基于经营质量、产品质量、财务质量和组织质量四个方面。其中，经营质量、财务质量和产品质量的提升与项目总的能力紧密相关。
- 不同的项目总定位，对应不同的项目管理责任与权利，责、权、利匹配是成功管理项目的前提。

房地产行业演变及房企发展轨迹，大体可以分为三个发展阶段：资源驱动的野蛮生长阶段、投融至上的快速增长阶段和注重品质及核心能力的有质量成长阶段（见图 1–1）。

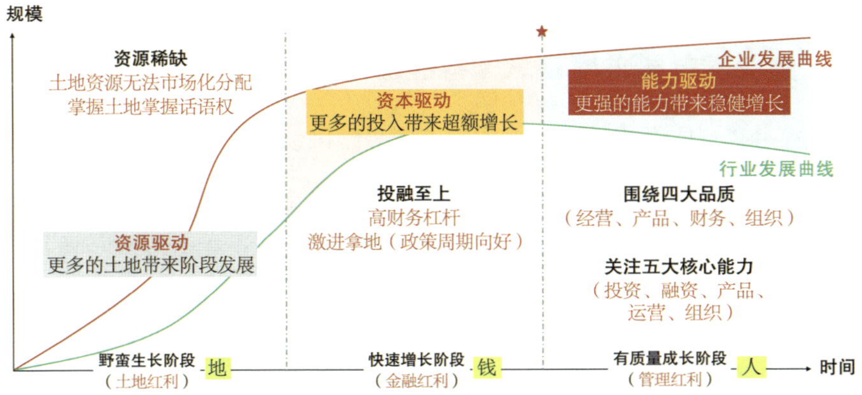

图 1–1　房地产行业演变与房企发展轨迹三阶段

当房地产行业由快速增长阶段转向有质量成长阶段时，行业特征便由高周转、高利润、高负债让位于控节奏、低利润、降杠杆。随着利润越来越薄，企业经营越来越难，房企发展由资本驱动的超额增长开始转为由能力驱动的稳健增长。在此背景下，如何“有质量成长”成为企业面临的新课题，房企及其地产项目也面临着更高的经营要求。控制经营节奏并追求规模、利润与负债平衡成为领先房企的发展诉求。

房企的主要业务往往由多个并行的地产项目构成，这些项目具有投资金额大、开发周期长、相关专业多、全过程集成管理、一次性与不可复制性等特点。对于房企而言，项目是其前沿阵地，也是最小的业务单元，是战场上的“尖刀连”。项目成功才能造就企业的成功，作为项目灵魂人物和操盘手的项目总肩负重任。

第一节　为什么要提升项目总的能力

房企都极为重视项目总的作用，项目总在企业中的地位也在不断提高。从当前来看，外部的行业环境趋势、内部的企业发展趋势以及地产开发的固有特点，都对项目总的能力提出了更高的要求——善经营、强业务和精管理。

一、企业发展要求项目总“善经营”

房企“有质量成长”的能力，主要是指围绕经营、产品、财务和组织四个方面的质量，重点关注提升投资、融资、产品、运营及组织五大核心能力。其中，经营质量、财务质量和产品质量的提升要求与项目总能力紧密相关（见图 1–2）。

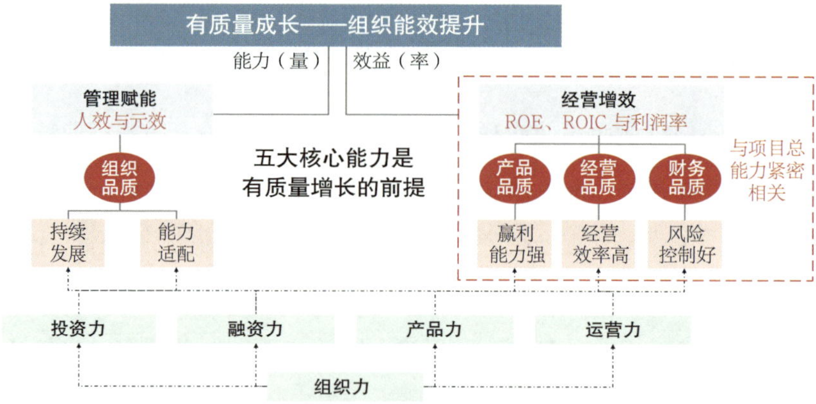

注：ROE 一般指净资产收益率，ROIC 则指投入资本回报率。

图 1–2　赛普房地产“有质量成长”能力“地图”

随着企业规模不断扩大，责权下移成为组织管控的一大趋势，项目总需要承担更多的经营责任。项目是房企最基本的经营单位和利润源泉，其稳健经营及利润贡献成为房企有质量成长的关键，这对项目的现金流和利润提出了双重要求。

例如，从经营视角来看，依据负债资金来源的不同，房地产行业的杠杆可以分为经营杠杆、财务杠杆和合作杠杆三类。经营杠杆主要源于房地产预售制度形成的预收账款和供应商垫资等。假设在没有房地产预售制度的情况下，经营性现金流曲线将如图 1–3 中的灰色虚线随着时间推移下降，并在交付之后收获现金流。图 1–3 中绿色斜线区域为经营杠杆（以小业主预付款为主），它改善了现金流曲线（累计经营性现金流）并产生了现金流贡献，对项目经营大有裨益。这是项目总“善经营”需要理解并掌握的经营视角和能力。

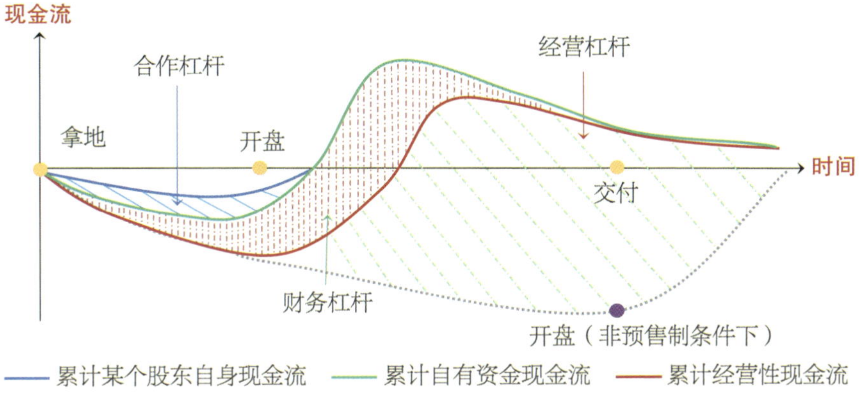

图 1–3 项目经营三大杠杆

行业环境的发展促使项目总的定位不再仅仅局限于项目的开发管理，而是作为项目经营负责人提升自己和团队的经营意识和能力，以客户导向为纲，注重效益，对项目整体利润负责，承接企业的业绩目标，统筹项目收支平衡，负责项目的成本控制，并解决签约、回款和利润等经营目标实现过程中遇到的问题，从而实现项目利润最大化。

正如碧桂园董事局主席杨国强所要求的：“项目总一定要认真研究所辖项目，对项目每天的利息、费用、效益等了然于胸。”由此可见，企业对项目总经营能力的要求越来越高。在当今的内外部环境下，房企更需要通过提升经营能力而非借助更高的负债来促进自身的持续发展，项目总在其中的经营职能和决策作用将越来越显著。

项目总提升经营意识与能力，需要理解“大运营”的逻辑。大运营是以财务经营为导向，以现金流和利润为核心，以计划管理为主线，以货值管理为基础，实现全项目、全周期、全专业的高效统筹经营。大运营体现了房企快而有效的发展趋势，通过相应的经营指标来衡量组织和项目的经营绩效，驱动项目成功并实现企业规模的持续扩张，最终使企业做大做强。关于大运营，读者可参考赛普出品的《大运营：房地产运营管理体系 3.0》一书。

大运营是以财务经营为导向，以现金流和利润为核心，以计划管理为主线，以货值管理为基础，实现全项目、全周期、全专业的高效统筹经营。

二、项目协同要求项目总“强业务”

作为项目目标达成的第一责任人，项目总对经营指标［如项目 IRR（内部收益率）、利润率及回款］、进度、质量、成本与风险等承担主要或部分责任，为此项目总需要熟悉各专业的业务运作及要求，包括投资决策、市场定位、产品设计、工程建设及产品交付等相关业务。项目总只有充分熟悉业务过程，对各阶段业务的专业要求有清晰了解，才能通过统筹计划和推动内外部各专业协同来管理和协调好业务，提升产品质量、经营质量和财务质量，进而助力企业实现有质量成长（见图 1–4）。

从企业发展的要求来看，随着利润越来越薄，经营决策的精准性要求越来越高，稍有不慎可能导致项目亏损。因此，项目总需要对业务的关键管控点非常了解，对各专业了解越透彻，越能规避项目风险。

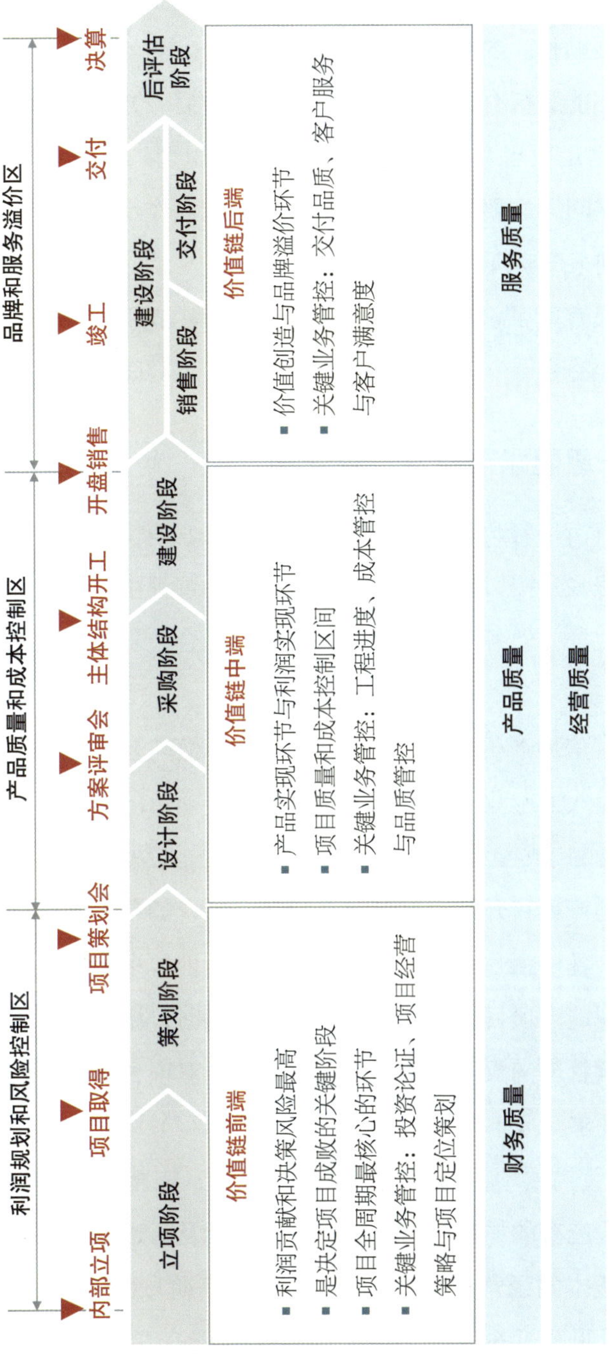

图 1-4　房地产全价值链管理

从内部协同的要求来看，项目总在开发过程中要协同多个专业，以确保项目进展顺利。内部协同往往会出现两个方面的问题：一方面是各专业的进度不能进行有效的配合以达成目标，另一方面是各专业的成本和质量不能满足要求。如何进行协同、从哪里切入以及如何才能协同好，回答这些问题需要项目总对各业务环节的运作及专业成果的要求非常了解，否则很难实现内部协同。

总之，只有项目总做到“强业务”，才能确保项目目标的有效达成。各业务环节的关注点及管控要点在本书第六章有详细阐述。

三、运营升级要求项目总“精管理”

地产项目衔接着政府、策划、设计、施工、销售服务和客户等各个相关方，流程多、接口多。在地产项目开发的过程中，虽然不同阶段由不同的专业主导，但各专业之间也需要协同配合，赛普称之为“陪跑的接力赛”。

透过赛普房地产价值链模型（见图 1–5）横向全过程（八大阶段）、纵向全专业（八大专业）的全局视角，在地产项目的全过程实现交圈配合需要以完善的计划管理体系为主线进行“八横八纵”连通。

正因为地产项目开发周期长且接口多，所以随着房地产行业的不断发展与演进，各房企开始构建起一套规范的管理体系，希望通过有效的运营管理实现地产项目管理的有序化。与此同时，激烈的市场竞争环境与房地产运营管理向大运营演进的行业背景，对项目总的管理能力也提出了更高的要求。

“精管理”需要项目总以项目目标为导向，在整个项目开发的全周期结合各阶段应有的关键经营成果对经营指标及时进行跟踪、分析和预警，通过多版本的经营目标责任书，在推进各阶段的过程中做到可知、可控、可管（见图 1–6）。

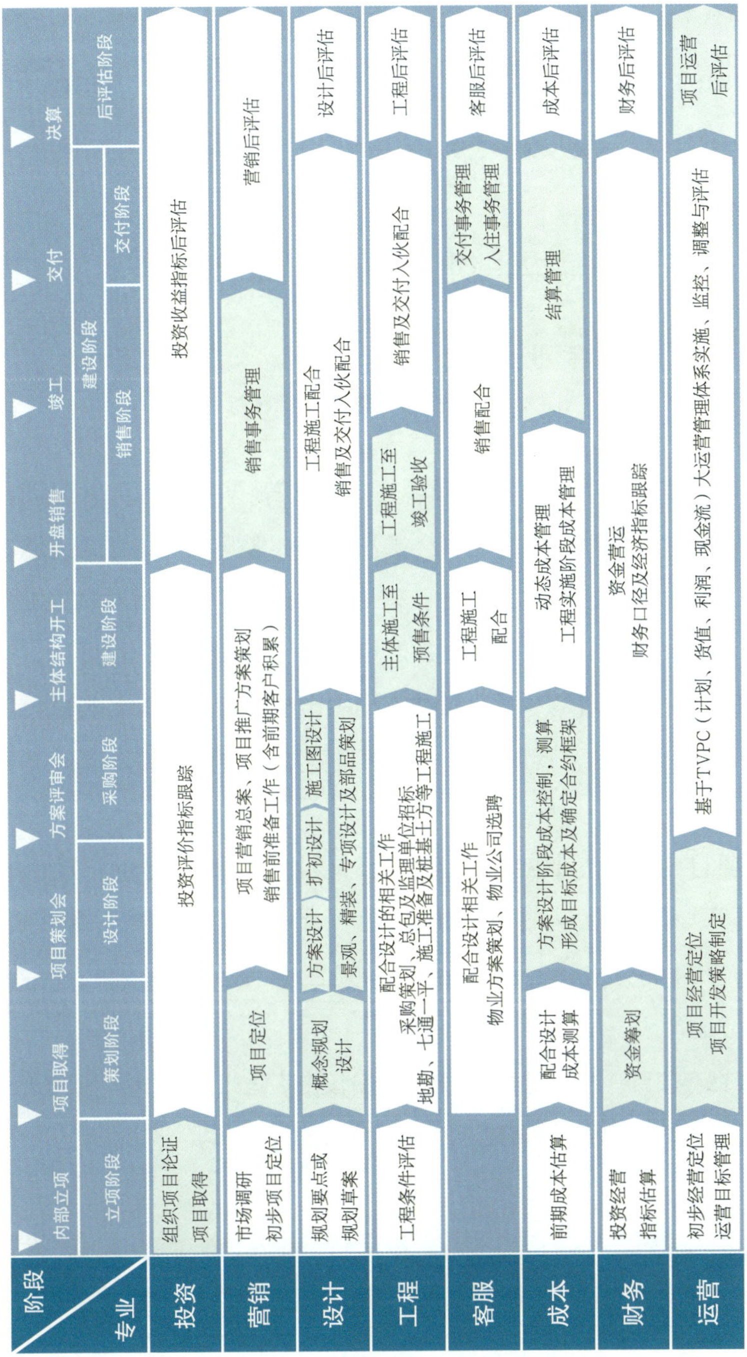

图 1-5　**赛普房地产价值链模型**

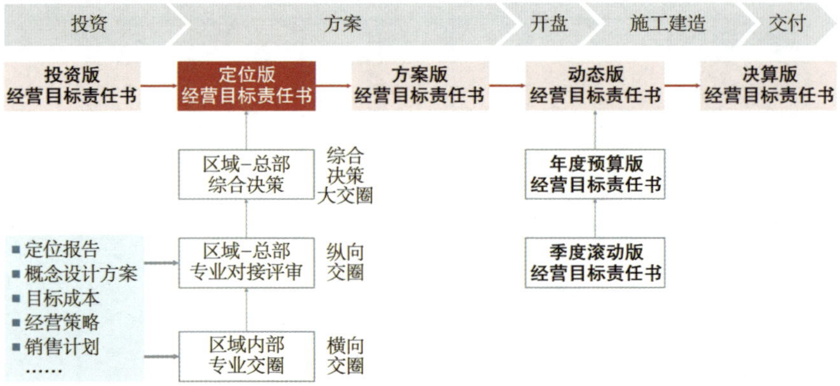

图 1–6　房企项目经营目标跟踪

这里所讲的“管理”具体表现为“三管”，即管目标、管协同、管动态。管目标包括目标规划与目标实现，关注影响项目经营目标达成的投资、方案、开盘、建造和交付等关键环节；管协同是指对项目操盘过程中内外部各专业（相关方）及各层级的工作界面进行交互管理，实现协同有序；管动态则是对项目推动过程中影响目标达成的各类重大事件（如价格调整、推盘节奏调整、重大项目变更、群诉或突发事件等）进行预控和管理。

对项目内部多专业的协同管理及对项目外部相关方的管理也非常重要，同时对项目团队的管理也是项目总的一项重要职责。本书第二、三、四、五章将分别就上述管理要求和方法进行阐述。

> 在地产项目开发过程中，虽然不同阶段由不同的专业主导，但各专业之间也需要协同配合，赛普称之为“陪跑的接力赛”。

第二节　项目总需要具备哪些能力与素质

一、项目总四种定位及三类项目管理模式

基于项目总在项目开发全过程中的责任大小，赛普将项目总分为工程型、协调型、运营型和经营型四种定位。从工程型到经营型，项目总的责任越来越重，权力越来越大，能力要求越来越高，并对应职能型、矩阵型（包括弱矩阵型、平衡矩阵型和强矩阵型）和项目公司型三类项目管理模式（见表 1–1）。

不同项目总的定位对应不同的项目管理模式、责任与权力。

定位为工程型的项目总，通常对应职能型项目管理模式，主要对工程质量、进度和安全文明负责，其中的进度指的是工程进度而不是整个项目的进度。

定位为协调型的项目总，通常对应弱矩阵型项目管理模式，对项目开发全过程的进度、质量和安全负责。同时，协调型项目总对于利润、销售签约和成本等经营指标也承担少部分责任，但考核权重相对较低，通常这部分的总权重不超过 20%。

定位为运营型的项目总，通常对应平衡矩阵型和强矩阵型管理模式。房企对运营型项目总的授权也会相应增加，很多企业为了更好地推动项目，会将营销与报批报建都划归项目总管理。运营型项目总此时需要对整个项目的开发进度、质量，乃至运营过程中的成本、销售回款及利润承担部分责任。相比协调型项目总，运营型项目总在销售回款和利润上的考核权重会更大一些，这些经营指标的考核权重通常会达到 20%~40%。

定位为经营型的项目总，通常采用项目公司型管理模式。经营型项目总对项目的利润、销售回款和成本都要承担责任，通常对于销售回款和利润的考核总权重会达到 40% 甚至更高。

表 1–1　项目总四大定位与相应责权

项目总定位		工程型	协调型	运营型	经营型
责	责　任	保工程（E） ■ 对工程质量、工程进度与安全文明负责 ■ 对工程与成本承担部分责任	保计划（T） ■ 对全过程开发进度与安全文明负责 ■ 对产品质量承担责任 ■ 对销售回款与成本承担部分责任	保运营（O） ■ 对全过程开发进度、产品质量与安全文明负责 ■ 对销售回款承担主要责任 ■ 对利润与成本承担部分责任	保经营（B） ■ 对全过程开发管理负责 ■ 对利润、销售回款、成本、进度与质量承担主要责任 ■ 对团队成长负责
	考核指标	■ 工程计划节点达成率 ■ 工程质量（一次交付成功率、实测实量合格率） ■ 安全文明 ■ 变更签证率等	■ 经营指标（如销售、签约考核权重不大于 20%） ■ 全期计划达成率 ■ 产品质量 ■ 安全文明 ■ 变更签证率等	■ 经营指标（如利润、回款考核权重为 20%~40%） ■ 全期计划达成率 ■ 产品质量 ■ 安全文明 ■ 目标成本 ■ 团队成长	■ 经营指标（如利润、回款考核权重大于 40%） ■ 全期计划达成率 ■ 产品质量 ■ 目标成本 ■ 安全文明 ■ 团队成长
权	如何管考核权	■ 只考核工程线，对服务项目的其他条线无考核权	■ 对服务项目的报建、设计、合约、营销、客关等专业对接人有考核权，但比例小于职能线考核权	■ 对服务项目的报建、设计、合约、营销、客关等专业对接人有考核权，比例大于职能线考核权	■ 对服务项目的所有条线有较大考核权
	如何管审批权	■ 审核权限内工程管理策划、工程检查报告及工程变更等	■ 审核全期计划 ■ 参与审核权限范围内各专业关键成果	■ 组织全期计划的制订 ■ 组织项目启动会 ■ 参与审核各专业关键成果 ■ 审批权限范围内的采购、成本、工程等关键事项	■ 审批全期计划 ■ 组织项目启动会 ■ 审批权限范围内各阶段的专业成果及决策事项
项目管理模式		职能型	弱矩阵型	平衡矩阵型、强矩阵型	项目公司型

工程型、协调型、运营型、经营型四种项目总定位，对应职能型、矩阵型和项目公司型三类项目管理模式。

对项目总的授权力度会根据企业的发展阶段、特点及定位要求来设计，企业也可以对项目总进行分级，例如：储备级项目总可以是协调型项目总，合格级项目总属于运营型项目总，资深级项目总属于经营型项目总。同时，企业可以根据不同的定位进行相应授权，例如：如果某项目有 100 项关键事项，那么企业对储备级项目总可能授权 60 项，对合格级项目总可能授权 80 项，而资深级项目总可能要负责所有的关键事项。各级项目总的职责有不同要求，匹配的人权、事权与财权也不一样。

二、项目管理的三种模式及其组织结构

从房地产行业的发展来看，项目管理模式主要分为职能型、矩阵型和项目公司型三种类型（见图 1–7）。

矩阵型管理模式又分为弱矩阵、平衡矩阵及强矩阵模式，通常按照赋予项目总考核各专业对接人的权重划分，弱矩阵、平衡矩阵与强矩阵模式对应的考核权重分别为小于、等于和大于 50%。

1. 职能型及其组织结构

在房地产企业的起步阶段，房企多为本地经营，运作项目较少，管理半径较小，项目管理以职能型为主。房企的组织架构多为一级架构，涵盖项目开发全价值链的各专业职能。房地产企业早期在本地发展时常常都通过职能型项目管理模式夯实各专业能力，组织结构的设置往往如图 1–8 所示。

类型	职能型	矩阵型	项目公司型
架构示意	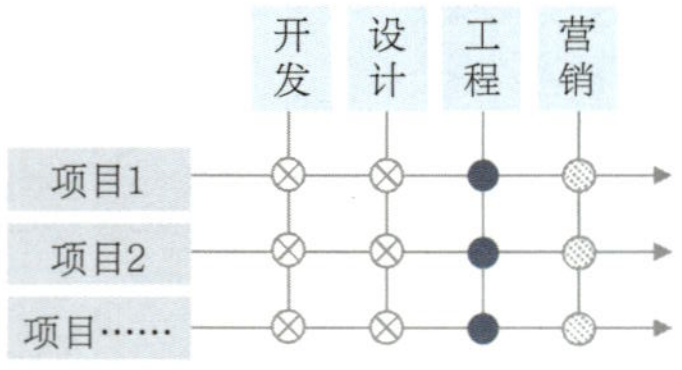	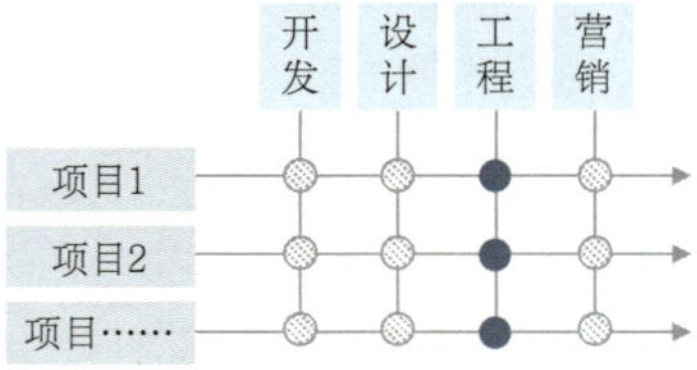	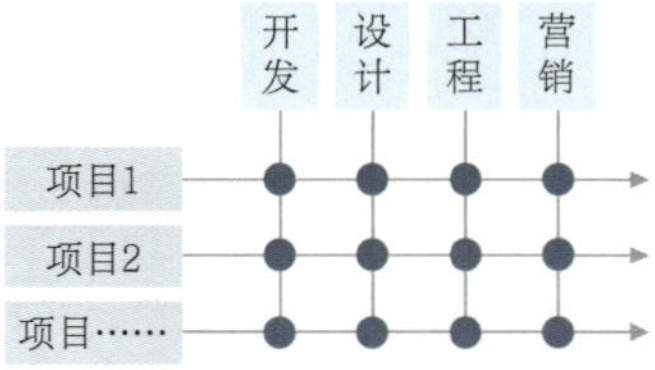
	⊗无专业对接人 ●专业配置在项目 ◎有专业对接人		
职能分工	▪项目部即工程部或只有工程人员 ▪工程部或项目部只负责施工现场管理	▪项目部成为项目推动与协调的责任主体 ▪职能部门成为资源提供、建议与监督主体	▪项目公司成为开发工作的全权负责主体
模式优点	▪职能部门内部实现规模经济 ▪各专业细分责任清晰	▪充分利用各自优势，实现项目高效开发的同时保证专业能力的优势 ▪资源充分利用与人员灵活调配	▪对项目环境反应灵敏，清晰的经营责任，效率更高
模式缺点	▪对项目环境的反应较慢；需要高层协调工作多，容易形成决策堆积 ▪不利于项目团队成长	▪员工介入双重职权之中 ▪容易造成扯皮	▪项目运作风险较大 ▪容易造成决策风险
实施条件	▪项目数量少，特定区域经营 ▪公司高层介入项目协调工作	▪内部协同文化好 ▪项目总协调能力强 ▪管理体系支撑	▪项目总综合能力强 ▪项目总具有经营意识及决策能力 ▪项目总充分授权

图 1–7　房地产项目管理模式演变

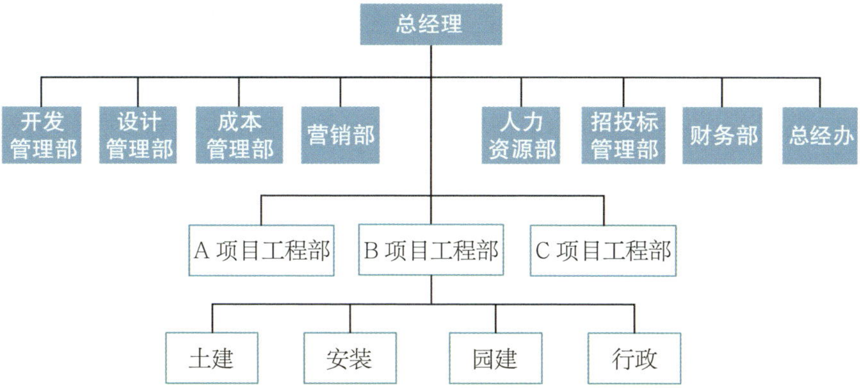

图 1-8 职能型组织结构示例

与职能型管理模式相匹配的项目总定位为工程型项目总，在组织结构中通常体现为工程部或项目部总经理，以工程进度、质量、安全等现场管理为主要责任。

在职能型管理模式下，企业分工高度专业化。其优点在于有利于积累房地产项目开发全周期需要的业务知识，强化专业能力，并且能最大限度地利用企业内部资源；缺点在于引发了“分工”与“协作”之间的“二律背反”原则，即分工明确将导致协作不畅，而协作顺畅则必须集中而不是分工。职能型组织部门间的沟通协调难度大，需要高层协调的工作较多，决策缓慢，容易造成决策堆积，并且不利于项目团队成长，同时运作多个项目时，这种矛盾更加突出。

职能型管理模式适合处于起步阶段、项目数量少且仅在特定区域经营的企业。

2. 矩阵型及其组织结构

项目数量的增多，对协同性和高效率提出了新的要求。为了解决这一问题，企业将房地产开发价值链上的关键职能单元集中到一起，赋予它们新的使命并匹配相应的责、权、利，矩阵型管理模式应运而生。这也是房地产行业在很长一段时间里的主流项目管理模式。

在矩阵型项目管理模式下，项目部成为项目执行的责任主体，拓展、设计、工程和营销等职能部门则成为资源提供、决策与监督的责任主体。项目部由各职能部门抽调专人组建，这些专业的对接人在行业中被称为 PM（Professional Manager，专业经理）。PM 既对职能部门总经理负责（专业成果质量），也对项目总经理负责（专业进度计划）。图 1–9 为一个典型的矩阵管理模式架构。

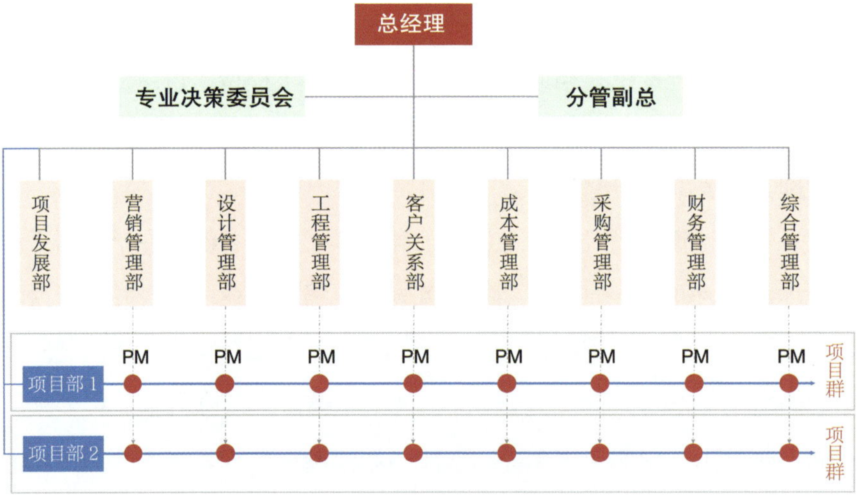

图 1–9　典型矩阵型管理模式架构示例

按照项目总的授权大小和考核权重，矩阵型管理模式通常又被分为弱矩阵型、平衡矩阵型及强矩阵型管理模式。

（1）弱矩阵型管理模式

弱矩阵型管理模式项目总主要对开发计划负责，更像一个跨职能的协调人，只对经营指标承担小部分责任。与弱矩阵型管理模式对应的协调型项目总对 PM 岗的考核权限较低，一般低于 50%。

早期的项目总定位大多为协调型项目总，采用弱矩阵模式。图 1–10

是典型的弱矩阵架构，项目总下面配备了项目总经理助理。项目总主要以工程管理和职能协调为主，对进度、质量、安全及部分成本目标负责，参与总体计划编制并组织实施。

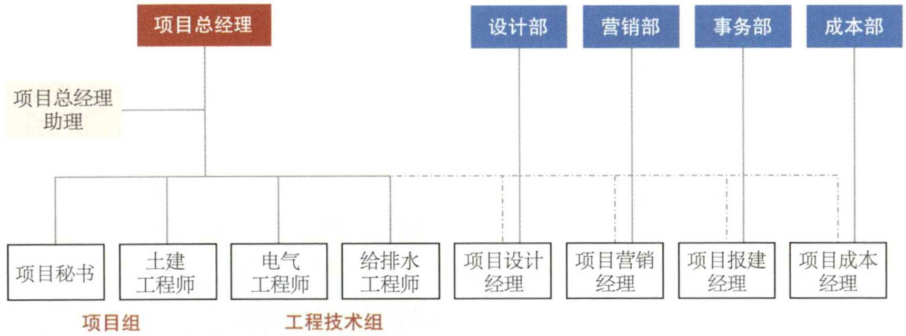

图 1–10　城市公司弱矩阵架构示例

项目总助理有两个作用：第一，专业互补，由于项目总常常来自某个专业条线，所以助理可以从专业上进行互补；第二，支撑发展，从组织长远发展和人才培养的角度来看，企业未来需要更多的合格项目总去管理项目，助理可作为项目总的储备，支撑企业未来发展。

当然，企业不同城市公司的架构也会因发展阶段、团队能力和项目数量的差异而有所不同。

（2）平衡矩阵型管理模式

随着项目管理得到大力推广，项目总越来越成熟，项目数量不断增多，职能管理与项目管理在此消彼长的过程中达到均衡状态。此时，平衡矩阵型管理模式成为房企主流的项目管理模式。

很多企业推行的平衡矩阵型管理模式都借鉴了“1+7”模式，即 1 个项目总与 7 个专业对接人的组合（见图 1–11）。

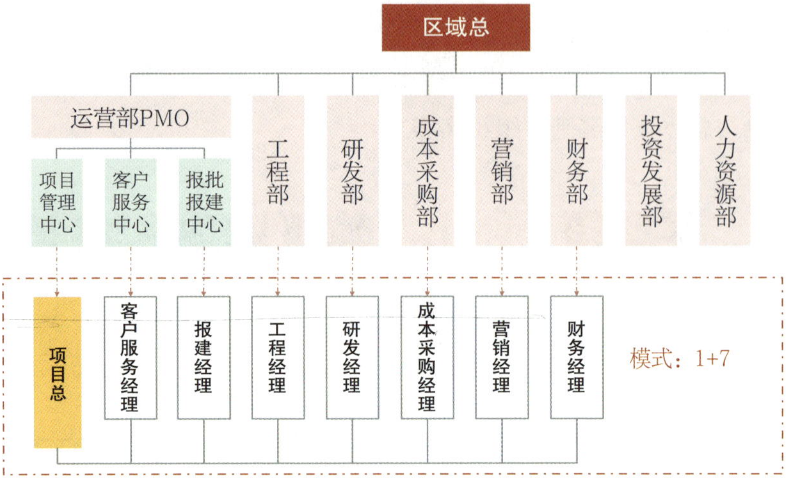

图 1–11　典型的矩阵架构及 PMO 结构

一般来说，项目现场的土建和水电归项目总直管，这两个职能的编制在项目部或项目公司，但也有企业将其划归工程部管理。这类项目总大多定位为运营型项目总，运营管理可采用 PMO（Project Management Office，项目管理办公室）组织模式。

项目总负责推动各专业的协同与配合。当项目与各专业出现协同障碍时，项目总可以寻求运营负责人通过 PMO 来解决项目与专业之间的问题。

（3）强矩阵型管理模式

随着区域内的项目越来越多，职能单元向项目团队倾斜，赋予项目总更大的考核权，此时组织模式也往往随之调整。例如，城市公司可以采用大项目部制或片区制，甚至事业部制，通过设置片区总来推动业务，这种模式便属于强矩阵型管理模式。片区总经理其实相当于大项目总，每个片区总经理可以分管两三个项目。

片区总经理定位为运营型总经理。该岗位可以整合片区内的政府资源和人力资源，推动多项目运营目标的达成（见图 1–12）。根据需要，每个片区还可以设置技术与运营岗。该岗位人员的主要职责是组织审核施工图，组织技术交底，协助片区总经理进行计划运营管理，跟踪项目计划节点完成。

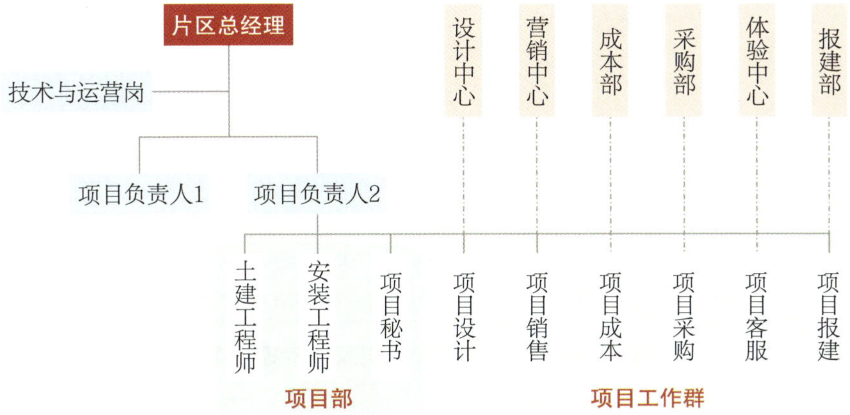

图 1–12　片区总经理岗位设置与组织架构

不同企业会根据自身特点匹配相应的强矩阵型管理模式。在强矩阵型管理模式下，有些企业项目总或片区总对于项目工程和开发配套岗位有 100% 的考核权，而对于运营、成本、采购、设计和营销等 PM 岗有 60%~70% 的考核权，对于财务没有考核权（见图 1–13）。

随着开发职能的进一步下沉，片区制逐步演变为事业部制，通过任命事业部总经理进行多项目管理。在此模式下，开发报建和营销事务通常下移事业部管理或实行矩阵管理，但事业部有更大的考核权。

矩阵型管理模式有两大优点：一方面，此类项目可充分利用各自优势进行集约化管理，实现项目高效开发的同时保持专业优势；另一方面，项目可实现资源的充分利用与人员的灵活调配，提高人均效能，避免资源闲置。但这种模式双重领导的缺点也尤为明显，矩阵内的员工陷入双重管理之中，需要企业具备高效的协同文化。

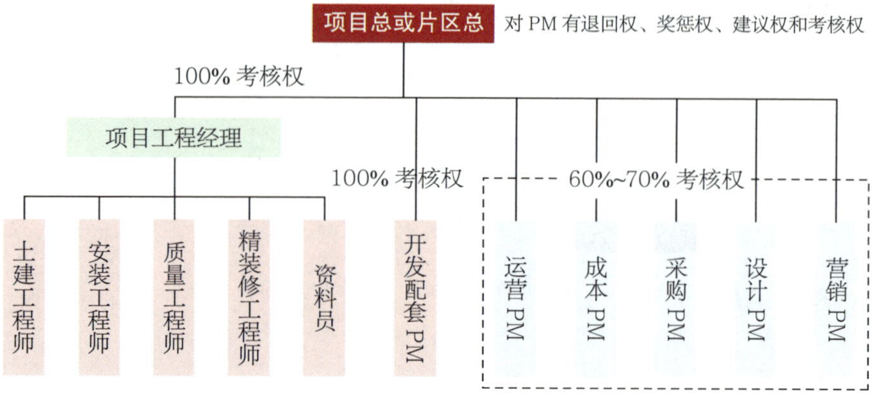

考核对象	考核要点
项目工程、开发、配套人员	项目总有 100% 考核权，编制在项目
其他职能 PM（不含财务）	项目总有 60%~70% 考核权，编制在职能

图 1–13　某企业多项目强矩阵型管理模式

如何更好地落地矩阵型管理模式？经过多年以来对行业的研究，赛普认为，矩阵型管理模式需要四个关键的成功因素。

- 文化好：企业要有良好的内部协同文化。协同文化甚至可以弥补部分管理上的不足，降低内部协作难度，减少沟通协调的时间。
- 能力够：项目总推动项目进展，需要具备较强的领导力、专业能力和职业素质，从而在横向与纵向的协同上及在业务推进方面做到游刃有余。
- 授权够：企业对项目总适度授权，赋予项目总人员考核权。责权匹配，有利于项目总发挥自身能力和经验优势，更好地推动项目进展。
- 支持够：企业内部有一体化的管理体系适配支撑，如贯通全项目周期且相互支撑的目标管理与考核激励体系，以及项目开发全过程的内部管理标准化体系。

矩阵型管理模式需要四个关键的成功因素：文化好、能力够、授权够、支持够。

矩阵型管理模式已经成为房地产行业项目管理最常见的管理模式。组织模式从最初的项目制到片区制，再到事业部制模式，权责由小到大，矩阵由弱到强，模式由虚到实，这已经成为项目管理的发展趋势。

3. 项目公司型及其组织结构

当房企从本地经营开始向外扩张进行跨区域或跨省经营时，本地项目多采用职能型管理或矩阵型管理模式，异地项目则采用项目公司型管理模式（见图 1–14）。

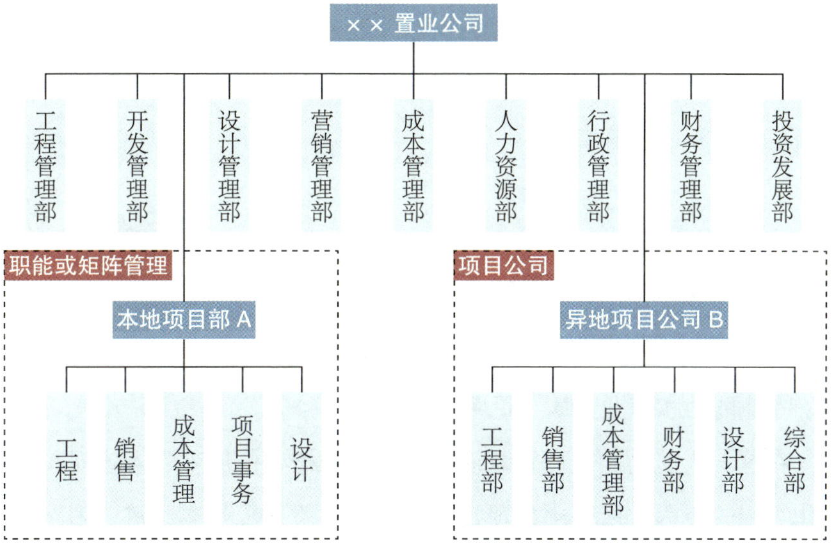

图 1–14 房企跨区域经营初期典型组织结构

在项目公司管理模式下，项目总定位为经营型项目总，各专业条线人员配置较为齐全。项目总参与项目开发全过程，需要承担较大的经营责任与考核指标，自然需要匹配更多的经营管理授权。

在项目公司管理模式下，项目公司成为开发工作的全权负责主体。其优点在于经营责任清晰，效率更高，缺点则是受制于项目总能力水平的差异，项目运营风险可能较大。项目公司管理模式适合项目规模比较大、项目业态比较复杂、项目距离总部比较远或在异地开发项目的企业。

回顾上述三种项目管理模式——职能型、矩阵型和项目公司型，项目总的类型与之对应：工程型项目总对应职能型管理模式；协调型项目总对应弱矩阵型管理模式，运营型项目总对应平衡矩阵型和强矩阵型管理模式；经营型项目总则对应项目公司型管理模式。项目总最终要实现责、权、利与对应的组织相匹配。

工程型项目总对应职能型管理模式；协调型项目总对应弱矩阵型管理模式，运营型项目总对应平衡矩阵型和强矩阵型管理模式；经营型项目总对应项目公司型管理模式。

三、不同类型项目总的能力素质要求

通常来看，对于项目总的能力素质要求有三个维度，分别是领导力、专业能力和职业素质（见图 1–15）。

在这三大能力中，职业素质主要与企业核心价值观、人才观和企业文化等相关，因此所有类型项目总的职业素质要求基本一致；因岗位要求不同，不同类型项目总在领导力和专业能力两个方面的能力素质要求差异也较大。

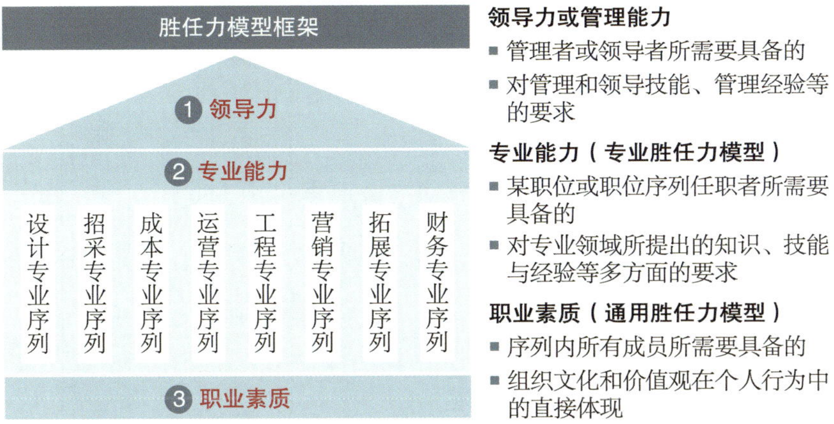

图 1–15　项目总胜任力模型框架

1. 领导力：项目总定位不同，领导力标准也不相同

彼得·德鲁克说："领导力就是把一个人的视野提到更高的境界，把一个人的成就提到更高的标准，锤炼其人格，使之超越通常的局限。"

虽然项目总基于职位及具体工作要求的领导力素质相同，但因不同定位的项目总所处的情境、责任和目标等影响因素各不相同，所以其领导力标准也不相同。具体而言，工程型项目总负责工程计划及相关目标的实现，一般来说，做到达成计划、高效执行即可；而对于经营型项目总来说，他们因为肩负着管理项目开发全过程及达成经营目标的重任，所以做到"全局思考，把握本质"是基本要求。

根据项目总所承担的责任及获得的授权的大小不同，以"高绩效"业务目标为导向，根据岗位的具体职责和目标，项目总要适配相应的领导力素质（见图 1–16）。

（1）工程型项目总的领导力

工程型项目总以职能管理为主，主要对工程质量、进度和安全文明负责，对于计划达成、高效执行和自我控制三个方面的素质要求较高（见图 1–17）。

	工程型项目总	协调型项目总	运营型项目总	经营型项目总
	保工程（E）	保计划（T）	保运营（O）	保经营（B）
承担责任	■对工程质量、工程进度和安全文明负责 ■对工程和成本承担部分责任	■对全过程开发进度和安全文明负责 ■对产品质量承担责任 ■对销售回款和成本承担部分责任	■对全过程开发进度、产品质量和安全文明负责 ■对销售回款承担主要责任 ■对利润和成本承担部分责任	■对全过程开发管理负责 ■对利润、回款 、成本、进度和质量承担主要责任 ■对团队成长负责
考核指标	■工程计划节点达成率 ■工程质量（一次交付成功率与实测实量合格率） ■安全文明 ■变更签证率等	■经营指标（如销售、签约考核权重不大于 20%） ■全期计划达成率 ■产品质量 ■安全文明 ■变更签证率等	■经营指标（如利润、回款考核权重为 20%~40%） ■全期计划达成率 ■产品质量 ■安全文明 ■目标成本 ■团队成长	■经营指标（如利润、回款考核权重大于 40%） ■全期计划达成率 ■产品质量 ■目标成本 ■安全文明 ■团队成长
领导力侧重点	计划达成 高效执行 自我控制	跨界协作 有力推动 主动应变	有效决策 团队激励 资源整合	经营思维 组织成长 客户导向

图 1–16　四种定位下的项目总的领导力要求

	0级 不合格的领导力特征行为	1级 合格的领导力特征行为	2级 优秀的领导力特征行为	3级 卓越的领导力特征行为
计划达成	**计划管理能力差** ■ 不能把握好项目计划的初衷与方向 ■ 制订项目计划时较少考虑企业实际，较少征求各相关方意见，对开发计划的统筹能力较差	**基本的计划管理能力** ■ 能较好地把握项目计划的初衷与方向 ■ 对资源有一定的统筹能力和推动能力，能基本完成各项计划目标	**较强的计划达成能力** ■ 制订项目计划时能够征求各方意见并进行论证和修订 ■ 具备良好的统筹能力，能够有效地组织人力、物力、财力和时间等资源，有效地完成计划目标	**全面的计划管理能力** ■ 能够迅速理解企业意图，形成项目目标 ■ 能够整合各方资源，制订全面的、具体的、可操作的行动方案，并监督、推进和指导计划的实施
高效执行	**无法推进** ■ 无法将上级给予的指示较为清晰地传递给团队 ■ 执行能力差，无法调动各方面资源，对于项目开发缺乏控制、反馈与跟进，导致项目经营目标与开发计划的实施出现偏差	**协调各方资源推进执行** ■ 能够将上级的指示与意图较好地传递给团队 ■ 有一定的项目推进能力，对开发计划的实施有一定监控能力，能较好地协调各方资源	**实现项目高效执行** ■ 能够准确理解上级意图并清晰地传递给团队 ■ 在推动项目各项工作进展上起着重要作用 ■ 对开发计划实施有强大推进能力，在过程中适当监控和指导，并根据计划执行效果进行跟踪、反馈和改进，取得满意成果	**实现目标甚至超出预定目标** ■ 卓越的项目推进能力，能将上级意图直接转化成完整的行动步骤，并按计划逐步实施，积极调动资源和团队，以克服项目推进中的各种问题 ■ 全程监控、落实，不断反馈与改进项目实施，能取得既定目标成果，甚至超出预定目标
自我控制	**不能控制** ■ 个人情绪干扰工作效率及项目推进 ■ 与同事或客户交涉时有不适当的举措 ■ 在压力下崩溃	**可以控制** ■ 在经历挫折或压力等强烈的情绪时，可以控制自己的情绪，避免出现过激的行为	**有效控制** ■ 在经历挫折或压力时，可以控制情绪，保持冷静，讨论解决方案或采取其他处理办法	**完美控制** ■ 以具有建设性的方法响应 ■ 在压力非常大的情况下保持冷静并采取行动 ■ 针对问题来源正面处理问题

图 1–17 工程型项目总的基础领导力素质词典

（2）协调型项目总的领导力

协调型项目总在工程型项目总的基础上增加了协调的职能，更侧重跨界协作、有力推动、主动应变的领导力素质（见图 1–18）。

（3）运营型项目总的领导力

为了更好地推动项目开展，运营型项目总在协调型项目总的基础上，对业绩达成需要承担更多的责任，所获授权也相应增加，更需要在有效决策、团队激励和资源整合方面具备优秀的领导力素质（见图 1–19）。

（4）经营型项目总的领导力

经营型项目总通常处于项目公司制管理模式下，对项目的利润、销售回款和成本承担责任，其领导力素质要求最高。他们在经营思维、组织成长和客户导向方面需要具有较高的领导力素质（见图 1–20）。

除了必备的基础领导力素质，项目总还需要结合企业发展战略、企业文化和核心价值理念来匹配核心领导力。许多领先房企都形成了具有自身特色的领导力素质模型（见表 1–2）。

表 1–2　领先房企领导力素质模型

领导力模型		素质要求
模型一	修　身	整合性思维、学习成长、持续改进
	齐　家	发展他人、团队领导、塑造组织能力
	平天下	客户导向、市场敏锐、股东视角、伙伴关系、协同一致
模型二	个人与团队	开放沟通、自我修炼、强力影响、协同增效
	业务发展	把握方向、不断超越、掌控关系、善用资源、持续创新
模型三	赢得市场领先	客户导向、战略思维、主动应变
	创造组织优势	组织能力、领导团队、跨团队协作
	引领价值导向	正直坦诚、追求卓越
模型四	驱动发展的动力	追求卓越、客户导向、高效执行
	建立发展的愿景	简单务实、创新突破、结果导向
	塑造发展的能力	塑造组织、领导团队、资源整合

	0级 不合格的领导力特征行为	1级 合格的领导力特征行为	2级 优秀的领导力特征行为	3级 卓越的领导力特征行为
跨界协作	**协作意识薄弱** ■ 不懂得以开放的心态对待内外部合作者 ■ 缺乏集体责任感和荣誉感	**相互支持，建立合作** ■ 了解跨团队的资源分布情况，有意识地寻求跨团队支持，也能提供必要的支持 ■ 通过共享资源等方式建立初步、临时的跨团队合作	**不计得失，化解冲突** ■ 在处理协作问题或矛盾时，沉着冷静，平衡灵活性和原则性，时刻关注公司长远利益，不计较自身利益的得失 ■ 探求双赢方案，鼓励并引导化解跨团队合作中的利益冲突	**持久合作，协同效应** ■ 不断协商、总结与反思，创造多元化业务协作模式，建立持久的跨团队合作机制 ■ 坚持公司视角，打破边界，产生多元化协同效应，形成公司核心竞争优势
有力推动	**推动力不足** ■ 与上级沟通不够，无法说服上级认可与支持项目计划 ■ 横向沟通不畅，无法得到有关部门的大力配合 ■ 对参与者的激励不够，在过程控制中也无法及时应对各种障碍和问题	**能够获得相关方的支持** ■ 能做好与上级和其他部门的沟通，能获得上级对计划的认可与支持 ■ 计划推行时，能获得同级部门的部分支持	**获得持续的内外部支持** ■ 善于发现利益共同点，赢得支持，激发参与热情 ■ 能够让每个参与者明确自己的角色，澄清目标、职责与价值 ■ 有始有终，完成后给予参与者积极的反馈，持续获得支持	**卓越的推动力** ■ 企业改革中的“清道夫”，拥有卓越的计划执行能力，能做好各方面的沟通协调工作 ■ 强大的说服力，获得员工支持，积极参与，及时清除各种障碍，最终实现项目目标
主动应变	**消极负面、逃避退缩** ■ 从不思考工作中存在的问题，没有意识到需要采取行动去解决 ■ 消极对待工作中的困难，不敢直面问题，逃避、退缩	**制订行动方案** ■ 设定项目中长期目标，构思细化方案，考虑关键节点并据此制订行动方案 ■ 建立项目运营监控机制，以保障方案的有效执行	**灵活应变、完成目标** ■ 运用多种可行性方案，争取各种资源，坚定持久地采取行动 ■ 在逆境中沉着应对和处理突发性的复杂事件，灵活调整工作计划，并有效推进，坚持达成原定的目标	**预见机遇和挑战** ■ 主动跳出现有运作框架，在充分判断未来项目发展的基础上果断做出决策 ■ 充分调动和组合所有可利用的资源，以把握机遇或降低项目风险

图 1–18 协调型项目总的基础领导力素质词典

	0 级 不合格的领导力特征行为	1 级 合格的领导力特征行为	2 级 优秀的领导力特征行为	3 级 卓越的领导力特征行为
有效决策	**依赖他人** ■ 不能清楚地向团队成员表明自己的要求并给予基本的、例行的指示 ■ 当面对一些简单的例外事项或突发事件时，总是需要借助他人力量	**独立判断** ■ 能坚持立场，决策时以事实为依据，拒绝他人不合理的要求 ■ 对一些例外事项和突发事件能独立判断，做出决策	**风险控制** ■ 面对专业方案时，能够全面考虑各方意见，细致分析影响因素，认真对比各备选方案，及时做出决定 ■ 能够合理预测决策风险，衡量潜在收益，勇于承担风险	**战略决策** ■ 在复杂、模糊且风险很高或大多数人反对的情况下，仍坚持专业判断，毫不犹豫地做出对组织有长远影响的有利决策
团队激励	**缺乏激励** ■ 对员工所做的工作缺乏肯定，对员工的进步缺乏经常性鼓励 ■ 遇到问题首先想到的是下属有没有犯错，对于下属的参与很少给予鼓励	**适当激励** ■ 对于员工的工作成果和努力会做一定的肯定与激励，会鼓励员工主动参与	**有意识地激励** ■ 经常鼓励和赞扬员工工作的成就和进步 ■ 不抢功诿过，遇到问题时总是先从自身找问题，将功劳归于团队，把荣誉分享给下属 ■ 鼓励员工献计献策，并以制度等形式推动员工参与企业运作	**全方位激励** ■ 充分了解团队自身的优劣势，采用适配的方法激励团队 ■ 及时评估改进效果，调整激励方法，能为组织绩效带来价值
资源整合	**无资源整合意识** ■ 没有资源协调、整合的意识 ■ 协作中遇到问题时不积极、不主动	**资源协调** ■ 了解组织的资源现状，积极与内部协调沟通，争取资源，保证完成工作任务所需的资源按时到位	**资源调配** ■ 能够准确评估实现项目目标所需的人、财、物等资源，并做出资源配置的可行性方案 ■ 能够有效组织各类资源，实现项目目标和计划的顺利推进	**协同运营** ■ 考虑周全，能根据任务的重要紧急程度，提前分配或调动各种资源 ■ 兼顾内外部各方利益，促进共同合作，保证工作顺利开展

图 1–19　运营型项目总的基础领导力素质词典

	0级	1级	2级	3级
	不合格的领导力特征行为	合格的领导力特征行为	优秀的领导力特征行为	卓越的领导力特征行为
经营思维	**无经营意识** ■ 未认识到自己的日常工作与企业经营的联系 ■ 不了解短期利益与长远目标间的关系 ■ 不清楚自己管辖范围内的工作在组织整体发展中的位置和作用	**看清联系，分清主次** ■ 能基于信息分析并明了房地产行业、市场、产品、客户等不同因素之间的直接关联 ■ 可基于经营目标进行优先级判断，分清主次，按照经营要求来安排工作的轻重缓急和优先次序	**全局思考，把握本质** ■ 从全局角度来平衡各种因素的利弊，运用敏感性分析思考不同经营策略的可行性，找出最佳策略 ■ 资源向经营的重点方向倾斜，不因短期业绩压力忽略长期发展战略的要求，通过计划与任务的完成来支持整体经营实现	**洞察趋势，突破思维** ■ 可判断行业未来 3~5 年的变化趋势，突破性思考，指出经营方向 ■ 根据外部市场环境及内部核心竞争力，准确地把握市场趋势，制订具有前瞻性的中长期经营规划，并整合资源，推进经营策略落地
组织成长	**无团队及人才培养意识** ■ 没有组织发展的意识 ■ 从未给现有的员工制订相应的职业规划，很少给予下属学习与实践的机会	**清楚组织发展的目标** ■ 清楚组织目标并确保团队成员理解，分析团队成员情况，适时给予支持 ■ 在自己工作的基础上，帮助他人；愿意给下属学习与实践的机会，会为员工未来的职业生涯做一些考虑	**始终考虑组织价值与需求** ■ 设定具有挑战性的目标，指明团队努力方向，凝聚团队士气，通过管理制度实现规范管理 ■ 将“为公司培养人才”视为自己必须做好的本职工作	**为组织成长做出贡献** ■ 融合团队，激发团队潜能和工作热情，形成士气高涨的团队氛围 ■ 关注员工的潜质与可塑性，为员工的发展提供全方位的支持 ■ 关注员工培养体系的构建，给予一切机会帮助团队历练成长
客户导向	**无客户意识** ■ 不了解客户的真实需求 ■ 客户关系管理混乱，缺少必要的客户管理	**及时响应客户需求** ■ 迅速响应，以真诚、负责的态度回应客户的需求，解决常规性的客户问题 ■ 能够进行客户关系管理，努力提高客户满意度与忠诚度	**不断反思并改进产品和服务** ■ 主动反思产品和服务的问题，并提出改进措施 ■ 和客户保持密切联系，以主动沟通与倾听客户声音等方式总结并反思对产品和服务的改进	**超越客户期望** ■ 发现客户的潜在需求，通过额外的努力，使客户感受到超出期望的服务质量 ■ 根据客户的需求，以“双赢”为目标，为客户提供超值的解决方案、产品或服务

图 1–20 经营型项目总的基础领导力素质词典

总之，项目总的领导力素质不是工作职能的简单罗列，也不是一个抽象的概念，它必须与具体的工作情境结合才具有完整的价值和意义。

2. 专业能力：项目总定位不同，匹配的能力结构不同

（1）不同类型项目总专业能力要求不同

基于项目总的定位及责任，不同类型的项目总承担的责任不同。工程型项目总主要承担工程方面的责任，对工程质量、进度、安全文明等负责，对成本承担部分责任，因此其应该具备与工程相关的专业能力。协调型项目总主要对现场施工负责，协调各专业条线确保现场进度和质量，因此其应该具备与工程相关的专业能力，并对其他专业能力有所了解。运营型项目总主要对项目营收、利润、销售回款承担责任，对各专业能力均要有所了解，核心掌握前期定位、运营等专业能力。经营型项目总要对经营（利润与回款等）承担主要责任，因此其应该具备项目投资、定位策划和营销等方面的能力（见表 1–3）。

表 1–3　不同类型项目总对专业的要求

项目总类型	投资	定位策划	设计	采购	工程	成本	营销	客关	运营	财务	报建
工程型	—	—	—	◔	●	◑	—	—	—	—	—
协调型	—	◔	◔	◔	●	◑	◑	◔	◑	◔	◑
运营型	◔	◑	◑	◑	◕	◑	◕	◑	●	◑	●
经营型	●	◕	◕	◕	◕	◕	●	◕	●	◕	●

注：表中圆圈表示项目总介入某个专业的深度，深色面积越大，介入程度越深。

在项目总专业能力构成及其后续评价中，各专业的二级指标和应掌握的核心知识要点需要进一步细化，以便企业能够根据项目总的管控模式和职责有针对性地构建能力模型并形成自查能力。为此，以房地产开

发全价值链为基础，基于行业标杆的经验总结，赛普梳理出了各专业对应的二级指标和项目总应掌握的核心知识要点（见表 1–4）。

表 1–4　不同专业需要评价的二级指标及项目总应掌握的核心知识要点

专业	二级指标	核心知识要点
投资拓展	战略与市场研究 投资决策分析 土地获取能力 投资后评估	标准工期及运营标准；前期拿地常见的风险点；公司投资决策标准；需要配合准备的可研材料及要求；项目周边市场售价、客户群、主要竞品等情况
定位策划	市场调研 产品定位	项目周边及潜在客户群、主要竞品等情况；公司的产品类型；前期产品定位常见要点
设计管理	产品标准研究及部品策划 设计方案管控 施工与报建支持 成本控制和优化	项目规划设计要点；概念设计输入条件；园林景观设计要点；公司产品标准；户型设计及配比关注点；示范区设计要点；示范区呈现效果；方案及初步设计关注点；专项设计关注点；深基坑方案评审要点；外水外电方案评审要点；设计进度控制；专项设计施工图评审要点；图纸评审要点；施工图纸基本知识；产品呈现效果；桩基施工图评审要点；图纸交底及会审要点
采购管理	材料设备研究 采购策划 采购实施过程管理能力 供应商管理 合同管理	工程合同条款；总包分包界面划分；供应商评估要点；供应商谈判要点
工程管理	工程技术标准研究及工程技术支持 项目前期筹划 工程进度管理 工程成本管理 质量和安全文明管理 验收管理	行业及公司工程质量标准；工程技术做法及要求；初勘及详勘关注点；图纸交底及会审要点；工程合同条款；总包分包界面划分；项目工程进度控制；项目工程安全文明管理要求；项目工程质量管理；项目施工策划要点；土方及桩基施工要点；合作单位管理要点；样板先行做法；项目工程风险点识别；变更签证管理要点；项目验收工作计划；竣工验收组织流程及管理要点

（续表）

专业	二级指标	核心知识要点
成本管理	目标成本管理	成本科目分摊原则；项目成本测算核心指标；工程量清单；工程合同条款；施工成本综合单价；总包分包界面划分；项目成本规划；成本配置标准；项目结算管理要点；项目周边配套价值需求；项目规划价值需求；项目单体价值需求；变更签证管理要点
	动态成本管理	
	工程结算管理	
营销管理	营销策划及推广	市场供求环境；主要竞品情况；客户敏感点；项目定位要点；示范区选择要点；营销说辞分判；项目营销策略关注点；项目营销专项计划；营销成本控制要点；营销媒介和渠道管理；营销定价要点；开盘前风险检查要点；项目开盘工作计划；开盘筹备要点；销售现场及包装要点；销售过程管理关注点
	销售价格管理	
	销售业绩管理	
	示范区管理	
客关管理	客户服务管理	物业前期动作规定；承接查验控制点；客服前期动作规定；项目交付工作流程；交付控制点；交付期间突发事件处理；交付复盘要点；交付风险管理要点；交付风险点识别及处置
	客户风险管理	
	客户报事管理	
运营管理	计划运营管理	项目全景计划制订及管理；大运营基本知识；分期分批开发逻辑；里程碑及一级节点标准；区域或项目规划解读；项目经营意识；项目经营目标制定；项目货量管理要点；核心财务指标与项目经营关系；项目投资收益分析；项目财务风险点预判；项目进度与融资关系
	业绩评价和激励机制管理	
	策划与经营管理	
财务管理	资金管理	核心财务指标；核心财务指标与项目经营关系；项目投资收益分析；税务筹划知识；地产融资常用渠道及成本；项目进度与融资关系；融资与财务经营指标关系
	税务管理	
	会计与综合管理	
	财务分析管理	
报批报建	报建策划	证照获取风险预判；证照获取前置条件；证照办理流程；证照获取与项目进度关系；当地报建政策要求；政府验收控制底线；市政配套建设成果清单；竣工备案工作流程；报建与验收差异的识别；项目分期与报建及验收的关系；各项验收的相互关系
	报建实施	
	公共关系建立与维护	

在实际使用上述指标时，各专业要结合自身情况对所需掌握的知识要点进行删减，同时要对各专业二级职能的能力要求进行细化，确保能够“差异化、行为化”。

以运营型项目总为例，为了更好地明确不同能力等级项目总的差异化要求，我们也可以将运营型项目总分为预备级、合格级和资深级三个等级，细化二级职能的行为描述，确保后续项目总能够据此计划自己的行为，并定期检视其行为是否达到工作要求。表 1–5 是不同能力等级的运营型项目总在营销专业职能上的差异化要求。

（2）科学评价项目总能力现状

专业能力模型的构建只是人才盘点的基础——借助该模型可以明确人才选育用留的标准，而人才评价体系才是真正识别能力现状的工具。因此，企业必须根据测评的维度构建科学、易操作的评价体系，且需要定期进行人才盘点，原则上应至少每年进行一次关于项目总的全员盘点。只有摸清人才现状并真正识别能力，企业才能有效进行赋能，搭建持续且有自我造血能力的战斗团队。

从操作工具来看，项目总能力评价可以采取线上（系统实施）评估和线下评估两类方式，线上评估常常考查的是硬性的专业知识和实践问题，而线下评估往往采用实际项目管理结果或实战案例沙盘来进行。从评估维度来看，项目总能力评估应全面覆盖前述各专业能力要求的二级指标内容，要求重点掌握的内容涉及的测评题量较大。

成熟的线上评估工具可以覆盖地产全价值链、各场景所需的专业能力，题型多样、题目设计合理，将基础专业知识和实战案例有效结合，多方位评估（见图 1–21）。

表 1–5 运营型项目总营销专业能力分级

专业能力		表现行为		
一级职能	二级职能	运营型项目总（预备级）	运营型项目总（合格级）	运营型项目总（资深级）
营销管理	营销策划及推广	了解周边竞品情况，理解项目定位，能够对项目营销策划和推广策略提出合理化建议（能力级别：一般）	了解周边竞品情况，理解项目定位，能够对项目营销策划和推广策略提出合理化建议（能力级别：一般）	了解周边竞品情况，理解项目定位，熟悉营销和销售环节中的客户接触点与敏感点（样板房、园林景观、售楼处等），能够对项目营销策划和推广策略提出有价值的观点或意见（能力级别：良好）
	销售价格管理	了解当地如限价等价格管理政策，能够对项目销售价格的确定提出合理化建议（能力级别：一般）	了解当地如限价等价格管理政策，能够对项目销售价格的确定提出合理化建议（能力级别：一般）	了解当地如限价等价格管理政策，熟知公司定价逻辑和策略，能够对项目销售价格的确定提出有价值的观点或意见（能力级别：良好）
	销售业绩管理	熟知销售业绩指标，参与营销策略会议，能够对销售业绩达成提出合理化建议（能力级别：一般）	熟知销售业绩指标，能够对年度销售指标及推盘策略提出有价值的观点或意见；参与营销策略会议，能够协调内外部资源（内部供货、外部取证等），确保销售业绩达成（能力级别：良好）	了解行业及区域市场情况，在市场发生变化时能够提出有效应对措施，能够对年度销售指标及推盘策略提出建设性意见；能够协调内外部资源（内部供货、外部取证等），确保销售业绩达成（能力级别：优秀）
	示范区管理	了解公司产品定位和客户定位，能够对示范区选址、进度和品质提出合理化建议（能力级别：一般）	了解周边竞品情况，理解项目定位，能够对示范区选址、进度和品质的全流程落地进行把控，保障示范区的呈现效果（能力级别：良好）	对公司产品理念和客户模型有较深入研究，能够对示范区的营建过程和呈现效果进行全面把控，为销售目标实现提供强有力支撑；能够解决所在团队公认的较为复杂的问题，对项目群产生公认的经济价值（能力级别：优秀）

【单选】【设计管理：产品标准研究及部品策划】住宅阳台栏板设计必须采用防止儿童攀登的构造，栏杆垂直杆件间净距不应大于 0.11 米。阳台栏板或栏杆净高，（D）不应低于 1.05 米。

A. 10 层及 10 层以上　　B. 10 层以下
C. 7 层及 7 层以上　　D. 6 层及 6 层以下

【多选】【报批报建：报建实施】下面哪些选项属于一个项目方案报批阶段，规划部门重点审查阶段的内容？（ABCE）

A. 核实道路红线、建筑红线或用地界线与场地内的道路等是否严格按照设计条件通知书绘制
B. 场地内的主要道路布局及主入口位置、地下车库入口位置是否合理
C. 检查建筑及构筑物的名称（或编号）与主要室内外设计标高，以及场地四邻的道路、地面、水面等关键性标高
D. 项目的用材说明：对墙体、墙体防潮层、地下室防水、屋面、内外墙及室外附属工程的用材和做法
E. 建筑类别、人防等级及适用建筑设计规范和技术标准的表述是否正确

【案例】【运营管理：计划运营】

某公司已获取某地块，前期了解到，当地允许桩基先行开工，但未获得施工许可证不允许进行地下室结构施工；住宅预售条件为高层主体至 1/3，别墅洋房至主体封顶；设置为一层地下室，桩基 + 筏板基础形式。计划运营人员制订的一级开发计划节点如下：

产品组成	楼栋 1	楼栋 2	楼栋 3	楼栋 4	楼栋 5	楼栋 6	楼栋 7
地下室层数	1	1	1	1	1	1	1
地上总层数	28	28	26	28	25	26	26
建筑面积	10 390	10 390	18 980	10 390	7 500	9 490	18 980
节点名称	完成时间						
土地获取	2017-01-01						
定位策划	2017-12-01						
概念设计	2017-12-01						
方案设计	2017-12-30						
地质详勘	2017-01-20						
取得规划方案报建批复	2017-02-05						
施工图设计	2017-03-10						
取得工程规划许可证	2017-04-07						
总包招标（内部）	2017-03-15						
取得工程施工许可证	2017-04-28						
开工（土方或桩基动工）	2017-02-15	2017-02-15	2017-02-15	2017-02-15	2017-02-15	2017-02-15	2017-02-15
桩基施工完成	2017-05-06	2017-05-06	2017-05-06	2017-05-06	2017-05-06	2017-05-06	2017-05-06
施工至正负零	2017-06-05	2017-06-05	2017-06-05	2017-06-05	2017-06-05	2017-06-05	2017-06-05
场内售楼处开放	2017-07-23						
示范区开放	2017-08-06						
主体至 1/3	2017-07-29	2017-07-29	2017-07-29	2017-07-29	2017-07-29	2017-07-29	2017-07-29
开盘	2017-12-20	2017-10-15	2017-12-20	2017-09-02	2018-01-25	2017-09-02	2017-10-15
结构封顶	2017-12-03	2017-12-03	2017-11-15	2017-12-03	2017-11-21	2017-11-25	2017-11-25
脚手架落架完成	2018-05-16	2018-05-16	2018-05-02	2018-05-16	2018-04-25	2018-05-02	2018-05-02
室外工程完工	2018-08-04						
竣工验收完成	2019-03-02						
集中交付完成	2019-05-01						

【问题】

（1）上述项目计划存在什么问题？（2）编制项目计划时应如何考虑？

图 1–21　专业能力测评题库示例

基于目前赛普对评估数据的统计，房地产行业及标杆企业（前 20 强中参与评估的企业）相关评估的均值如图 1–22 所示。企业和项目总在日常工作中可以基于评价结果进行自我审视，尤其在房地产管理驱动的时代，更要关注人才能力结构与行业及标杆企业的差别，不断进行自我检视和提升。

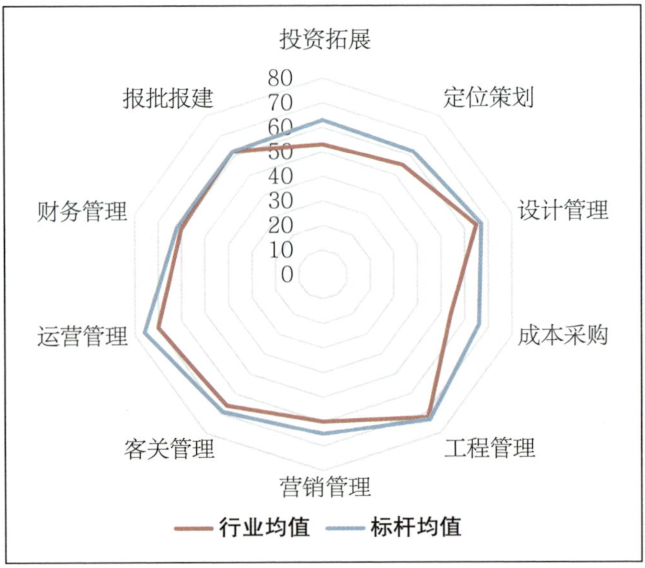

图 1–22　行业及标杆企业项目总专业能力评价雷达图

第三节　项目总认知及角色如何转变

一、项目总管理角色的四大转变

基于对项目总的定位要求，项目总管理角色需要实现四大转变——意识转变、工作目标转变、思维方式转变和工作方式转变。

1. 意识转变：从专业意识到经营意识

地产项目运营管理经历了三个发展阶段，即职能运营阶段、计划运营阶段和大运营阶段，相应实现了从快而有责、快而有序到快而有效的进阶。目前，大多数房企正逐步从计划运营向大运营升级。相应地，项目总在这三个发展阶段的发展过程中也需要不断转变意识。

比如，在企业协同提效的基础上，项目总更应该关注经营发展，关注项目成功与企业发展的关联，实现项目推进的快而有效，提升企业效益。进入大运营阶段之后，项目总需要从专业思维转变为经营思维（见图 1–23）。

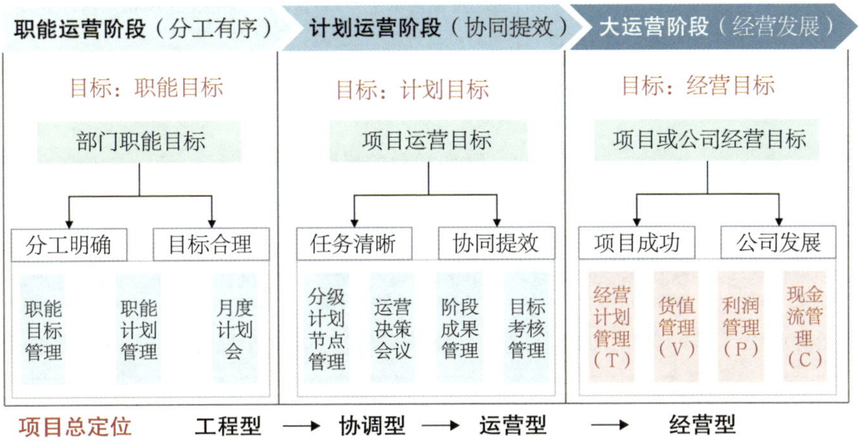

图 1–23 项目运营管理发展阶段与项目总定位进阶

为了从财务经营视角来指导传统计划与节点管控，以提升项目经营效果，项目总需要深入理解大运营的核心逻辑，并通过分析业务动作对经营结果的影响来管控业务。房地产大运营的基本经营逻辑是，以现金流和利润为核心并借此来管理各项业务工作（见图 1–24）。

就预判业务动作对经营结果的影响而言，项目总可以从三个视角去审视：一是业务与收入的关系，它背后代表产品溢价和项目货值最大化；二是业务与成本的关系，在货值一定的前提下，要求成本、费用及税金最小化；三是业务与现金流的关系，主要代表资金的周转，关键在于管控地价、建设与销售计划、支付计划以及现金流回正的时间和规模等。收入金额、成本金额和分摊方式以及费用会直接影响税金的大小（见图 1–25）。

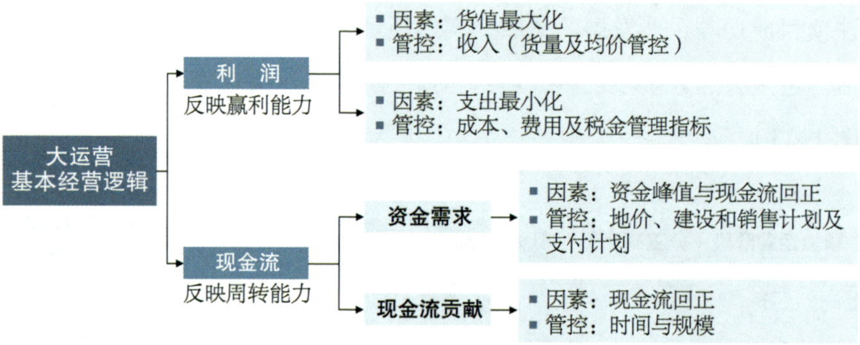

图 1–24　财务视角的经营逻辑

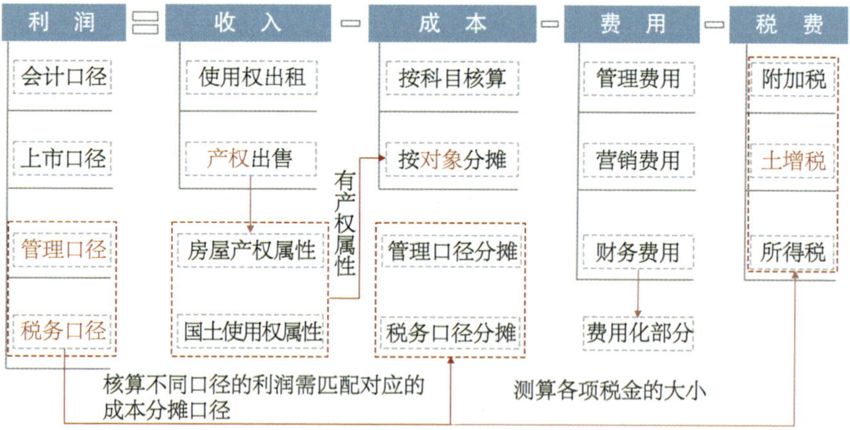

图 1–25　项目总审视业务的经营视角

从专业意识转变为经营意识，项目总应从两方面入手。一是要有

“算账”意识，即从投入产出的角度来衡量各专业投入的价值。例如，某房企对于示范区赶工这一动作要决定是否支付赶工费及支付多少的问题，这时项目总就需要“算账”，需要对投入的赶工费用与缩短工期产生的经济效益进行比较。二是要以经营结果为导向而非专业工作为导向，如项目总不仅要关注项目的开盘时间，而且要关注开盘后能否快速去化以及能否快速实现现金流回正，继而实现企业经营目标。

2. 工作目标转变：从个人目标到团队目标

项目总需要关注如何围绕项目实现团队目标，而不应仅仅关注个人目标，进而帮助公司实现长远发展目标。为了实现项目目标，项目总要关注的不仅仅是经营指标，还包括管理指标（如质量、进度、成本等）和团队成长指标（如团队培养）等。

3. 思维方式转变：从专业思维到系统思维

在房地产行业发展的初期，工程向来被视为技术性较强的专业条线。多数工程型项目总也都是工程出身，他们主要负责项目工程并对项目进度负责。

随着项目总负责的工作要求和范围扩大，其思维方式也应从管好项目工程逐步转变为管好项目经营，这需要项目总从专业思维转变到协同思维，从线性思维转变到系统思维。

（1）从专业思维转变到协同思维

作为资源整合行业，房地产项目的开发特点可以用“八横八纵”来概括。“八横”是指立项、策划、设计、采购、建设、销售、交付和后评估八个项目全生命周期的管理阶段，“八纵”是指项目投资、营销、设计、工程、客服、成本、财务和运营八个专业（见图 1–5）。简单来讲，房地产项目开发就是由八个重要专业完成八个阶段的工作，需要强调专业的协同和配合意识。例如，项目团队在投资测算阶段需要测算 IRR 和利润率这两个主要指标，进行投资决策。为此，营销专业先要明确产品卖给谁（市场定位或客户定位）及卖多少钱，设计专业要明确做什么产品，成本专业要估算花多少建造成本，财务专业要估算资金投入及成本，运营专业则要明确开发周期，等等。经过多个专业的配合，企业最终可计算出 IRR 和利润率这两个指标值，从而准确判断项目获取的可行性。

项目开发的每个阶段都有一个主导专业，同时也需要多个专业去配合。赛普将房地产开发的这一过程形容为一场“陪跑的接力赛”——每次专业条线“交棒”时，其他条线需要跟着“陪跑”。为了推动协调全过程并保证项目目标的达成，项目总要“紧盯”接力棒，清晰了解这个接力棒在谁的手里，时刻掌握过程节奏并协同完成接力棒的成功交接，确保顺利抵达终点。

（2）从线性思维转变到系统思维

项目各阶段及各工作活动之间相互关联、相互影响，因此项目总要从线性思维转变为系统思维。系统思维需要以目标为导向，以整体观、全局观去思考和识别影响目标的所有相关要素，以及各要素之间的相互关系。

“头痛医头，脚痛医脚”是典型的线性思维。当项目出现质量问题时，一位合格的项目总不能只简单地处理该问题，还需要思考为什么会出现质量问题，根源是什么，在项目全过程的运营环节中还有哪些潜在的质量问题，如何通过全过程质量体系的建立来避免问题再次发生；不要仅仅考虑开发过程中的某个点，而要从点到面；不仅仅要考虑内部，还要考虑到外部相关方的影响。

4. 工作方式转变：从关注自身到关注相关方

从自己干到带领团队干，从关注自身到关注所有相关方，是项目总转变工作方式的主要方向。彼得·德鲁克曾说："一件事，非要我去做成，那是我在做事；只有这件事是通过我的下属完成的，那才是我在做管理。"

项目总需要将相关任务分解给下属或给予配合的各专业对接人，通过团队工作来共同达成项目目标。既然是团队管理，就需要关注组织、机制和文化等维度，包括内部员工的成长。

企业在项目开发过程中需要协调好外部相关方，包括总包、监理与设计院等供应商，还包括政府相关部门。项目总在这些方面要投入更多精力，沟通并协调好相关方是项目成功的基础。

项目总管理角色四大转变：从专业意识到经营意识，从个人目标到团队目标，从专业思维到系统思维，从关注自身到关注相关方。

二、项目总工作内容与时间分配

我们首先来了解一下某领先房企项目总的职责要求（见表 1–6）。

表 1–6　某企业项目总（运营型）的职责要求

关键维度	工作职责	内　容	关键绩效
管理目标	项目关键经营指标	完成项目的关键经营指标	签约、回款、利润及现金流回正
整合资源	项目内外资源管理	为项目创造有利运营环境，对内争取专业职能支持，对外协调政府资源、项目总包及重要分包	协调资源、达成项目目标

（续表）

关键维度	工作职责	内　容	关键绩效
推动协同	项目启动会管理	带领项目团队，贯穿各职能，按时保质完成项目启动会，确定项目目标，完成项目推演	启动会完成质量
	项目供销存管理	根据经营策略要求按时供货，根据市场及项目去化情况及时调整运营节奏，达成项目签约去化目标	供货有效达成率
成长团队	项目团队建设	给团队明确的方向和清晰的指令，培养团队成员，提高士气和凝聚力	团队管理及人才保留
管控业务	项目计划管理	负责项目全景计划编制、调整和反馈，跟踪督促全景计划达成，确保按时开工、开盘与交付	项目全景计划达成率
	项目策划管理	参与项目定位设计、概念设计、方案设计和施工图设计	策划结果执行偏差率
	项目交付管理	保障项目按时高质量交房	一次交付率
	项目成本管理	参与制定项目目标成本，关注和了解目标成本的分解	目标成本偏差率
	项目营销管理	参与销售定价及销售计划，参与管理客户投诉的重要问题	销售偏差率
	项目客户忠诚度	达成项目满意度及忠诚度考核指标	满意度及忠诚度达成情况
	项目风险管理	建立项目全周期风险台账，通过项目停止点管理，及时预判风险并采取有效措施	停止点检查及风险预控

我们可以看出，地产项目总的工作涉及面很广，但其时间分配不外乎项目现场管理（管理目标与管控业务）、内部专业协调、外部相关方协调（整合资源与推动协同）和团队管理四类工作。

大部分协调型及运营型项目总在这四类工作的时间分配比例方面都

可遵循“4321 法则”。

- 现场管理工作 40%。
- 内部专业协调工作 30%。
- 外部相关方协调工作 20%。
- 团队管理工作 10%。

项目特点不同，项目总的时间分配会略有不同。如果几家企业联合操盘、合作开发项目，那么其外部沟通时间可能占 30% 以上，项目总用在内外部沟通协调上的时间会占 50% 以上。

现场管理依然是项目总花时间最多的工作。项目总要解决现场出现的各种进度、质量和安全问题，同时做好各阶段的项目策划工作，推动项目顺利开展。

企业内部协同文化越弱，沟通协调时间占比就越高。为了实现项目目标，项目总需要更多时间协调并推动各专业部门的配合，通过沟通来解决项目运营过程中遇到的各类问题。

外部相关方越多，项目总进行协调所需的时间就越多。一方面，随着合作项目增多，项目总与合作方的沟通会占用较多时间；另一方面，协调政府资源、项目总包及分包等相关方会花不少精力。项目总推动内外部协同的内容可详见本书第四章。

最后，在团队管理方面，项目总需要在项目启动前明确团队各岗位的责任与职责，将相关目标分解，建立项目团队内部培养机制。此外，营造良好的内部文化、绩效评估及激励反馈机制也是项目总非常重要的工作之一。

三、项目总如何提升自身能力

项目总需要知悉自身的任职资格标准，提升自己的认知和能力。

项目总对各业务不一定都要“精”，但要“通”，因此需要了解各专业的基本知识及管控要点，知晓从项目投资到项目启动准备、产品策划、工程建造、销售交付到评估改进等各个环节的运作方法。项目总应通过学习和项目历练来不断提升自我。

从行业来看，项目总可按照“721”原则进行自我提升：项目历练占 70%（包括挑战性任务、岗位实践和项目复盘），课程学习（向他人学习）占 20%（包括内部交流、外部对标），自我学习占 10%。其中，通过课程学习掌握各专业基本要求，通过业务实战进行历练，项目总可以快速提升应用能力。

1. 学习——系统规划，针对性提升

项目总往往出身于某一个专业，如工程管理或营销管理，即使在一些领先房企，工程专业出身的项目总也会占到 50% 以上。从系统规划角度来看，项目总需要从经营、管理和业务等方面提升自我能力，根据自身能力特点有针对性地进行学习和提升。

一方面，项目总应主动参与企业定向的项目总培训及其他相关培训。在定向培训方面，各房企的培训效果参差不齐，最根本的原因是没有针对项目总的专业弱项重点进行课程设计。项目总要知晓自身专业弱项，有针对性地学习相应课程。

另一方面，项目总应从个人的角度进行刻意练习，提升个人领导力。项目总可通过“定标准、照镜子、绘地图、促提升”四步法来提升领导力（见图 1–26）。

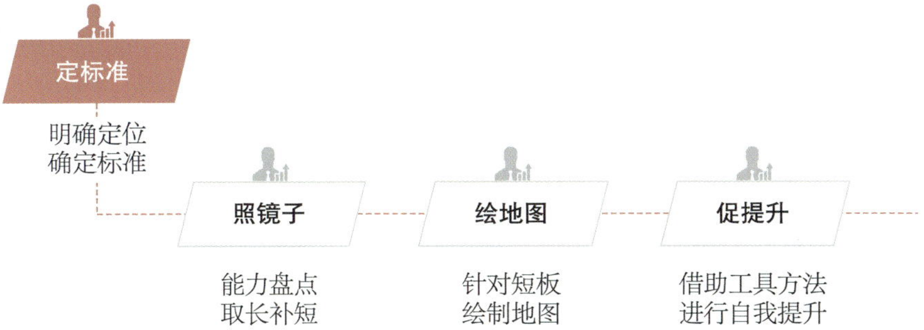

图 1–26 项目总提升领导力四步法

（1）定标准：基于项目总定位与企业要求，确认领导力素质要求

企业应根据目前对项目总的定位确认项目总所需的领导力水平，包括对项目总领导力的要求有哪些、胜任标准是什么、达到什么样的水平才能胜任目前或下一定位的工作。只有标准清晰，项目总才能明确提升方向，从而制订有针对性的学习提升计划。

（2）照镜子：盘点项目总能力与优劣势，针对性提升

标准就像一面镜子，照镜子就是对能力和素质的盘点。项目总要评估自身能力，找出优劣势，扬长避短，通过自我测试和评估了解目前定位下自己需要具备的技能，查缺补漏，有效促进个人成长（见图 1–27）。

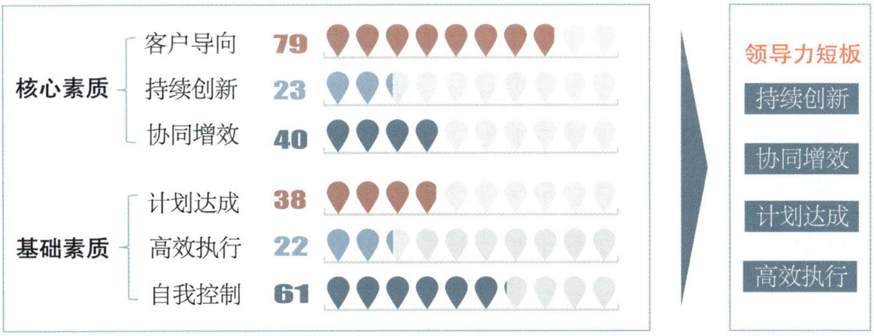

图 1–27 项目总领导力素质测评示例

上述测试和评估环节也可借助项目总所在企业的人才测评体系及工具来实现。

（3）绘地图：绘制适配项目总的学习“地图”与路径

在盘点个人能力素质（“照镜子”）之后，项目总应根据自我提升需求明确需要提升的领导力素质，即“绘地图”。“绘地图”环节可以由项目总个人或企业的人力资源部门来完成，在“照镜子”的基础上绘制适配项目总个人的学习“地图”及路径（见图 1–28）。

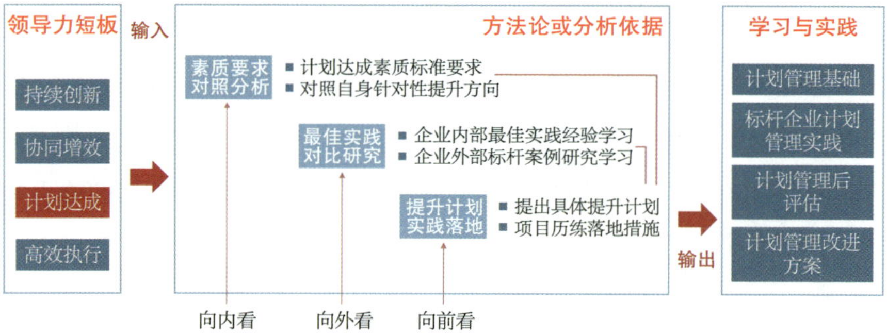

图 1–28　项目总学习“地图”及路径

（4）促提升：选择合适的工具和方法提升领导力

绘制好学习“地图”及路径之后，项目总在提升领导力时就有了方向，由此可以根据学习“地图”及路径选择合适的工具和方法，进而提升个人领导力素质（见图 1–29）。

领导力的提升需要进行清晰的策划。在每一次定位改变时，项目总首先需要确认角色、定位及领导力标准，通过制定短期提升目标、分解规划实施路径、采取行动付诸实践、进行目标复盘四大步骤，逐步补足短板，最终成为一名优秀的项目总。

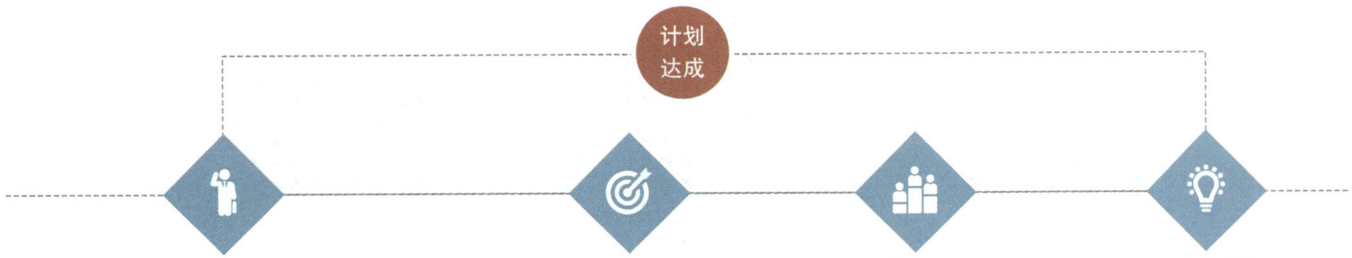

素质要求	学习目标	学习要点	实践应用
【协调型】 ■ 基本的计划管理能力 ■ 对于资源有一定的统筹能力，并能制订出较合理的计划	■ 了解计划管理的基本技巧 ■ WBS（工作分解结构）计划分解工具	■ 基础计划管理 ■ 会议管理 ……	■ 项目计划编制与计划跟踪
【运营型】 ■ 适配计划运营管理能力 ■ 具备良好的统筹能力，能够有效地组织人力、物力、财力和时间等资源，完成既定的计划任务	■ 掌握计划运营推动的方法 ■ 了解行业最佳实践并应用 ■ 掌握从计划运营到大运营的管理方法	■ 计划运营管理 ■ 会议决策与协同 ■ 标杆企业计划管理实践 ……	■ 项目经营目标责任书 ■ 项目启动会 ■ 项目后评估
【经营型】 ■ 全面系统的计划运营管理能力及大运营管理能力 ■ 能够形成计划目标并分解落实，整合各方资源，管控计划实施过程中的关键成果质量，监督、推进、指导计划实施并达成运营目标	■ 熟悉财务经营指标 ■ 熟悉专业成果要求	■ 大运营管理 ■ 财务经营及核心逻辑 ■ 各专业成果管理要点 ……	■ 项目经营定位决策会 ■ 项目经营指标跟踪体系 ■ 专业评审与决策会议

图 1–29　项目总提升领导力的工具和方法示例

2. 历练——注重实战，个人能力转化为组织能力

专业课程培训可以提高项目总的专业能力水平，而实战沙盘模拟演练和具体工作当中的轮岗与历练，都是项目总自我能力提升过程中不可或缺的关键环节。

项目开发实战历练是项目团队最好的成长机会。通过项目全过程管理，项目总不仅可以获得成长，而且能够帮助团队中各位 PM 共同成长。

完成挑战性任务也是一种重要的历练方式。通过策划针对性任务，以改善组织绩效为目标，组织内部相关人员进行问题分析、方案研讨并设计解决方案，最终通过优化内部管理工具或方法，完善内部管理体系，进而实现从个人能力到组织能力的转化（见图 1–30）。

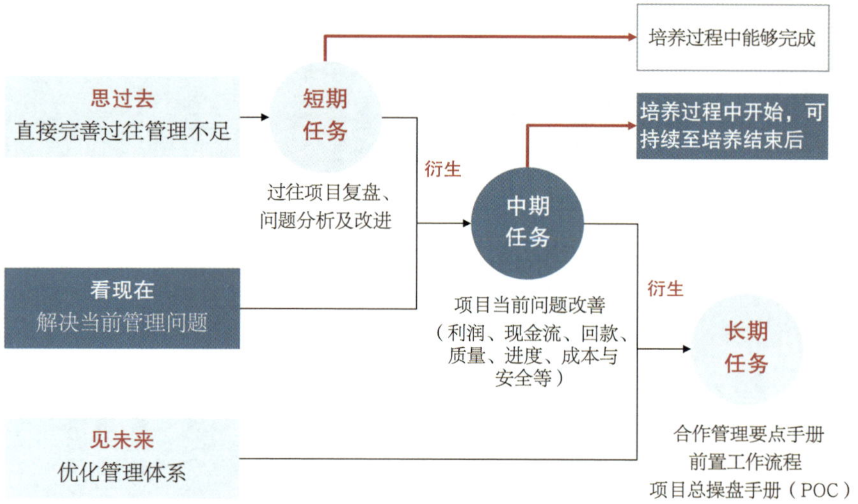

图 1–30　项目总挑战性任务历练示意

关于项目总的复盘提升，读者可参考本书第六章项目后评估的相关内容。

第二章

第一项修炼：管理目标

本章观点

- 项目总的价值体现在哪里？不仅仅是顺利完成项目交付，还应在达成项目目标的基础上通过项目口碑实现企业品牌价值的提升，为企业创造价值。
- 项目目标不是项目总一个人的目标，而是团队的整体目标；要设定目标，更要分解目标，而目标分解不仅限于团队内部，还要分解落实到外部相关方。
- 一名优秀的项目总应实时了解项目目标的变化情况及未来可能的变化趋势，整合内外部资源，采取相应的对策并时刻掌握开发节奏，确保顺利达成目标。

对于项目总而言，项目成功最重要的标志是项目目标的达成。通过设定一个明确的目标并对其进行恰当的分解，整合资源，密切协作，过程中不断跟踪、纠偏，同时确保所有专业条线的目标与项目目标保持一致，项目总才能保障项目目标的达成（见图 2–1）。

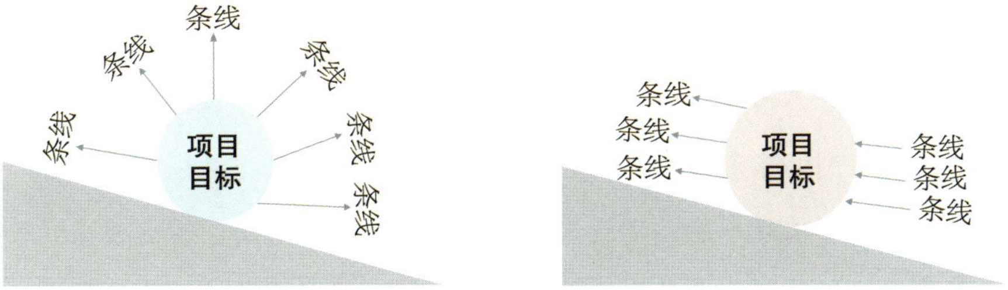

图 2–1　目标不一致与目标一致

第一节　目标制定：如何评价项目成功

项目成功与否要有一个清晰的评价标准。项目总在接到项目任务后，首先需要思考的问题就是项目运作成功的评价标准是什么。一个明晰的目标体系能高效地引导整个项目的开发与运作。

> 明晰的目标体系能高效地引导整个项目的开发与运作。

一、项目成功的评价指标

评价项目成功有很多维度：从财务角度来看，相关指标包括利润率、内部收益率、回款和现金流回正时间等；从产品角度来看，相关指标有客户满意度、一次性交付成功率和户均缺陷数等；从进度角度来看，计划节点达成率和及时供货率等指标较为关键。

每家房企都会有一套自己的项目成功标尺，而且随着行业的发展，对项目成功标尺的要求也在不断提升。我们先看两家企业对项目成功标尺的要求。

【案例】项目成功标尺示例一

项目成功标尺包括三个层面的成功。一是项目成功，主要用财务指标、质量指标和计划指标来衡量项目成功。财务指标包括项目的销售净利润率和 IRR，质量指标主要是指一次性交房成功率，计划指标包括项目一级计划达成率。二是项目管理成功，提出该项目需要对公司管理体系及人才培养做出贡献，比如管理模板的知识沉淀及人才输出的要求。三是公司成功，考虑项目的品牌影响力和销售影响力（见图 2–2）。

第一层面：项目成功

- 项目销售净利润率>10%
- 项目IRR>20%
- 一次性交房成功率>95%
- 项目一级计划达成率>90%

第二层面：项目管理成功

- 形成高质量的项目运作模板，包括但不限于项目启动会综合模板、别墅项目建造标准模板、样板区建设计划管理模板、报批报建流程模板
- 锻炼出能打硬仗的项目团队：未来向公司其他项目团队输送人才不少于3人

第三层面：公司成功

- 奠定地区内地产界的良好口碑及领先地位
- 项目品牌知名度进入前5名（无提示状态下第一提及率，第三方调查）
- 单项目年度销售额进入前5名

图 2–2　项目成功标尺示例

我们从该案例可以看出，项目的成功不仅仅是项目本身的成功，还可以扩展到公司管理、团队成长和公司品牌等多个维度，层层递进，同时尽可能实现每个指标都可衡量。

【案例】项目成功标尺示例二

某企业评价项目成功的标尺包含三个方面的内容：项目核心指标、项目关键指标与项目成功标尺承诺书。

- 项目核心指标：年自有资金投资回报率（峰值及均值）、静态投资回收期、销售净利润率、净利润、IRR、首期开盘周期、首期竣工结转周期、首期结转面积。
- 项目关键指标：总货值、总投资额、平均售价、平均成本、项目毛利率、自有资金投资总额、投资规模系数。
- 项目成功标尺承诺书：包括财务指标（净利润率、年化投资回报率、销售静态回收期）、营销指标（总货值、整盘均价、各品类开盘价、首期开盘面积）、两费费率（营销费率、管理费率）、成本指标（四项成本）、运营指标（开盘时间、分期结转时间）。

该企业通过五版项目目标指导书（投决版、定位版、方案版、动态版和决算版），聚焦项目经营决策指标，对项目目标做到事前策划、事中控制和事后评估。

项目成功评价指标可以根据企业发展战略、经营策略或管理要求制定，但基本框架一致。首先，成功标尺必须包含体现项目经营结果的指标，比如净利润率及IRR等，运营指标要延续投资决策的要求；其次，从指标类型来看，成功标尺既要包含结果指标，也要有过程指标，比如关键专业条线的指标；最后，从指标覆盖的层面来看，成功标尺要尽可能全面，包括企业所关注的评价项目成功的所有维度。

在上述案例中，各房企既有按“项目—项目管理—公司”的维度划分项目成功标尺的，也有按指标类别来划分项目成功标尺的。那么，企业应怎样具体划分维度才能更全面、更合理呢？

赛普基于“多、快、好、省、稳”原则，结合项目投资指标及项目经营定位，对项目成功的衡量标准总结出“EPQCRT”六类指标，这些指标基本可以涵盖所有项目的目标要求。

- E（Economic）指经济性指标，如利润、回款、现金流和 IRR 等。
- P（Plan）指计划指标，如计划节点达成率与按期供货达成率等。
- Q（Quality）指质量指标，如客户满意度、一次性交付成功率及户均缺陷数等。
- C（Cost）指成本指标，如目标成本偏差率与“三费”费率。
- R（Risk）指风险指标，如质量安全事故发生率等。
- T（Team）指团队指标，如培养团队、成长团队及培养项目合格人才等。

企业可根据自身对项目的关注点和项目的经营定位，设置衡量项目成功的指标体系。指标不在多，在于可衡量。

二、目标值的设定方法与时机

1. 如何确定目标

建立衡量项目成功的指标评价体系是项目运作的基础工作，而针对具体项目设置科学合理的项目目标值是关键。任何项目目标值的设定都需遵循三个原则。

一是战略导向原则。每个项目最终目标值的确定都要与企业战略相适配，与战略解码输出的成果［如投资策略及标准、运营策略及标准、产品（服务）策略及标准］相符合。不同经营定位的项目有对应的运营标准，因此项目目标首先要符合战略解码策略的要求（见图 2–3）。

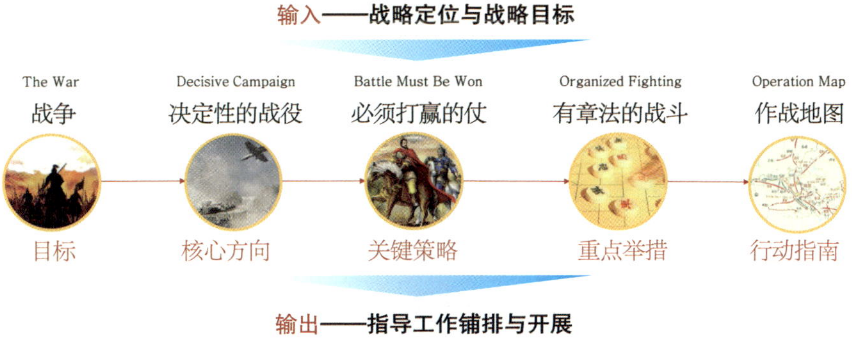

图 2–3 战略解码五步法

二是延续性原则。这是指延续战略投资阶段明确的目标，以投研阶段的项目目标值为基准，再从投资决策、产品定位到项目启动会的各个环节不断细化、修正并最终形成考核版目标值，指导项目开发建设。延续性原则要求项目目标一定要承接前一阶段的目标，并关注指标的动态变化，从指标的动态变化中思考需要采取的业务策略和手段。

三是一体化原则。这一原则是指投营一体化，即投资阶段的项目基准目标值测算需要满足运营阶段的运营标准并结合各专业条线的卡位标准，从而确保目标设定的合理性和精准性。

项目目标值设定的三个原则：战略导向原则、延续性原则、一体化原则。

2. 何时确定目标

按照项目目标延续性原则，项目开发价值链上从投资、定位、方案、开盘、交付到结算的各个关键阶段都要有相应的目标。这些目标方向一致，环环相扣，协调统一，只有每个阶段达成了相应的目标，项目整体目标才能顺利达成。

项目投资阶段对应的是投资版目标计划任务书，定位阶段对应的是定位版，方案阶段对应的是方案版，开盘和建造阶段对应的是动态版，建造后期和交付阶段对应的则是决算版（见图 2–4）。

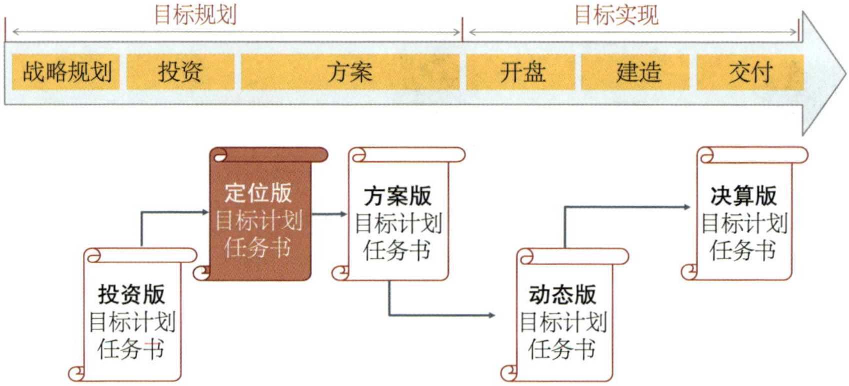

图 2–4　目标计划任务书示例

房企一般在何时确定最终作为考核依据的项目目标值呢？通常，房企在项目启动会或经营决策会阶段确定并下达项目目标和成功标尺，作为衡量项目成功的最终评价标准值。

> 项目启动会或经营决策会确定的项目成功标尺是衡量项目成功的最终评价标准。

关于启动会或经营决策会召开的时间，各企业会根据自身启动会的定位、内容、开发特点、要求以及经营策略来确定。对于高周转型项目，企业通过工作前置可以在拿地后 20 个工作日召开启动会；而对于均衡型或利润型项目，企业会在拿地后 60 天左右召开启动会。

3. 项目总如何承责

谁来制定项目目标值？对于启动会或经营决策会确定的项目目标值，如果项目总是工程型项目总或协调型项目总的定位，那么项目目标值通常由运营管理部牵头组织制定；如果项目总是运营型项目总或经营型项目总的定位，那么项目目标值通常由项目总牵头组织制定。

在制定完成后，项目目标值就要落到责任主体。从投资测算到启动会召开前，项目的统筹工作由投资部门负责，投资部门需要对这一阶段项目目标的制定及目标偏差（比如衰减）负主要责任。在项目启动会召开之后，各部门向项目团队进行专业事项交底，同时确定运营环节项目目标。在交底结束后，项目目标的承责方转变为项目总。依据前文对项目总四种定位的描述，不同定位的项目总对应不同类型的项目目标责任（见表 2–1）。

- 工程型项目总关注工程质量和工程进度，需对现场工程质量承担责任，不对经营结果负责。
- 协调型项目总重点关注项目全周期开发进度及质量，辅助承担少量经营责任目标。
- 运营型项目总相比协调型项目总承担了更多经营指标的责任，对经营指标（如签约与回款等）的达成更为关注。
- 经营型项目总负责项目开发过程管理，承担项目经营目标责任，重点关注利润率、IRR 和现金流回正时间等。

表 2–1　不同定位项目总承责不同类型项目目标

指标名称		工程型项目总	协调型项目总	运营型项目总	经营型项目总
E（经济性指标）	利润、现金流、IRR	—	◓	◓	●
	回款	—	◓	●	●
P（计划指标）	计划节点达成率与按期供货达成率	◓	●	●	●
Q（质量指标）	客户满意度	◓	◓	●	●
	一次性交付成功率	◓	◓	●	●
	户均缺陷数	◓	◓	●	●
	实测实量合格率	◓	◓	●	●
C（成本指标）	变更签证率	◓	◓	◓	●
	目标成本偏差率	◓	◓	◓	●
	管理费率	—	◓	◓	●
	营销费率	—	◓	◓	●
	财务费率	—	◓	◓	●
R（风险指标）	质量安全事故发生率	●	●	●	●
T（团队指标）	培养团队输出人才、团队成员晋升及培训次数	◓	◓	●	●

注：—不承担责任，◓ 承担部分责任，● 承担主要责任。

第二节　目标分解：建立目标责任分解矩阵

在项目开发建设的全生命周期，项目总不能成为单打独斗的个人英雄，需要协同各专业及内外部资源的管理者，一群人进行有目标、有组织、有标准的战斗。影响项目目标达成的不仅是项目总一个人，还包括内外部其他相关方。

内部相关方是指项目组织内部的各专业条线人员或专业对接人，包括设计、工程、成本、营销、报建和财务等。在项目实际开发过程中，矩阵管理模式下的每个专业条线会有一个 PM 配合项目总完成本专业事项。项目 PM 既要对职能负责又要对项目总负责，他们是实现项目目标的主力军。

外部相关方是指项目外部供应商和合作开发伙伴等，如总包、监理机构、设计单位、造价咨询机构、营销代理机构及合作项目开发商等。外部供应商的配合程度及服务质量直接影响项目目标的实现。同时，合作开发伙伴的项目管理要求、合作方是否目标一致、是否做到力出一孔，也是影响项目目标达成的重要因素。政府相关部门也是非常重要的相关方，与政府保持良好的沟通、赢得政府的信任与支持也非常重要。

> 如果外部相关方不清楚项目目标要求，他们就很难配合好项目总的工作。项目目标不仅要分解给内部各专业相关方，同样要及时分解给外部相关方。

一、如何分解目标

彼得·德鲁克认为，并不是有了工作才有目标，而是相反，有了目标才能确定每个人的工作。同时，每一项分解目标都要有确定的责任主体。

项目管理团队首先应构建目标责任内部及外部分解矩阵表，从任务分解的对象与动作两个维度，将利润、回款、去化率、“三费”、质量、客户满意度和团队建设等指标分解给相关责任主体（见图 2–5）。如上文所述，项目目标主要分解给内部 PM 和外部供应商两大类责任主体。

（1）项目目标内部分解——PM

设计 PM：除主责的设计和计划节点要求外，设计 PM 还要承担产品质量等指标和部分财务指标（如利润、IRR 和现金流回正等）以及成本指标的责任。

项目PM（设计、工程、成本、营销及财务等）	任务分解对象	相关方（总包、监理、设计、造价咨询及营销等）
目标责任分解矩阵表（项目PM及相关方）	任务分解动作	管理要点分解矩阵表（主要针对项目PM）

指标要求	PM						供应商					
	设计	工程	成本	营销	财务	客服	总包	监理	工程质量检测	设计（设计院等）	造价咨询机构	营销（代理机构等）
利润	√	√	√	√	√					√		
回款				√	√							√
IRR	√	√	√	√	√							
现金流回正	√	√	√	√	√							√
开盘与交付	计划节点相关责任PM						√					√
及时供货率		√		√			√					
去化率				√								√
目标成本	√		√		√		√			√	√	
“三费”			√	√	√							√
产品质量	√	√				√	√	√	√	√		
客户满意	√	√		√		√	√	√	√	√		√
质量安全	√	√					√	√	√	√		
团队建设	项目秘书协同PM						提供培训支持					

图 2–5　项目目标责任内外部分解矩阵

工程 PM：承担工程进度、产品质量、客户满意度与及时供货等指标，同时承担部分财务指标（如利润、IRR 与现金流回正等）责任。

成本 PM：作为项目成本的主要控制方，成本 PM 主要承担成本类指标，如目标成本偏差率和“三费”费率。此外，成本也是影响利润实现的因素之一，因此成本 PM 要承担部分财务指标责任。

营销 PM：营销管理直接影响项目的经营结果，因此营销 PM 与项目的财务指标紧密相关，如回款、利润、IRR、现金流及去化率等关键指标。同时，营销费率和客户满意度两个内部管理指标也需要营销 PM 重点关注。

财务 PM：作为后台职能部门，财务应严格把控项目的预算及资金计划，并统筹税务安排，强化费用节约意识，承担回款、利润和“三费”管理等财务指标责任。

客服 PM：客服主要为业主服务，维护业主和企业的关系，提高业主对项目品牌的认可度，因而主要承担产品质量和客户满意度等指标责任。

（2）项目目标外部分解——合作单位（供应商）

总包：作为项目的主要施工企业，总包单位直接关系着项目的进度、质量和成本。项目总需将项目的部分运营指标（如开盘、交付与及时供货率等）、质量管理指标（如客户满意度与产品质量等）和成本管理指标分解给总包单位。

设计单位：作为项目各阶段图纸的主责方，设计单位对设计质量的把控负有全面责任。同时，由于产品设计影响产品的溢价能力并主要决定了成本投入，所以设计单位需要清楚项目的质量与成本控制要求，承担产品质量、成本指标及部分利润指标责任。

造价咨询机构：作为成本专业委托的第三方工程造价专业审核与监控机构，造价咨询机构需要清楚项目的成本控制标准，承担成本指标责任。

监理及工程质量检测类供应商：作为开发商委托的第三方机构，这类供应商主要对项目工程建设的质量与安全发挥检查和监督的作用，同时需要清楚项目质量要求，并承担项目质量管理类指标（如客户满意度和产品质量等）责任。

营销机构：作为项目经营业绩的直接创造平台，营销机构需要清楚项目的回款、现金流与费用管控等目标要求，承担回款、去化率和营销费用等指标责任。

二、指标如何传递

指标的要求包括：具体可量化，便于考核，同时区分轻重缓急，避免顾此失彼，既要有挑战性又要有实现的可能性。在指标分解落位后，项目管理团队如何将目标值传递给内部及外部供应商呢?

对于内部 PM，目标值要与其绩效考核指标挂钩。企业应根据项目管理模式匹配相应的考核机制，设立与指标强关联的激励机制，与项目经营业绩相关联，强化 PM 的自驱性和主观能动性。

对于外部供应商，项目总可以通过事前招标与合同签订两个阶段将目标传递给相关单位，同时通过事中的管理交底、过程监督及事后的联合复盘和履约评价来强化目标意识。

- 事前：一是招标确定供应商单位，从招标文件、入围单位选定到招标定标的各环节都将项目目标作为必要条件；二是合同签订，合同应明确相应的目标值要求及相应目标的考核激励机制。
- 事中：一是管理交底，在外部单位进场前，通过管理策划会或交底会（相互交底、反向确认）传递项目目标，可以促进相关方就项目目标达成共识；二是过程监督，项目总可以定期与外部单位召开周、月或季度项目推进会，通过过程监督及时向相关方反馈过程偏差，及时预警和纠偏。

- 事后：联合复盘和履约评价，即通过与外部供应商联合操盘和履约情况评价，强化外部供应商对项目目标达成的共识，促进供应商及时改进。

此外，对外部合作开发伙伴，项目总应在合作协议洽谈过程中明确项目目标及责任方并达成共识。必要时，项目总应通过合作项目董事会明确重大目标及相关责任方。

总之，无论是管理个人或团队，还是管理内外部所有相关方，项目总都要善于将目标分解到各相关责任主体，通过有效管理内部 PM、外部供应商及合作开发商，形成合力，从而更有效地完成项目目标。

第三节　目标跟踪：如何跟踪项目目标

在完成目标分解后，项目总需要对目标进行过程跟踪。在目标跟踪过程中，项目可能会因运营团队对市场变化预测不准、市场环境变化或运营能力不足而导致实际完成情况与项目目标存在较大差距，这种情形在市场下行时期尤为多见（见图 2–6）。

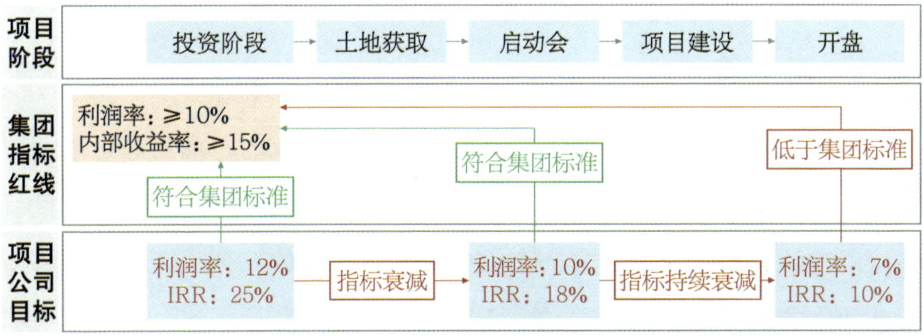

图 2–6　不同阶段目标值衰减示例

因此，项目总需要在项目操盘过程中确定谁去跟踪目标达成情况、通过何种方法进行跟踪及目标偏离后如何进行纠偏。

一、谁去跟踪

在项目启动会或经营决策会之后，项目总就应承担起项目目标责任，背负考核指标，对项目进行动态监控并制订相应的跟踪计划。只有这样，项目总才能对项目目标的变化情况了如指掌，及时采取针对性的补救措施或进行开发策略的调整，从而保证项目目标能够达成。

项目目标跟踪同样可以由下属的专业人员或相应的 PM 协助进行，将指标跟踪的相关责任分解落位到相应专业人员或 PM。

对于经济性指标（E），项目总可以通过项目秘书（或项目运营 PM）或财务 PM 协助进行跟踪；对于计划指标（P），项目总可以通过项目运营 PM 协助进行跟踪；对于质量指标（Q），项目总可以通过工程 PM 协助进行跟踪；对于成本指标（C），项目总可以通过成本 PM 协助进行跟踪；对于风险指标（R），项目总可以通过项目秘书（或项目运营 PM）或工程 PM 协助进行跟踪；对于团队指标（T），项目总可以通过项目秘书（或项目运营 PM）协助进行跟踪。

同时，项目总可通过项目周例会和月度运营会及时了解项目所有指标的变化情况，并以项目经营月报的方式进行发布、跟踪与管理。

二、如何跟踪

没有跟踪就没有目标管理。在对目标进行跟踪时，项目总可以运用三种方法：节点跟踪法、定期跟踪法和事件跟踪法。通过这三类项目目标跟踪方法，房企可以建立一个完整的项目跟踪体系，从而动态了解指标的变化情况（见图 2–7）。

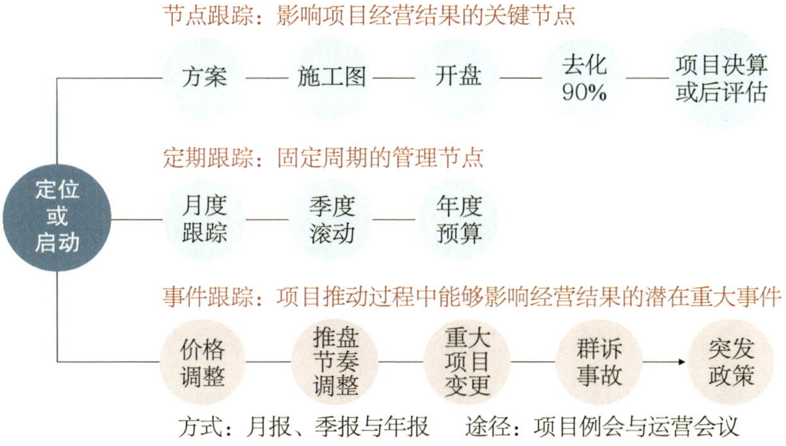

图 2–7　项目目标跟踪的三种方法

在三种方法中，事件跟踪法跟踪的重大事件比较简明。下面介绍一下节点跟踪法和定期跟踪法。

1. 节点跟踪法

在运用节点跟踪法时，项目总通常在定位、方案、施工图、开盘和结算等阶段进行跟踪。

在定位或启动阶段，项目总会根据投资阶段的测算结果、拿地后的二次定位及初步方案情况，在启动会上明确项目目标值。

在方案确定阶段，目标成本会随着规划方案的变化进行动态调整，从而影响项目的成本目标。因此，在规划方案获得审批后，项目总需要对项目目标进行动态跟踪。

施工图是对规划方案的深化，是用来指导项目现场施工的图纸。在施工图编制的过程中，成本指标也会动态变化。在施工图完成后，项目总需要对项目目标进行跟踪和重新明确。

项目开盘后的去化率对目标达成有很大的影响。项目通常在开盘后一周内进行开盘后评估，根据评估结果进行后续开发及策略调整，进而促进目标达成。因此，在开盘结束后，项目总要进行目标达成情况的跟踪。

项目销售去化达到 90% 是项目整盘去化的一个关键时间节点，基本预示了项目最终的经营业绩情况，企业会根据整体经营情况来决定后期尾盘的销售策略。因此，在销售去化达到 90% 时，项目总要通过项目目标复盘来决定后面的营销策略。

其他可以选择的节点，如项目结算后评估，可对项目目标实现情况进行全面总结复盘，评估目标制定及管理过程中的经验与问题，分析指标偏差的原因及项目后续推进方面的改进建议，形成目标跟踪管理闭环。

2. 定期跟踪法

定期跟踪法即按固定的周期进行目标跟踪。为了匹配项目运营管理体系的要求，项目总通常会采用月度、季度、半年或年度定期跟踪的时间安排，通过运营会议进行项目目标跟踪。

例如某房企采用的“1363”动态经营管理体系：“1”是指每月一次的月度例会，汇总市场情况，总结上月各一线公司的目标达成情况和业务质量，寻找问题，总结教训，介绍经验，提要求，做修正；第一个“3”是指月度例会要解决未来 3 个月的经营安排问题，即根据上月市场变化对未来 3 个月的经营目标及经营计划进行调整，保证运营方向无误；“6”是指每个季度都要修订一次跨度达 6 个季度的滚动经营计划；第二个“3”是指每年要审视未来 3 年的事业计划书，即 3 年的战略规划（见图 2–8）。

配合固定周期的目标跟踪，项目总还需要完成分析报告，比如月报和季报等。以项目经营月报为例，它通常要关注六个方面的内容，简称“六看”：一看指标变化，二看计划进度，三看货值，四看签约与回款，五看动态成本，六看现金流。

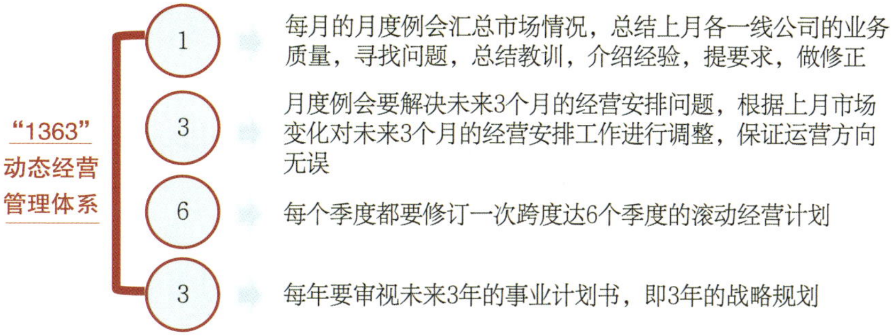

图 2–8 "1363"动态经营管理体系

一看指标变化：分析每月的项目目标达成情况与启动版目标值的偏差，如果偏差较大，需要进行重点分析（见表 2–2）。

表 2–2 项目经营指标达成情况与目标值对比示例

一	项目核心指标		目标值	动态差异（绿好，红差）
序号	指标名称	动态值		
1	年自有资金投资回报率（%）			
2	现金流回正（融资性与经营性）			
3	净利润（万元）			
4	销售净利润率（%）			
5	IRR（%）			
6	首期开盘周期（月）			
二	项目关键指标			
序号	指标名称	动态值		
1	总货值（万元）			
2	总投资额（万元）			
3	平均售价（元/平方米）			
4	平均成本（元/平方米）			
5	项目毛利润率（%）			
6	自有资金投资总额（万元）			
7	货地比			

二看计划进度：根据项目计划进度的完成情况，项目总要对延迟或可能延迟的计划进行预警，或者在计划管理信息系统中进行红黄灯预警。另外，项目总还应对本月项目节点的完成情况进行描述和分析（见表 2–3）。

表 2–3　项目月度节点完成情况跟踪示例

序号	工作节点	计划完成时间	实际完成时间	偏差原因
1	取得土地中标通知			
2	项目公司注册成立			
3	项目定位会			
4	取得土地使用权证			
5	取得建设用地规划许可证			
6	项目启动会			
7	方案设计批复			
8	示范区开工			
9	取得建设工程规划许可证			
10	施工总包中标（首批）			
11	取得建设工程施工许可证			
12	取得项目开发贷款			
13	桩基工程			
14	基础土方开挖			
15	主体施工达预售条件			
16	示范区工程完工开放			
17	首次开盘策划会			
18	取得预售许可证			
19	开盘预售			
20	完成整盘销售 90%			
21	主体结构封顶			
22	完成外立面落架			
23	精装修单位进场（全装修项目）			

（续表）

序号	工作节点	计划完成时间	实际完成时间	偏差原因
24	开放日			
25	交付准备会			
26	完成验收，取得竣工备案证			
27	完成交付（结转）			
28	取得大产证			

三看货值：项目总可全面对比投资版总货值、动态总货值、累计已售货值、待售货值（取证未售部分）及规划货值（未取证部分），详细分析不同业态产品的货值变化情况，确保项目开发建设速度满足供货要求，以及供货速度满足销售要求（见表 2–4）。

四看签约与回款：项目总要跟踪年度累计计划完成情况、上个月计划与完成情况、应收款、当年累计营销费用及下个月签约回款计划。对于逾期的应收款，营销部门应及时跟进。如果签约完成率和回款完成率较低，那么项目总要及时预警营销、运营和财务部门，分析原因并制定相应措施加快销售回款。

五看动态成本：通过跟踪、监控动态成本与方案版目标成本的偏差率，项目总可以了解各成本费用事项的变化率及指标差额，强化动态成本控制，合理控制投入，对超出偏差正常范围的费用事项预警，并实时跟踪项目成本类目标值的变化（见表 2–5）。

六看现金流：跟踪现金流变化情况，分析现金流曲线的走向和趋势（见图 2–9）。

项目经营月报“六看”：一看指标变化，二看计划进度，三看货值，四看签约与回款，五看动态成本，六看现金流。

表 2-4　项目货值变化情况分析示例

产品业态	××××年结转货值（V）		××月新增货量（V）				××月已售货量（V）				截至××月末可售货量（V）						下月预计新增供货	
			计划		实际		计划		实际		达预售未取证		取证未售		竣备未售（现货）			
	面积	货值（V）	面积	货值（V）	面积	货值（V）	面积	货值（V）	面积	货值（V）	面积	货值（V）	面积	货值（V）	面积	货值（V）	面积	货值（V）
高层																		
洋房																		
别墅																		
商业																		
写字楼																		
公寓																		
车位																		

表 2–5 项目动态成本实时跟踪对比

序号	项　目	方案版目标成本			动态成本			目标—动态		差异分析
		目标成本（万元）	建筑单方（元/平方米）	可售单方（元/平方米）	动态成本（万元）	建筑单方（元/平方米）	可售单方（元/平方米）	结余（万元）	偏差率（%）	
一	项目开发成本									
1.1	土地成本									
1.2	前期工程费									
1.3	建安工程费									
1.4	基础设施费									
1.5	公建配套设施									
1.6	开发间接费									
二	销售费用									
三	管理费用									
四	财务费用									
五	项目总投资									

1	项目核心指标		目标值	版本差异（绿好，红差）
序号	指标名称	指标值		
1.1	年自有资金投资回报率（%）			
1.2	现金流回正			
1.3	净利润（万元）			
1.4	销售净利润率（%）			
1.5	IRR（%）			
1.6	首期开盘周期（月）			
1.7	首期竣工结转周期（月）			
1.8	首期结转面积（平方米）			
2	项目关键指标			
序号	指标名称	指标值		
2.1	总货值（万元）			
2.1.1	持有总货值			
2.1.2	可售总货值			
	地上可售			
	地下车位可售			
	地下其他可售			
2.2	总投资额（万元）			
2.2.1	土地成本			
	投标地价			
	土地契税			
	价外费用			
2.2.2	四项成本			
2.2.3	留存资产总投资额			
2.2.4	可售资产总投资额			
2.3	平均售价（元/平方米）			
2.4	平均成本（元/平方米）			
2.5	项目毛利率（%）			
2.6	自有资金投资总额（万元）			
2.7	投资规模系数			

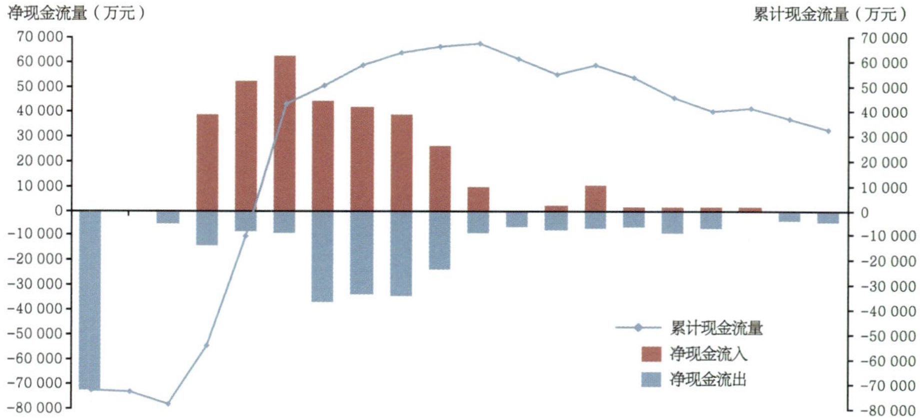

季度	13Q3	13Q4	14Q1	14Q2	14Q3	14Q4	15Q1	15Q2	15Q3	15Q4	16Q1	16Q2	16Q3	16Q4	17Q1	17Q2	17Q3	17Q4	18Q1	18Q2
销售目标																				

年度目标与总体完成情况				
内　容	销售额（万元）	结转额（万元）	利润额（万元）	净利率（%）
年度目标				
本月累计				

图 2–9　项目现金流变化情况跟踪

在定期跟踪项目目标时，项目总需要重点关注“四个平衡”，即供销平衡、量价平衡、收支平衡和费效平衡，这是衡量项目运行健康的标尺。不同类型项目总关注的侧重点不同：工程型项目总和协调型项目总重点关注供销平衡，而运营型项目总和经营型项目总对“四个平衡”都需要关注，以期最终达成项目整体经营目标。

衡量项目运行健康程度的“四个平衡”：供销平衡、量价平衡、收支平衡和费效平衡。

三、怎样纠偏

在项目开发过程中，由于受多种因素的影响，项目目标出现偏差的情况比较常见。因此，项目总要随时了解项目目标值完成情况、偏差出现原因及如何进行纠偏改进。

为此，赛普提出目标纠偏的三个步骤。

- 分析原因：一旦出现目标偏差，目标跟踪主责人就应立即预警内外部相关专业或部门，同时组织相关方进行原因分析，并根据内部预警机制及时上报相关部门。
- 召开纠偏会议：目标跟踪主责人整理偏差原因及解决措施，根据需要发起目标分析与纠偏会议，内外部相关专业或部门责任人参与。
- 跟踪落实纠偏改进措施：根据纠偏会议提出改进方案，目标跟踪主责人负责跟踪落实，及时向内外部相关专业及部门责任人、项目负责人反映目标纠偏调整情况，直到改进措施完成，必要时寻求更高层级管理者支持或调整相关目标。

例如，某企业初次进入当地市场，对市场定位和客户的研究不够深入，目标客户不清晰，产品定位追随竞品，与竞品项目同质化，未能体现产品优势，导致溢价能力不足。同时，在户型配置方面，项目中的大户型占比偏高，在市场低迷情况下，去化更加艰难，严重影响项目当年销售目标的实现。在该项目二期方案确定前，该企业对竞品项目及客户需求做了充分的研究，进行了市场敏感性分析，确定了差异化竞争策略，调整了二期产品的配置和户型配比，同时充分强化一期中的客户敏感点。在项目二期开盘销售后，这些纠偏改进措施大大提升了去化及回款速度，项目整体目标最终顺利达成。

项目总要做好目标管理，以下三点很重要：一是“知”，预见动态，即在开发过程中实时了解既定的项目目标可能发生的变化；二是“析”，分析原因，即了解项目目标为什么会发生变化；三是“解”，及时纠偏，即采取相应措施来解决问题或进行纠偏。

项目总做好目标管理，一要“知”，预见动态；二要“析”，分析原因；三要“解”，及时纠偏。

第三章

第二项修炼：整合资源

本章观点

- 淡化甲方意识，强化伙伴意识，才能实现共赢。
- 合作项目的问题，往往不是合作方式本身的问题，而是合作意识及合作规则的问题。
- 选对合作伙伴并做好协同管理，项目就成功了一半；每一个项目成功的背后，总有一群优秀的合作伙伴支持。

如果说一个项目的成功 60% 取决于投资，40% 取决于运营，而运营的成功 40% 甚至更多取决于相关方，那么一个项目的成功近 20% 与相关方有关。选对合作伙伴并管理好相关方是实现共赢的前提。

项目开发过程中涉及的相关方管理工作贯穿房地产价值链全过程。从投资可行性研究开始，无论是前期的规划设计、工程施工，还是后期的产品销售、持有运营，都离不开众多相关方的紧密支持与配合。

与此同时，越来越多的项目采用房企合作开发模式——选择合作伙伴共同开发，优势互补，利益共享。合作最重要的是能形成合力，实现“1+1 ＞ 2”。优秀企业往往基于尊重和信任的原则，采用一系列有效机制和方法推动合作，实现多方共赢。

第一节　外部资源整合

一、意识先行：共赢机制与伙伴关系

在操盘过程中，项目管理者尤其是项目总应该对项目各阶段需要整合的相关方资源状况了然于胸。按其配合性质，我们大致可以将相关方分为两大类：政府相关部门与合作相关供应商（见图 3–1）。

1. 政府相关部门

政府相关部门包括国土、环保、消防和规划等行政机构，也涉及电力、燃气、供水和通信等公用事业单位。各地机构设置和管辖关系存在差异，客观上也增加了操盘过程中协调政府相关部门的难度，尤其是在新进入城市及区域，企业要尽力避免因信息缺失和关系不畅给项目带来

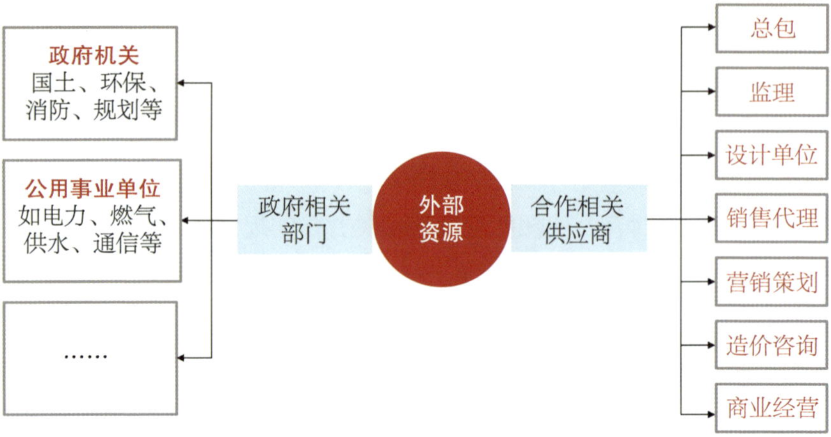

图 3–1　项目相关方两大类外部资源

的损失。常见的情况是，因为不熟悉当地报建要求细则而出现资料准备不及时、不达标以致延误进度等情况。

跟政府相关部门的沟通往往会耗费项目总很多精力。为了保证项目进展顺利，项目总需要关注以下三点。

- 做好事前沟通策划，了解政府相关事务的主责部门及人员。
- 召开重要策划会，如报建策划会，明确内部对接要求及责任人，特别是内部专业（如设计）协同配合要求。
- 与相关部门保持良性沟通，如预沟通、预审批等，及时汇报项目工作进展。

2. 合作相关供应商

合作相关供应商的种类与数量繁多，比如总包、分包、监理、设计、营销策划、销售代理及造价咨询等。随着社会分工专业化程度越来越高，能否引入并用好某细分领域最合适的供应商，对房企来说非常重要。如果合作供应商选择不正确或者彼此不能有效配合，项目目标就无法达成。为了利于更好地合作，项目总应重点关注以下三个方面。

（1）战略合作提效率

几乎每家房企都有自己的战略合作机制，但很多都没有达到预期效果。要想建立长久的合作关系、减少招投标流程环节、降低管理成本并支撑快速开发的目标，集团和一线公司需要共同努力。

在集团层面，各房企需要明确战略供应商的管理框架和实施流程与标准，做好战略供应商的引入，建立战略供应商清单。例如，某房企每年做一次战略供应商招投标工作，明确战略合作伙伴名单并根据评价结果进行排名。在获取项目之后，企业会从排名第一的合作方开始直接进行合作谈判，如果双方无法达成合作关系，那么该企业再依次与后面的供应商沟通。这样既保证了项目的开发效率，又保障了企业的产品质量和利益。

越来越多的领先企业每年会公布战略合作供应商名单，这对合作供应商来说是一种非常有效的激励方式。被行业龙头“点名”为战略合作供应商，相当于宣告了整个行业对其整体实力的肯定，也为其他企业选择供应商提供了参考。

在一线公司层面，为了更好地适应当地特点和要求，城市公司或项目公司要做好属地战略供应商的盘点和引入工作，并将其作为完善和补充集团战略供应商库的有力支撑，打破“等、靠、要”的被动局面，加大区域战略供应商的拓展及寻源力度，同时充实区域供应商库。另外，一线公司要做好战略合作供应商的过程管理，并高度重视战略供应商在具体业务落地过程中的维护工作。项目总要组织好对供应商的评价，帮助企业优选供应商，促进供应商成长。

（2）知识分享提能力

在房地产项目开发过程中，企业跟合作方的沟通往往重管理、轻分享，忽视赋能给合作方。不少领先房企越来越重视对合作方的培训，建立相互定期交流与培训的机制，分享各自的专业及管理经验与知识，共同进步。

例如，某企业区域公司定期与各类供应商进行培训交流。企业采购部及营销部携手对广告和沙盘供应商规划了六项培训交流内容：通过对公司发展回顾与展望，让供应商熟悉企业的理念和特点；通过营销包装拆分、展示及后评估要点、营销过程风险点、营销包装问题分析、付款基本流程及常见问题等专题培训，预控与供应商对接过程中经常出现的问题和难点；通过入库管理要求的培训，深度交流营销包装验收及供应商送货注意事项，保障了业务运作效率。通过这些举措，双方更加熟悉彼此的流程，取得了很好的效果（见图 3–2）。

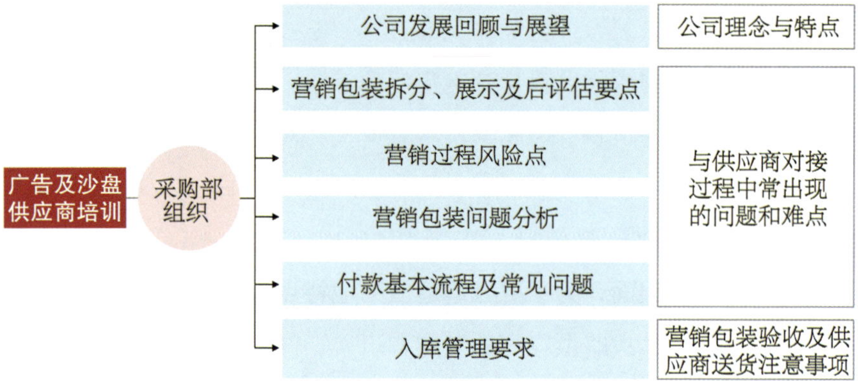

图 3–2　企业供应商培训内容示例

又如，某企业推行“战前”培训制度。该培训由项目总组织，专业工程师主讲，项目管理人员及总包和分包单位的技术负责人共同参与，推动各方把控好图纸要求、施工流程、质量控制要点和停止检查点等。培训内容涵盖了施工组织设计、测量方案、成品保护施工方案、玻璃幕墙施工方案、装修施工组织设计等几十项关键内容。通过培训提升了对后续项目进度、质量和成本的管控能力，确保项目目标的达成。

（3）激励匹配增动力

一个好的合作机制不仅要能够让各方共创、共担，而且要实现成果价值共享，这样才能保障合作之路走得更长远，才是真正的战略合作。

在常规奖惩方式下，甲方往往无须在合同额之外单独支付奖金，只需用合同条款来保障重要管理措施的推行和规范施工单位的管理及人员行为即可，比如常用的调整工程款支付比例和支付时间，以及直接从工程款中扣除罚金，等等。

在共享激励方式下，甲方会在合同之外增加奖金或奖励。这种激励方式通常用于对特定管理目标的控制和引导，甲方本着合作共赢的心态对施工单位付出的努力给予一定奖励，如从节约的成本中提取奖金或给予额外的提效奖励等。

例如，某企业采用“优质优先”政策，总包和精装修的优质供应商可以享受一定程度的优先中标权（见表 3–1）。该企业会根据年度评估、实测实量和打分情况对合作方进行排序，前两名的合作方可享有一定的经济标优先权。

表 3–1 优先中标权规定示例

激励对象	对象选择标准	激励内容	
总包	■ 最近一年内组织的过程评估和年度评估成绩 ■ 评估维度：实测实量（60%）+ 服务（40%）	第一名	≤ 1% 经济标优先权
		第二名	≤ 0.5% 经济标优先权
精装修		第一名	≤ 2% 经济标优先权
		第二名	≤ 1% 经济标优先权

通过有效的共享激励机制，房企可以聚集一批优质供应商长期合作、共同成长，合作各方共同提升组织的经营目标达成率，进而帮助提高自身的经营效益。

为了利于更好地合作，项目总应重点关注战略合作提效率、知识分享提能力和激励匹配增动力三个方面。

二、善用抓手：合同、会议与计划管理

1. 从合同确定到执行交底

随着房地产开发运营业务越来越成熟，合同管理也越来越规范和细致，合作各方按照合同办事并遵守契约精神已成为共识。明确的合同条款界定是基本前提。项目总不仅要看合同，而且要准确理解合同的要点，熟悉合同内容及对相关方的要求，以履约要求为抓手推动计划的执行。项目总主要关注以下四项内容。

- 合同要明确实现的目标是什么？
- 双方与项目目标达成相关的责任是什么？
- 影响项目目标达成的关键点是否有说明？
- 是否有相关的奖惩激励措施？

虽然我们强调合同的重要性，但合同只是双方需要共同遵守的准则，事前策划与过程管理是达成良好合作并共同实现目标的根本。合同不是万能的，合同的可实现性和可操作性必须要在合同签订前逐一落实，也就是说合同双方要进行事前控制而不是事后控制。

合同执行前进行交底很重要。双方通过交底，一方面更加明确相关的责任与要求，另一方面对具体需要关注的重点问题可以进行深入沟通，确保合同得到顺利履行。

项目总主要关注合同的四项内容：合同要明确实现的目标是什么？双方与项目目标达成相关的责任是什么？影响项目目标达成的关键点是否有说明？是否有相关的奖惩激励措施？

2. 从会议沟通到快速决策

会议是联通合作各方的重要纽带。房企建立高效会议机制的关键在于避免形式主义。会议沟通的目的是解决问题或进行策划及决策。

在大多数情况下，合作各方可以通过常态化会议（如周例会和月例会等）或专题会议进行沟通。沟通的重点是及时发现问题并对其加以解决，同时明确下一阶段的目标及管理要求。例如，项目的日例会通常由总包单位主持，总包单位主要做好现场施工班组的日常工作安排和问题协调；项目周例会则通常由项目总主持，参加的人员也可覆盖总包、分包与监理等各相关方，重点是协调解决重点问题并促进各方协同交圈（见表 3–2）。

项目运作过程中的会议还包括各类交底会，后文将具体解读四重交底机制（管理交底、设计交底、技术交底和合同交底）。这些会议可以明确双方的目标、责任、操作方法及流程，以保证项目的有序开展。

另外，通过对前期工作的回顾、经验总结及后续策略的调整和纠偏，后评估会或多方的联合复盘会可以促进双方能力提升。

3. 从计划管理到信息交圈

与供应商能够有效协同并同频“共振”的基础是，双方共同遵守相互有关联的且作为评价依据的工作计划，包括全周期节点计划（全景计划）及各专项节点计划。凡是影响项目目标达成的供应商计划，或企业内部的开发计划中与供应商计划相互影响的内容，都需要获得双方的交圈确认。

表 3–2　外部供应商日常会议和专题会议示例

会　议	会议主持	参与人员	计划执行情况汇报	计划调整
日例会	总包单位	■ 总包单位 ■ 各分包单位施工班组 ■ 各工区施工管理人员	■ 日计划执行情况 ■ 各专业间需甲方协调解决的问题	调整本周的日计划
周例会	项目总（或轮值项目总）	■ 甲方现场管理人员 ■ 总包专业主要管理人员 ■ 分包专业主要管理人员 ■ 甲供甲指材料设备代表 ■ 监理人员	■ 周计划执行情况 ■ 总分包商（各专业）间需甲方协调解决的问题	调整下周计划
月总结会	项目总	■ 甲方现场管理人员 ■ 总包专业主要管理人员 ■ 分包专业主要管理人员 ■ 甲供甲指材料设备代表 ■ 监理人员	■ 总包汇报本月进度执行情况和下月计划安排 ■ 分包汇报本月进度执行情况和下月计划安排 ■ 材料设备现场代表汇报供应情况 ■ 监理月报	调整下月计划

项目总需要将双方认可的计划作为管理主线、组织内外部工作并跟踪其完成情况（包括完成时间及成果质量），一旦出现问题就要及时协调并加以解决。例如，为了确保示范区及时完成，某企业要求总包每天上报现场施工人员及施工设备的数量和安排，计划管理到“天”。

三、机制驱动：四大机制促进共同成长

通过“四评”管理、动态升降级、四重交底和联合复盘四大机制进行供应商管理，企业与供应商能够共同成长。项目总在四大机制的执行过程中要参与或主导部分工作，帮助供应商提升管理水平，进而促进项目目标的达成（见图 3–3）。

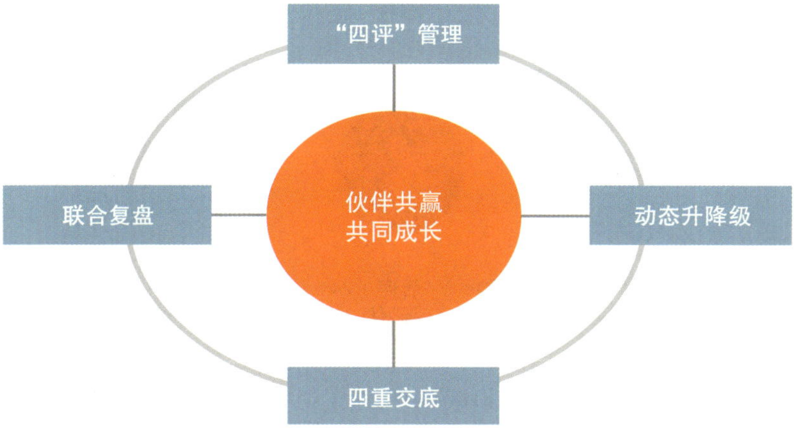

图 3–3　供应商管理四大机制

1. “四评”管理机制

施工单位的管理水平直接影响项目的成败。房地产行业 100 强企业一般都会要求合作的施工企业具备一级甚至特级资质。某标杆房企近 90% 的合作供应商都具备特级和一级资质，而且每年会淘汰 10%~20% 履约情况差的供应商，同时引入一批新的合作供应商，以保证供应商的整体质量。

房企通过建立供应商评价机制，实现优秀供应商“进得来、用得好、留得住”，不合格的供应商“堵在外、早发现、快处理”（见图 3–4）。

（1）前评：坚持前期考察，把好“入口”

前期考察的意义在于对供应商的综合能力进行评估，包括过往的表现及合作能力。前期考察供应商的评价内容包括公司管理、项目管理及合作理念三大维度的 20 项指标（见图 3–5）。

对项目总来说，跟一家施工单位的合作往往包括四个层级：公司（法人）、股东（项目投资人）、管理层（项目经理、项目管理团队）及劳务层（班组工人、民工）。这四个层级共同决定了项目与总包单位合

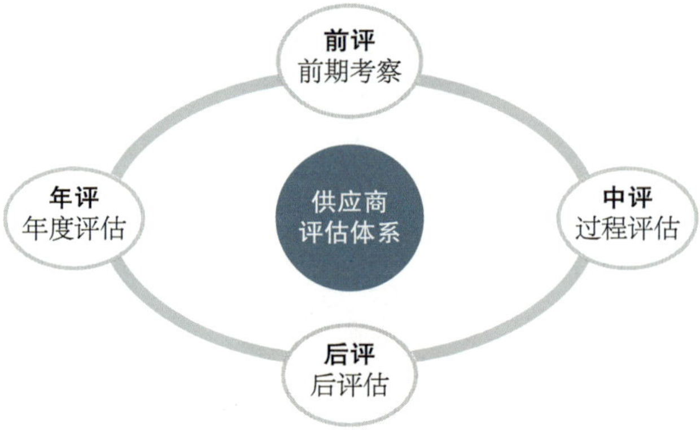

目的与时机	项目总责任
■ 前期考察：能力衡量——考量供应商的实力，评估其适配度和合作能力 ■ 评估时机：招标或签订合同以建立合作关系之前	参与考察评估
■ 过程评估：过程控制——关注合作过程中的问题预警、改善和提高，实现绩效改进 ■ 评估时机：合同履行过程中月度和季度评估	主导或参与过程评估
■ 后评估：结果导向——注重目标的达成程度，评估结果作为供应商评定等级的依据（履约评估） ■ 评估时机：项目集中入住满三个月时	主导或参与后评估
■ 年度评估：长期合作——选择长期合作供应商，促进长期合作关系 ■ 评估时机：年底时	参与年度评估

图 3–4　供应商“四评”管理机制

作的成败，因此对总包单位的考察要关注多个层面，特别要注意以下五个方面。

- 真实出资人的经济实力及与项目的关系。
- 项目团队主要管理人员（项目经理、技术负责人、造价人员及主要施工员）特别是项目经理的经验与能力。
- 管理人员工资水平与劳务班组的承包方式。

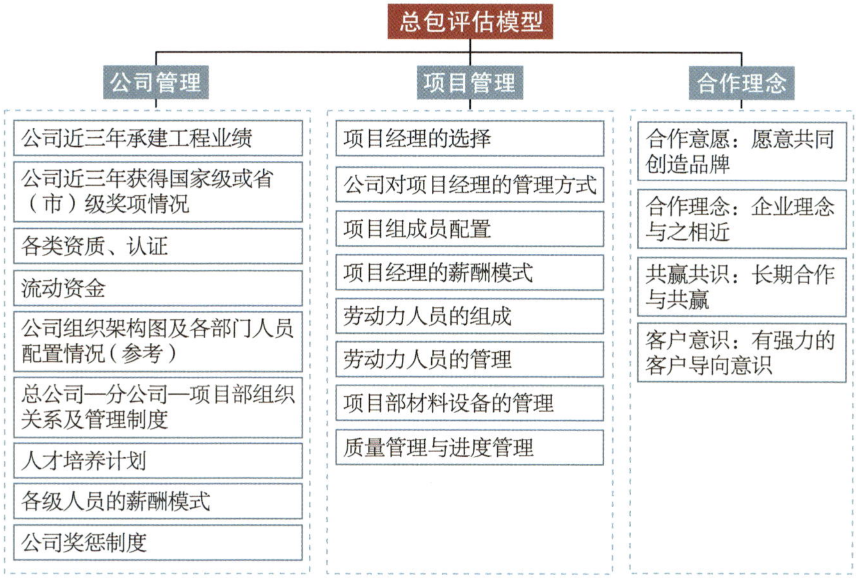

图 3–5　总包评估模型

- 项目资金的使用方式（避免挪用）。
- 其他原有业主对项目团队的真实评价及多方摸底。

（2）中评：持续过程评估，及时纠偏

过程评估的最终目的在于对供应商进行过程的有效管理。针对总包、重要分包和监理，在履行合同的过程中，项目方每月或每季度都应对其进行评估，关注合作过程的问题预警、过程改善和提高，特别是要通过预警机制避免建设过程中出现问题或偏差。以工程主体施工阶段为例，其过程评估（中评）事项如图 3–6 所示。

（3）后评：强化后评估，结果定级

后评即履约评估，是一项全面的综合评价。评估事项不仅仅是进度和质量等项目目标的达成情况，而且要以双方签订的合同为依据，对目标的达成、过程的执行及双方的配合度进行全方位评价，以此作为评定

供应商等级的依据，并基于等级评定情况确定后续再合作的可能性。后评常用的指标及其权重和参评部门及其权重如表 3–3 所示。

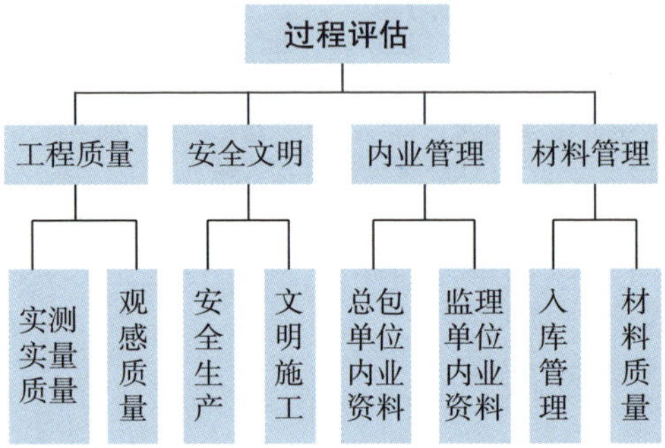

主体施工阶段计分规则示例	
施工总包单位	监理单位
实测实量（35%）	实测实量（35%）
质量观感（15%）	质量观感（15%）
安全文明（15%）	安全文明（15%）
材料（15%）	材料（15%）
内业资料（10%） 总包单位人员配备完整性（10%）	■ 施工总包单位内业资料得分 × 0.5+监理单位内业资料得分 × 0.5（10%） ■ 监理人员配备完整性（10%）

图 3–6　工程主体施工过程评估示例

（4）年评：落实年度评估，兑现激励

年度评估的意义在于确定供应商的合作等级，以此作为未来明确合作方式和合作规模的依据，通常围绕质量、进度和成本三个维度进行评价。在年度评估的基础上，房企再综合过程评估及后评估的整体表现选择长期供应商，并与其建立长期合作关系。某企业对总承包施工单位的季度考核和年度评估办法如表 3–4 所示。

2. 动态升降级机制

供应商评级不是一成不变的，需要动态管理并及时更新。房企通过过程评估及后评估对供应商进行升级或降级，同时年度评估也会对供应商进行排名，排名靠前者列入战略或优秀合作伙伴，排名靠后者则列入黑名单或暂停投标资格。供应商动态升降级评估流程如图 3–7 所示。

表 3–3　施工单位履约评价表示例

阶段	序　号	指标类别	指标项目	指标权重	指标项目说明	参评部门权重		总权重
						20%	80%	100%
						成本招采	项目部门	得分
履约评估	履约 1	内部管理 10%	组织结构	4%	项目经理到位，岗位设置合理			
					管理人员数量和资质满足合同及标段阶段性要求			
					现场施工人员数量符合合同要求			
			制度体系	6%	施工组织设计和施工方案翔实有效			
					交底制度、样板制度、过程管理制度规范			
					成品保护、过程监督与整改制度规范			
	履约 2	质量管理 30%	工程质量	15%	工程实体的施工质量			
			成品保护	5%	进场及已安装的材料、设备、部品保护			
			质量整改	10%	质量整改工作态度和质量			
					质量整改及时性			
					工程质量入住保修状况			
	履约 3	进度管理 20%	进度计划	5%	施工进度计划编制详细			
					施工进度计划安排合理			
					施工进度计划报送及时			
			计划执行	10%	实际进度与计划的符合程度			

（续表）

阶段	序　号	指标类别	指标项目	指标权重	指标项目说明	参评部门权重		总权重
						20%	80%	100%
						成本招采	项目部门	得分
履约评估			进度控制	5%	进度延误的纠偏措施适当有效			
					满足甲方的特殊进度要求			
	履约 4	成本管理 10%	变更洽商	4%	变更洽商办理及时合理			
			付款申请	4%	工程月报量及时准确			
			工作配合	2%	成本相关工作的配合			
	履约 5	安全文明 10%	文明施工	4%	场容场貌整齐有序，文明施工组织规范			
			安全管理	4%	安全管理措施规范有效，无安全事故			
			安全检查	2%	安全检查组织有效，记录完整			
	履约 6	沟通协调 20%	……	……	……			
			权重总计	100%		总分		

表 3–4　某企业总承包施工单位评价办法

考评类型	考评指标	考核单位	审核单位	面向单位	应用备注
季度考核	质量	区域工程技术部	工程管理中心	单个标段所对应的施工单位	应用于单维度针对性预警
	进度	区域运营管理部门	运营中心		
	成本	区域成本管理部（或主管招标、合约与造价的部门）	成本管理中心		
年度评估	综合季度质量、进度与成本三个指标的考核成绩进行综合加权排名（具体权重配比为质量 35%、进度 30%、成本 35%）			施工单位（对多个施工标段进行综合评价）	应用于多维度综合性评价

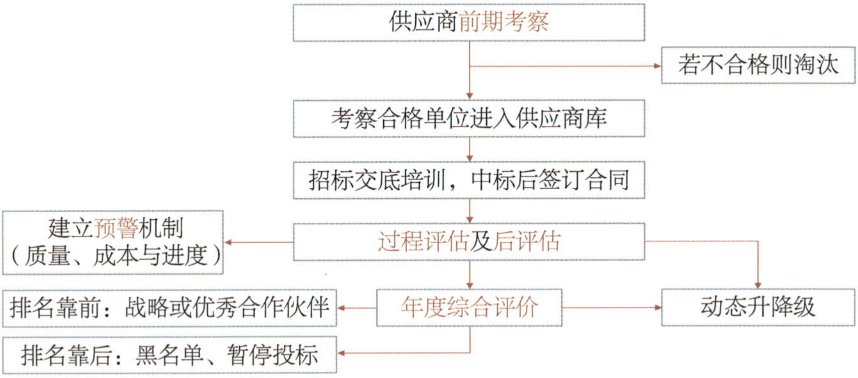

图 3–7　供应商动态升降级评估流程

某企业供应商年度综合评级分类及相应的奖惩政策如图 3–8 所示。

3. 四重交底机制

为了能让供应商快速了解甲方意图及各项管理要求，缩短双方的磨合时间并降低磨合成本，从而推动项目的顺利开展，项目总应组织项目团队成员做好对供应商的交底工作，包括管理交底、设计交底、技术交底和合同交底。其中，项目团队要特别重视管理交底，明确各阶段工作目标、工作方法、关注重点、相关责任及考核要求。

供应商内部分级名称	供应商年度分级	奖惩政策（范围内可选）
战略供应商	A	■ 具备作为主宾参加集团供应商大会的资格 ■ 入围集团年度优秀供应商候选名单 ■ 获得下一年度发展为战略供应商资格或下一协议期协议续签资格 ■ 增加下一年度合作业务规划
优秀供应商	B	■ 具备列席集团供应商大会的资格 ■ 具备下一年度发展为战略供应商的资格
合作伙伴	C	■ 不具备成为新战略供应商资格 ■ 总包不可直接委托合作新标段
一般供应商	D	■ 降低合作等级或减少业务规划 ■ 总包未来1年不参与新标段合作 ■ 情况严重者终止合作
拒绝供应商（黑名单）		

图 3–8　某企业供应商年度综合评级分类及奖惩政策

管理交底先行，通常安排在内部管理策划会后及各阶段专业工作启动前，例如安排在项目策划会、工程策划会、示范区策划会、精装修策划会和开盘策划会等内部会议后的三天内（见图 3–9）。

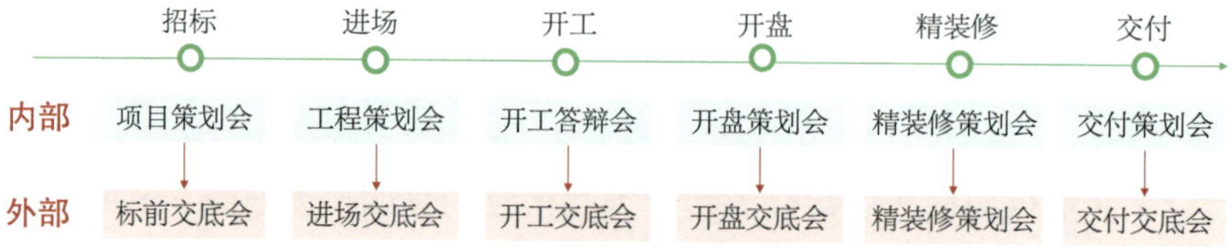

图 3–9　内外部管理交底会示例

再以合同交底为例，合同交底涉及交底事项、交底对象范围和交底会议参加人员三个方面。具体的交底内容和明细如图 3–10 所示。

序号	交底事项
1	项目概况
2	业主、监理和总包架构及职责
3	进度管理要求
4	设计、技术及质量管理要求
5	安全文明管理要求
6	会议及检查管理要求
7	文控管理要求
8	材料管理要求
9	业主对监理的授权及要求
10	合同、总包与分包的关系
11	业主的主要管理办法

序号	交底对象范围	序号	交底对象范围
1	桩基础工程、土方及支护工程	9	消防工程
2	总包工程	10	永久用电工程
3	铝合金门窗工程	11	永久用水工程
4	栏杆供货及安装工程	12	燃气工程
5	户门及防火门工程	13	智能化弱电工程
6	售楼处及样板房装修工程	14	园建工程
7	户内精装修工程	15	绿化工程
8	电梯供货安装工程	16	雨污水工程

会议类型	交底会议参加人员			
	甲方（交底人）	监理单位	总包单位	分包单位
对总包的交底会议	项目工程经理 专业工程师	总监或总监代表 监理工程师	项目经理 执行经理	—
对分包的交底会议	专业工程师	总监代表 监理工程师	执行经理 专业工程师	项目经理等

图 3–10 合同交底事项与交底对象示例

供应商四重交底：管理交底、设计交底、技术交底和合同交底。

4. 联合复盘机制

联合复盘机制是合作伙伴与供应商一起参加企业的项目复盘。既然他们在项目开发过程中对项目目标影响重大，那么企业就应该将发现的问题与他们充分交流并提出改进建议，共同改善产品、服务、经营和管理，因此建立联合复盘机制尤为重要。

联合复盘机制可以涵盖示范区开放复盘、开盘复盘、交付复盘、清算复盘等，旨在共同分析问题，总结经验教训，共同提升。有关复盘机制具体内容可参见本书第六章。

第二节 合作项目开发

融创掌舵人孙宏斌有一段关于共赢意识的精彩表述：“我理解的合作精神，一是合作一定要双赢，一方合适的合作长不了；二是合作一定要算大账，不算小账，大小账一起算，算不清；三是不管多大问题全放桌面上直接说，一定能解决；四是求同存异，两口子也不能完全一致。”正是这种共赢思维为融创的快速发展奠定了良好的基础。

合作开发已成为普遍的地产开发模式。在这种模式下，各房企可利用合作杠杆扩大规模，实现经营风险的共担，同时还能发挥不同企业各自的专业优势。然而，不少企业在管理合作项目时往往会遇到一系列问题。

常见问题有：协议中责权界定不清，导致后期扯皮；合作方总部管控过深，审批效率低，项目决策慢，开发效率低；操盘方过度强势，违反合作协议要求，无视非操盘方的诉求；非操盘方过度介入经营管理，或介入不及时、介入程度不够，导致项目效率低下、纠纷不断；联合操盘双方各自为政，信息不互通；等等。

究其原因，无论合作理念有多相似，管控理念有多趋同，多方管理通常都不如内部管理顺畅，给项目的经营层尤其是项目总带来了很大挑战。合作开发对于项目总的要求，可以总结为“强、富、高、大”。

- 强：具有极强的责任心和团队合作精神。
- 富：必须有丰富的房地产开发和综合管理经验，能应对不可预见的突发事件。
- 高：高标准的管理推动能力，在重点把握、节奏控制、多方协调等方面拥有更高的智慧。
- 大：具备更大的财务经营视野，透彻了解地产生意的现金流逻辑，从大运营的视角协调各方利益。

合作开发对于项目总的要求，可以总结为“强、富、高、大”。

为尽可能减少合作项目操盘过程中的摩擦，项目总可以考虑从以下几个方面着手优化。

一、明确合作目标，达成合作共识

合作项目管理中的许多摩擦，往往源于合作之初目标不够明确。这里的“目标”指的是除单个合作项目实现盈利之外，企业想要通过合作获得的资源或能力提升等。

看重赢利能力的企业更加关注土地资源获取的方式与成本，以及是否能通过合作进行产品升级和经营管理理念的焕新，从而促进利润增长；对经营效率提升有迫切需求的企业则更看重从拿地、开发、销售到资金平衡的项目开发过程。对于不同背景的企业来说，合作的初衷和目标有很大差异，合作前厘清彼此的诉求与重点是关键。合作各方可以通过以下四个步骤达成共识。

1. 明确合作方诉求

在获取项目之前，房企应在内部就经营目标达成共识，即对于该合作项目最主要的诉求是什么。房企可以对不同项目进行分类：对于纯投资类合作项目，其成功标尺侧重于控风险、提高资金效率及保障股东收益；对于操盘或联合操盘项目，在纯投资项目的基础上，合作方还应注重锻炼团队、树立品牌；对于并表项目，尤其是中小型企业要考虑的是能否帮助企业有效扩张规模及引入资金等。

因此，有些企业在首次进入的城市要求合作对象在当地有一定的资源及优势，从而为后期的规模扩张奠定基础；有些企业希望通过合作学习合作对象的产品优势与管理方法，这时合作项目的薄弱条线可以由合作方操盘，本企业派驻团队学习，用互补、互助的心态来推动项目的合作开发。房企只有内部先明确诉求，才能有效指导后期谈判，与各类合作方达成一致。

2. 推动有效谈判

合作项目的前期投资谈判是各方平衡权益与达成目标共识的关键阶段。为推动有效的合作，合作项目框架协议的协商要点中首先要考虑“三权”，即所有权、控制权和经营权。

- 所有权：协议要约定合作方式、企业法人、股权比例、财务并表等，同时要特别关注董事会表决事项、董事会表决权和分配权等。
- 控制权：协议要约定合作双方的董事会席位、董事长、执行董事、副董事长、监事长、监事、项目总、项目财务总监及双方负责的专业条线。
- 经营权：协议要约定公章和法人章管理、合同章和财务章管理、银行账户管理、管理费用和营销费用管控及合作方品牌使用费等。

特别要关注管理信息化工具的使用，例如约定采用哪一方的系统，包括业务信息化系统［如 ERP（企业资源计划）、营销、成本及计划运营等］和 OA（办公自动化）审批系统，以及未来数据如何开放和对接等。

在实际项目开发过程中，对于操盘专业条线的选择，房企需注意梳理可能存在的缺漏或职能的错配。此外，品牌使用、退出安排、物业及商业经营团队的选择也是合作谈判中经常遗漏的事项。若涉及此类事项，合作各方必须在前期谈判阶段约定清楚，尽可能做到有共识、无遗漏。

> 合作项目框架协议的协商要点中首先要考虑“三权”，即所有权、控制权和经营权。

3. 派好项目团队

对于合作项目而言，派驻适宜的团队可为项目目标的达成提供有效保障。配置好股东会与董事会成员、项目负责人、财务负责人及各专业对接人是关键，其中项目负责人（项目总）往往需要扮演如下几种角色。

- 股东代言人：站在代表股东的立场上关注资金运营和项目管理。
- 团队主心骨：团队的领导者，凝聚团队、共同完成项目目标的组织者。
- 沟通能手：参与合作项目的前期谈判沟通和开发过程中与各方的纠纷事项的沟通，管控和处理各方分歧。
- 进度推动者：督促各方就项目管理的组织架构和制度流程达成一致，主动推动问题的解决，达成项目进度要求。
- 董事会决策助手：协调各专业具体处理与各方的分歧，确保双方正当合法权益，为各方董事决策做好协调工作。
- 信息监督员：督促各方准确、及时提供决策或备案的信息资料。

与其他人员相比，拟委派的项目总既要有较强的执行能力和丰富的专业经验，更要具备很强的沟通协调能力，这样才能赢得各方信任，实现合作项目的目标。

合作项目的项目总扮演六种角色：股东代言人、团队主心骨、沟通能手、进度推动者、董事会决策助手、信息监督员。

4. 开好首次董事会

为了促成多方合作，前期谈判与协议中不可避免地存在一些尚未明确或细化的事项。首次董事会能够在细化合作目标和规则方面发挥关键作用。

首次董事会通常在合作协议签订后 1 个月内召开。决议事项主要包含四个方面。

- 合作项目公司的基本管理制度，包括印章管理制度、薪酬管理制度、财务与资金管理制度、会计核算制度、项目估算制度、项目公司注销制度、合同管理制度、招标管理制度、工程管理制度、营销管理制度、档案管理制度、资产管理办法及审批流程等。
- 合作项目公司的组织架构、人员配置、薪酬方案和考核激励方案。
- 项目的里程碑节点计划。
- 合作协议约定的其他需要在首次董事会上确定的事项。

二、厘清管控思路，抓住管控要点

管控合作项目的复杂度远高于内部项目，主要原因在于合作方都有一套自己的管理标准。特别是当不同专业由多个合作方分别派驻时，合作项目的管控难度更大，给项目总带来的挑战也会更大。因此，在管理合作项目时，项目总需要一一梳理各专业的管控要点，逐项明确。

以下我们分九个专业条线来分别阐述合作项目中项目总管控或关注的侧重点。

1. 合作项目的投资管理

合作过程中的很多问题往往要追溯到投资阶段，各方权责利约定不清晰或者不合适都会引发后续一系列纠纷。投资阶段项目总应关注以下两个方面。

第一，项目总应从谈判阶段开始介入，重点关注项目协议中的核心条款，特别关注涉及经营管理的条款，包括合作项目招拍挂拿地对最高地价的限定、各投资方资金的到位时间等；界定合作各方的经营管理范围和核心控制事项，如项目总的职权、操盘条线划分、各专业是否互派副职等。

如果说投资谈判阶段的重点是"定原则"，那么在首次董事会召开之前就要进一步"定细则"，这往往是很多合作项目缺失的环节。

在所有会议中，首次董事会是一个非常关键的双方决策会议，需要界定好以下内容。

- 厘清业务责任边界，包括合作模式、授权体系和人员安排等，涉及文件包括《组织架构设置议案》和《管理团队任命议案》。
- 审议经营策略关键点，包括项目开发节奏、经营计划、成本管控方式及营销推盘说明等，涉及文件包括《经营计划议案》《规划方案议案》《目标成本议案》《固定资产购置处置计划议案》等。
- 审议关键管理制度文件，包含项目计划管理、项目资金管理和会议管理等。

第二，投资后的交底对接缺失也是合作开发经常出现的问题之一。交底的目的是让相关方信息互通，确保前期谈定的事项在执行时不出现偏差，也让操盘的项目总掌握前期的风险点、模糊事项及其他需注意的问题。相对规范的合作项目交底可以分两次开展。图 3–11 所示企业的两次投资交底可供参考。

阶段一——收购及合作拿地开发协议交底

- 组织：由投资条线牵头，组织法务等专业协助进行收购或合作拿地开发协议交底，运营人员、项目团队、“三会”成员及主要高管成员参与
- 内容：合作各方权责利、项目运作重要关注点及风险点、项目管控权责等

阶段二——项目团队二次交底

- 组织：由项目团队负责人组织合作各方的相关人员进行项目交底对接
- 内容：结合合作协议明确“三会”议事规则、合作各方权责、合作各方资金进出、各类议事规则、信息报备规则、指标统计口径等，保证合作各方参与项目的人员信息对称

图 3–11　某企业两次投资交底内容

2. 合作项目的设计管理

合作项目设计延期的现象比较常见，与自有项目相比，其影响因素更为复杂，如理念差异、技术差异等问题。同时，由于项目总大多非设计专业出身，对设计的话语权较弱，在推动设计进度时往往比较艰难。因此，明确合作项目的设计管理流程十分关键，这要求各合作方在两个方面协同发力：一方面，把控设计周期，明确审批时间要求，提高审批速度；另一方面，明确哪些重大方案必须经过审核后才能实施，堵住未经审批就上报相关政府部门批复的漏洞。

合作项目设计管理应从事前、事中、事后三方面进行管理。

事前：一是合作方基于项目定位（包括市场及客户定位）明确采用哪一方的产品线系列及产品，基于项目经营定位明确产品标准化深度及范围，特别是示范区的标准化要求，为顺利推进项目奠定基础；二是合作项目总在前期定位和设计环节扮演着关键纽带的角色，要尽量促成各方设计负责人的直接沟通，减少成为“传话筒”的频次，通过沟通会议及成果审批等机制加强设计、成本、报建和工程等相关人员的交圈与交

流；三是在后期设计落地时，合作项目总要积极获取上一级设计部门的专业支持，密切跟踪和反馈设计落地情况，避免设计成果不落地或重大设计偏差等问题。

事中：各合作方要明确重大设计变更的双方管控要求，界定清楚大额设计变更对应的责权事项，在确保效率的前提下管控到位。

事后：通过联合复盘机制，各合作方对产品设计进行后评估，互相学习，共同提升。

3. 合作项目的工程管理

合作项目工程管理中的问题多种多样，常见的有合作方报批报建滞后、工程合约衔接不连贯、质量和安全风险可控性低等问题。

因此，项目总应重点关注如下三个方面。

第一，合作项目总应重点做好项目工程策划，通过更周全的系统性安排减少各环节的衔接问题。同时，项目总应主动邀请合作各方深度参与工程和报建事项，例如总包分包沟通例会、报建事项沟通会议等。只有获得合作方的认可与支持，项目总才能更有效地发动各方力量攻坚克难。

第二，对于贴近现场的工程条线，非操盘方不宜过度干预。工程专业主控方应做好“两管两控”，即管策划（工程策划与主项计划）、管签证（主要是大额签证报备）、控进度（里程碑计划、进度信息报备）与控质量（质量巡检、重大质量或安全事故处理）。其他合作方通过监督或联检的方式控好一级节点即可。

第三，项目总应特别重视项目风险管理机制的设定。首先，合作方尽可能提前约定好风险兜底机制，明确因操盘方违规操作产生的风险由操盘方承担；其次，一旦工程条线出现重大质量风险和安全风险，风险处理方案须经过合作方审核通过后再执行；最后，项目总应通过联合检查或第三方巡检等方式强化质量问题和隐患的排查，从源头上预控风险。

4. 合作项目的营销管理

成功的营销管理是确保合作项目签约与回款目标达成的最直接的手段。营销条线通常由熟悉本地市场且营销执行力强的一方主导。项目总对于营销工作应重点关注四个方面。

第一，全过程参与或把控。项目总要深度涉入前端市场定位及营销策略的制定，在户型配比、推售策略、营销手段、定价筹划、去化节奏等各环节全方位参与或把控。对于营销线非操盘的项目，项目总应特别关注营销线操盘方在同区域的竞品项目的筹划安排，做好量价均衡的监控和策略引导。

第二，明晰各方的管控方式及决策权限。营销主控方应对市场定位、客户定位、产品策划、营销进度、销售价格、营销费用及销售风险等进行强管控，其他合作方对项目的开发、销售及影响最终收益的各类指标与工作事项（如定位会、整盘策划会、底价或均价评审会等）则要进行重点关注。项目总必须在董事会上对包括客户定位、产品策划、营销策划等在内的重大策划结果进行通报，由董事会表决通过。品牌使用、营销策划、销售管理等方面均须尊重各合作方的意愿。

第三，注重前置约定与信息报备方式。对于销售风险的管理及处理措施、各类营销指标数据的提报规则及统计口径，合作各方应在前期约定清楚。推售价格明细、折扣方案等必须在各合作方确认并审批通过后生效，尽量确保信息互通。当项目使用某一方的销售管理系统时，项目总应适度为各合作方的营销对接人开通权限，包括合作项目全案营销数据的查看、下载功能（可不含客户信息明细，确保数据准确并及时上传）等。其中，客户数据是非常重要的战略性资源，项目总要高度重视客户数据的管理工作。

第四，合作项目品牌管理。合作项目品牌的使用应由各方股东协商一致，案名上报合作公司董事会审批，各方品牌的输出频率及醒目程度要尽可能一致。尽量避免两个极端：一是品牌没有体现，二是品牌被过度使用引发法律风险。

5. 合作项目的成本管理

成本控制是合作项目的重点和难点之一，可能存在成本配置差异、成本超支、核算口径不一致等众多问题，容易引发各方争议。因此，合作方要对成本管控有清晰的规定，大到目标成本的调整授权，小到成本资料上报的格式与科目细度。项目总关于合作项目的成本管理应重点关注三个方面。

第一，目标成本的事前管控。在目标成本的审核上，项目总应注意审核成本数据的准确性、配置的合理性、资料的符合性以及限额指标的跟进，与基准成本、过往项目成本、周边竞品做对比分析。另外，项目总应注意加强合作各方的沟通，特别是在目标成本的形成阶段，尽可能每周组织一次碰头会，每个成果出来后组织一次专题研讨会。

第二，成本科目尽可能细化。赛普建议成本数据细化到三级或四级科目，厘清各项成本的具体范围，避免产生不必要的误解和纠纷，例如，对于客户关系费用是否归属营销费用，合作方经常会出现分歧。

第三，动态成本的监控。对于动态成本的监控，项目总要保证资料的完整性（含变动原因），及时上报数据，做好合同资料备案。同时，项目总要严控成本超额风险。合作方应约定好如果发现可能存在超额的现象时，项目总必须按照成本管理规定上报董事会或相关人员。成本调整方案经审批通过后方可实施，严禁成本批准后擅自调整成本的情况发生。

6. 合作项目的招采管理

合作项目招采管理的重点是把控好供应商推荐、招采定标规则、过程合同变更及供应商质量问题等方面。项目总应重点关注以下两点。

第一，在项目前期，各合作方须先行制定工程招投标管理制度及材料设备采购选用制度等相关的管理规范，避免日后在招投标或项目管理过程中发生矛盾。从程序上做好四控，即控文件（招标文件、合同评审）、控单位（投标单位考察与入围单位审批）、控流程（招投标流程要合规）、控价格（中标价在规划范围内）。

第二，坚持两个原则。一是透明开放原则。各合作方皆可推荐供应商或关联单位参加投标。对于招标策划或标前会及开标、评标与定标过程，项目公司可约定合作方均能参与，最好能主动邀请合作方派人参与招投标过程。二是供应商兜底原则。合作方尽量约定好“谁推荐的供应商谁负责兜底”，即在推荐的供应商出现重大纠纷或质量问题时，推荐方有责任进行沟通和协调，并承担因供应商问题导致的损失。

7. 合作项目的人力行政

合作项目的考核、薪酬与激励机制往往很难统一套用某一合作方的原有体系，而需要进行针对性的设计。考核上注意区分对内与对外考核，激励上遵循价值导向、统一出口、摊销对等、互不干涉原则。具体的考核激励设计将在本章后续内容中有所阐述。

此外，行政条线也要做好合作项目公司的注册、证照办理与注销。公司注销前要结合内部规定的合作项目公司退出机制，注意税务与清算等重要事项，防止出现风险。

8. 合作项目的运营管理

合作项目的运营管理相比单一主体开发项目更为琐碎复杂。合作方既要关注节点、进度和现金流，又要与项目总共同协调内外部资源，还要做好各类分析汇报与信息的报备。与内部独立操盘项目相比，合作项目的项目总在进行运营管理时应在常规运营管理的基础上重点关注以下两点。

第一，完善信息汇报机制。定期汇报事项包括：月度、季度和年度经营分析报告，委派人员季度述职，各业务板块的月报和周报，财务月报、周报和日报。不定期汇报事项包括：即时信息、重大信息、突发信息及预警信息等。项目总对这些定期或不定期汇报的信息进行分析，然后向董事会提出合理建议或改进报告。

第二，项目总应重视跟踪检查。项目总务必定期跟踪项目经营目标变化情况，了解可能的变化趋势，对于全操盘项目或双方联合操盘项目情况进行定期检查，对于参股不操盘的项目要进行调研，分析后向董事会提出合理建议或改进报告。对于项目经营目标的调整，项目总需事前进行细致的分析并报董事会批准，对项目上可能出现的重大风险应及时预警、通报给各方并组织研究对策。

9. 合作项目的财务资金

在财务资金管理上，合作项目公司应按约定进行资金投入和支出，明确利润分配原则及对税务的约定。项目总在合作项目财务资金管理上应重点关注如下两点。

第一，资金的投入与调用。合作项目公司在资金投入上一般遵循同股同权原则。合作各方在前期就要对融资方式与担保方式约定清楚，尤其是违约责任的约定。在资金支出上，所有的资金要进行统一管理，并接受合作方的共同监督；在资金调用上，项目总应注意富余资金的调用，预留资金要能保证项目公司正常运作 3~6 个月；在利润分配上，项目总应优先弥补以前的年度亏损；在税务上，项目总应注意做好责任划分，明确由操盘方操作不当而产生的各类罚款或滞纳金等须由操盘方承担。

第二，明确角色定位，及时处理争议。在实际操盘中，无论是项目总还是各专业人员都要清楚自己在财务资金管理上的角色。对于仅参与或非操盘的专业条线，项目总主要发挥监督、参谋角色，对专业要点做好审核，及时将异常情况报送总部，配合各方处理争议并负责争议事项解决办法执行到位。

三、缩短决策时间，高效解决分歧

很多合作项目陷入决策慢、效率低的困境，除了有很多无法明晰的分歧点外，更多的问题在于审批环节多、意见多。这在很大程度上影响了经营目标的达成，不少企业的高周转“打法”似乎一碰到合作就失灵了。站在项目总的角度，如何才能减少因合作而导致的效率损耗？如何才能让合作项目的决策效率更快？以下五种典型的方法有助于提高合作项目的决策效率。

1. 细化合作谈判清单，要先“识坑”再“填坑”

决策提效应从“投”抓起，在最初的合作谈判阶段，合作方就应尽可能把关键点谈清楚。但合作本身往往比较复杂，在各个专业和环节总有盲区。

主导前期谈判的投资人员往往难以具有完备的知识、能力和经验。这就需要各个专业口把本专业的谈判要点梳理清楚，以清单的方式明确所有关键点。同时，合作项目特别需要提前筹划，各专业作为用户部门提出合作需求清单。项目总要了解清单中所有列示的内容，并进行审核，提出自己的意见。

识别“坑”是填上“坑”的前提。合作方按照一份精准翔实的合作清单沟通到位，是减少后期决策纠纷、提升决策效率的基础和前提。如前所述，合作项目框架协议的协商要点中首先要考虑“三权”，即所有权、控制权和经营权，在合作清单中要细化这“三权”的具体内容。

> 识别“坑”是填上“坑”的前提。合作方按照一份精准翔实的合作清单沟通到位，是减少后期决策纠纷、提升决策效率的基础和前提。

2. 组建投后管理团队，建立“总对总”沟通机制

任何一个快速推动的合作项目背后一定都有一个强有力的管理团队。这不仅仅是对联合操盘的项目而言的，对于一方不操盘的项目及不主导的专业条线，项目团队更应该按照投后管理的思路去管控。不操盘并不等于不管理，而问题往往出在派驻团队上。

一方面，项目团队如果在某专业上比较弱，那么很难对专业细节进行精准把控。这就要求各专业条线都要有人员跟进，任命一个涵盖各专业条线的投后管理团队就尤为必要，由其对项目总及一线人员提供全方位的重火力专业支持。投后管理团队负责人要“高配”，以便能够调动资源，比如由地区公司总经理或总部副总级人员担任。投后管理团队负责人配置架构如图 3–12 所示。

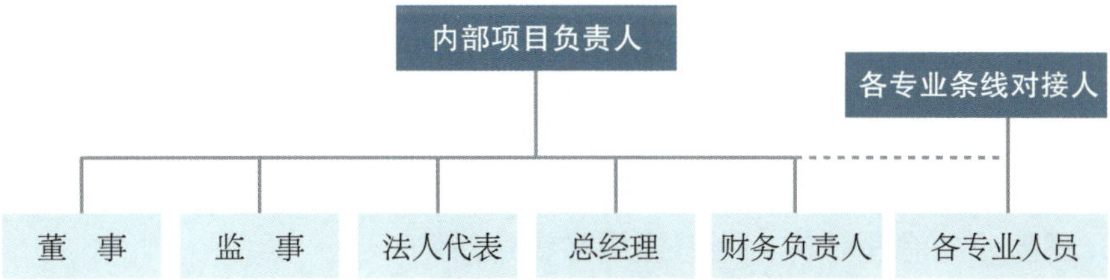

图 3–12　投后管理团队负责人配置架构示例

另一方面，受制于项目人员的决策权限，合作项目有时会出现不能

及时对重大决策事项拍板的情况。因此，我们不能将所有项目推动慢、效率低的问题都归结于派驻人员能力不足。

赛普建议在合作各方总部层面建立“总对总”沟通机制。对于关键问题，双方总部能决策的高层直接对话确定，从而减少悬而不决的事项发生。

合作项目中的任何问题都要摆到桌面上谈，这其中往往包括“三张桌子”：第一张是项目层面的桌子，第二张是总部对总部的桌子，第三张是老板（投资人）对老板（投资人）的桌子。问题摆在哪张桌子上谈很重要，打通三张桌子的沟通机制往往是决策提效的有力工具。

- 项目层面的桌子，即合作项目内部协商。通常，项目总牵头组织项目公司内部协商，多数问题都应尽量在合作项目公司内部通过协商解决。
- 总部对总部的桌子，即总部各专业条线间的直接磋商。例如，设计、营销与成本等领域通常有很多超出项目总决策范围的事项，这时，合作项目应考虑由各方专业条线负责人直接沟通对接，避免项目现场人员在传话过程中信息失真或效率低下。
- 老板（投资人）对老板（投资人）的桌子，即高层决策人的沟通机制。这往往是除董事会之外的最高一层沟通机制。建立起各方董事长或总经理之间的高层对话机制，将在合作陷入困局时发挥重要作用。

3. 完善公司治理结构，用好董事会议事规则

合作项目的公司治理结构很重要。公司章程承载的不仅仅是法律层面的要求，更多的价值是明确各方经营中的权责安排，其中，“三会”（股东会、董事会与监事会）的设置很重要。项目总需要深谙其中规则，并

善加利用。

一些地产合作项目的会议机制运行得不好，其常见问题包括：未按时召开会议，导致公司对合作项目的管控要求无法落实；重大事项未上会，操盘方按照自己的意见执行，后期争议的解决缺少法律依据，造成经济损失。有些会议虽然召开了，但未形成决议或决议并未得到执行。因合作双方意见相左而陷入僵局，会导致项目不能正常开发和运营，各方诉求无法及时反馈和落实，最终某方利益受损。

董事会议事机制是重中之重。董事会不仅是一个重要的决策机构，也是一系列关键的决策会议，对加快决策有重要影响。合作项目需要明确如何组建董事会、哪些事项进入董事会决策及董事会召开的条件和方式等。

董事会何时开？每年召开一次还是每半年或每季度召开一次？

从房地产业务的特点来看，合作项目应“抓头、控尾、放中间”。在现金流回正之前，董事会召开的频率宜加大一些。在现金流回正后，召开频率可以减少到每半年或每年开一次，但要锁定一些关键开会的时点，如前期的市场与客户定位、产品策划、方案设计、开发策略与开盘前策划这些关键时点，后期的关键时点包括交付与清算等。

董事会决策什么？通常有两大类：大事与大变化。“大事”包括经营目标、重大预算、产品策划、目标成本、销售策略和融资安排等；“大变化”则是与既定目标差距很大的事项，比如预算调整超过 10%、一级计划延期超过 1 个月、售价波动超过 10% 等，这其中的尺度需要结合各项目实际情况来把控。

部分董事会决策事项如图 3–13 所示。

4. 明确项目总负责制，项目总获得适度授权

合作项目的项目总定位，可以定义为“董事会领导下的项目总负

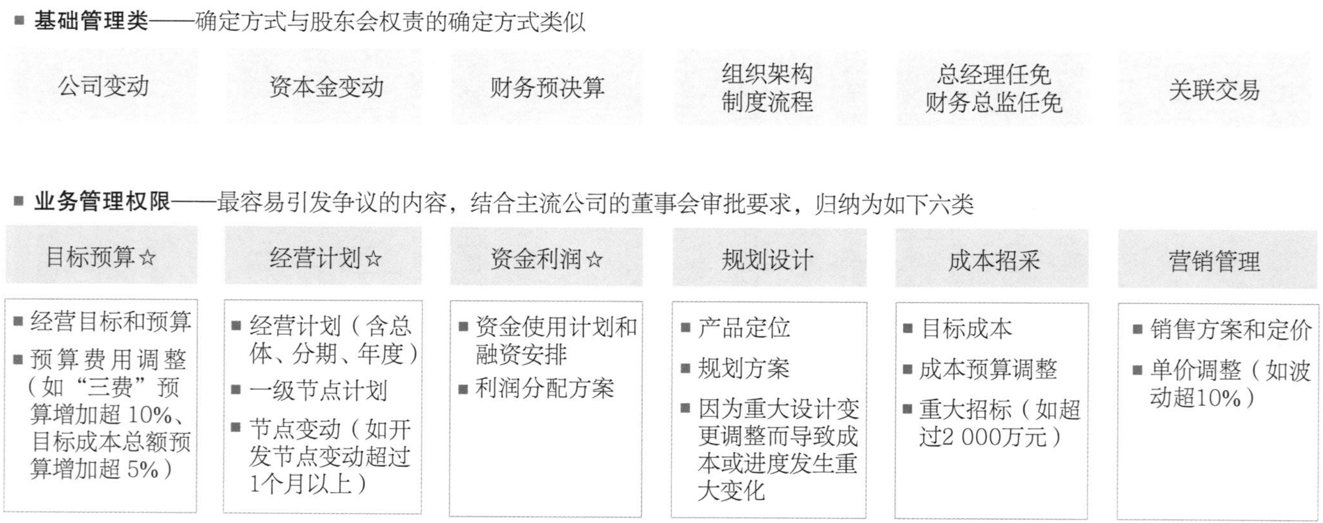

图 3–13　董事会上会决策常见的两类事项

责制”。

合作项目的项目总是对整个合作项目负责的统筹人。不管项目总是哪方派驻的，他都会被赋予一定的管理权。对于联合操盘的项目，各方派驻的所辖条线人员必须在项目总的领导下开展工作，避免各自为政导致决策缓慢。

同时，项目总也要发挥主观能动性，向上争取并获得适度授权，避免由于决策主体增多而带来的效率降低；向下建议企业对合作项目适度加大授权，在风险可控的情况下授予合作项目总更多决策权。当然，这对项目总的专业能力和综合素质提出了更高的要求。可参考的授权思路如图 3–14 所示，合作项目总可据此争取获得授权。

- 充分授权事项：对于影响项目进度的关键事项，项目总可以积极授权，如开发报建类、施工组织类、营销物料类及竣工验收类。
- 优先授权事项：项目总对于贴近市场或贴近项目的事项可以优先授权，贴近市场的如土地信息、销售方案、分散采购（零星采购）及一般招商等事项，贴近项目的如二级或三级节点、合约规划、一般变更以及扩初设计及施工图设计等事项。
- 少授权或不授权事项：项目总对于五类事项应谨慎授权。一是需强专业能力支撑的事项，如产品定位、概念设计等；二是决策风险较大的事项，如开盘定价、重大投诉及安全事故等；三是涉及资源整合类的事项，如战略采购、集中采购、大额招投标、主力店招商等；四是涉及合规要求的事项，如财务、人力、法务、合同管理等；五是需要区域公司或总部强把控的事项，如目标成本、营销费用、一级节点、工程飞行检查等。

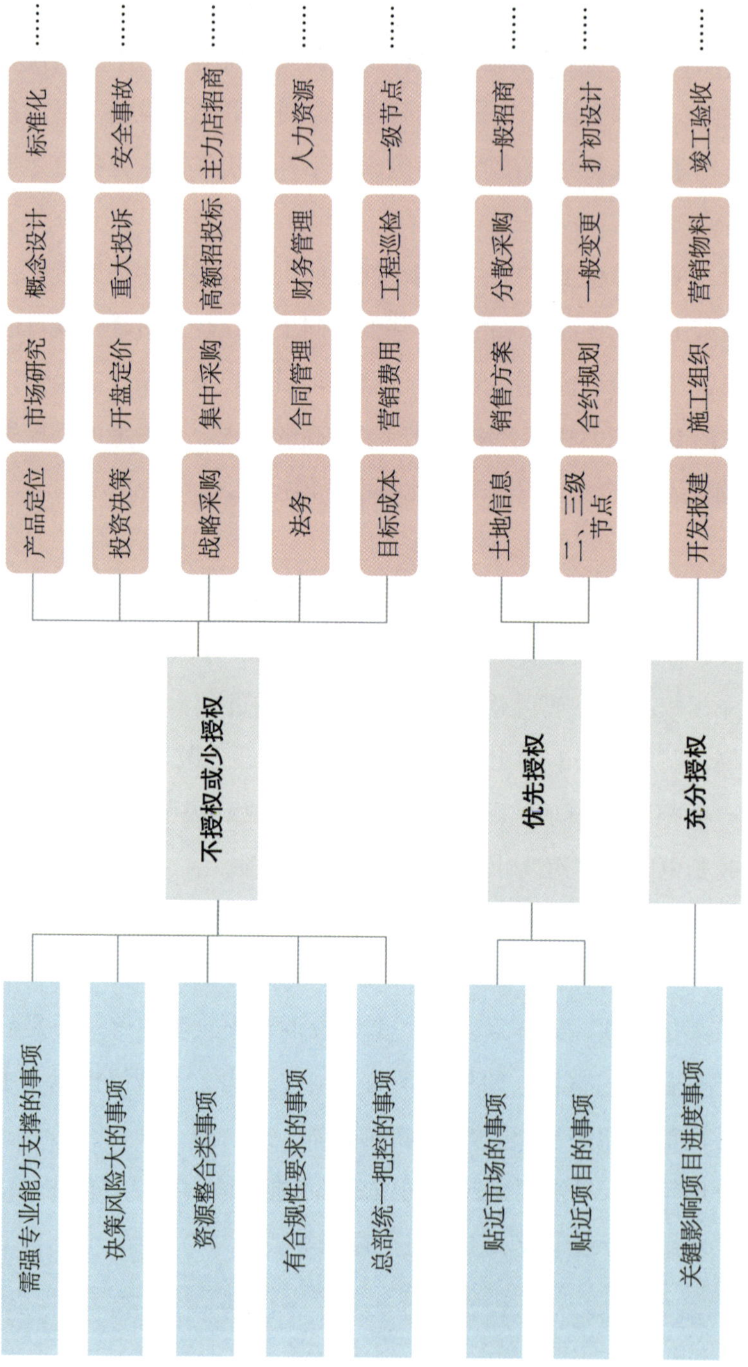

图 3-14　项目总合作项目授权事项示例

5. 加强过程沟通协调，谨慎动用联签权（否决权）

在合作项目中，有一种方式叫联签，即某些事项要经过各方人员的联合审批方能执行。这固然是一种控制风险的有效方式，但在实际工作中却有明显弊端，容易造成工作停滞，由此导致的问题需要通过更多的沟通与协商来解决。

因此，合作项目管理应谨慎设置联签权，避免将联签权变成否决权，特别是减少使用财务付款类型的联签否决权，尽可能避免过多的否决带来决策停滞甚至合作破裂，从而造成项目更大的经济损失。项目总应优先通过大量的沟通确保协同一致，加强过程中的各方联动。

以成本条线的过程沟通为例。从成本测算开始，合作项目就要建立密切的沟通机制，每月组织一次月度碰头会，每一项成果出来后组织一次专题沟通会，通过函件、电话、邮件、微信等形式加强沟通。在编制目标成本的几周内，沟通会的频次可以增加到每周一次。项目团队尽可能第一时间解决问题，密切磋商并形成共识。在后面的项目实施招标和结算阶段，项目团队可以每月组织一次碰头会及各专题沟通会和协调会，并通过多种方式保持沟通，例如在招标实施过程中出现重大分歧时可组织总经理沟通会。

> 合作项目管理要谨慎设置联签权，避免决策停滞甚至合作破裂。项目总应优先通过大量沟通确保协同一致，加强各方联动。

由于影响合作项目决策效率的因素太多、太复杂，上述五种方法虽然有较强的普适性，但不同企业的现状差异较大，所以关键在于找到影响效率的关键点，选好破局的突破口，有策略、有步骤、有尺度地推动。能谈定边界的、能达成一致目标的、能预设争端解决机制的，尽量提前在投资阶段明确。

加快决策既需要科学的方法，也需要共赢的意识和智慧。只有各方从顾全大局的角度出发、共同发力，才有可能打造一个更好的合作决策环境，让各方的合作越来越和谐，越来越有成效。

四、用好考核工具，有效激励团队

有效的考核与激励机制是保障合作项目经营目标达成的关键抓手，但是在实际操作中，企业往往无法真正有效地使用，常见问题有：合作项目指标未纳入集团和下属公司的考核范畴，不少合作项目失控；合作项目考核规则基本遵循主操盘方规则，对于非主操盘合作项目缺乏管理抓手；合作项目的业绩统计口径不明确或未区分，统计结果与实际贡献不匹配；合作项目内各方薪酬激励体系差异较大，且与项目运营目标的贴合度较弱，团队战斗力和凝聚力不足。

项目总需要意识到合作项目与自有项目在考核和激励机制方面的差异，需重点应关注两个方面。

第一，对外考核权。合作项目除了内部管控问题，还可能存在大量的外部协调问题，需要对外考核。对外考核的目的是推动各合作方共同努力，达成甚至超额实现项目运营目标，考核对象为合作项目配合团队。考核内容基于项目运营目标进行确定，考核结果与合作项目激励体系挂钩。为了确保合作项目对外考核有效落地执行，项目总与各合作方应重点关注考核内容确定和考核权限设计两方面。

第二，对内考核与激励方法。在考核权限的设计上，作为合作项目第一负责人，项目总拥有对专职人员的考核权限，包括双方派驻的人员及后续招聘的人员。但在双方人员薪酬和奖金各自发放的情况下，企业派驻人员的考核以地区公司职能部门为主、项目总考核为辅。

此外，对于合作项目的激励，一方独立操盘或一方不操盘项目的激励体系设计较为简单，按照操盘方的薪酬激励体系执行即可。而联合操盘项目可能存在两种情形。

情形 1：双方采用各自的薪酬激励体系，特别是某方人员薪资水平低于合作方的情况下，容易挫伤某方派驻人员的积极性，导致派驻人员流失。

情形 2：合作项目公司建立了统一的薪酬激励体系。当该体系的标准高于某一方薪酬激励标准时，容易打击其自有项目人员的积极性，内部矛盾比较突出。

针对以上两种情形，在设计合作项目年度目标奖金时，项目总需结合是否并表、合作项目经营定位等确定相应的奖金计提比例。

针对上述情形 1，双方按照各自的薪酬激励体系进行薪酬和奖金的发放，年度经营目标奖金一般按照销售回款和管理净利润综合计提：并表项目更加注重现金流，因此销售回款奖金占比权重大于管理净利润奖金占比权重；非并表项目更加注重利润创造，因此管理净利润奖金占比权重大于销售回款奖金占比权重。

针对上述情形 2，合作项目公司应根据公司人员编制与岗位职级测算出薪酬总额。当年激励总额一般按照销售回款和管理净利润综合计提，销售回款和管理净利润的计提比例则根据合作项目的经营定位确定。

同时，为了加强风险管控，对于重大质量安全事故和重大客户投诉事件零容忍，采用一票否决。

【案例】操盘或并表影响合作项目考核统计口径

某企业 A 更为重视合作项目的操盘权，财务并表居于其次。在统计地区公司下属合作项目销售回款业绩时，A 企的统计口径如表 3–5 所示。

表 3–5　A 企考核口径示例

指标维度	并　表	不并表
独立操盘	100%	股权比例 ×2，最高不超过 100%
联合操盘	股权比例 ×1.2，最高不超过 100%	股权比例
不操盘	股权比例	股权比例 ×0.8

另一家企业 B 则并表优先，操盘权居于其次，在统计地区公司下属合作项目销售回款业绩时，其统计口径如表 3–6 所示。

表 3–6　B 企考核口径示例

指标维度	独立操盘	联合操盘	不操盘
并　表	100%	股权比例 ×1.2，最高不超过 100%	股权比例 ×1.1，最高不超过 100%
不并表	股权比例 ×0.8	股权比例 ×0.7	股权比例 ×0.5

明确合作项目的考核与激励机制，一方面有利于强化公司内部对于合作项目的管理和监控，另一方面为合作项目运营目标的实现提供了机制保障。项目总要结合企业的规定灵活沟通、协调和统筹好相应管理事项。只有所有合作方都具有共创、共赢、共享的心态，才有可能实现合作项目的真正成功。

第四章

第三项修炼：推动协同

本章观点

- 合则聚，聚则强，分则散，散则弱。
- 建立狼性的一线团队，作为头狼，项目总必须带领队伍发挥群狼猛于虎的进取精神。
- 通过目标蓄力、运营聚力、向上借力、机制驱力，实现团队目标一致，组织横向协同、纵向贯通，是实现项目目标的根本保障。

房地产项目的各专业部门需要以项目为中心，紧密高效地相互配合，确保企业和项目达成最终目标，而项目总正是在项目开发建设过程中推动专业协同的关键责任者。

随着房地产行业不断发展成熟，房企对项目总的协同能力要求也越来越高——从最初只需要推动工程建设保质保量按时完成的工程型项目总，到必须推动地产开发全专业的协同以实现项目经营目标的经营型项目总。

为了顺利实现项目经营目标，项目总在推动协同、整合团队力量上应重点关注四个方面：目标一致以实现蓄力，运营统筹以实现聚力，横纵贯通以实现借力，善用抓手以实现驱力。

> 项目总在推动协同、整合团队力量上应重点关注四个方面：目标一致以实现蓄力，运营统筹以实现聚力，横纵贯通以实现借力，善用抓手以实现驱力。

第一节 目标一致：蓄力

项目总推动协同的第一个关键因素是目标一致，只有目标一致才能积蓄力量。项目总需要通过分解和关联目标来激励和引导团队形成一致的目标方向。

一、力出一孔：项目目标分解到各相关方

从业务维度来看，房企围绕项目经营目标可从两个层面进行横向拉通。项目层面由项目总牵头，通过项目经营计划（目标）责任书横向拉

通各专业人员或 PM（BP），推动设计、成本、报建、工程、营销、客关、财务等几大专业形成合力协同运作，从项目启动、定位、方案、开工、开盘、交付、复盘七个阶段紧密配合，确保项目经营指标不衰减；而城市公司层面由公司运营总或总经理牵头，通过城市公司项目经营目标计划书横向拉通各部门及其与项目的协同（见图 4–1）。

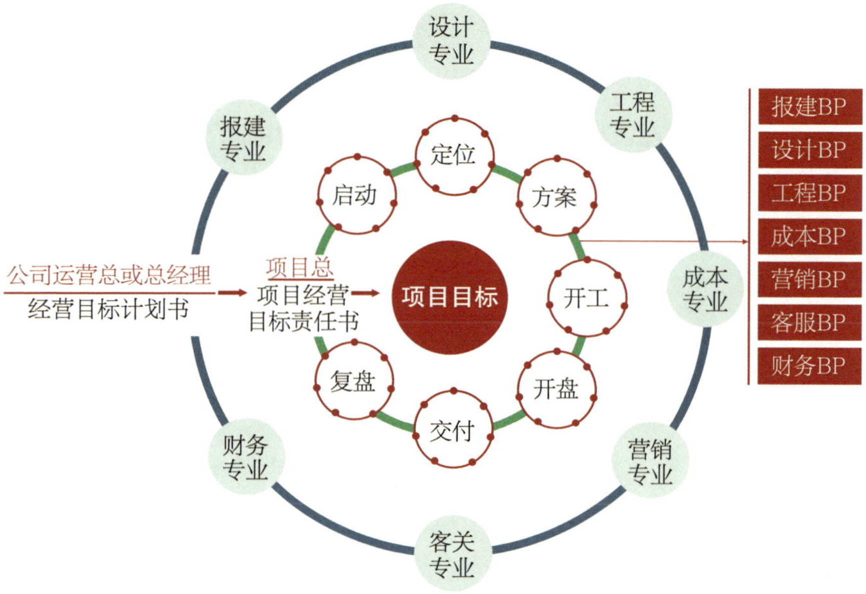

注：BP 为人力资源术语，Business Partner，即业务伙伴。

图 4–1　房企从业务维度实现横向拉通

项目经营计划责任书（有些企业称其为项目经营目标责任书、项目商业计划书、项目战略意图指导书）是对项目总的核心任务要求。作为项目成功的核心标尺，项目层面所有的业务动作都以项目经营计划责任书为导向，这就需要打破职能界限，实现从以职能模块为核心到以项目经营目标为核心的转变。通过各版本项目经营计划责任书的达成情况进行综合决策大交圈，带动对应阶段各子成果的横向交圈。具体目标的制定可参见本书第二章。

在此基础上，项目总需要以项目经营目标为抓手，横向将目标分解至项目全周期，纵向将目标分解至相关岗位或人员（包括外部合作单位与内部开发专业），实现“一横一纵”贯通（见图 4–2）。

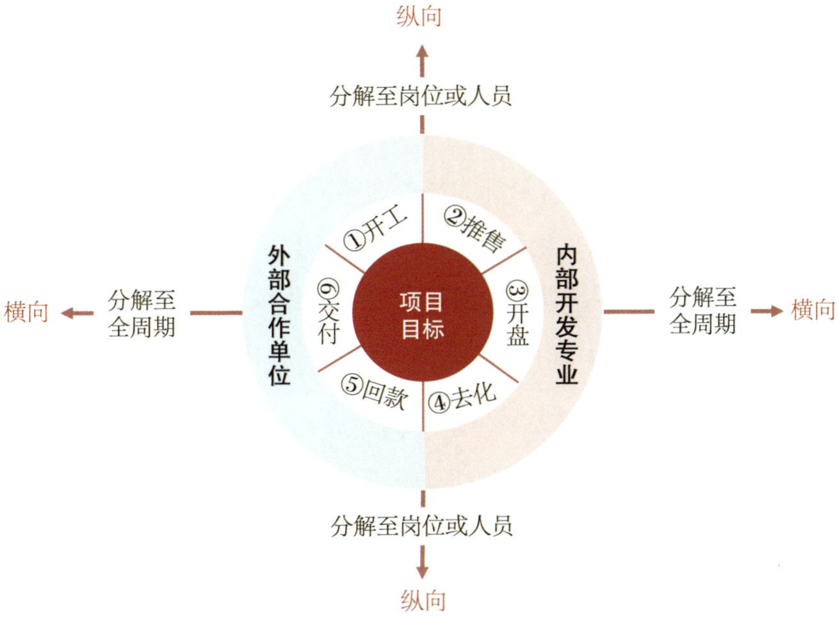

图 4–2　目标分解的“一横一纵”

二、关联激励：聚焦经营结果，挂钩各相关专业

激励对驱动业务增长、激发团队活力和提升竞争能力等发挥着非常重要的牵引作用。在项目开发过程中，项目总如何有效应用激励手段显得尤为关键。

1. 激励体系及其设计核心原则

激励的对象主要分为内部专业激励与外部供方激励两类，无论哪类

激励，都需要以经营目标为导向，以激励为抓手，驱动目标达成。

在激励体系设计上，项目总需要了解两个重要原则。

- 一致性原则。专项激励的方向与经营激励的方向需保持一致。这就要求专项激励的内容、时点和标准要尽可能与经营激励关联，如开盘节点激励的发放时点与满足去化率、回款等经营激励条件的时点挂钩，让相关责任主体在冲刺专项激励的同时兼顾经营目标的要求。
- 有效性原则。以经营目标为核心，横向平衡专项激励与经营结果考核激励的关系，确保经营激励性大于专项激励性，避免出现“前面挖坑，后人填坑”（部分专业为了促成专项激励的达成，不顾对后续整体经营结果的影响）的情况（见图 4–3）。

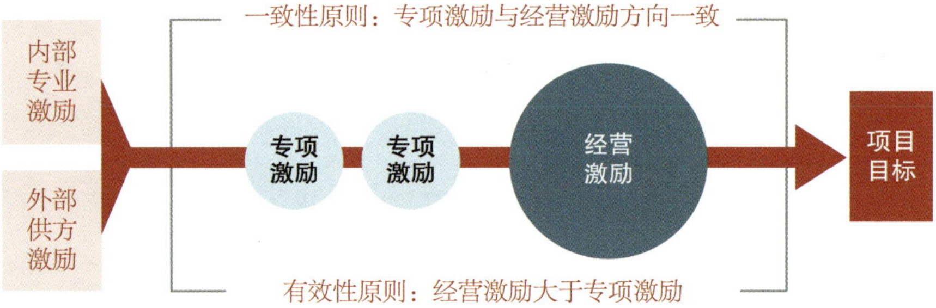

图 4–3　设计激励体系的整体原则

2. 内部激励聚焦驱动经营结果

按照激励的类型，内部专业激励可划分为专项激励和经营激励两类。它们是调动各专业条线充分发挥主观能动性、服务于项目经营目标达成的重要手段。

（1）奖金来源

房企可构建经营单元整体奖金包，奖金包的大小与经营目标（特别是回款与利润等实质性经营结果）挂钩。

例如，行业内多家典型企业的超额利润激励机制，就是以现金流回正周期和净利润等核心经营结果为导向的总奖金包模式，现金流回正周期越早，资金占用周期越短，净利润越高，总的奖金包也就越大，这就有效地驱动了各业务单元以项目经营目标达成为核心，同时企业还可以规定专项激励所占整体奖金比例（通常 10%~30%），以避免出现专项激励过高的情况（见图 4–4）。

"三全"激励：全过程、全专业、全方位。

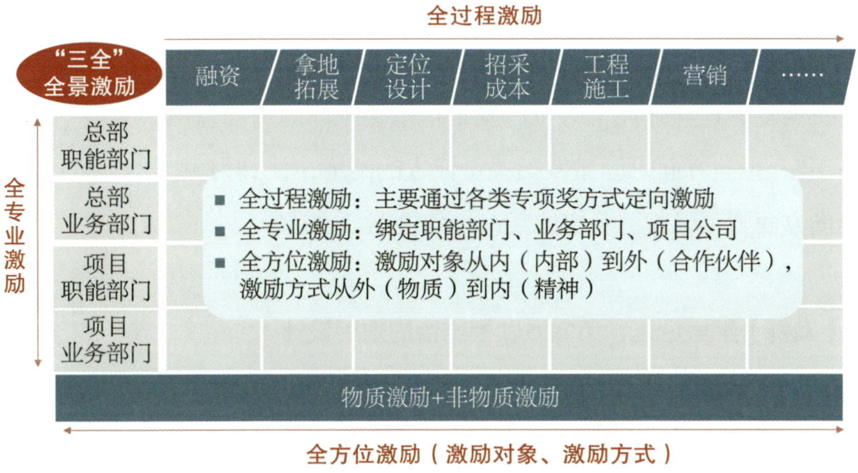

图 4–4 赛普"三全"激励模型

【案例】某房企成就共享激励机制

某房企成就共享股权金额 =（净利润 – 自有资金按年折算后的

金额 ×30%）×12%，其中自有资金回正的周期要求是 12~18 个月（依据城市等级及投资额匹配不同），每延期一个月，项目的计提奖金比例下降 1%。可以看出，该激励以自有现金流回正周期与净利润两大关键经营结果为核心。

【案例】某房企区域整体业绩奖金激励机制

某房企项目激励总包 =（回款总额 × 激励系数 40%+ 利润总额 × 激励系数 60%）× 客户满意度系数。可以看出，该激励机制强调与利润总额和业绩贡献挂钩，完成高业绩就产生高回报，鼓励各个项目保持对经营高目标的追求。

（2）激励要点

第一，正向激励与负向激励相结合。激励不仅要有正向的，也应该有负向的，这样才能全方位激发目标承接主体的责任意识，实现“双管齐下”。正向方面可以激发相关责任人的活力，使其为更高的奖金奋斗，负向方面则可以营造一定的紧迫与危机感。

【案例】某房企正、负向激励相结合的规则设计

某房企设置了 20 万元的开盘节点和 30 万元的现金流回正节点的正向激励，也设计了对应的负向激励（延期开盘和延期交付处罚）。若项目存在逾期供货（首批未按期取得预售证）、竣工备案逾期或交付延期等情况，按 0.2 万元 / 亿（货值）进行即时处罚；之后逾期每增加一个月则按 0.1 万元 / 亿（货值）在当月进行即时处罚，直至完成为止，处罚总额下限为 2 万元。

第二，动态化、差异化激励规则设计。动态激励规则设计主要是对激励的额度进行分段管理，不同目标匹配不同的激励标准，且完成超目标值越多，分段的激励标准匹配度就越高。以回款目标奖励为例，房企可以设置达标奖励系数和超额奖励系数。在相应回款目标完成后，完成当月及后续月的超额回款部分，按超额部分的回款奖励系数计提，超额完成的额度越高，计提系数越高。企业鼓励年度回款越早越好，可以采用按月份递减激励系数的方式进行激励（见表 4–1）。

表 4–1　营销激励达标与超额激励计提系数示例

月　份	达标奖励系数	超额奖励系数
1~8 月	0.40%	0.30%
9 月	0.35%	0.25%
10 月	0.30%	0.20%
11 月	0.25%	0.15%
12 月	0.20%	0.10%

此外，房企还可以通过激励分节点关联发放，强化内部各职能和专业条线及外部供应商对按时完成节点计划的重视程度，推动其对项目经营全期负责的意识。

激励分节点关联发放，可强化结果导向，将部分专项激励和经营激励进行关联，同时按节点派发。

【案例】按节点派发激励推动全周期经营意识

例如，项目激励奖金在派发节奏上按照预售派发 35%、主体结构封顶派发 15%、竣工备案派发 15%、交付派发 25%、完成结算派发 10% 进行切分，奖金包源于超额利润，员工只有创造出利润才会有奖金，同时规定竣工备案前发放不超过 50%，推动项目团队形成全周期管理的意识；同时明确项目总在经营激励奖金中的分配比例，激发实际操盘团队的活力（见图 4–5）。

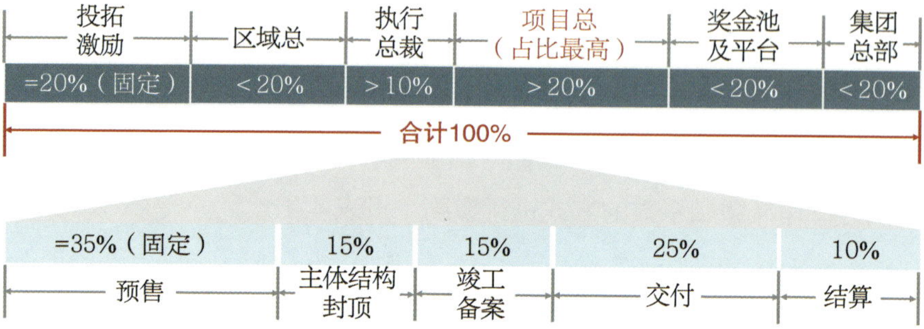

图 4–5　激励分配比例明确及按节点分配示例

第二节　运营统筹：聚力

项目总推动协同的第二个关键因素是运营统筹，即通过对项目整体运营的通盘筹划，实现各方力量的协同统一，为达成经营目标积聚力量。

企业以经营目标为导向关注进度、质量、成本和资金等要素并体现在项目运营中。项目运营是指以项目目标为导向、以开发计划为主线、以流程管理为基础、以关键成果为标志、以绩效激励为驱动的统筹管理。

运营统筹的核心是开发路径图、开发计划和阶段性成果三大关键内容。首先，开发路径图是计划管理的切入点，是项目整体计划的核心抓手；其次，在开发路径图的基础上，分解并推动开发计划达成，明确关键决策会议；最后，计划达成的标志是符合完成标准要求的阶段性成果。

阶段性成果及会议决策是计划推动的重要环节，以下我们具体来看开发路径图和开发计划。

一、开发路径图：高效开发路线

企业通常会有一套标准的开发路径或标准工期要求，但项目总需要根据每个项目的经营策略（譬如不同经营定位的要求）调整或重新规划开发路径。开发路径包括以下三个要素。

- 一是关键路径，即项目计划中最长的路线。关键路径上的活动持续时间决定了项目的工期，这条路径上所有活动的持续时间总和就是项目的总工期。
- 二是关键活动。关键路径上的任何一个活动都是关键活动，任何一个活动的延迟都会导致整个项目工期的延迟。
- 三是工期。关键路径上的耗时是指完成该项工作的时间量。缩短关键路径的总耗时，会缩短项目工期，反之会延长项目的总工期。即使缩短非关键路径上的各个活动所需要的时间，项目总工期也不受影响。

某企业通过整体规划形成了 6 个月开盘的现金流型项目的开发路径图（见图 4–6）。

为实现项目开发提效，赛普总结了早起跑、串改并、控周期三种策略（见图 4–7），这三种策略的运用贯穿于项目开发全过程。根据项目开发提效的三种策略与节点的逻辑关系，项目总可以绘制各阶段活动节点和时间要求等内容并形成标准的项目开发路径图。

项目开发提效三种策略：早起跑、串改并、控周期。

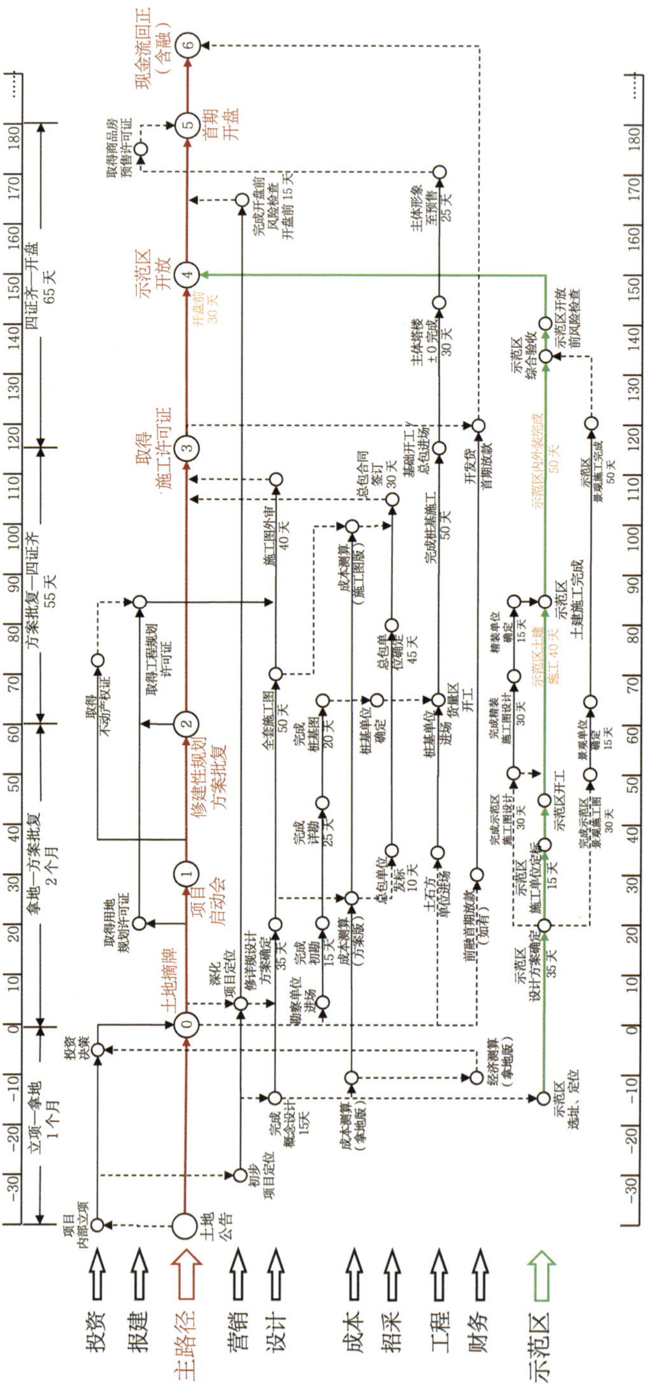

图 4-6 现金流型项目“6 个月开盘”开发路径图

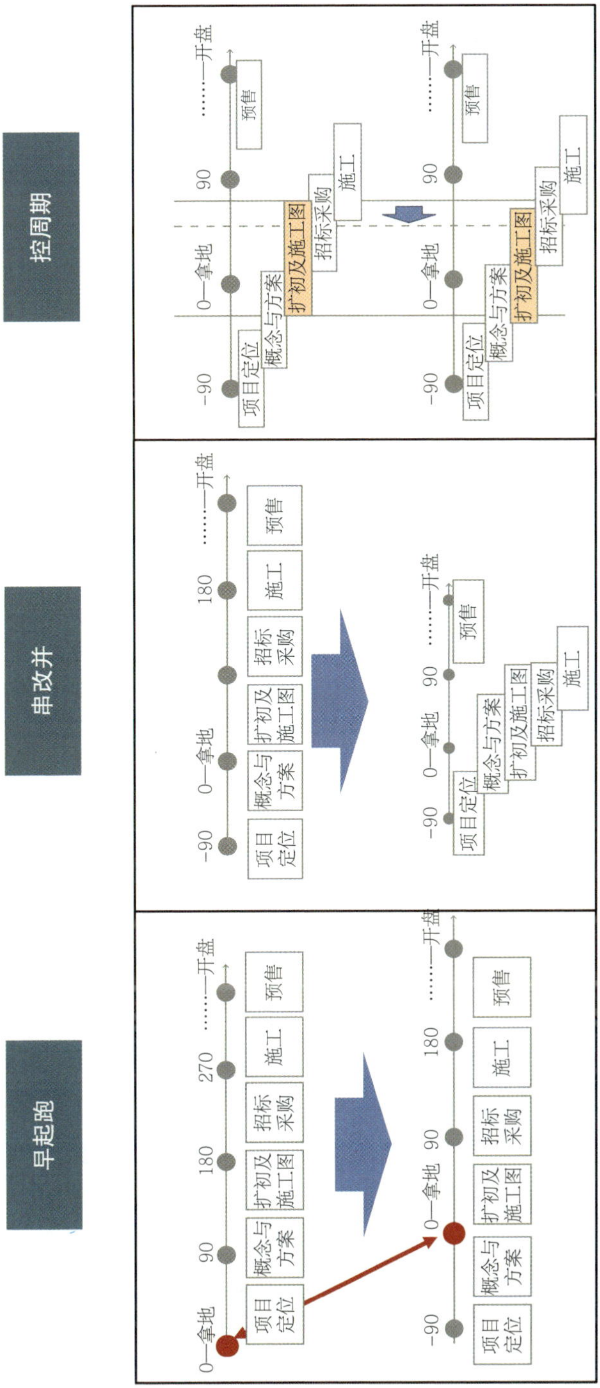

图 4–7　早起跑—串改并—控周期示例

1. 早起跑——策划先行

早起跑是指通过工作前置和策划先行，项目团队在土地摘牌前提前开展一些工作。以某企业为例，其提升项目开发效率的核心举措之一便是工作前置，即在拿地前进行各专业联动，做好定位策划前置和规划设计前置，提前开展招标，临设先行（见图 4–8）。

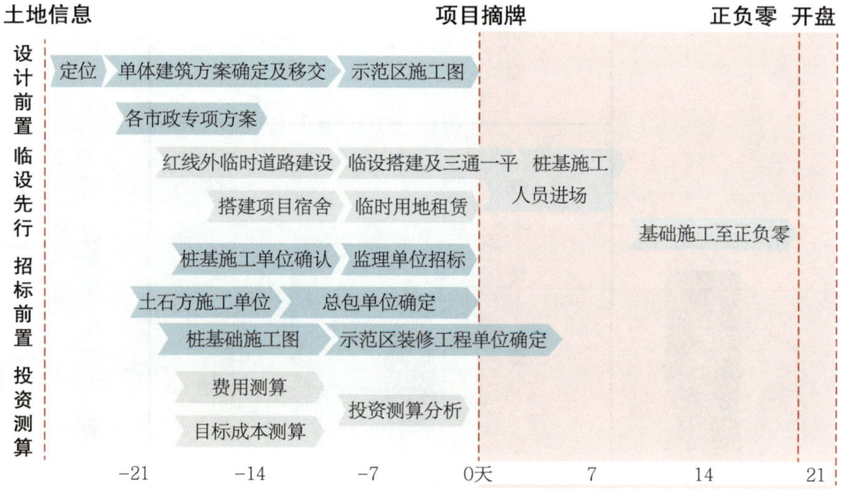

图 4–8　早起跑——项目开发工作前置示意图

早起跑的常见做法包括：拿地前完成定位和概念设计方案，可以缩短拿地后设计周期 30 天；土方提前施工，走前期工程报建；总包提前进场，总包入围单位的考察以及发标准备工作前置到施工图出图前，在完成招标图后进行总包发标工作，合同计价方式采用综合单价；示范区设计单独立项，在概念设计方案完成后（示范区选址及定位确定）独立开展，示范区开放可提前 1 个月；示范区开放至少在开盘前 1 个月，有效保证蓄客期，从而提高项目去化速度。

通常房企可以针对勾地等非招拍挂项目、招拍挂获取概率较大项目和招拍挂机会型获取项目三类项目，分别设计包括会议前置、团队组建前置、规划设计前置、勘察前置和招标前置五类前置动作，同时匹配不同项目类型，提出各类前置动作的差异化时间要求（见图4–9和表4–2）。

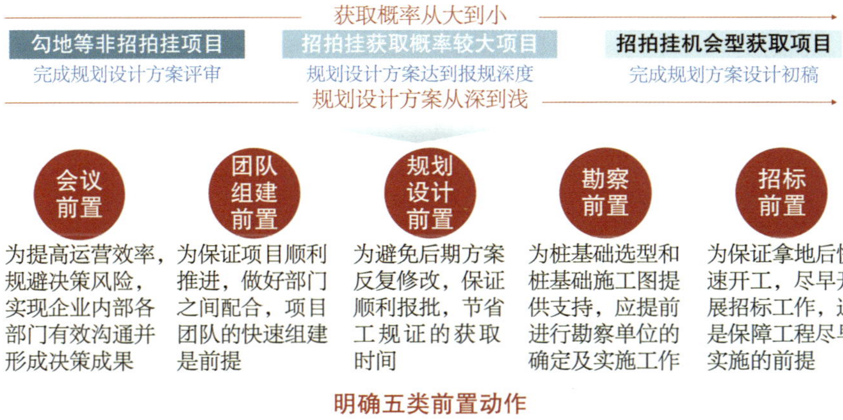

图 4–9　差异化项目前置方法

2. 串改并——缩短时间

串改并是指将部分串联的工作改为并行的工作，从而节省相关节点的工作时间（见图 4–10）。

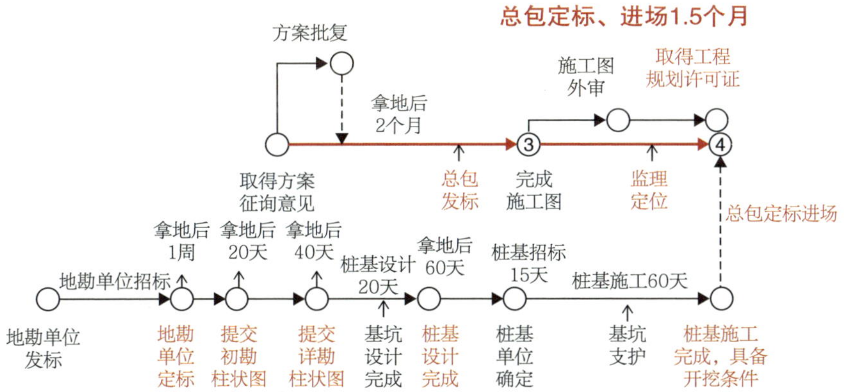

图 4–10　串改并——缩短节点时间

表 4–2　不同类型项目的差异化前置时间要求

项目类型	会议前置（部分示例）	团队组建前置	规划设计前置	勘察前置	招标前置
勾地等非招拍挂项目	区域内部启动会召开之后，推动召开总部启动会，且应在项目正式获取之前召开完成	投资立项资料通过总部审批后即组建项目团队，项目成功获取后，开工前另需增加项目财务人员、相关工程师及行政人员	规划方案在摘牌前要通过规划部门的预审批（主要地方领导认同）	项目团队组建后即启动全地块勘察工作，地块勘察完成后应启动桩基础选型工作，为后期桩基础施工图出图提供支持	应在摘牌前完成方案设计单位及勘察单位定标工作，摘牌后 1 个月内应完成土方单位、桩基础单位、护坡单位的定标工作；摘牌后 2 个月内应完成总包单位的定标工作
招拍挂获取概率较大项目	在项目获取前召开完成区域启动会，项目正式获取后立即推动召开总部启动会		开发报建团队（项目总、项目开发负责人、项目设计负责人）应做好提前与当地规划部门的沟通	拍地前应完成勘察单位招标立项工作，拍地后即启动勘察单位发标、评标及定标工作，定标后即启动地块内勘察相关工作	提前完成方案设计单位招标工作，摘牌后 1 个月内完成勘察单位定标工作；摘牌后 1.5 个月内完成土方单位、桩基础单位、护坡单位定标工作；摘牌后 3 个月内完成总包单位定标工作
招拍挂机会型获取项目	可在项目正式获取之后召开区域内部启动会，区域内部启动会召开完成后，按总部要求推动召开总部启动会	项目正式获取之后即组建项目团队		如果项目地块成功获取，则应在地块获取当日开始 15 天之内完成勘察单位定标工作，30 天内完成地块详勘工作（需出具详勘报告）	如成功获取，从获取当日开始计算 10 天内应完成方案设计单位定标工作，1 个月内完成勘察单位定标工作，2 个月内完成土方单位、桩基础单位、护坡单位定标工作，4 个月内完成总包单位定标工作

串改并的常见做法包括：设计节点并行，方案设计阶段即确定施工图设计单位，取得方案设计审查意见通知书前并行桩基施工图设计；工程节点并行，在取得方案批复后即刻启动桩基或土方施工，待基础工程施工至正负零前取得项目施工许可证。其中，“五证”（国土证、建设用地规划许可证、建设工程规划许可证、建设工程施工许可证与预售证）的获取与开发周期中的各阶段有着密切的关联，而报建通常都是关键节点。串改并的一个重点在于，从通常业务要等报建结束后才能启动变成业务与报建工作同步开展。

以总包招标与施工图设计并行开展为例，总包入围单位的考察以及发标准备工作常被置于施工图出图前，项目在完成招标图后方可进行总包发标工作，并确保总包发标到定标有 60 天的时间。可借鉴做法为：在建筑施工图、结构施工图、正负零以下以及预留预埋等完成后，项目形成招标图并进行发标。

3. 控周期——控制工期

控周期是指在产品相对标准化的前提下，在保障合理工期、不损害质量和客户满意度等目标的要求下，控制阶段性工作的工期和时间，尤其是关键路径的时间和周期。

通过控周期，示范区至少在开盘前 1 个月对外开放，确保至少 1 个月的蓄客时间。为此，项目在拿地前就要确定示范区的选址和定位。在开盘前 5 个月，售楼处及样板房的施工图设计、精装修和景观施工图设计都要完成。示范区总体施工时间控制在 4 个月以内，外装与内装及示范区景观施工可穿插进行。

从整体来看，设计线、报建线、工程线、成本招采线和营销线均可以在项目开发各个节点围绕早起跑、串改并和控周期三大策略进行项目的策划。比如，在营销线中，定位可以早起跑，示范区开放可以串改并与控周期；在工程线中，土方与桩基可以早起跑，工程施工过程抢工期即为控周期（见表 4–3）。

表 4–3　各专业线三大策略实施

专业线	早起跑	串改并	控周期
设计线	方案		方案、施工图
报建线		施工图、详勘	五证、方案批复
工程线	土方、桩基		抢工期
成本招采线	招标前置		
营销线	定位	示范区	示范区

在厘清项目开发定位时，房企还需考虑项目经营定位。项目经营定位不同，项目的开发路径也会有所差异。现金流型和均衡型项目的开发路径逻辑如图 4–11 所示。

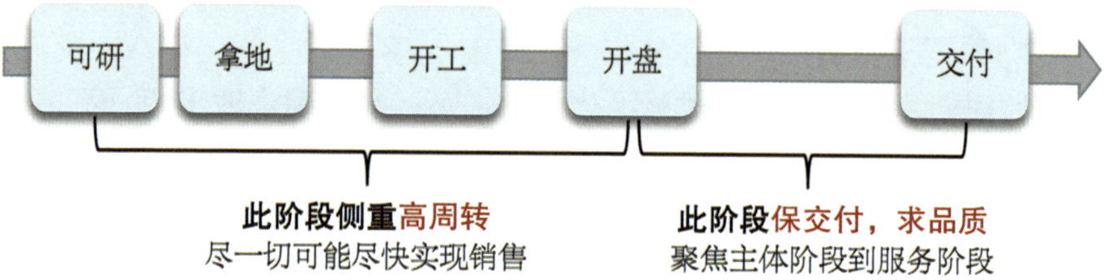

图 4–11　现金流型和均衡型项目的开发路径逻辑

在开盘前的阶段，房企强调高周转，尽一切可能尽快实现销售；在开盘到交付阶段，房企应聚焦产品品质，保持正常的开发进度，整体保持前紧后松。若项目总工期不变，那么项目的开发节奏可以按图 4–12 进行调整。

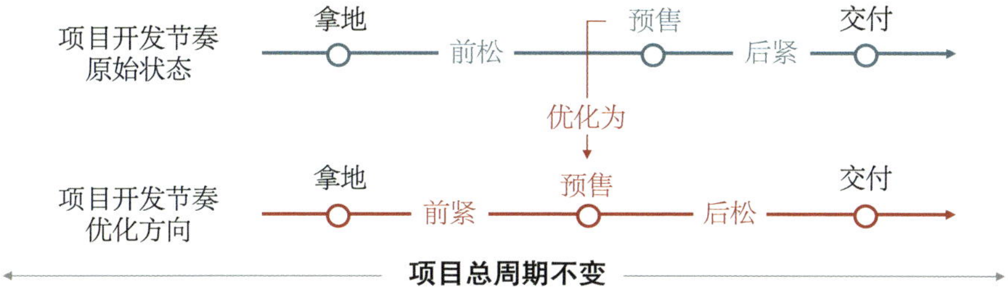

图 4–12 项目开发节奏调整

而对于利润型项目，设计阶段侧重产品高溢价，产品溢价在前端方案设计阶段已决定 80%，要高度重视前端设计环节，预留充足时间，定位精准、设计充分；报建阶段侧重效率提升，在报建时间充分预留的前提下尽可能提效；施工阶段侧重质量保证，在产品品质保证的基础上提升客户满意度。利润型项目的开发路径逻辑如图 4–13 所示。

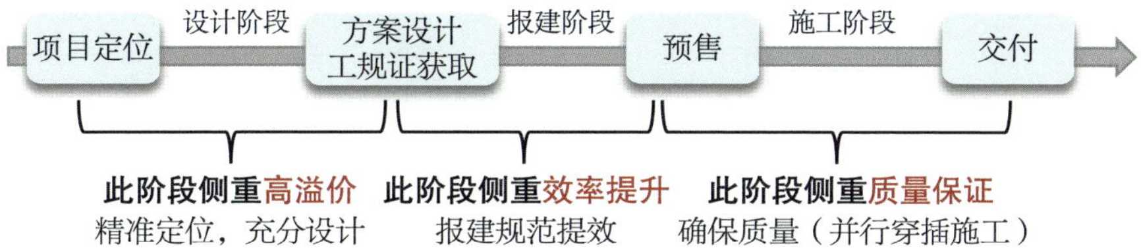

图 4–13 利润型项目的开发路径逻辑

二、开发计划：运营统筹主线

以计划为主线，项目总可以有效地将任务分解至相关责任人，明确完成时间与完成标准，指导计划责任人完成相关计划任务，最终推动项目各项工作的协同。

节点计划一般从开发进度难点或瓶颈、财务及现金流影响、产品品质、管理精细化和客户导向五大维度考虑，反映了企业的管理导向。比如，品质要求高的企业通常会增设较多风险检查停止点，周转要求高的企业会设置销售达到 40%、70%、95% 或自有或经营性现金流回正等节点（见图 4–14）。

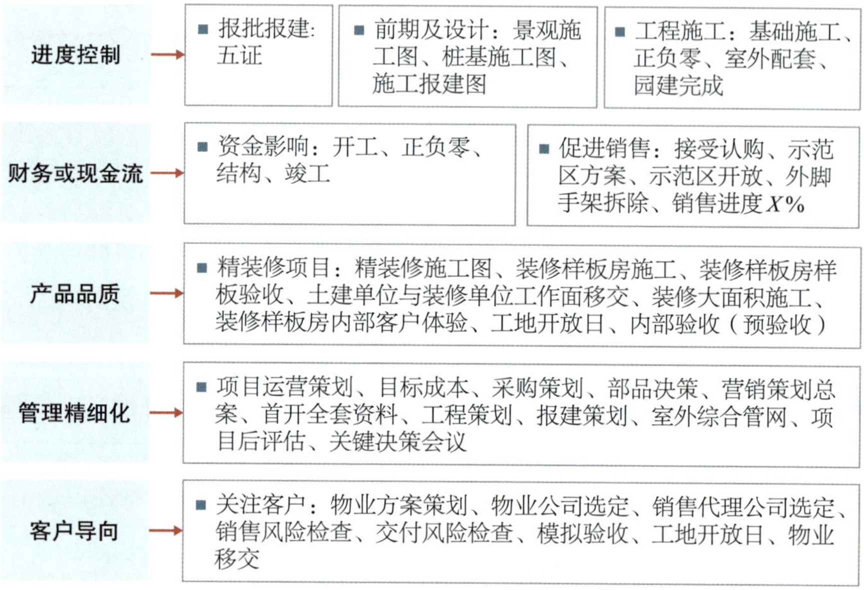

图 4–14　节点计划关注的五大维度

1. 计划分类——分级分类“各司其职”

项目开发节点计划通常可分为主项计划（也称为全景计划、全周期计划）、专业计划和专项计划三类，主项计划包括里程碑节点、一级节点和二级节点。

（1）里程碑节点——创价值

里程碑节点的设置原则是根据公司或项目特点选取项目开发价值链上“创造价值最大”的关键活动，节点个数通常控制在 10 个以内。

（2）一级节点——强协同

一级节点的设置原则是选取开发路径上较为重要且需要各部门相互协作的活动，或是对其他部门后续工作影响较大的活动，其主要目的是协调各部门之间的工作配合。企业对于一级节点的设置差异较大，主要是根据企业实际情况来进行相应设置的，一级节点的数量通常在 50 个以内，同时需要将重要的一级节点通过专项计划落地。

有些企业将里程碑节点计划等同于一级节点计划。

（3）二级节点——落执行

二级节点细化到具体的工作项，根据里程碑节点和一级节点逐级分解并形成项目的执行计划，细化到需操作层面重点关注且通常可由单个专业独立完成的节点，节点数量通常为 100~300 个，对精细化要求高的公司还会制订专业计划，如设计专业（建筑方案、施工图、景观、精装等），这些专业计划可构成三级节点计划（见图 4–15）。

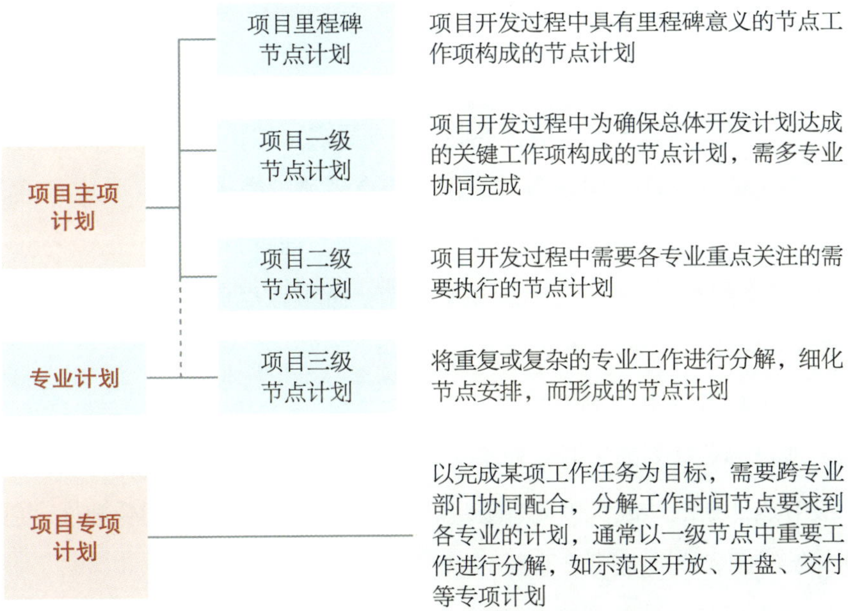

图 4–15　项目开发节点主项计划与专项计划

2. 计划制订——明确计划管理全要素

（1）明确计划的编制主体

主项计划编制主体需要根据项目总定位及项目管理模式来确定。如果是运营型（平衡矩阵或强矩阵）或经营型（项目公司）项目总定位，那么主项计划通常由项目总根据公司确定的里程碑节点要求主导编制，而工程型（职能式）、协调型（弱矩阵）项目总定位则由企业运营管理部门主导编制。

专业计划编制主体上由各专业部门负责人主责，依据主项计划要求分解编制。

专项计划是基于某一阶段任务目标的跨专业的工作安排，由该项任务的主责部门主导编制，如开盘由营销部门主导，交付由客户关系部门主导。

（2）项目主项计划及要求

基于开发路径图及工期标准制定，项目总可输出项目的主项开发计划。完整的计划应该包括节点级别、节点名称、完成标准、认定形式、对应会议、对应成果、主责专业、协作专业、前置节点、责任人、完成时间 11 个要素，即每一个独立的计划节点都应该尽可能包含以上 11 个要素，由此构成计划节点卡片（见表 4–4）。

（3）项目专业计划及要求

项目专业计划通过对专业工作内容及时间的进一步细化，确保专项二级节点计划的达成。因此，项目总要特别关注时间安排的合理性，包括开始时间和完成时间（见表 4–5）。

（4）项目专项计划及要求

在主项计划的基础上，项目总应推动各专业线编制并形成各专项内控计划，指导各专业、各责任人在不影响主项计划正常完成的前提下推动相关计划任务的落实。

表 4–4 项目主项开发计划节点卡片示例

序号	节点级别	节点名称	完成标准	认定形式	对应会议	对应成果	主责专业	协作专业	前置节点	责任人	完成时间
1	里程碑	土地获取	签订土地出让合同	上传备案	无	土地出让合同	投资	开发		……	……
2	一级	取得建设用地规划许可证	取得建设用地规划许可证	上传备案	无	建设用地规划许可证	开发	设计	土地获取	……	……
3	一级	规划方案设计完成	方案设计评审通过	会议评审	规划方案设计评审会	规划方案设计成果	设计	营销、成本、开发		……	……
4	一级	项目启动会	项目主项计划评审通过并签订目标责任书	会议评审	项目启动会	项目主项计划目标责任书	运营	各部门	规划方案设计完成	……	……
……	……	……	……	……	……	……	……	……	……	……	……
……	……	……	……	……	……	……	……	……	……	……	……

表 4–5　设计建筑专业计划示例

任务名称	开始时间	完成时间	责任人	输出成果
4.1 规划及建筑、结构、机电、方案设计	……	……	……	……
4.1.1 编制《规划及建筑方案设计任务书》	……	……	……	……
4.1.2 组织《规划及建筑方案设计任务书》评审	……	……	……	……
4.1.3 规划及建筑方案设计	……	……	……	……
4.1.4 规划及建筑方案设计内部评审	……	……	……	……
4.2 方案设计内部评审通过	……	……	……	……
4.3 修建性详细规划批复	……	……	……	……
4.4 方案报审批复	……	……	……	……
4.5 地质勘察	……	……	……	……
4.5.1 提交勘察技术要求	……	……	……	……
4.5.2 选择勘察单位	……	……	……	……
4.5.3 完成地质中间数据并提交报告	……	……	……	……
4.5.4 完成地质详细勘察并提交报告	……	……	……	……
4.6 单体建筑方案设计评审通过	……	……	……	……
4.7 产品配置标准（单体方案版）评审通过	……	……	……	……
4.8 当期开发区域方案设计（含单体方案）通过政府审查	……	……	……	……
4.9 项目成本匡算编制	……	……	……	……
4.10 专项设计及报建报批	……	……	……	……
4.10.1 消防报建设计	……	……	……	……
4.10.2 人防规划报建	……	……	……	……
4.10.3 防雷报建设计	……	……	……	……
4.10.4 卫生防疫报建设计	……	……	……	……
4.10.5 专项报建报批	……	……	……	……

同时，项目总通常需要重点关注六个专项计划，包括示范区、报批报建、招标采购、开盘、竣工验收、产品交付。这六个专项计划对推动各专业部门协同与配合、达成各阶段相关任务工作目标进而达成项目目标具有关键作用（见表 4–6）。

表 4–6　重点关注的六个专项计划

计划名称		编制依据	初次编制并审批通过时间	组织部门
1	示范区专项计划	项目一、二级计划	项目启动会前	营销管理部
2	报批报建专项计划	项目一、二级计划	项目一、二级计划确定后 15 天内	开发部
3	招标采购专项计划	项目一、二级计划，项目采购策划方案，工程施工进度	工程施工进度计划确定后 20 天内	采购管理部
4	开盘专项计划	项目一、二级计划，项目营销推广实施方案	项目营销推广实施方案确定后 1 周内（开盘部分可以在开盘前 1 个月完成）	营销管理部
5	竣工验收专项计划	项目一、二级计划	竣工验收前 2 个月	项目部
6	产品交付专项计划	项目一、二级计划	集中交付前 1 个月	客户关系部

专项计划要特别关注各专业部门之间的搭接关系及配合要求，明确输出成果（完成标志），必要时明确交接标准要求。表 4–7 列出了示范区专项计划示例。

3. 计划跟踪——动态掌握计划进度

计划是确保目标、任务达成的手段，项目总还需要对计划进行动态监控，通过“红黄绿灯”等机制实时了解各项计划的开展进度，同时掌握计划管理过程中的重点、难点和卡点，提出计划推进的策略和举措，

表 4–7　示范区专项计划示例

序号	类型	控制节点	完成标志	完成时间	责任人	交接标准	责任部门
1	一级	运营节点计划确认	《项目运营节点计划会会议纪要》				项目
2	二级	规划方案确认	《规划方案决策会会议纪要》				设计管理
3	二级	营销需求确认	相关邮件或会议纪要				营销管理
4	二级	工程策划确认	《项目工程策划提报会会议纪要》				项目
5	一级	规划方案获批	建设工程规划许可证				开发报建
6	二级	示范区实施方案确定	《实施方案整体决策会会议纪要》				设计管理
7	二级	示范区材料部品确定	《实施方案整体决策会会议纪要》				设计管理
8	一级	示范区施工图确认	《施工图联合审图会议纪要》				设计管理
9	二级	示范单位精装修图纸完成	相关邮件或会议纪要				设计管理
10	二级	包装方案确认	相关邮件或会议纪要				营销管理
11	二级	物业管理方案确认	《物业管理方案提报会会议纪要》				物业
12	一级	示范区桩基开工	示范区桩基开工照片				项目
13	一级	示范区地下室封顶	示范区地下室封顶照片				项目
14	二级	销售中心装修单位进场	销售中心装修单位进场照片				项目
15	二级	示范单位装修单位进场	销售中心装修单位进场照片				项目
16	二级	销售交底和培训完成	相关邮件或会议纪要				营销管理
17	二级	销售中心开放前完成风险检查	销售中心开放前风险检查报告				营销管理
18	一级	销售中心开放	销售中心开放照片				项目部及营销管理
19	二级	示范区外立面落架	示范区外立面落架照片				项目
20	二级	示范区室外防水、回土、配套、硬景、道路完成	配套、硬景、道路完成照片				项目
21	二级	示范区开放前完成风险检查	示范区开放前风险检查报告				项目
22	一级	示范区开放	示范区开放照片				项目部及营销管理

并推动落地，以确保计划按时完成。

谁来跟踪节点完成情况呢？原则上，谁主导计划的编制，谁就负责跟踪。通常，运营型或经营型项目总需要全过程跟踪了解主项计划完成情况，随时知道“接力棒”在谁的手里。项目总可以通过周例会了解节点完成情况，并在月度经营例会上进行汇报，推动各节点按时完成（见图 4–16）。

4. 计划推动——阶段性成果及会议

（1）成果跟踪——保障关键成果输出

各阶段关键成果是指为提高项目运作效率和品质，从项目拿地开始到项目结束全过程中关键节点标志性输出和包含内容的总称。

关键计划的达成通常以阶段性成果的输出为完成标志，成果输出的质量会影响后续工作的进展。因此，项目总需要明确相应成果的质量要求，包括深度及细度，通常需明确统一的模板。项目总要参与审核各阶段的关键成果，确保成果质量符合标准要求（见表 4–8）。

（2）成果分类——提升成果管理精细度

各阶段关键成果主要可以划分为方案或图纸报告类、外部批复及证照类和实体成果类三大类别。

方案或图纸报告类成果反映项目各阶段需要输出的工作成果内容及深度要求，体现专业化和标准化操作的要求，是确保下游工作按时、保质开展的前提条件，如《产品定位报告》《概念设计任务书》等。方案或图纸报告类成果是需要各专业充分交圈协同、评审决策后输出的关键成果，项目总需要对此类成果内容高度重视。

外部批复及证照类成果包括外部机构发放的各种与项目开发相关的批复文件、意见、证照与证明等，如施工许可证等。

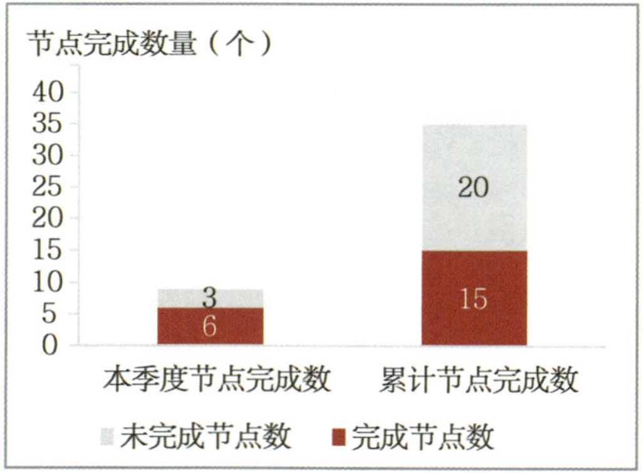

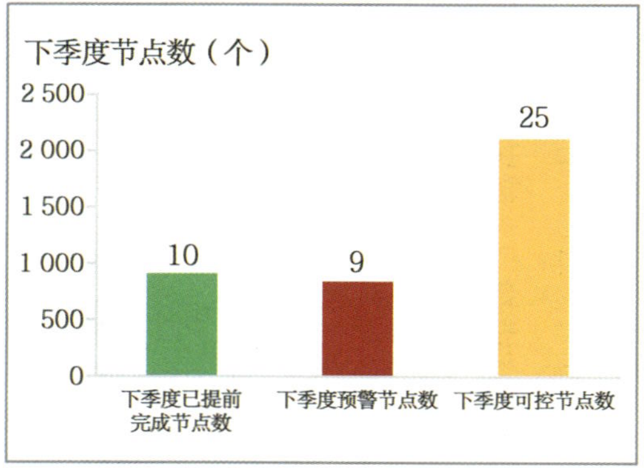

计划任务	责任单位或责任人	计划级别	计划完成时间	估计延迟天数	计划预警
施工至±0	××	里程碑	2020-04-05	10天	●
……	××	二级	2020-04-13	7天	●
……	××	二级	2020-04-20	7天	●
……	××	二级	2020-05-06	7天	●
……	××	二级	2020-05-15	7天	●
……	××	二级	2020-05-31	7天	●
开盘	××	里程碑	2020-06-05	7天	●
……	××	一级	2020-06-10	5天	●
……	××	一级	2020-06-15	5天	●
……	××	二级	2020-06-22	0天	●

图 4–16　计划动态监控分析与预警

表 4–8　各阶段关键成果及成果跟踪管理表示例

按时完成	▲	延期完成	▲（红）											
逾期未完成	●	忽略不列入跟踪范围	……											
序号	项目阶段	关键成果名称	××				××			××				
			1 期	2 期	3 期	4 期	1 期	2 期	3 期	1 期	2 期	3 期	4 期	5 期
01	项目拓展论证阶段	项目可行性研究报告	……	……	……	……	……	……	……	……	……	……	……	……
02		项目目标成本（可研版）	▲	▲	▲	▲	……	……	……	▲	▲	▲	▲	▲
03	项目策划阶段	概念设计任务书	▲	▲	……	▲	……	……	……	▲	▲	▲（红）	▲（红）	▲
04		概念设计成果	……	……	……	▲	……	……	……	……	……	……	……	……
……		商业业态布局规划方案	▲	▲	▲（红）	▲（红）	▲	▲	▲	▲	▲	▲	▲	▲
……		产品定位报告	……	……	……	▲	……	……	……	▲				
……		项目目标成本（定位版）	……	……	……	▲	……	……	……	▲				
……		项目一级节点计划	……	……	……	……	……	……	……	……	……	……	……	……
……		项目开发指导书（终稿）	……	……	▲	▲	▲	▲	▲	▲	▲	▲（红）	▲（红）	▲
……		项目总控计划	……	……	……	●	……	▲	……					
……	方案设计阶段	……	……	……	……	▲	……	……	……					
……		……	▲	▲			▲	▲	▲	▲				
……		……	……	……	……	▲	……	……	……					
……		……	……	……	▲		……	……	……					
……		……	……	……	▲		……	……	……	▲				

（续表）

按时完成	▲	延期完成	▲											
逾期未完成	●	忽略不列入跟踪范围	……											
序号	项目阶段	关键成果名称	××				××			××				
			1 期	2 期	3 期	4 期	1 期	2 期	3 期	1 期	2 期	3 期	4 期	5 期
……	初步设计阶段	……	……	……			……	……	……					
……		……	……	……	▲		……	……	……	▲				
……		……	▲	▲	▲		▲	▲	▲	●				
……		……	▲	▲	▲		▲	▲	▲					
23	施工图设计阶段	施工图设计任务书	……	……	▲		▲	▲	▲					
24		示范区施工图	……	……	……		▲	▲	▲					
25		施工图设计成果	……	……	▲		▲	▲	▲					
26		项目目标成本（正式版）	▲	▲	▲		▲	▲	▲					
27		景观初步设计任务书	……	……	……		……	……	……					
28		景观初步设计成果	……	……	……		……	……	……					
29		室内装饰方案设计任务书	▲	▲										
30		室内装饰方案设计成果	▲	▲	▲		▲	▲						

以工程项目开发过程完成的实体展示为例，实体成果类成果是可以通过现场查看、照片等体现的成果。

（3）成果评审——保障操盘成果质量

方案或图纸报告类成果对项目的操盘质量非常重要。项目总可以通过设立专项评审会、交圈小组的形式形成多专业交圈的机制，严格把控成果质量；也可以在会前严格按照成果输出的标准模板（若无，则需沉淀总结）编制相关内容，并提前发送相关专业预审材料；还可以在会后基于专业评审意见对成果进行修订完善，最终形成并输出确认版的成果内容。

（4）成果总结——提升后续操盘能力

项目总需要对阶段性成果不断总结并形成可以复制使用的模板，这对提升成果质量和成果输出效率非常重要。在项目操盘过程中，项目团队不仅要严格使用企业提供的成果模板，也要在实操基础上不断深化总结，形成可以复制推广的成果创新点。一些领先企业将阶段性成果的知识沉淀作为项目总工作成功的一项重要标尺，可见该工作的重要性。

项目总通过充分掌握并应用开发路径和计划全过程管理的各要素，统筹各专业按此推进，能够将项目团队的力量聚集到同一个方向上，聚力前行，达成目标。

第三节　横纵贯通：借力

要想操盘成功，项目总往往需要具备强大的“填坑”能力。项目总要想操盘成功就需要综合统筹多方资源并及时调整策略，以推动项目经营目标达成。得道者多助，失道者寡助，为确保项目顺利开发，项目总需“长袖善舞”，通过向上管理、横向拉通、纵向贯通及文化协同等多种手段充分借力，聚集各方力量以实现项目成功（见图 4–17）。

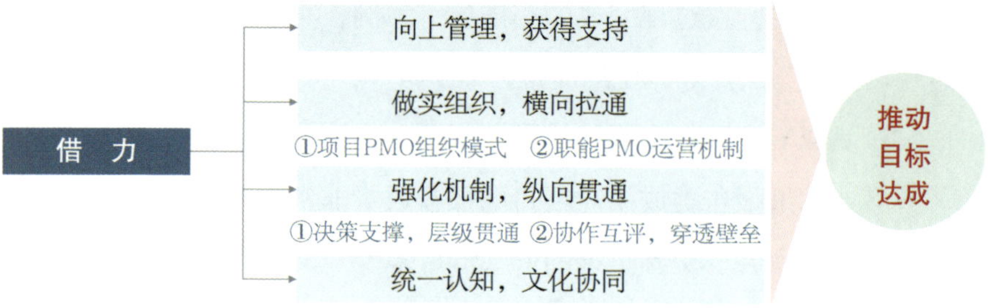

图 4–17 围绕项目开发横纵贯通“借力”

一、向上管理，获得支持

项目总要做好向上管理，从而获得上级支持、信任及必要的授权。

一是通过定期的主动沟通建立并保持与上层的信任关系。项目总要具备主动与上级构建良好关系的能力，在责权分工基础上能够积极向上思考，不拘泥于个人职能分工及授权边界，不断与上层领导沟通项目操盘过程中出现的问题与建议，主动获得上级的反馈与支持，同时让上级及时了解项目进展情况，使其帮助解决项目可能出现的问题，特别是需要多专业部门协同配合的问题。此外，项目总还要与上级就项目目标及可能的调整达成一致，沟通双方的期望，达成相互信任。

二是构建引导人培养模式，提升自身能力。项目总可以请求城市公司领导班子担任项目总操盘引导人。一方面，这可以为项目总提供直接的上级支持；另一方面 ，“干中学”的任务模式可以不断解决突破项目操盘中的难点，确保项目顺利完成，逐步提升项目总自身的实操管理能力与水平。此外，项目总可以重点关注自身能力的薄弱环节，并有针对性地设置挑战性任务，如工程转型的项目总可以针对性设置营销操盘策略推演任务，营销转型的项目总可以重点培养工程技术专业性任务，明确挑战性任务达成标准，分解任务，形成明确的完成时间和责任人，并在项目过程中获得上级的关注、指导和协助。由此，项目总可以提升自身的操盘管理能力。

二、做实组织，横向拉通

横向协同指的是项目总有效拉通项目各专业人员，齐心协力推动项目顺利开发，并确保经营计划有效达成。充分的横向协同，依赖完善的协同性组织、机制和文化建设。组织协同为项目总调动资源奠定了基础，机制协同为项目总高效操盘提供了驱动，文化协同则为项目操盘成功提供了源源不断的活力。

1. 项目层面：PMO 组织模式

在组织协同机制设计上，针对项目矩阵管理模式，房企需要通过建立项目总牵头的项目工作群，即 PMO 模式，如“1+7”PMO 模式，从而形成最基本的作战单元。“1+7”PMO 模式指的是 1 位项目总牵头 7 个 PM 形成多位一体的一线作战单元。项目总对项目推动承担首要责任，项目团队横向沟通，城市职能线纵向管控与赋能。7 个专业并非完全固定，需要根据企业实际管理情况进行调配（见图 4–18）。

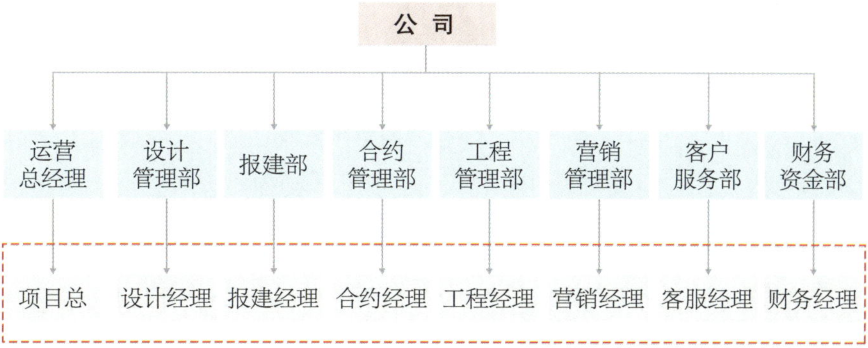

图 4–18 “1+7”PMO 模式示意图

上述 PMO 模式如何才能形成合力呢？其核心在于项目总要能够做

到责权匹配，即基于项目总定位对各专业职能赋予一定的管理权限，包括业务知情权、过程决策权、人事管理权等。业务知情权是指对各阶段的输出成果及决策信息有了解权利；过程决策权是指对开发过程的相关成果具有参与决策的权利；人事管理权包括项目的 PM 考核权及项目 PM 选用的否决权。

2. 职能层面：PMO 运营机制

为推动各职能专业协同配合项目开发，房企需建立各职能与项目的协同推动机制（常见采用 PMO 运营机制），进行各专业条线的协同运营和管理（见图 4–19）。

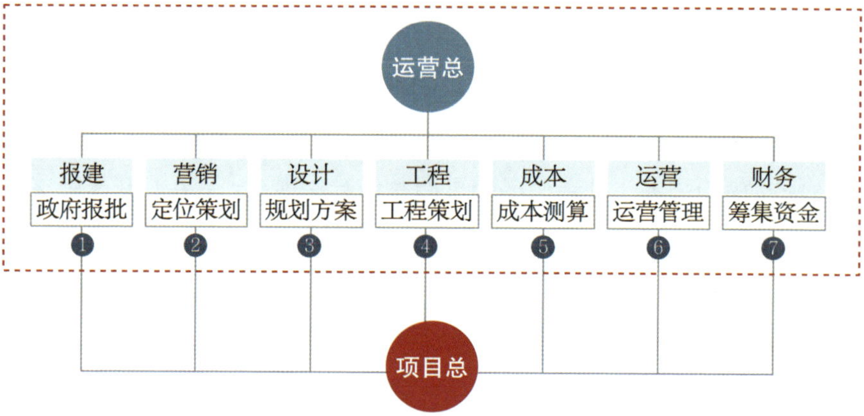

图 4–19　PMO 运营机制示例

PMO 负责人通常由分管运营的负责人、副总或总经理直接担任。项目总难以推动协同的事项，由 PMO 负责人牵头组织，由 PMO 组织内人员共同推动，通过 PMO 会议形式进行沟通决策，并作为任务落地的管理保障。

三、强化机制，纵向贯通

项目总在项目开发过程中遇到的很多问题（如资金问题、预算问题等），往往不是项目层面能够调动资源解决的，而是要升级到城市公司甚至集团总部解决。这就更加考验项目总沟通、协调和借力的能力，而一些纵向贯通的机制也能为项目总借力提供保障。

1. PMO 沟通机制：业务与决策下沉

PMO 沟通机制指的是拉通项目总和城市公司的关键决策人（如城市总、城市运营总、职能部门负责人等）形成固定的沟通机制，以定期的会议沟通、线下的汇报沟通或微信群沟通等形式，提高协调的效率。PMO 沟通机制本质上是将更高层级的人员和资源下沉到项目层面，打破横向专业及纵向层级不贯通的组织壁垒，通过城市总或城市运营总组织协同，帮助项目总攻坚克难。PMO 沟通机制有两种典型的表现形式：圆桌交圈会议机制和铁三角沟通机制。

（1）圆桌交圈会议机制

圆桌交圈会议机制包含城市总、运营副总、职能负责人、项目总和圆桌秘书等几类基本角色。在圆桌交圈会议中，项目总可直接将项目问题快速上升至城市或区域层面，借助高层领导的权限，调动城市或区域内外部资源，从而在更高层级的授权范围内共同进行经营或项目的重大事项决策，其核心本质在于业务下沉和决策下沉，助力项目开发快、准、稳。

圆桌交圈会议可以采用分级决策制及轮值责任制，即职能部门的内部事务由各部门负责人决策，城市总经理授权的重大事项由圆桌成员共同决策，日常决策由轮值召集人负责。所有的圆桌领导都必须下沉，负责具体业务工作，没有具体业务工作的人员要被淘汰，必须让“听得见炮火的人”来做决策（见表 4–9）。

表 4–9　圆桌交圈会议协调事项表

序号	提报事项	专业端口	协调事项	需协调端口	是否已与相关端口沟通	建议措施	提请圆桌交圈会议协调（完成时间或协调诉求）	对进度的影响	圆桌回复
1									
2									
3									
4									
5									
……									

（2）铁三角沟通机制

铁三角沟通机制指围绕项目目标达成，城市公司内部形成由项目总、城市运营总、城市专业总三类角色形成的沟通机制。其中，项目总定位为前台作战连队，在遇到无法解决的重难点问题时，可以将该事项列入铁三角专项议题中；城市运营总定位为资源中台，在每次收到铁三角专项议题后，迅速召集相关专业总与项目总研讨商议解决方案，比如需向上协调资源时，城市运营总可以协调城市总或者上一层级的领导资源解决；城市专业总定位为资源后台，配合城市运营总的统筹协调权限，服务于项目目标达成（见图 4–20）。

在铁三角沟通机制运转过程中，城市运营职能应做好服务、跟踪与评估工作，响应项目总的作战需求，及时做好议事台账，跟进议题处理进度与效果，当城市专业总方案响应速度不足时，可及时提出预警。

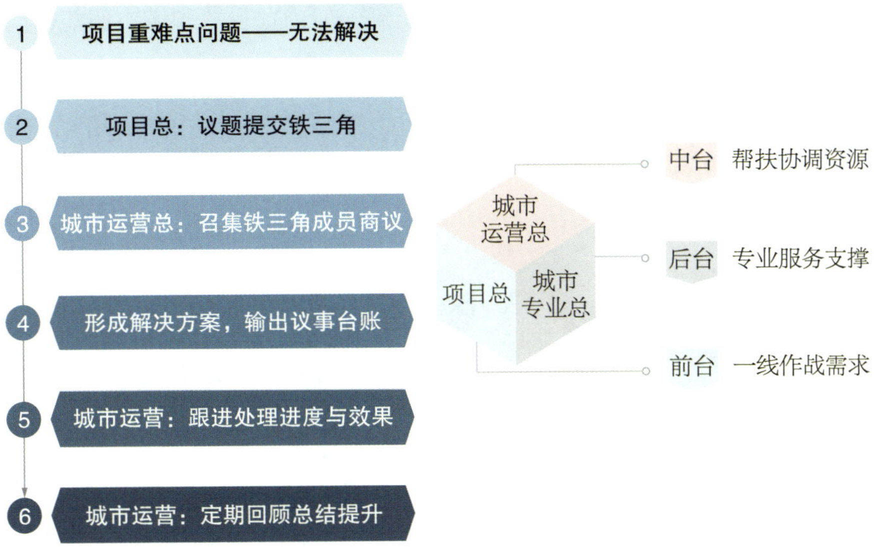

图 4–20 铁三角议事规则

总的来看，圆桌交圈会议机制与铁三角沟通机制的本质都是为了打破纵向壁垒，实现责权贯穿。圆桌交圈会议机制是城市总整体统筹、各专业总集体承责决策的纵向贯穿机制，适用于城市公司规模不大且城市总深入参与经营全过程的管理模式。铁三角沟通机制进一步下沉责权，城市运营总作为统筹协调的中心，其他专业总配合协助，适用于城市公司规模较大且城市总充分授权城市运营总的管理模式，同时也可以赋予城市运营总给予其他专业总一定范围的管理权限，避免管理不同步、资源协调难等问题。

PMO 沟通机制有两种典型的表现形式：圆桌交圈会议机制和铁三角沟通机制。

2. 协作互评机制：上下贯通，穿透壁垒

协作互评机制遵循齐心协力、合作共赢的原则，通过定期评价推动

项目与各专业领域的协同。协作互评机制一般由项目总和城市职能部门负责人两类角色组成，评价内容是经营协作支持度（见图 4–21）。

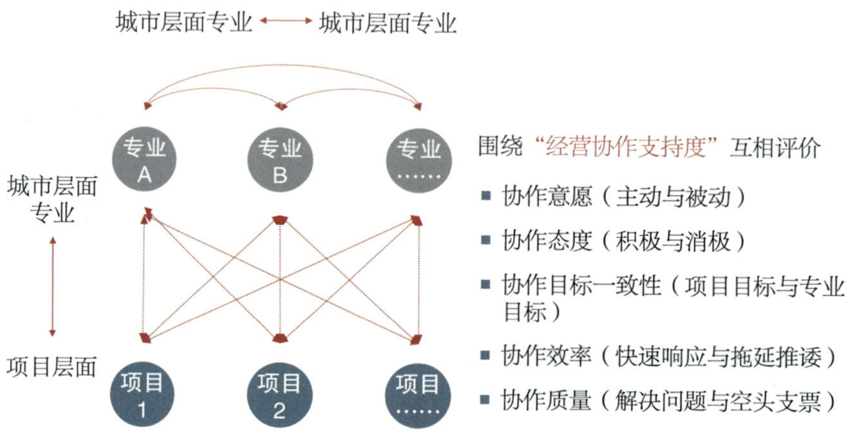

图 4–21　协作互评关系图

协作互评机制的对象可以是个人（如项目总、专业总等），也可以是各管理单元（如项目部、城市公司某专业部门等）。项目总可以围绕项目操盘，从城市公司各专业协作意愿、态度、目标一致性、效率、质量等方面开展协作评价。如果项目问题不能得到及时响应和解决，项目总就可以借助协作互评机制向上做出合理反馈，帮助城市公司相关专业进行改进和提升。

一般来说，协作互评结果需要通过考核手段进行落实，这样才能真正帮助项目总打破纵向沟通壁垒，推动城市专业部门服务于项目目标。考核手段可以多种多样，如纳入组织绩效考核指标、个人绩效考核指标、月度例会点评等。同时，协作互评不仅需要展示客观评价结果，也需要深入分析评价结果背后的原因，因此在评价内容设计上，除了客观打分，还需辅以评价依据说明及优化改进建议。此外，人力资源部也可以组织小范围的内部反思沟通，协作不到位的双方需要进行坦诚沟通和交流，以实现改进提升。

四、统一认知，文化协同

文化协同是指通过打造认知统一的项目团队，为项目总注入协同源泉。

文化协同的核心是拉平团队成员的认知水平和能力水平，打造项目的团队意识和团队凝聚力。正如物以类聚、人以群分，每个个体的文化价值观只有在差异不大时，才能塑造出更好的团队氛围，从而减少个体间协作的摩擦力。这要求项目总不断拉平团队内各成员的认知水平，尽可能缩小个体与组织之间的认知差异，从而提升协同的认知意识。

为了实现高协同文化，项目总需要做到以下几点。第一，项目总在团队成员的选取、录用、晋升和调动时，都要优先考虑协同意识强或工作习惯差异不大的成员，淘汰协同意识差的成员；第二，从团队培养维度来看，项目总将合作意识和协同能力等打造项目文化协同力的通用素质纳入培养范围，并通过项目组户外团建活动、内部反思沟通、项目总专项座谈会、项目月度文化快报等丰富多样的方式为团队注入文化凝聚力，不断提升项目团队的敬业度。

第四节　善用抓手：驱力

项目总要善用抓手，驱动各方力量形成合力，围绕项目成功进行共创共担。

一、会议机制：信息交圈，高效决策

不论是规模型房企还是中小型房企，项目会议体系都是必不可少的操盘推动工具。项目总要做好项目会议的统筹工作，全程引导与会人员

聚焦会议重点内容进行发言讨论，并形成决策意见，以会议为抓手，实现提前策划、信息交圈与高效决策，驱动业务落地。

其中，提前策划可前置工作开展思路、关注重点及后续计划；信息交圈可实现部门间、专业线间、项目内信息互通，确保信息对称性；高效决策可解决项目关键问题，实现项目高效推进。

从召开时机来看，项目会议可以分为定期的项目例会和承接关键节点的项目经营决策与策划会。

1. 项目例会：信息交圈，推动协调动态管理

项目周例会机制主要聚焦于本周内项目跨专业事项交圈、进度跟进及遗留问题解决，驱动项目层面各专业实现交圈协作，通常由项目专业人员或 PM 团队人员参加。周例会既要"看过去"也要"见未来"。"看过去"是指对过去一周工作情况及问题的总结，"见未来"更关注未来的工作计划安排，特别是需要多专业配合协同的事项，项目总要充分发挥周例会价值，将周例会作为一个目标设定、运营策划、项目复盘的抓手和培养赋能团队的机会。

月度运营会机制则聚焦于项目目标达成，分析项目经营目标的动态达成情况，将权限范围内的问题进行沟通决策，将权限范围外的问题及时上报上级组织，驱动项目总与城市内部各专业条线的协同。在月度运营会上，与会人员除了 PM 团队之外，城市公司的职能负责人也要参加沟通和讨论，更多围绕项目目标达成及需要多专业配合完成的工作进行交圈，对项目中遇到的重难点问题进行决策，并对未来三个月的经营计划进行滚动调整与安排。周例会和月度运营会如表 4–10 所示。

表 4–10　周例会和月度运营会内容示例

会　议	目　的	参会人员	会前准备	会议议程
周例会	专业信息交圈、协同解决问题	项目团队成员、职能负责人（选择性参加）、外部相关方（根据需要）	项目阶段工作汇报	■ 进度计划说明、目标制定、运营调整 ■ 提出需要解决的问题及复盘 ■ 各专业需要配合完成的工作 ■ 解决项目层面问题，梳理领导层决策事项及建议
月度运营会	运营情况分析、公司关键事项决策	项目负责人、管理层、职能负责人	月度运营报告	■ 围绕项目目标达成及动态变化进行分析（如销售回款、利润、IRR、现金流等） ■ 对影响目标达成的因素（包括进度、成本变化、方案变更等）进行解析 ■ 下月度工作安排，待决策关键事项，未来三个月的动态经营计划安排 ■ 解决关键问题，进行案例分析、知识总结

2. 项目运营决策与策划会：高效决策，推动经营贯通协同

贯穿项目全周期的项目运营决策会机制，着眼于项目开发路径上的核心节点，调动各方力量通过集体评审的方式，完成项目开发思路策划、运营方案、定位方案等成果的研讨确认，确保项目经营过程中操盘策略无偏差和项目经营指标不衰减，驱动各专业完成项目目标。项目总需要根据公司规定召开关键会议，并按照时间及开发逻辑进行排布，从而形成项目运营决策会议线路图。

（1）阶段性总结与决策，统一目标

为保障项目开发过程的业务规范性、目标一致性和专业协同性，项目总要建立经营决策会阶段性决策体系，针对阶段性开发准备工作进行

正式汇报，并对阶段性重大事项进行决策。

项目总可以将项目经营决策会机制作为操盘抓手，既能在开发过程中不断修正操盘策略，统一开发思想，将其作为指导项目开发运作的重要依据，也能在项目开发关键环节确保主责部门与配合部门分工有序，解决阶段性问题，充分协调达成共识。在各阶段经营决策会上，项目总聚焦不同的操盘要点与决策内容，推动快速形成决策结果，也对下一阶段工作进行部署，并不断分析项目操盘目标偏差情况，及时推动专业协同与目标纠偏（见图 4–22）。

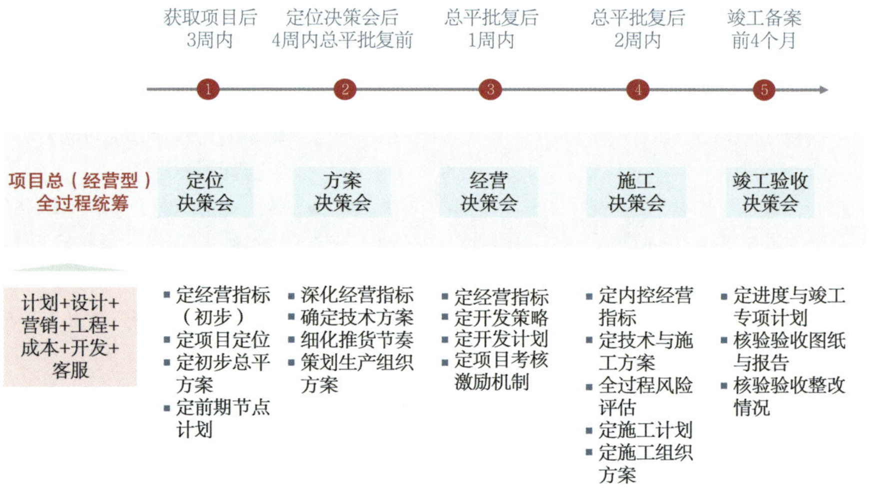

图 4–22　项目决策会机制示例

（2）前置策划，明确主题与协同要求

项目开发需要策划先行，借鉴“11 前 4 后”（11 次策划会，4 次后评估会），确保项目总能够充分结合历史操盘及后评估总结的经验，提前策划、预排风险，保障各项目开发有序、高效推进（见图 4–23）。

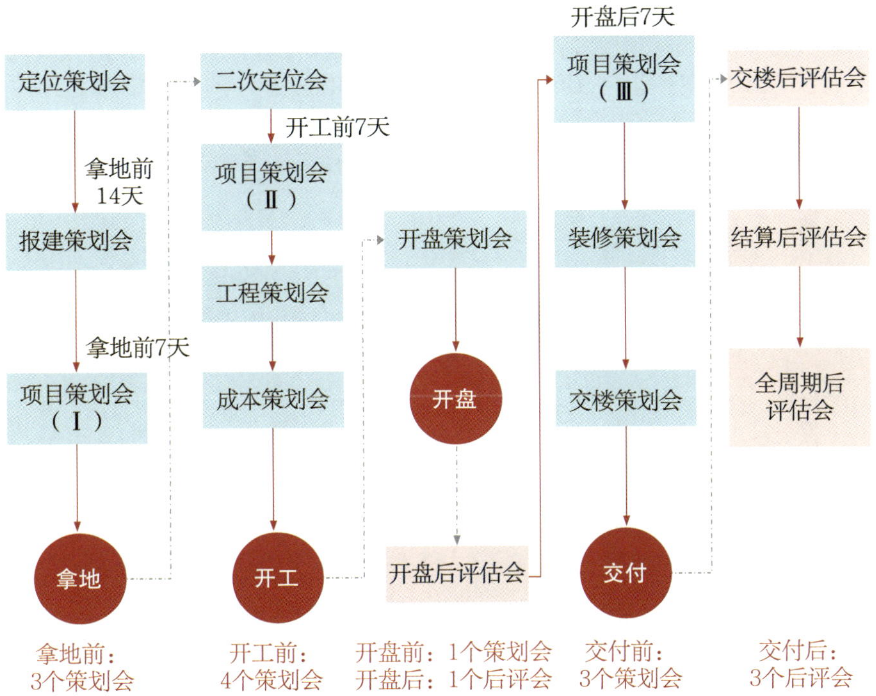

图 4–23　“11 前 4 后”会议线路图

从对项目经营核心指标的影响程度来看，这些策划会及后评估会都非常重要，项目总应参与所有会议，并根据项目总定位主导相关的策划会，如项目策划会、工程策划会、报建策划会等（见表 4–11）。

二、考核机制：过程驱动，目标考核

项目总是项目操盘的第一责任人，然而在现实中，各职能部门经常习惯围绕专业职能目标转，项目总无法将项目目标达成的压力传导至专业职能，可能会出现专业职能部门缺少共担经营责任与风险意识的情况。经营导向下的项目操盘，首先要求职能围绕项目经营目标转，项目经营目标围着企业经营目标转。完善的项目目标联动考核机制，是项目总实现责权对等和驱动专业职能服务于项目目标的另一个有效抓手。

表 4–11　项目、工程、报建策划会议示例

会　议	召开时间	目　的	参会人员	会前准备	会议议程
项目策划会	项目立项后	■ 在土地获取前进行可行性研究，完成市场、客户、产品等要素的定位，对开发过程进行预演，明确项目定位及初步规划方向 ■ 对于竣备后的改造或精装修，通过测算确定是否赠送，论证过程实施方案，保证产品品质、经济可行及风险可控	高层、投资、运营、工程、成本、营销、设计、财务、项目团队等	项目策划报告	■ 投资或营销负责人汇报项目策划内容 ■ 参会职能部门对项目策划提出意见与建议 ■ 领导层对项目策划内容进行决策
工程策划会	开工前 7 天	■ 在开工前对项目整体开发思路及方法进行推演，明确关键决策点、控制点，提前识别风险并提出预案，为开工做好准备	高层、投资、运营、工程、成本、营销、设计、财务、项目团队等	工程策划报告	■ 项目负责人汇报工程策划内容 ■ 参会职能部门对工程策划提出意见与建议 ■ 领导层对工程策划内容进行决策
报建策划会	开工前 40 天	■ 明确当地报建流程、规定规费、市政条件，落实政府对接部门、优惠条件，提前预审方案、分证、人防、消防等，为实现快速开发扫清障碍	高层、运营、工程、开发、成本、营销、设计、财务、项目团队等	报建策划方案	■ 项目负责人或报建负责人汇报报建策划内容 ■ 参会职能部门对报建策划提出意见与建议 ■ 领导层对报建策划内容进行决策

1. 开发计划联动考核：过程驱动强协同

联动考核可以分为一线项目团队直接关联和城市各中心间接关联两层联动机制。首先，项目总对各位 PM 下达项目计划节点要求，并将其直接作为项目 PM 的月度考核指标，这是绩效得分的评判依据。其次，以职能服务项目开发为核心，项目总可以将项目 PM 支撑计划得分率作为各职能部门的考核指标之一，从而引导职能部门对项目总进行资源导入，配合项目完成各主项计划（见图 4–24）。

问题：

现假设成本部共下派两名 PM 支持项目，成本与项目的考核比例为 40%：60%，其中 PM1 支持 A 项目，PM2 支持 B 项目。A 项目总给 PM1 的 PM 计划得分率为 90%，B 项目总给 PM2 的 PM 计划得分率为 84%，成本部给 PM 的得分分别为 PM1=85%、PM2=90%。

问题一：请问成本部的 PM 支撑计划得分是多少？

问题二：请问 PM1 和 PM2 的考核得分分别是多少？

答案：

1）PM支撑计划计划得分率=（90%+85%）/2×100=87.5

2）PM1=（90%×60%+85%×40%）×100=54+34=88

PM2=（84%×60%+90%×40%）×100=50.4+36=86.4

图 4–24　开发计划联动考核

同时，根据各专业与项目开发的强弱相关度不同，各职能的 PM 支撑计划考核得分率权重也可以有所差异。不同企业因管理特点的差异性，对强弱相关职能的定位各有不同。在权重设定时，房企要充分考虑企业特点及管理要求，因地制宜地进行落位。

除了将开发计划联动考核作为绩效依据之一，房企为了将项目经营责任进一步落实到城市各专业，并直接将计划节点的奖罚关联到相关责任人。其中，节点的级别不同，奖罚金额也不同，节点主责专业承担 60% 以上奖罚比例，配合专业则共同承担剩余的比例（见表 4–12）。

表 4–12　项目主项计划节点奖罚关系表

序号	节点级别	节点名称	主责专业	配合专业														
				投资	开发	设计	工程	成本	招采	营销	客服	运营	产业	商业	财务	人力	行政	法务
01	二级	土地信息初筛	投资	主责														
02	二级	项目立项完成	投资	主责														
03	一级	投资决策通过	投资	主责	配合	配合	配合	配合		配合		配合	配合	配合	配合			配合
04	里程碑	项目获取	投资	主责														
05	二级	项目团队组建	人力													主责		
06	二级	项目公司注册	行政														主责	
07	二级	组织项目交底会	投资	主责	配合	配合	配合	配合	配合	配合	配合	配合	配合	配合	配合	配合	配合	配合
08	一级	取得建设用地规划许可证	开发		主责	配合												
09	一级	取得国有土地使用权证	开发		主责													
10	二级	取得发改委立项批复	开发		主责	配合												
11	二级	文勘、环评报建	开发		主责		配合											
12	一级	取得建设工程规划许可证	开发		主责	配合												
13	一级	取得建筑工程施工许可证	开发		主责	配合			配合									
14	二级	人防报建	开发		主责	配合												
15	二级	规划放线验线完成	开发		主责	配合	配合											

（续表）

序号	节点级别	节点名称	主责专业	配合专业														
				投资	开发	设计	工程	成本	招采	营销	客服	运营	产业	商业	财务	人力	行政	法务
16	二级	取得面积预测报告	开发		主责	配合	配合											
17	一级	取得商品房预售证	开发		主责		配合			配合	配合							
18	一级	规划验收完成	开发		主责		配合											
19	二级	取得面积实测报告	开发		主责	配合	配合											
20	二级	概念设计单位确定	设计			主责		配合	配合									
21	二级	概念方案设计完成	设计			主责												
22	一级	概念方案评审通过	设计		配合	主责	配合	配合		配合	配合	配合	配合	配合				
23	二级	地质勘察	设计			主责	配合											
24	二级	规划方案设计任务书完成	设计		配合	主责	配合	配合		配合	配合	配合	配合	配合				
25	二级	方案设计单位确定	设计			主责		配合	配合									

项目开发计划联动考核，除直接罚款之外，也可以运用在绩效奖金扣罚上。为了强化节点的有效达成，房企可以建立节点考核与问责机制。计划节点完成情况与个人绩效奖金挂钩，节点逾期的，在个人季度绩效奖金中即时扣除相应金额；与责任项目部或相关部门的季度节点完成率挂钩，在季度绩效奖金核算时即时扣除相应金额（见表 4–13 和表 4–14）。

表 4–13　计划节点考核与问责机制

节点级别	责任员工奖金扣罚（每次）	责任部门负责人（含职能部门）奖金扣罚（第二次及以上未完成）	责任公司奖金扣罚（每次）
一级	4 000 元	5 000 元	■ 计划节点得分占奖金包比例 30%；完成率 70% 以下得 0 分，扣除对应奖金 ■ 完成率为 70%~100%，线性计算计划得分及对应奖金发放
二级	2 000 元	3 000 元	
三级	1 000 元	2 000 元	

表 4–14　计划责任节点及负责人

人员划分	最高责任人	责任节点
项目部	项目部负责人	职责范围内所有节点
	责任部门责任人（专业工程师）	分管工作所有节点
职能部门	责任部门负责人	所有分管项目职责范围内所有节点
	责任部门责任人（专业工程师）	

2. 项目目标联动考核：目标考核促协同

项目开发计划更多的是将项目过程考核责任传递到各专业职能，但过程均好并不等同于结果均好。因此，项目总将经营目标责任书中核心经营指标的达成责任也关联至各职能总及城市总。只有上下同心、目标一致，项目的驱动力才更有保障。

在项目目标联动考核机制设计上，某企业建立了项目红黄灯考核机制，以此考核操盘过程中项目经营目标达成情况。如果目标未能达成，那么房企将视目标偏离的严重程度对项目总处以黄灯警告或红灯处罚。具体而言，黄灯予以罚款警告，红灯予以降职降薪处罚，并将项目红黄灯考核联动到各专业职能（见图 4–25）。

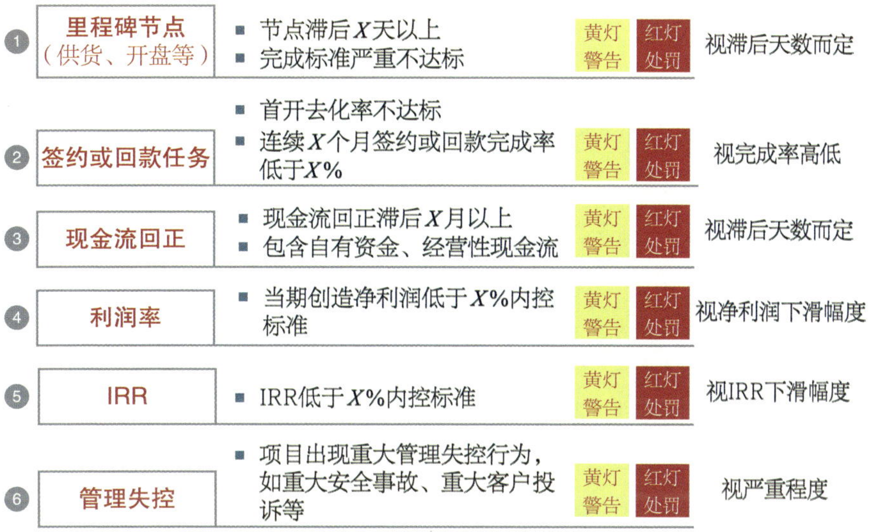

图 4–25　项目红黄灯考核机制

项目红绿灯考核机制直接考核项目 PM 以及城市职能总、城市总等关键责任人，且越接近一线操盘团队，红绿灯联动奖罚力度就越直接、紧密（见表 4–15）。

通过奖罚责任一体化，房企可以直接将项目操盘目标与项目经营团队绑定，这样的驱动作用十分显著。

表 4–15 项目红绿灯处罚规则示例

项目红灯数量	项目总	项目 PM	城市总	城市职能总
1	降职降薪	月会检讨		
2	劝退	当月绩效评定为 D		
3		降职降薪	降职降薪	当月绩效评定为 D
4		辞退	辞退	降职降薪

如果项目开发缺少协同抓手，内外部相关方缺少协同意识，那么即使有一千个管控节点也不能实现效率提升，可见协同是实现提效的基础。

为了推动各专业实现高效协同，项目总需要做到以下四个方面。

- 规划好项目团队的目标，明确项目操盘的成功因素，做到团队目标清晰、一致，实现团队蓄力。
- 依据项目经营定位形成清晰的项目开发路径，用清晰的开发主线和详细计划明确如何开展工作，用阶段成果保障开发思路的兑现，实现团队聚力。
- 采用 PMO 等组织机制有效拉通项目各专业人员，实现横向协同，获取上级支持和承诺实现纵向贯通，齐心协力推动项目顺利开发，并确保项目经营过程指标不衰减，实现团队借力。
- 通过会议和考核激励等驱力机制推动项目经营目标达成，实现项目成功。

如果项目开发缺少协同抓手，内外部相关方缺少协同意识，那么即使有一千个管控节点也不能实现效率提升。

第五章
第四项修炼：成长团队

本章观点

- 个人的价值是通过帮助多少人获得了多大价值来衡量的。
- 项目总能够获得团队成员的信赖是项目成功推进的前提条件。

团队的成功才是真正的成功，团队的成长才是最有价值的成长，帮助团队成长是项目总的基本责任，项目开发实战历练是团队成长最好的机会。通过项目管理全过程，项目总不仅可以促进自身的成长，同时也能帮助团队成员共同成长。

在团队组建方面，团队成员通常由人力部门组织，由项目总建议，由各专业部门负责人推荐。团队组建的整体原则有两点：一是“一个中心”，即应以项目总为中心来搭建项目团队，团队成员要有共同的价值观与目标，成员内部专业互补；二是“一票否决”，即赋予项目总一票否决权。为了打造高效团队，项目总应明确团队成长的目标、考核激励机制与淘汰机制，重视工具与方法，实现团队的有效成长和能力提升，并打造高效执行力。

一个中心：应以项目总为中心来搭建项目团队，团队成员要有共同的价值观与目标，成员内部专业互补。

一票否决：赋予项目总一票否决权。

第一节　团队成长是项目总的基本责任

项目团队的成长，对于项目总而言责无旁贷。

首先，以人为本，项目成功需要团队的支持。很多企业将向组织其他部门输送人才或项目团队成员的数量作为项目重要的成功标尺之一。

其次，项目团队成员有其个人成长需要。项目团队成员的成长离不开项目实际业务的淬炼，在员工成长的“721”法则中，70% 的能力提升来自工作历练，20% 的能力提升来自向他人学习，仅 10% 的能力提升来自自我学习。项目操盘过程是团队成长的主要场景和环境。

最后，项目团队成长是企业规模化、精细化发展的需要。如前文所述，地产行业已经从资本驱动阶段迈向能力驱动阶段，更强的员工能力是企业稳健增长的核心动力。

第二节　成长团队的五要素

在完成一个项目前，项目总可以针对团队成长目标思考三个问题：我如何帮助团队成长？团队应该积累哪些知识与经验？团队应该提升哪些方面的能力？

> 我如何帮助团队成长?
>
> 团队应该积累哪些知识与经验?
>
> 团队应该提升哪些方面的能力?

要打造一个高效能团队，从而让团队获得成长，项目总需要关注五个要素，即赢得信任、明确目标、培养赋能、及时激励和评估反馈（见图 5–1）。

一、赢得信任：格局、品格、能力

项目总能够获得团队成员的信赖是项目成功推进的前提，也是帮助团队成员成长的前提。项目总需要以自身的格局、品格与能力赢得团队信任。

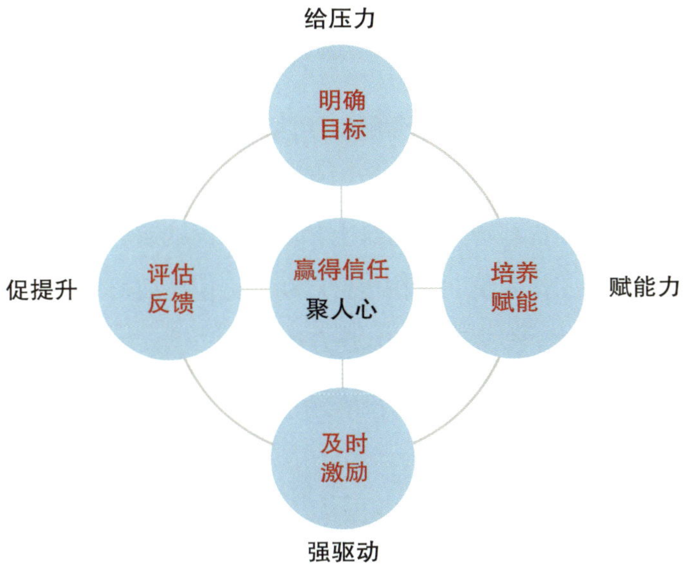

图 5–1　项目总成长团队五要素

一是格局信任。格局信任指的是项目总要有宽广的视野，要有大局观，关注企业利益高于部门利益，关注他人利益高于自身利益，关注长远利益高于短期利益。

二是品格信任。项目总要有责任担当，乐于分享，为人诚信，出现问题首先思考自身责任，而不是一味推卸给团队成员。

三是能力信任。项目总要有发现问题、解决问题的能力，躬身入局，达成目标。

此外，项目总要关注自我成长，不断学习与提升，进而推动团队成长，还要关注团队的文化融合，知人善用，发挥每个人的价值。

项目总要经常自问：在赢得团队信任方面，我做得如何？

个人成就 = 思维方式 × 能力 × 自驱力

二、明确目标：目标、责任、成长

项目总一定要将项目目标分解给团队成员，让每一位团队成员承担相应的责任和一定的压力，促进他们成长。作为一名管理者，项目总不要把所有目标与职责都背在自己身上，应在不同的阶段给不同的人员分配相应的目标和工作职责，并在项目启动前让团队成员思考和制定自我成长的目标，包括需要提升的能力及方法。

项目总要经常自问：团队成员清楚自己每一阶段的目标与责任吗？

三、培养赋能：机会、抓手、工具

整体而言，培养赋能可通过给机会、用抓手和强工具来实现。本章第三节将做具体阐述。

项目总要经常自问：我在团队培养方面做得足够吗？

四、及时激励：物质激励、精神激励

及时激励包括物质激励与精神激励。在物质激励方面，除了常规的过程考核激励外，经营绩效激励（如利润、回款激励分享）、专项激励（如节点奖、质量奖、客户满意奖等）都可以作为激励手段，与经营绩效关联的激励越来越向项目一线倾斜。

项目总应及时落实有关激励，并及时将其发放给团队成员。及时激励除了物质上的奖励，还有精神上的激励。要想团队成员表现良好，项目总需要对团队成员工作中的卓越表现及创新亮点等及时给予鼓励和赞扬。获得别人的认可是最好的精神激励，也是最好的成长动力。

项目总要经常自问：我多久没有表扬下属了？

五、评估反馈：回顾、指导、改进

通过定期绩效回顾与经常性指导反馈，项目总可以加强对团队绩效的辅导力度（见图 5–2）。

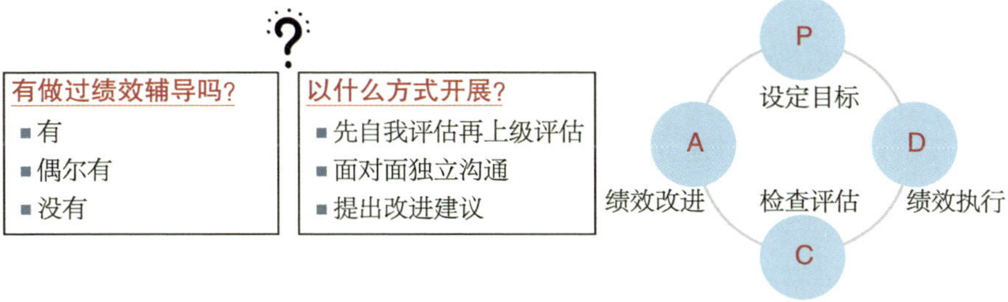

图 5–2　通过反馈加强团队绩效

评估反馈的目的是帮助团队改进。因此，项目总需要提出明确的改进要求或建议，通过定期与团队成员进行沟通和反馈来帮助团队成长。

项目总要经常自问：我对下属的评估结果反馈给他们并提出改进建议了吗？

第三节　培养赋能的三个关键点

团队成长要重视工具与方法，以项目团队的培养赋能为例，有三个关键点，即给机会、用抓手和强工具。

一、给机会：项目全程实践 +“轮值项目总”

给机会意味着要给项目成员尤其是 PM 更多的机会来接触项目全流程，并让他们多参与跨专业的工作，给予他们更多熟悉其他专业的机会，从而提升他们自身的全专业能力。

同时，项目总需要赋予下属团队更多权利与责任，可以建立“轮值项目总”机制。在项目不同开发阶段选择最相关专业的人员或 PM，内部任命其为“轮值项目总”，由其组织该阶段的目标设定、计划跟踪、项目周例会、现场问题的分析及有关解决方案建议的收集，通过项目管理历练，提升其项目开发管理能力。

二、用抓手：项目例会机制 + 强化专业交流

项目总可以通过建立规范性的项目例会机制，按照开发阶段安排相关 PM 组织会议，通过会前准备、会上分享和会后总结来强化专业交流。

例如，借助项目周例会及月度例会机制，项目总可以分析问题产生的原因，得出解决方案。需要强调的是，项目总需要建立规范的项目例会机制，一定不要把项目例会看成一个形式上的会议，而要把它定义成一个定期的目标设定会、运营策划会、复盘会和解决问题会，通过会议对管理工作进行纠偏，及时沉淀项目开发的经验与教训，帮助团队成员提升专业管理能力。

三、强工具：个人成长计划 + 项目复盘机制

关于强工具，项目总可以关注以下两个工具。

一是针对个人的“个人成长计划”（IDP）。项目总可以借助个人成长计划明确成长目标、能力提升的方向及行动计划——通常在项目启动前可以组织团队成员进行思考并加以明确（见表 5–1）。

二是针对组织和团队进行的项目阶段性复盘，包括首开、交付及全周期的复盘，也可以是各专业的复盘。项目总可以借助复盘了解项目全过程的关注点，思考并实现知识沉淀，总结提炼经验教训，实现综合能力提升。

表 5–1　个人成长计划示例

个人成长计划		
项目目标		
我的目标		
我需要完成的关键工作	**我期望哪方面的能力得到提升**	**我需要哪些相关的支持**
■ 参与并协助完成项目投资分析 ■ ■	■ 投资分析与测算能力 ■ ■	■ 投资或运营部门的指导与培训 ■ ■
具体提升计划	**提升方法**	**预估时间（节点）**
■ 熟练掌握项目经营测算模型 ■ ■	■ 向投资或运营部门学习，亲自参与测算 ■ ■	■ 项目启动会后一周 ■ ■
结果评估		
计划人		
成长辅导人		

复盘（后评估）不是目的，改进问题、迭代产品和提升能力才是关键。详细的后评估内容，参见本书第六章。

第六章

第五项修炼：管控业务

本章观点

- 项目总清晰每个阶段的操盘目标、操盘策略和操盘蓝图是项目做顺的基础。
- 掌握操盘要求及预防过程风险是项目做好的前提。
- 落实每个环节的关键管控要点是项目做成的保障。

项目总是房企全过程开发业务的管理者和推动者。管控业务要基于关键节点来推进，每个关键节点不仅代表某个动作，而且包含了完成该节点工作所需要的多个要素，这些要素构成了所谓的“场景”。从实操的角度来看，项目总应明确关注如下两个问题。

- 项目总应当关注哪些关键节点对应的场景？
- 每个场景下项目总的操盘逻辑是什么？

针对第一个问题，从项目总应关注的关键节点场景来看，不同项目经营定位及开发策略决定了项目总操盘路径图各不相同，但其逻辑一致。基于项目开发价值链，我们将开发路径分为六大阶段，提炼出经营型项目总重点关注的 30 个节点场景，即 30 个管控点（见表 6–1 和图 6–1）。

表 6–1 项目总操盘的 30 个管控点

序号	项目阶段	节点或场景	编　号	管控方式
1	项目论证阶段	投资决策	1–B01	◕
2		团队组建	1–B02	◕
3	项目策划设计阶段	投资交底	2–B01	◕
4		分期策划	2–A02	●
5		定位策划	2–B03	◕
6		方案设计	2–B04	◕
7		营销策划方案	2–B05	◕
8		示范区策划	2–B06	◕
9		报建策划	2–B07	◕
10		目标成本评审	2–B08	◕
11		招采策划	2–B09	◕
12		项目启动会	2–A10	●

（续表）

序号	项目阶段	节点或场景	编　号	管控方式
13		精装策划	2–B11	◕
14		施工图设计	2–B12	◕
15	项目建设阶段	工程策划	3–A01	●
16		总包单位定标	3–B02	◕
17		施工达预售	3–C03	◑
18		货量区施工管理	3–A04	●
19		动态成本管理	3–B05	◕
20	项目销售阶段	示范区联合验收、开放	4–A01	●
21		开盘策划	4–A02	●
22		销售定价	4–A03	●
23		开盘风险检查	4–A04	●
24		首开后评估	4–A05	●
25	验收交付阶段	内部验收	5–A01	●
26		竣工备案	5–A02	●
27		集中交付	5–B03	◕
28		首交后评估	5–A04	●
29	项目后评估阶段	项目结算	6–A01	●
30		项目整体后评估	6–A02	●

项目总在不同的场景下发挥的价值与采取的管控方式有所差异，管控方式具体可细分为“主导”“审核”“监控”“备案”四种（见表 6–2）。

表 6–2　项目总管控方式说明

编号	管控方式	符号	释　义
A	**主导**	●	主导相应阶段或节点等，对实施过程及最终结果承担直接主要责任
B	**审核**	◕	参与过程成果审核，把关成果质量并承担关联责任
C	**监控**	◑	过问开展过程，进行技术指导与监督
D	**备案**	◔	最终成果知会，获得相关信息

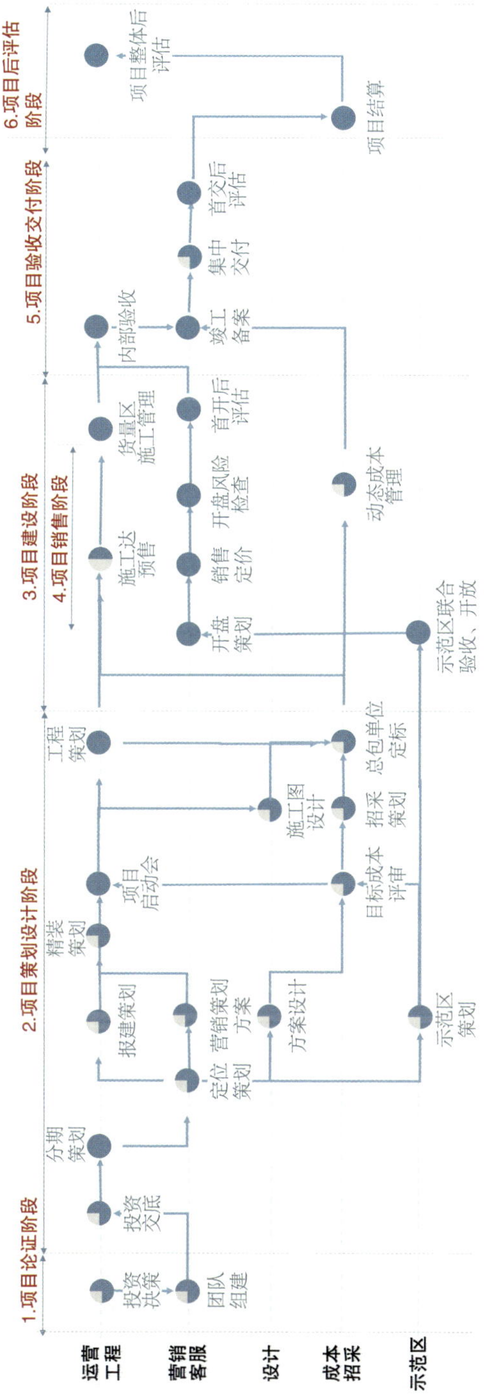

图 6-1　项目总操盘路径总图

针对第二个问题，从每个场景下项目总的操盘逻辑来看，项目操盘在管理逻辑上需要关注方向、方法、途径、规则、工具与经验六个方面的要素，具体包括操盘目标、操盘策略、操盘蓝图、操盘要求、配套模板和实战案例（见图 6–2）。

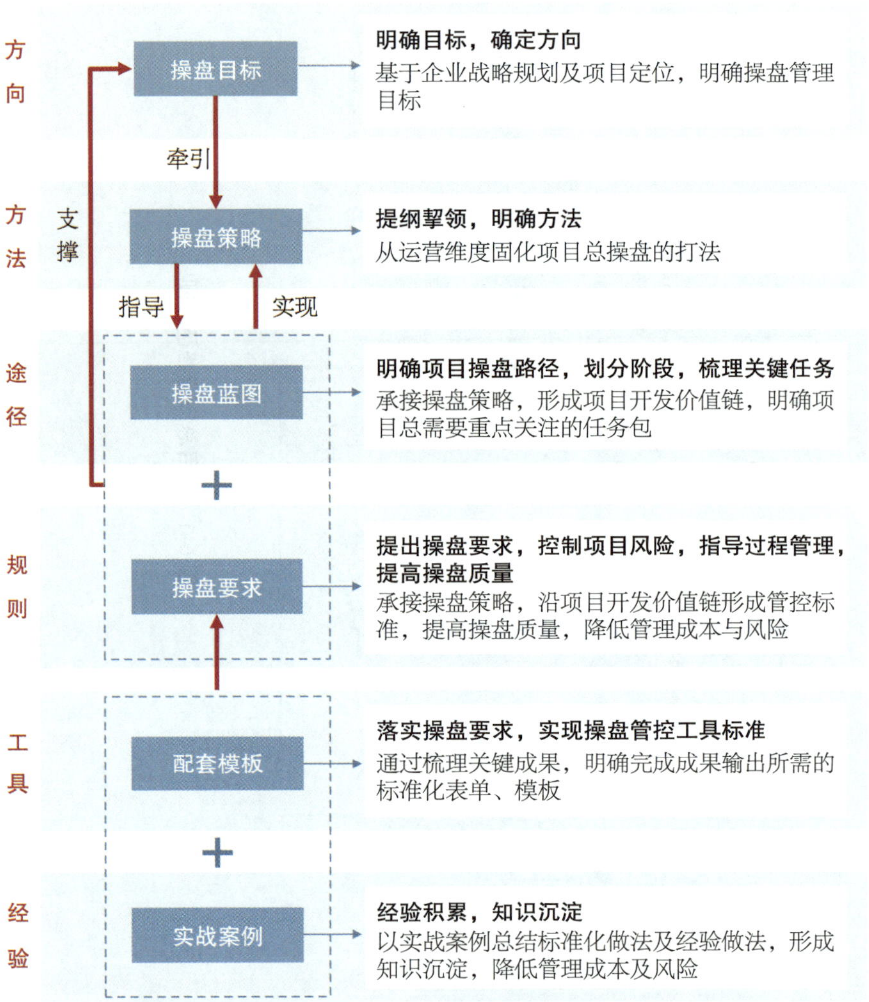

图 6–2　项目总操盘管理逻辑图

操盘目标明确了方向，帮助项目总以结果为导向，牵引其制定操盘策略；操盘策略提纲挈领，帮助项目总明确操盘方法，指导其梳理操盘路径图，知悉操盘管控总体要求；操盘蓝图是达成目标的途径，帮助项目总明确操盘路径与关键任务；操盘要求承接操盘策略，帮助项目总明确管控动作标准，控制业务风险，确保操盘目标实现；配套模板是项目总操盘的支持工具；实战案例提供了宝贵的经验，帮助项目总提升实战效果，降低业务风险。

在本章中，项目总在项目操盘各阶段的关键管控点将以经营型项目总操盘为例，依据表 6–2 所示的管控方式进行编号，如管控点编号 2–B01，意为第二个管控阶段（项目策划设计阶段）的第一个关键管控节点（投资交底），这一环节项目总的管控方式为“审核”。

以下我们将按项目总操盘的六大阶段和 30 个关键管控节点分别阐述。

第一节　项目论证阶段

项目论证阶段的操盘目标在于精准投资、严控风险。具体的操盘策略包括组建精干团队、项目定位精准、控制前端风险及效益动态测算（见表 6–3）。

表 6–3　第 1 阶段——项目论证阶段操盘策略

操盘目标	精准投资、严控风险	
操盘策略	策略要点	主责专业
组建精干团队	■ 前期调研：项目立项后，由投资专业牵头，组织设计、营销、成本、财务、运营等专业成立联合调研小组，开展可行性研究工作 ■ 团队组建：对于意向性强的地块，企业提前组建项目团队，项目总、开发、设计、成本（招采）、营销等专业优先到岗	■ 投资 ■ 人力

（续表）

操盘目标	精准投资、严控风险	
操盘策略	策略要点	主责专业
项目定位精准	■ 定位适配：研究市场容量、市场价格、客户群体及竞品特点，项目定位以“产品适销对路、销售去化达标”为原则设计 ■ 经营决策：针对不同产品组合方式，分别测算价格、货值、成本、利润、去化等指标，综合多方因素选择最佳效益的方案 ■ 产经一体：产品定位与经营定位匹配	■ 投资 ■ 营销
控制前端风险	■ 提前沟通：在有条件的情况下，项目获取前与政府相关部门开展预沟通，了解政府政策条件及偏好，识别项目潜在风险 ■ 风险排查：摘牌前做好前期关键风险点排查，基于风险排查，做好风险评估和应对方案 ■ 尽职调查：针对收并购项目组建尽调工作小组，法务、财务、营销、设计、成本、工程等多专业参与	■ 投资 ■ 报建 ■ 财务 ■ 法务 ■ 工程
效益动态测算	■ 投营一体：投资测算模型要前置内部运营标准要求，确保最终运营目标达成 ■ 综合分析：按照测算模型进行测算时，综合考虑各项条件，如地区、气候、地质、政府政策导向等因素 ■ 紧密配合：投资、报建、设计、运营、营销、成本、财务等专业各司其职，紧密配合完成动态经济测算	■ 投资 ■ 财务 ■ 成本 ■ 营销 ■ 运营 ■ 设计

项目论证阶段的操盘路径图如图 6–3 所示。

一般而言，拿地充满了不确定性，尤其是在当前的市场环境下，很有可能在企业拿到地的时候，项目总还没有确定。但是，经营型项目总如果能够在拿地之初就介入，就可以协助投拓团队，推导最高可承受地价，积极获取项目。一旦获取项目，项目总即可迅速组建项目团队。

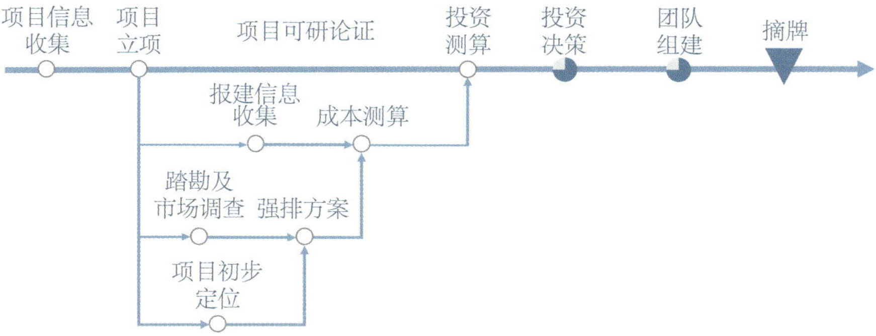

图 6–3　项目论证阶段的操盘路径图

这一阶段项目总的关键职责为：一是项目投资决策，项目总通过参与项目可研阶段深入了解项目情况，并参与项目投资决策会；二是项目团队组建，项目总协助组建项目团队并审核核心人员名单（见表 6–4）。

表 6–4　项目论证阶段项目总关键职责

序号	类　别	管控点编号	项目总管控方式		
			协调型	运营型	经营型
1	投资决策	1–B01	◔	◑	◕
2	团队组建	1–B02	◕	◕	◕

本节我们将从项目投资决策和项目团队组建两个关键管控点来阐述项目总的操盘管控方法和要求。

一、投资决策（管控点编号：1–B01）

投资拿地决定了 60% 以上项目的成败：项目本身位置决定了产品的需求，拿地价格决定了利润空间。如果地拿错了，投后项目运营阶段要实现翻盘就会非常艰难。投资团队为了获取项目，前期预判往往会相对乐观，主要表现在对两大业务假设偏激进：一是销售方面高估价格和去化速度；二是成本方面低估目标成本。

房地产项目投资决策包含经济测算及土地获取两大关键环节。为完成经济测算，项目总需要组织或参与做好土地现场踏勘、产品定位、设计强排、目标成本编制、运营计划及融资方案制订等一系列工作。投资决策环节的控制目标为实现精准测算，各专业在测算过程中需充分交圈，确保测算结果准确，降低投资风险。

投资拿地决定了 60% 以上项目的成败：项目本身位置决定了产品的需求，拿地价格决定了利润空间。如果地拿错了，投后项目运营阶段要实现翻盘就会非常艰难。

1. 关键管控要点

项目总在项目投资决策环节的关键管控要点可以提炼为“六看”。

- 一看项目及产品定位，项目经营定位及产品定位需明确，产品定位需匹配项目经营定位。
- 二看强排方案，设计线依据经济技术指标、产品定位出具强排方案，注重与营销和成本交圈。
- 三看目标成本，成本线依据强排方案等编制目标成本，充分考虑地方特殊要求（如绿建、环保等）。
- 四看运营计划，运营线结合不同项目经营定位的运营标准及标准工期铺排项目关键节点计划，确保投营一体。
- 五看经济测算，投资决策版测算结果需要各专业交圈复核。
- 六看敏感性分析，通过压力测试，关注售价及成本变动时项目核心经营指标的变化。

（1）项目及产品定位

项目总在该环节重点关注两个点：一是项目经营定位是否明确与适配；二是市场、客户及产品定位分析是否全面、客观。

项目总需要参与土地现场踏勘，通过对项目现场的实地踏勘，排查项目地质风险，预判项目的收地进度、销售价格、成本造价、规划设计和运营进度等。同时，通过市场调研，精准了解地块周边产品售价、供需及去化速度情况。

项目的市场及客户分析应至少包括以下六个方面。

第一，基于项目所处城市的宏观经济（GDP总量、人均GDP、居民可支配收入、支柱产业）、人口（总人口、市区人口、常住人口、返乡人口、城镇化率）、政策（预售、限购、限价、限贷）及城市基本面（融资环境、监管环境）现状，判定城市市场容量及潜在购买者的购房需求及能力。

第二，基于项目所处区域房地产市场的供需关系或供求比、销售价格波动（平均售价、售价涨幅）、存量市场去化（库存总量、库存去化周期）等情况，评估当地房地产市场健康状况。

第三，基于项目所处区域土拍市场的供需关系或供求比、成交价格波动（楼面地价、涨幅）、土地流拍数、标杆房企竞拍等情况，了解当地土拍市场健康状况。

第四，基于项目所处区域房地产市场竞争格局（如市场集中度）、已进入标杆品牌房企等情况及同类竞品数量、价格、去化速度等的对标分析，思考如何形成竞争优势。

第五，基于消费群体特征（敏感点、价值取向）、目标客户描摹（年龄段、偏好）、竞品客户印证结果（标杆企业同类竞品的购买客户分析），明确重点目标客群。

第六，明确产品业态、产品户型配比（户型面积段、套型、附赠、层高）和产品价格定位合理性（区域市场均价、竞品售价、政府限价）。

（2）强排方案

强排方案的主要目的是测算项目利润率而非实现设计理念。项目总要参与设计强排评审，通过对强排方案的评审，评估强排方案与产品定位的匹配性、与项目后续开发运营进度的适配性。针对项目强排方案，项目总应重点关注的内容有以下四点：

第一，强排方案是否满足当地的规范要求，包括：容积率、建筑密度、建筑限高、居住区配套建设要求、车位配比要求；日照要求、绿地率要求；建筑退线、建筑面宽限制、建筑间距要求；架空层面积要求、交通口限制、沿街商业要求、幼儿园等配套建设要求。

第二，强排方案是否满足营销定位要求，包括：产品面积段设计匹配，上下浮动控制在 5 平方米以内；户型配比要求，浮动不能超过 3%；商业占比、商业业态及层数要求。

第三，强排方案是否满足地块本身特征，包括：综合考虑地块周边的教育、配套、景观、医疗、交通等资源，与地块所处区位价值匹配；全面考虑地块周边不利因素，比如噪声、高压走廊、烟囱、高压线等。

第四，强排方案是否已经与政府部门进行预沟通，即是否了解政府对项目强排方案的反馈意见，以及是否根据反馈意见进行了相应调整。

（3）目标成本

项目总要参与目标成本评审，通过对各项成本的评审，掌握项目成本的基础构成及后续运营阶段需要重点控制的成本，确保目标成本的合理性以及可控性。

目标成本编制要考虑各地方的特殊性，比如地方对装配式建筑、绿色建筑比例的要求，对环保的要求，对海绵城市、充电桩、太阳能、亮化等的要求；同时要考虑土地出让条件的特殊规定、产品定位、标准产品配置、市场化标准等因素。

具体而言，项目总在目标成本编制时应关注以下六个方面：一是决定土地成本的土地出让文件；二是决定建安成本的强排方案、限额设计标准（特殊成本需额外说明）、对标项目成本资料、建造标准及工程技术方案、成本数据库及市场变化预期说明；三是决定配套设施的当地配套收费标准资料；四是决定管销费用的销售价格预期、营销费率和管理费率等经验数据资料及特殊考虑说明；五是决定资本化利息的项目融资方案；六是目标成本中对不可预见费的处理是否合理，是否适当增加了客户敏感点的投入比例，以及在客户能够快速感知到的产品优势上与竞品的标准能否持平，等等。

（4）运营计划

项目总在运营计划编制中需要考虑以下五个方面：第一，是否符合项目所在地的地规和报建手续时间要求；第二，是否满足项目标准施工工期要求，能否保障项目按时开盘；第三，是否匹配企业不同经营定位的运营标准要求；第四，是否合理考虑不可预见事件（如报建政策变动等）带来的时间延迟影响及应对措施；第五，是否与投资、报建、工程、营销、财务等专业条线进行了充分沟通。

（5）经济测算

在经济测算方面，项目总需要考虑测算结果能否真正满足企业的投资决策标准，比如净利润率、现金流回正周期、IRR 等的要求，因此需要重点关注经济测算时输入的规划指标、运营计划、销售价格、销售和回款节奏、成本测算等是否合理，特别是测算模型必须体现“投营一体化”。项目总要将运营标准（如针对不同项目经营与逻辑定位的开盘）、去化标准与成本分摊标准等作为测算输入，与运营保持一致，同时评估测算中输入的信息在后续具体操盘过程中可能存在的重大偏差，明确适当假设和对比分析数据（敏感性分析）带来的影响。

项目总还要关注经济测算是否经过各专业条线沟通、复核及确认，以及经济测算的依据是否充分并至少包含以下内容：设计专业提供的强排方案，运营专业提供的运营计划，营销专业提供的产品定位报告、推货节奏、价格建议等相关材料，成本专业提供的标准单方成本及目标成本材料，财务专业提供的项目融资方案，等等。

（6）敏感性分析

项目经营效益会受到各项因素的影响，例如售价高低、成本（地价和建安成本）多少、方案变化、运营快慢等，其中售价和成本的变动对房地产项目经营效益好坏的影响最为显著。

在投前，项目总最需要关注地价变化（竞地价）对项目经营结果的影响，地价敏感性分析也是决策层确定授权价的重要依据。

在投后，项目总则应该重点关注售价和建安成本变化带来的影响，主要有三类敏感性分析：一是建安成本不变时不同售价对项目经营结果的影响，关注达到项目投资要求的最低售价极限值；二是售价不变时不同建安成本对项目经营结果的影响，关注达到项目投资要求的最高成本极限值；三是建安成本和售价同时变动对项目经营结果的影响，关注达到项目投资要求的建安成本和售价的变动区间值。

借助敏感性分析，项目总能够快速了解不同经营环境条件下项目经营效益的变化，据此判断项目承担风险的能力，从而在后续运营过程中实现科学决策。

项目投资决策环节“六看”：一看项目及产品定位，二看强排方案，三看目标成本，四看运营计划，五看经济测算，六看敏感性分析。

2. 风险控制要求

投资决策环节的风控点也主要表现在市场、客户及产品定位，强排方案，目标成本，运营计划和经济测算上（见表 6–5）。

表 6-5 投资决策环节风险控制要求

风险点	风险描述	风险等级	风控对策
市场、客户及产品定位	■ 投前定位不准，拿地后可能需重新定位，导致方案耗时延长，影响项目开工、开盘速度 ■ 产品定位与目标市场及客户需求不匹配，导致产品滞销，目标价格无法实现	高	至少在拿地前一个月开展市场、客户及产品定位工作，深入市场调研，多方比对竞品，实现产品档次、营销卖点、客户喜好的精准定位
强排方案	■ 没有满足规划指标要求，如建筑限高、建筑密度、日照要求等，导致规划方案多次修改，审批时间延长，影响项目进度 ■ 未充分考虑地块周边不利因素，踏入“雷区”，严重拖延项目运营计划 ■ 与营销定位确定的产品面积段和产品配比不符，导致投前测算与投后经营结果发生重大偏差	高	■ 提前与政府部门沟通，熟悉当地规范及项目规划条件，确保方案满足规划要求 ■ 扩大项目周边踏勘范围，全面了解地块周边不利因素 ■ 明确与营销及成本条线的交圈要求，做到强排方案匹配产品定位和目标成本要求
目标成本	低估成本，拿地后实际成本超支，目标利润无法实现	中	明确投前目标成本评审机制，设置不可预见成本，确保目标成本可控
运营计划	分期不合理，未以销定产：产大于销，导致前期资金投入过多，资金峰值加大，库存积压；产小于销，出现断货风险	中	以销定产，合理分期，同时保证运营计划满足报建时间要求、工程施工工期要求及项目开盘要求
经济测算	经济测算数据有错误，可能导致投前决策错误，项目后续操盘实现的最终结果与投前测算的核心经营结果出现重大偏差	高	测算时各专业条线需充分交圈，统一测算标准。输入信息务必做到规范和准确，测算结果需进行复核，并由各部门负责人确认

3. 知识点与工具

项目总在项目投资决策环节应关注或了解的知识点与工具，涉及投资决策指标、经营测算逻辑、可研报告模板与经济测算模型、定位模型等。根据项目的不同定位和类型，项目总操盘的方向和侧重点也有所不同，项目总可根据需要进行掌握。

（1）投资决策指标

房地产投资关注的核心是利润（资源投入效益）以及现金流（资金周转效率），因此房企的投资标准普遍设置三个层面的指标：一是利润指标，包括净利润率、成本利润率；二是现金流指标，包括自有资金回正周期和经营性现金流回正周期；三是兼顾利润和现金流的指标，包括 IRR、ROE 和 ROIC（见图 6–4）。

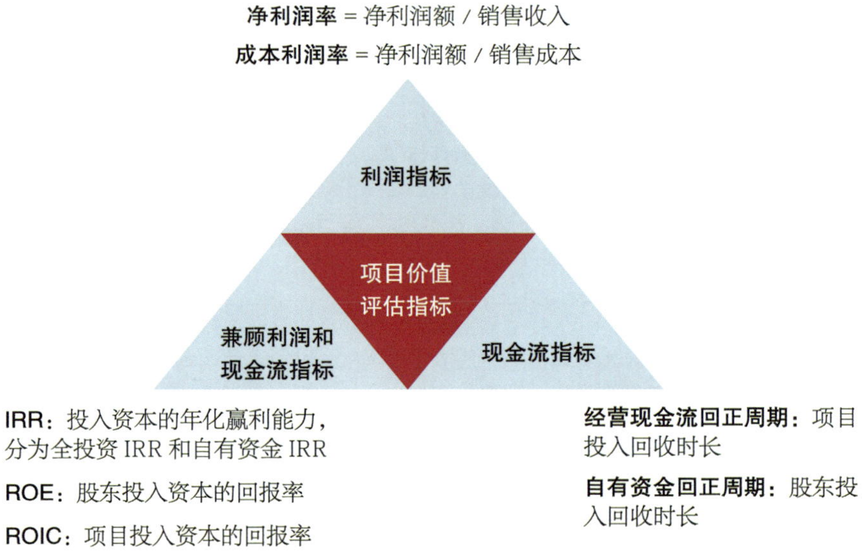

图 6–4　项目价值评估指标

第一个层面是利润指标，主要指项目获取的静态利润绝对值，常用的指标有净利润率、成本利润率等。

净利润率 = 净利润额 / 销售收入

成本利润率 = 净利润额 / 销售成本

二者的差异主要体现在分母上。国企一般倾向于选择成本利润率作为投资决策指标，因为国企注重资产的保值增值，相对于销售收入，销售成本更具有可控性；民企则更倾向于选择净利润率作为投资决策指标，因为增加利润最重要的是实现收入最大化和支出（成本、费用、税费）最小化。

第二个层面是现金流指标，常用的指标有经营性现金流回正周期和自有资金回正周期。越早收回资金进行再投资，房企规模扩张速度越快。

经营性现金流回正周期主要用于衡量整个项目投入资本的回收时长。经营性现金流回正全部依靠项目的去化回款实现，因此，为实现项目经营性现金流尽早回正：一方面需要控制前期成本支付节奏，少支付或晚付款，降低资金峰值；另一方面需要加快开工开盘，提高首期销售类物业的开盘量和去化回款效率，即早回款、多回款。

自有资金回正周期主要用于衡量股东投入资本的收回时长。自有资金回正主要依靠融资和项目去化回款实现，因此，为实现项目自有资金尽早回正：一方面可扩大项目融资规模、加快融资放款节奏；另一方面可晚付款、加快开工开盘、加速去化回款（见图 6–5）。

第三个层面是兼顾利润和现金流指标，常用的指标有 IRR、ROE 和 ROIC。

IRR 分为项目全投资 IRR 和自有资金 IRR 两类。IRR 主要用于衡量投入资本的年化赢利能力，是指项目累计现金流量现值等于零时的折现率，其与项目全周期现金流的流入流出规模和时间直接相关。IRR 也可以用以下公式进行简单测算：

$$\text{项目全投资 IRR} \approx \frac{\text{净利润}}{\text{经营资金投入峰值} \times \text{经营资金回正周期}/12}$$

$$\text{自有资金 IRR} \approx \frac{\text{净利润}}{\text{自有资金投入峰值} \times \text{自有资金回正周期}/12}$$

以上公式表明，房企要提升 IRR 可从三方面努力：增加净利润（增加收入、减少支出）、降低资金峰值（少支付、晚支付）、缩短回正周期（快开盘、快去化、快回笼）。

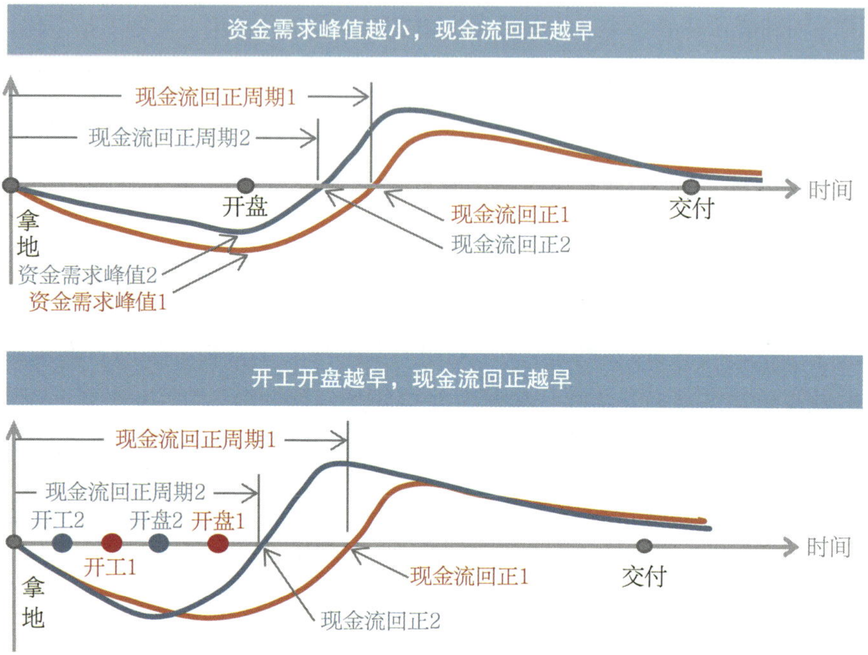

图 6–5　自有资金回正周期缩短的两种情形

如何提升 IRR？一是增加净利润，二是降低资金峰值，三是缩短回正周期。

ROE 主要用于衡量股东投入资本的回报率：

$$\text{ROE}=\text{净利润} / \text{自有资金投资}$$

ROE 可以用以下公式进行简单测算：

$$\text{项目 ROE}\approx\frac{\text{净利润}}{\text{自有资金投入均值}\times\text{自有资金回正周期}/12}$$

房企可通过增加净利润、降低自有资金投入金额及缩短资金占用周期来提升 ROE。

ROIC 主要用于衡量项目投入资本的回报率：

$$\text{ROIC}=\frac{\text{净利润}+\text{财务费用}}{\text{全投资}}$$

ROIC 可以用以下公式进行简单测算：

$$\text{项目 ROIC}\approx\frac{\text{净利润}+\text{财务费用}}{\text{经营资金投入均值}\times\text{经营资金回正周期}/12}$$

房企可通过增加净利润、降低经营资金投入金额及缩短资金占用周期来提升 ROIC。

对比 IRR、ROE、ROIC 的计算公式可以发现，三者的差异主要在于：一是分子中是否包含财务费用；二是分母中投入峰值和投入均值的区别；三是回正后现金流的流入流出不会影响 ROE 和 ROIC，但会影响 IRR（见图 6–6）。

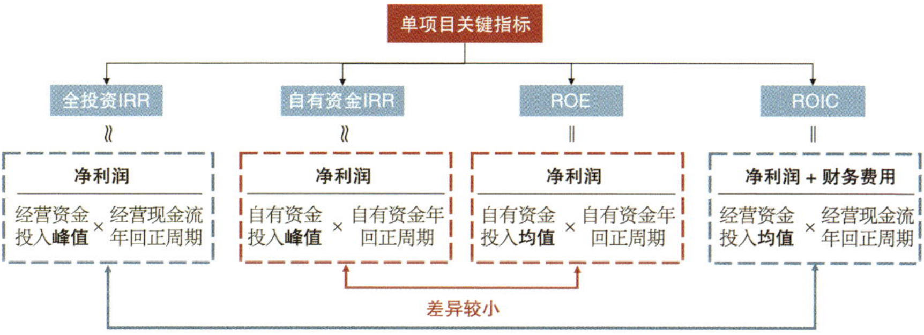

图 6–6　单项目关键指标

【案例】不同企业采用不同投资决策指标的示例

某企业选择成本利润率、经营性现金流回正周期及全投资 IRR 作为投资决策指标，并且根据不同经营定位设置差异化的投资决策标准。

另一企业则选择销售净利润率、全投资 IRR 作为投资决策指标，将自有资金现金流回正周期作为投资决策修正系数。当销售净利润率、全投资 IRR 只满足其中一个指标标准时，如自有资金现金流回正周期满足相应要求，则视为满足该类投资标准（见图 6–7）。

三类项目经营模式	周转型	均衡型	利润型
投资卡位标准	规模		
销售净利润率	4%	6%	8%
全投资IRR	≥25%	20%~25%	18%~20%
自有资金现金流回正周期（修正系数）	T≤8个月	T≤12个月	T≤16个月

图 6–7　企业投资决策指标示例

（2）经营测算逻辑

经营测算最终是为了得到投资决策指标数值，因此经营测算的整体逻辑是依据投资决策指标的计算分解来搭建的。具体测算逻辑如图 6–8 所示：通过规划指标和基本参数设置，对溢价（针对收并购项目）、成本（含费用）、税费、收入进行测算，进而完成利润表和现金流量表的自动测算，最终得出项目投资决策指标结果。借助敏感性分析，房企可以进行弹性决策，提升决策效率。

（3）可研报告模板与经济测算模型

在项目投资决策环节，项目总除了要关注投资决策指标和经济测算逻辑方面的知识点，还要关注在该环节可能用到的两个重要工具。

一是可研报告模板，通常包括项目基本情况、市场分析、营销定位、产品定位、运营计划、经济测算结果六个方面的内容（见表 6–6）。

二是经济测算模型，涵盖经济测算逻辑与经济测算指标。经济测算逻辑在于，通过指标的少量手工输入和大量自动测算，自动输出现金流量表、利润表和核心经营结果（见图 6–9）。

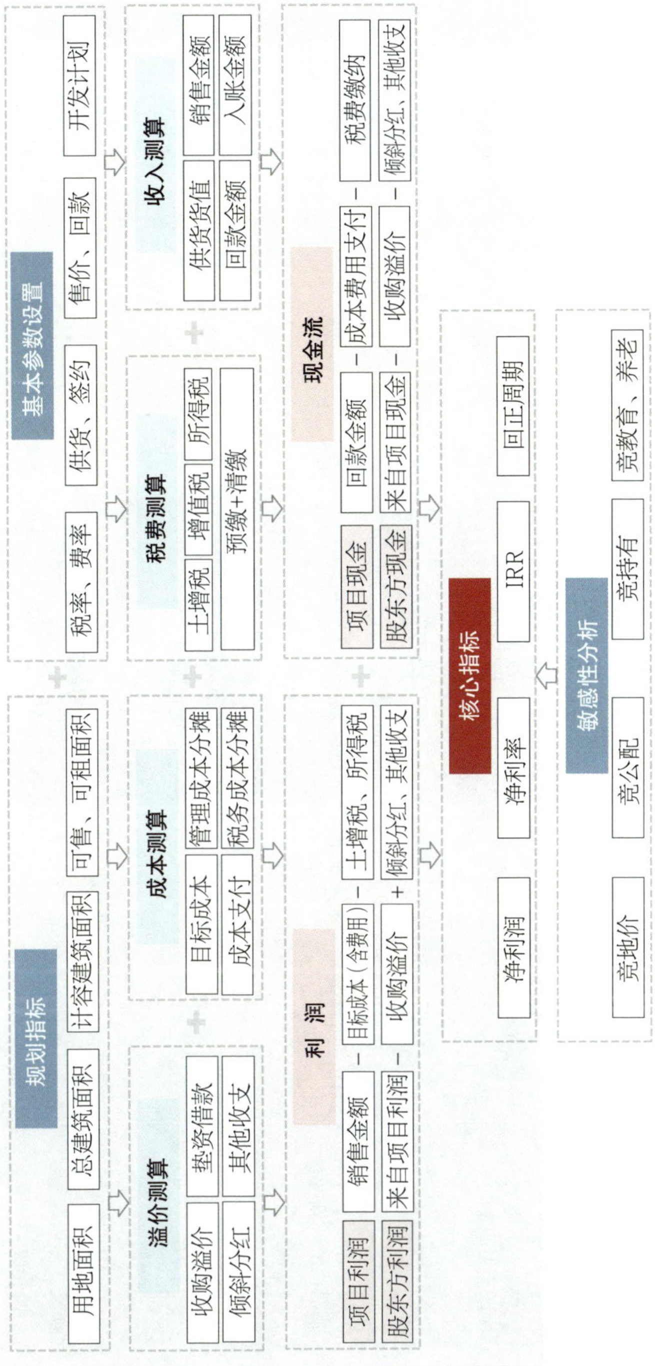
规划指标
用地面积
总建筑面积
计容建筑面积
可售、可租面积
基本参数设置
税率、费率
供货、签约
售价、回款
开发计划
溢价测算
收购溢价
垫资借款
倾斜分红
其他收支
成本测算
目标成本
管理成本分摊
成本支付
税务成本分摊
税费测算
土增税
增值税
所得税
预缴+清缴
收入测算
供货货值
销售金额
回款金额
入账金额
利 润
项目利润
销售金额
－
目标成本（含费用）
－
土增税、所得税
股东方利润
来自项目利润
－
收购溢价
＋
倾斜分红、其他收支
现金流
项目现金
回款金额
－
成本费用支付
－
税费缴纳
股东方现金
来自项目现金
－
收购溢价
－
倾斜分红、其他收支
核心指标
净利润
净利率
IRR
回正周期
敏感性分析
竞地价
竞公配
竞持有
竞教育、养老

图 6-8　经营测算逻辑

表 6–6 可研报告模板内容框架

项目基本情况	市场分析	营销定位	产品定位	运营计划	经济测算结果
宗地区位	城市背景（等级、基础背景、人口、经济 GDP、交通、格局）	客户来源分析	产品策略	团队配置方案	主要财务指标
地块指标	城市土地市场（成交或存量）	消费群体特征分析	强排方案（规划方案）	开发计划	项目财务成功标尺
地块四至及现状	城市住宅市场分析（供需分析或存量市场）	客群对应及需求（产品需求、地块接受度）	设计指标	销售计划	投资收益
地块不利因素	区域土地市场（成交或存量）	客户定位（主力客户、重要客户）	户型参考	成本计划	目标成本
区域现状及规划	区域住宅市场分析（未来工业、分业务、存量市场）	价格定位（基准价格、各业态定价）	产品力对标分析	示范区专项计划	融资方案
配套设施	区域住宅市场竞争格局	产品建议（户型及面积比例、建筑风格及景观要求、项目配套、精装修标准）	—	分期开工图	现金流曲线
城市政策环境（贷款政策、预售政策、资金监管政策）	一、二级竞案分析（周边待入市地块、具体竞品：基本指标、户型、客户）	示范区设置建议及动线（含售楼处、样板房）	—	项目开发风险及应对措施	敏感性分析（地价、公配、自持、教育、养老）
竞拍流程	市场 SWOT 分析	物业管理建议	—	—	—
周围情况补充说明	市场策略	—	—	—	—

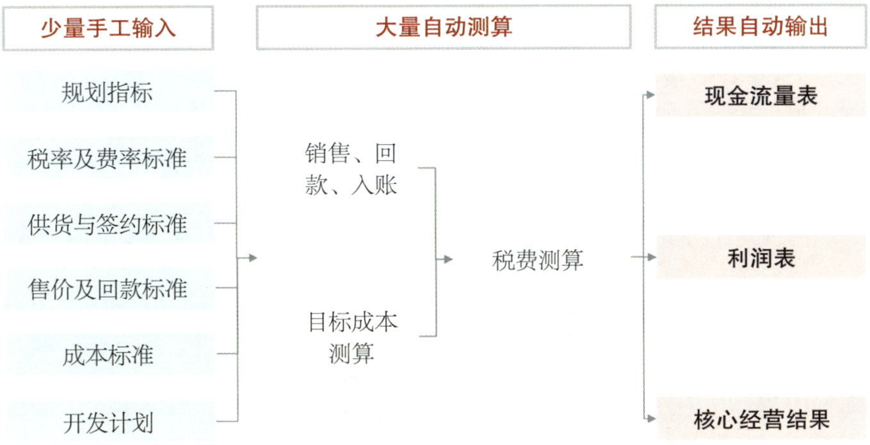

图 6–9　经济测算逻辑

经济测算指标则会按照财务指标、运营指标等维度设置经营指标的基准值，并根据高周转型、均衡型和利润型等不同项目定位，提供相应的行业参考值作为依据（见表 6–7）。

表 6–7　经济测算指标

指　标		行业参考值		
		高周转型	均衡型	利润型
财务指标	销售额	—	—	—
	净利润	—	—	—
	净利润率	6%~9%	9%~15%	15%+
	权益销售额	—	—	—
	权益净利润	—	—	—
	权益管理净利润	—	—	—
	权益管理净利润率	—	—	—
	全成本（含税）	—	—	—
	留存资产	—	—	—
	总货值	—	—	—
	管理费用率	2%	2%	2%

（续表）

指标		行业参考值		
		高周转型	均衡型	利润型
财务指标	销售费用率	3.0%	2.5%	2.5%
	财务费用率（含资本化利息）	3.0%	4.0%	4.0%
	土增税比例	—	—	—
	所得税比例	—	—	—
	地货比	25%	40%	50%
	资金峰值比例	35%	50%	60%
	全投资 IRR	25%	20%	15%
	自有资金 IRR	35%	25%	20%
	权益可用资金 IRR	—	—	—
运营指标	拿地—动工（月）	—	—	—
	拿地—首期示范区开放（月）	3	—	—
	拿地—首次开盘（月）	6	—	—
	拿地—自有资金回正（月）	8	—	—
	拿地—经营性现全流回正（月）	12	—	—
	拿地—末期交付（月）	—	—	—

具体来看，项目总可按预售条件标准、工期标准、去化标准、回款标准、成本及其支付标准等经济测算指标来进行分析，得出不同维度的经济测算指标的实际情况，作为参考依据指导决策（见图 6–10）。

（4）定位模型

项目经营定位是指依据项目本身的土地价值（城市、区位）、地货比、规划条件（地块大小、容积率）、预售条件和自持占比情况五个要素明确项目的经营属性，即经营定位类型。经营定位类型通常包括高周转型、均衡型和利润型三种。不同项目经营定位应匹配相应的操盘策略。定位模型示例如图 6–11 所示。

示例

- 预售条件标准
- 工期标准
- 去化标准
- 回款标准
- 成本及其支付标准
- ……

预售条件标准

一、预售条件					
	预售条件	通用	城市 1	城市 2	城市 3
	别墅	三分之一	封顶	封顶	三分之一
	洋房	二分之一	二分之一	封顶	二分之一
	高层	二分之一	二分之一	三分之二	二分之一
	公寓	二分之一	二分之三	三分之二	二分之一
	写字楼	二分之一	三分之一	三分之二	三分之一
	商业	三分之一	三分之一	封顶	三分之一
	预售条件	正负零	三分之一	二分之一	三分之二
	正负零—预售	0.000	0.333	0.500	0.667
	预售—封顶比例	1.000	0.667	0.500	0.333

去化标准

三、去化标准									
	首开去化	住宅货值区间					写字楼	商业	车位
		小于 3 亿	3 亿 ~5 亿	5 亿 ~8 亿	8 亿 ~10 亿	10 亿以上			
1	编码	1	2	3	4	5	6	7	8
	现金流型	80%	70%	60%	50%	40%	30%	30%	30%
	均衡型	70%	60%	50%	40%	30%	10%	10%	10%
	利润型	60%	50%	40%	30%	20%	20%	20%	20%

工期标准

二、标准工期					
序号	节点名称	通用	城市 1	城市 2	城市 3
			现金流型	均衡型	利润型
1	土地获取				
2	土地合同签署	5	5	5	5
3	定位报告	15	10	20	30
4	方案内审	30	30	40	50
5	方案外审	40	40	40	40
6	全套施工图（通过外审）	30	30	40	50
7	工程规划许可证	(5)	(5)	(5)	(5)

回款标准

四、回款标准									
	回款比例	别墅	洋房	高层	公寓	写字楼	商业	车位	
	当月回款比例	30%	50%	60%	50%	70%	60%	60%	
	次月回款比例	60%	40%	40%	27%	17%	7%	7%	
3	第三月回款比例	5%	10%		10%	10%			
	半年度回款比例								
	年内回款比例	5%	0%	0%	13%	3%	33%	33%	
	合计比例	100%	100%	100%	100%	100%	100%	100%	

图 6–10 经济测算指标具体示例

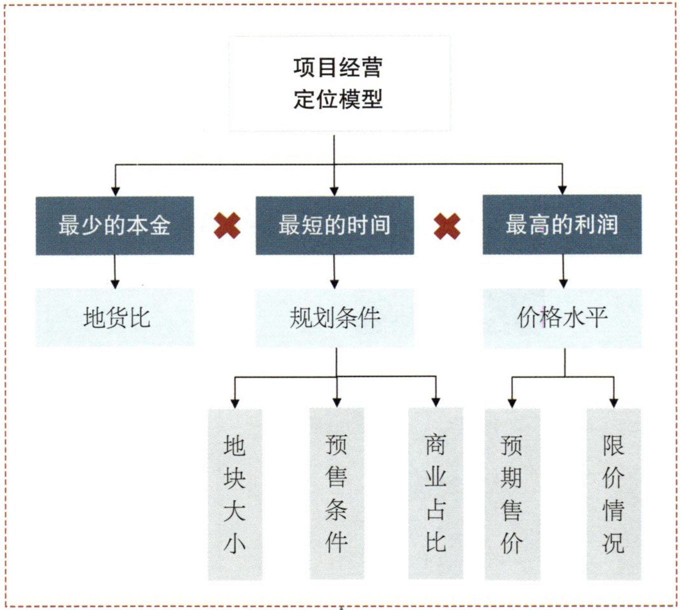

经营定位判断

序号	方向	维度	事项	项目情况（需勾选内容）	经营定位匹配度		
					高周转型	均衡型	利润型
1	最少的本金	地货比	地货比	＞50%	20%	60%	100%
2	最短的时间	规划条件	地块大小	小于 100 亩	100%	70%	60%
			预售条件	主体 2/3	50%	70%	80%
			商业占比	可售商业及自持占比≤10%	70%	80%	60%
3	最高的利润	价格水平	城市名称	深圳	20%	40%	100%
			预期售价	＞4 万元 / 平方米			
			限价情况	无限价或限价不影响正常利润	100%	100%	100%
经营定位匹配度判断					3.20%	17.40%	65.00%
最大值				65.00%	高周转型	均衡型	利润型
经营定位意见					利润型		

图 6–11　定位模型示例

二、团队组建（管控点编号：1–B02）

由于土地的获取具有不确定性，团队的具体组建时间有很多不确定性，因而项目总在项目团队组建中扮演的角色也就存在不确定性。这可以视项目情况针对性地做出应变。

对于经营型项目总而言，项目团队组建的控制目标有两个。一是前置介入、及时到位。项目总可提前选配并介入管理，为后续项目有序推进奠定基础（通常并购项目应在正式确定并购合同前完成项目团队组建；招拍挂项目应在签订土地合同后一周内明确项目总人选，一个月内全部成员必须到位）。二是专业匹配、高效协同。前期团队精干高效、专业互补、人岗匹配，形成高凝聚力团队。

1. 关键管控要点

在项目团队组建环节，项目总需了解项目可研信息、项目开发难度与操盘策略，对项目团队人员提出明确要求，提前分析可选择范围的人员能力，并与人力资源专业负责人共同讨论确定合适的关键专业岗位人员。

（1）前置团队组建

项目总越早确定、项目团队越早组建，越有利于项目快速开发。项目获取前，房企可根据项目获取类型启动项目团队组建、人员落位的相关工作。项目可研后，针对意向性强的项目，房企可提前开始进行团队组建准备。

项目总、报建负责人、设计负责人应当优先到岗，不得晚于项目投资交底会；成本招采、营销、财务专业负责人到岗时间不得晚于项目获取后 1 个月。专业条线对接人未到位前，原则上由区域或城市公司专业部门负责人兼任。

（2）团队专业搭配

项目总对配置属本项目编制的专业人员具有建议权，对专业对接人（PM）有否决权。项目总和人力资源专业应就人员的安排进行充分沟通，达成一致。

在项目团队人员组成上，核心岗位如设计负责人、营销负责人最好由有同类项目（如经营定位、产品类型相同）经验的人员来担任，其他团队成员选用上优先考虑具备企业内相关开发管理经验的人员。

项目团队人员配置要与项目的复杂程度相匹配。复杂程度越高的项目（如综合体），越需要内部有更好的配合与专业互补。同时，项目总要注重培育和引导团队文化，尤其是协同文化，以提高内部协同效率，例如开好团队首次会议、做好第一次团建、建立定期的沟通交流机制等。

另外，根据项目特点及团队培养的需要，项目上可以设置一名项目副总或项目总助，与项目总实现专业上或领导力上的互补。这也可以作为培养项目总的一种手段。

2. 风险控制要求

团队组建环节的风险控制主要表现在团队组建完成时间和团队专业搭配上（见表 6–8）。其中，为应对团队组建的风险，项目总应尽早关注团队组建，尽量做好内部补位，必要时亲自补位。

3. 知识点与工具

项目总对团队成员的评价及发展策略选择可以借助人才评价九宫格来完成：首先对业绩结果进行分析，划分不同的业绩级别；其次，对团队成员能力（领导力、专业能力、职业素质等）进行评价；最后，根据业绩与能力的双向评估，对项目团队成员进行类型划分，并有针对性地设计提升路径与发展方向（见图 6–12）。

表 6–8　项目团队组建环节风险控制要求

风险点	风险描述	风险等级	风控对策
团队组建完成时间	项目团队组建完成时间延迟，项目总没有在项目投资交底前到岗，项目核心成员延迟到岗影响相关工作节点推进	中	■ 项目总、报建负责人、设计负责人应尽可能在项目获取前到岗，最迟不晚于项目投资交底；项目招采、营销、财务负责人等应尽可能在项目获取后立即确定，不晚于项目获取后 1 个月 ■ 区域或城市公司根据年度工作计划做好项目总及核心团队人员储备 ■ 针对意向性较强的地块，在项目可行性研究阶段提前考虑项目总及团队人员安排
团队专业搭配	■ 项目团队工作经验与项目操盘能力要求不符 ■ 项目团队专业不能有效进行互补，搭配不合理，内部协同差	高	■ 人力资源负责人与领导层沟通优先确定项目总人选 ■ 项目总根据项目特点，提出团队成员要求 ■ 团队成员应围绕项目总组建，确保团队价值观一致，并赋予项目总对专业对接人的一票否决权

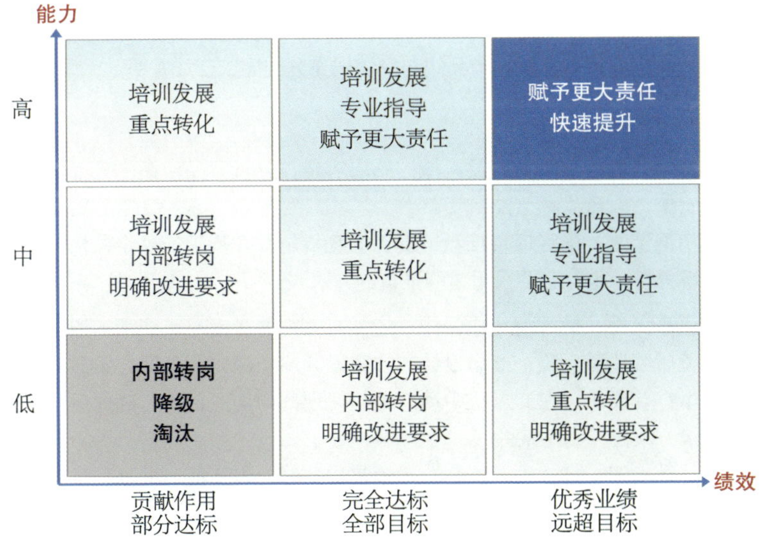

图 6–12　人才评价九宫格

第二节　项目策划设计阶段

项目策划设计阶段的操盘目标在于策划精准、难点突破，通过多专业交圈，确保后续开发高效率、高质量。具体的操盘策略包括前期策划先行、确保定位精准、明确推盘策略、设计分批出图、重视示范区域等（见表 6–9）。

表 6–9　第 2 阶段——项目策划设计阶段操盘策略

操盘目标	策划精准、难点突破；专业交圈，实现高效率、高质量开发	
操盘策略	策略要点	主责专业
前期策划先行	■ 计划先行：设计项目开发主项计划，明确关键节点及责任，同时编制制约关键节点的专项计划，确保专业交圈、计划联动不冲突 ■ 开好策划会：策划先行，提前合理配置开发资源，做好瓶颈问题解决方案，重点关注项目启动会、报建策划会、示范区策划会、精装策划会、招采策划会、工程策划会等	■ 运营
确保定位精准	■ 深度研究：分析研究土地、产品、客户，三位一体 ■ 精准定位：市场线、产品线与经营线充分交圈，三线并举	■ 营销 ■ 设计 ■ 运营 ■ 成本 ■ 财务
明确推盘策略	■ 精细分析：分析城市及区域内市场容量，分析竞品楼盘的产品定位、推盘节奏与去化节奏 ■ 精准策略：确定项目推盘节奏、推盘货量，并基于产品定位情况分析是否有必要采用错峰推盘的方式	■ 营销 ■ 运营 ■ 设计
设计分批出图	■ 逐步深化：摘牌前完成强排，定位与强排的深度尽可能深，避免后续调整反复；概念设计、方案设计逐步深化，确保方案质量符合要求，在此过程中动态地与规划部门沟通预审，确保后续方案设计满足条件 ■ 分批出图：按“先示范区，后预售货量区；先开槽、桩基，后建筑主体；管线、装修、机电、景观同步”的原则出具图纸，示范区、货量区分批出图，优先保障示范区开工要求	■ 设计 ■ 报建

（续表）

操盘目标	策划精准、难点突破；专业交圈，实现高效率、高质量开发	
操盘策略	策略要点	主责专业
重视示范区域	■ 展示效果：规划方案设计要充分考虑示范区布局、参观动线等实际需求，实现项目整体布局和示范区规划的互动匹配，确保示范区完美的展示效果 ■ 制订专项计划：针对示范区制订专项计划，确保工作主次分明、顺利推进，提升效率 ■ 聚焦快开放：提前与政府协调办理临建手续，确定示范区计划、位置；售楼处和样板间优先进行施工，确保示范区在预售前 1 个月顺利开放 ■ 速度与质量平衡：注重示范区抢工与示范区品质实现的平衡，在进度与品质发生冲突时优先保证品质，不得以进度要求牺牲品质要求	■ 设计 ■ 营销 ■ 工程 ■ 报建

项目策划设计阶段的操盘路径如图 6–13 所示。

项目策划设计阶段在房地产项目的整个操盘过程中非常重要，项目总的关键职责也相对较多，包括投资交底、分期策划、定位策划、方案设计、营销策划方案、示范区策划、报建策划、目标成本评审、招采策划、项目启动会、精装策划、施工图设计（见表 6–10）。

以投资交底为例，项目总通过参与投资交底会，了解、确认项目基本情况与后续推进的重难点工作，向集团及各专业部门提出后续工作要求；又如报建策划，项目总要参与报建策划会，了解当地的报建政策、要求、流程，明确报建的重点与难点，并制定有效管控措施；再如示范区策划，项目总要参与示范区策划方案评审，对示范区选址、定位、成本控制提出要求。

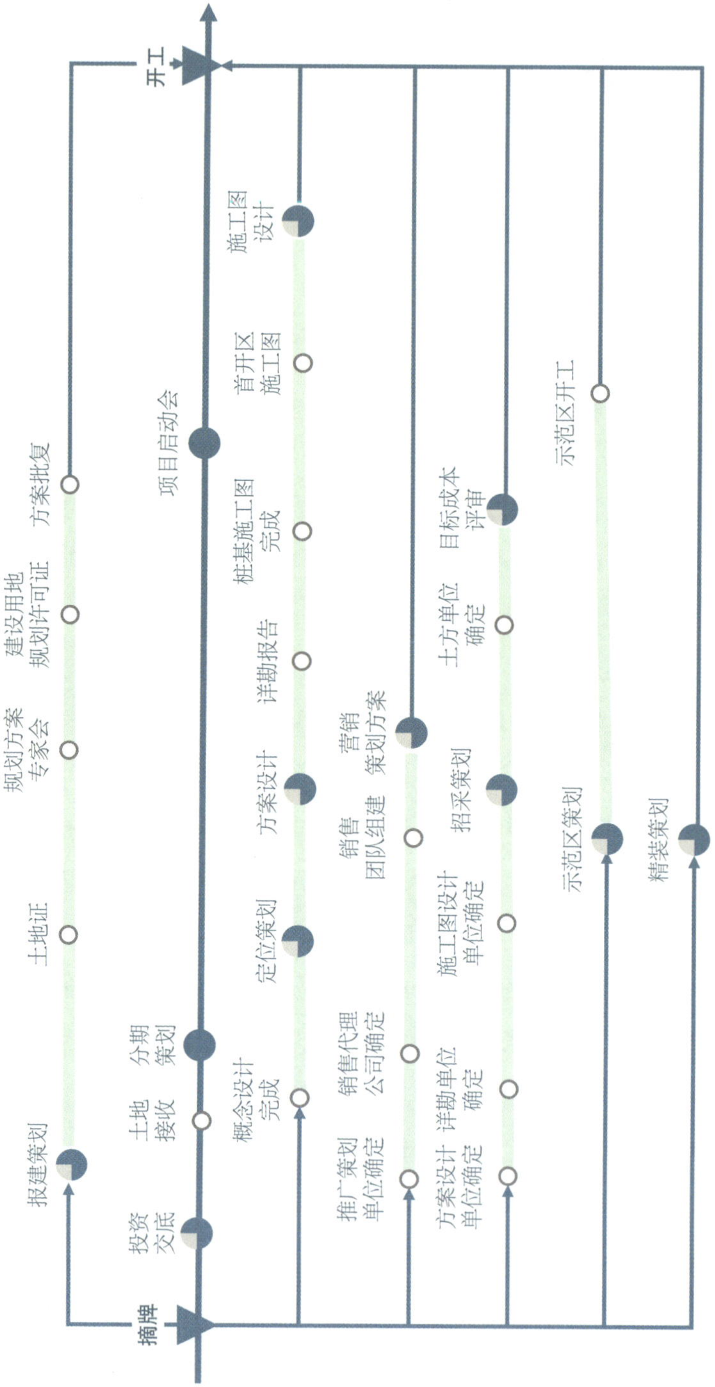

图 6–13 项目策划设计阶段操盘路径图

表 6–10　项目策划设计阶段的项目总关键职责

序号	类　别	管控点编号	项目总管控方式		
			协调型	运营型	经营型
1	投资交底	2–B01	◔	◕	◕
2	分期策划	2–A02	◔	◕	●
3	定位策划	2–B03	◔	◕	◕
4	方案设计	2–B04	◔	◕	◕
5	营销策划方案	2–B05	◔	●	◕
6	示范区策划	2–B06	◔	◕	◕
7	报建策划	2–B07	◑	◕	◕
8	目标成本评审	2–B08	◑	◕	◕
9	招采策划	2–B09	◑	◕	◕
10	项目启动会	2–A10	◑	●	●
11	精装策划	2–B11	◑	◕	◕
12	施工图设计	2–B12	◑	◕	◕

一、投资交底（管控点编号：2–B01）

项目总在投资交底环节的控制目标涉及两个方面：一方面是及时交底，一般在项目土地获取后 3 天内完成项目交底工作；另一方面是充分交圈，要求交底全面充分，且突出重点及风险事项。

1. 关键管控要点

项目总在投资交底环节的关键管控要点，主要是编制交底报告和落实基本信息交底。

（1）编制交底报告

投资专业根据项目实际成交价格对可研阶段的投资测算进行调整，并着手编制项目投资交底报告。投资交底报告经由财务专业复核无误，由领导层审批后，在交底会前发送给各专业部门。

（2）基本信息交底

拿地后 3 天内由投资专业组织召开投资交底会，设计、营销、成本、招采、工程、运营、项目开发团队成员参加。投资交底信息要全面不遗漏、专业交圈充分，并突出重点内容及关键风险事项。交底信息详情如表 6–11 所示。

表 6–11　交底信息详情

序号	类　型	交底具体内容
1	项目概况	区位交通、用地面积、用地性质、容积率、限高、计容面积、商业占比、公建配套、取得价格等
2	项目规划条件	规划指标、特殊土地出让条件、边界条件、地块条件（特别是不利因素）、土地特殊约定等
3	市场研判	政策环境（限购、限贷、限售、限价、预售条件、资金监管等）、城市市场判断（供求关系、平均流速等）、区域市场判断（土地市场成交情况、在售项目、价格“地图”、动态存量）等
4	项目定位	竞品分析、项目定位面向的客户群体、产品线及对应的产品系
5	开发计划	开发计划（里程碑或一级节点计划）、资金投入计划、销售计划、目标成本及各项费用预算等
6	项目尽调	项目背景、尽调报告、合作路径、股权结构、核心商务条款、合作协议关键要求等
7	合作交底	项目合作方式、合作方权责、股权结构、操盘管控模式以及合作协议的核心条款、关键要求、风险点
8	投资分析	测算过程中的特殊点、投资分析要点，项目总投、总货值、动态指标 IRR、投资回收周期，项目底线跟投金额等
9	风险提示	地块收地、地质条件、高压线迁改、土壤污染、道路通达、限价限购、土规城规详规一致性，临近污染区、殡仪馆、垃圾填埋场等

2. 风险控制要求

投资交底环节的风险控制主要在于交底时间、交底时团队到位状况和交底执行（见表 6–12）。

表 6–12 项目投资交底环节的风险控制要求

风险点	风险描述	风险等级	风控对策
交底时间	未召开或未按时召开投资交底会	中	明确规定投资交底会的安排和召开时间
交底时团队到位状况	团队未到位，影响交底执行	低	拿地当天就确定团队成员
交底执行	未能将项目的全部情况及合作条款向相关专业充分交底	高	▪ 完善部门交圈体系，标准化投资交底流程，提高交圈效率 ▪ 严格按照投资交底标准执行交底，重点突出关键内容及核心风险要素

【案例】两个项目关于投资交底的风险排查

项目 1：利用风险排查表对项目进行检查，对于可能出现的不利因素进行标注和详细描述，并说明不利因素对成本规划和客户的影响等（见表 6–13）。

项目 2：在进行拿地风险排查与交底时聚焦于“7+*X*”关注点：7 是指项目层面最常见的 7 个风险点，包括高压线、复杂地质条件、拆迁和土石方爆破的难度、软弱基础、建筑红线和周边建筑距离、项目周边无正式市政道路和管线以及未来可能涉及的永久水电或临水临电；*X* 是指其他可能存在的风险点。通过对风险点的提前预估、排查、分析和防范，项目总可达到预控风险的目的，但有些风险可能难以察觉和预判，项目总则需要在过程中及时进行策略调整。

表 6–13　某项目不利因素交底

不利因素	有或无	不利因素描述	到项目红线的距离	对成本规划的影响	对客户的影响
噪声（机场、铁路、公路、立交桥、工厂、集市、学校、车站或货场等）	有	项目北边临 ×× 高速，噪声较大	15 米	无影响	对临路住户有影响
污染（造纸厂、化工厂、橡胶厂、废品站或产生烟雾和扬尘的场所等）	无	—	—	—	—
恶臭（垃圾场，污水河、塘或沟渠等）	无	—	—	—	—
宗教（庙宇、教堂或清真寺等）	无	—	—	—	—
禁忌（殡仪馆、火葬场、公墓、监狱、看守所或刑场等）	无	—	—	—	—
危险物（高压电线路、核电站、油气库站或弹药库等）	无	—	—	—	—
辐射性（微波通道、无线通信基站、高铁或辐照中心等）	无	—	—	—	—

3. 知识点与工具

投资交底的具体事项可通过投资交底表来进行梳理（见表 6–14）。

表 6–14　投资交底表

一、规划指标	
面积指标	总建筑面积、地下建筑面积、住宅总面积
容积率	用地容积率要求
建筑密度	用地建筑密度指标要求
绿地率	用地绿地率指标要求
停车位指标	用地停车位指标要求
配套建筑指标	各类配套建筑指标是否有强制标准
其他	其他规划指标要求
二、边界条件	
规划建筑	用地规划控制线要求
建筑限高	用地建筑限高要求
建筑设计	用地建筑设计要求
日照遮挡	用地相关规划日照测算要求
人防	人防的具体规定
消防	消防是否有特殊要求
三、市政配套	
设备用房	是否存在必需的地上设置、特殊面积分摊、特殊位置要求等要求
道路	市政道路规划适当突破是否允许
四、地块条件	
市政条件	是否有市政条件不具备的情况（如燃气、电力等）
	地块内及周边是否存在地上、地下影响建筑规划的设施，相关责任主体、处理措施是否明晰（如加固、护理、迁出、埋管暗藏等）
	地块内及周边是否存在地上、地下影响建筑品质的设施，相关责任主体、处理措施是否明晰
	地块内及周边是否有待建设施，是否明确建设主体、开通时间，其进度是否影响项目总体进度要求
地质条件	地块内及周边是否存在影响规划方案的不良地质条件
拆迁	地块内是否存在拆迁难度
回迁	回迁物业指标是否明确、清晰
五、合作	
商务条款	合作价款、合作方案、评估地价总价、评估地价与楼面价单价、付款条件及比例
合作协议基本条款	股权占比、交易价款的构成、支付方式、股权过户、管理权移交、合作双方的权利和义务、合作方的承诺和保证
六、其他特殊要求	
地价	价款构成、总价、亩单价、楼面单价、付款条件及比例
所需附件	地块现状图、待拆建筑物图、周边配套图、周边环境及分布图、控规图、市政配套图、周边楼盘分布图、其他

二、分期策划（管控点编号：2–A02）

一般体量超过 12 万平方米的项目可能会考虑分期开发，而不同的分期策划会影响项目的经营结果。项目总从经营出发，在进行项目分期策划时主要关注三个问题。

一是项目分期如何划分？是以工程现场施工批次的需要来确定，以销售推盘节奏来确定，还是以设计方案的分区组团来划分？

二是分期规模是否合理？是按 5 万平方米、10 万平方米还是项目总体量的一定比例来确定规模？

三是分期划分需考虑的因素有哪些？比如工程施工因素、成本分摊因素和税务因素等。

> 项目分期策划“三问”：项目分期如何划分？分期规模是否合理？分期划分需考虑的因素有哪些？

房企在开发过程中，受宗地自身条件、外部市场环境、项目和产品特征、企业资金效率等因素的影响，会将体量较大的项目分期进行开发。从经营视角而言，这无非是出于以下四方面的考虑：一是利润最大化；二是控成本费用；三是控风险；四是提升 IRR（见图 6–14）。

图 6–14　分期开发影响因素

1. 关键管控要点

分期策划要基于经营需要来确定分期策略，综合考虑项目的基础条件、规划要求、经营需要等多种因素来拟定具体的分期方案，各业务条线要基于分期方案开展后续工作。

（1）确定分期策略

项目总要基于经营需要来确定分期策略，不同经营定位的项目因经营关注点的差异，项目分期策略有所不同（见图 6–15）。

项目经营定位	经营关注点	项目分期策略
现金流型	看周转	▪ 原则上不分期
利润型或战略型	看利润+看发展	▪ 每期货量要在该期交付时售罄
均衡型	看周转+看利润	▪ 策略1：首期或前两期货值能够覆盖现金流回正前的资金投入 ▪ 策略2：每期货量要在该期交付时售罄

图 6–15　基于经营需要确定分期策略

现金流型项目不仅要满足自身“供血”，而且要给企业贡献更多的现金流和资金价值，所以原则上不进行分期，因为分期势必会拉长整个项目的开发周期。

利润型或战略型项目不追求快速周转，通过对核心城市高端客群的充分研究，为其提供专属的甚至定制化的产品及服务来追求高溢价，或基于对项目独有资源的增值预期，通过项目分期开发来实现稀有资源的增值。所以，利润型或战略型项目的分期策略主要是从企业能及时结转业绩的角度出发的，即满足每期的货量要在该期交付时售罄。

均衡型项目既“看周转”又“看利润”，要考虑通过分期开发早日满足自身“供血”，并在项目资金平衡后，追求利润实现。所以，均衡型项目的分期策略分两个阶段：在现金流回正前，分期策略优先考虑首期或间隔时间不长的前两期货值要能够覆盖现金流回正前的资金投入，并依此确定分期规模；在现金流回正后，分期策略主要考虑每期货量要在该期交付时售罄。

（2）分期规模测算

第一，测算回正规模。

基于项目分期开发的核心经营逻辑，从周转视角来看，项目分期的合理规模在于首期或前两期货值能够覆盖现金流回正前的资金投入。图 6–16 所示的是典型的均衡型项目的现金流曲线，基于均衡型项目的特征，地货比一般为 40%~50%，其资金需求峰值和资金贡献是 1∶1 的关系。

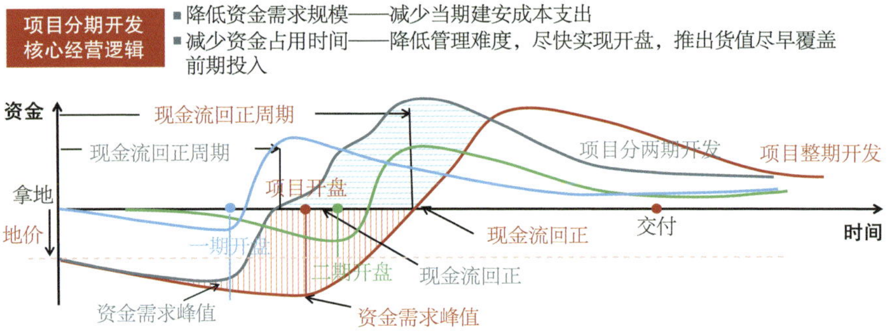

图 6–16　项目分期开发核心经营逻辑

如果该项目是分期开发的，那么一期现金流回正之后的现金流贡献可以覆盖二期投入。在这种情况下，资金需求峰值在一期开发之后就出现了，它远远要小于项目整盘开发的资金需求峰值。

现金流回正的周期缩短，也会产生更多的现金流贡献。图 6–16 中的红色区域是减少的资金投入，蓝色区域是增加的现金流贡献。这就是均衡型项目分期开发的价值。

下面进行一个合理的回正规模的测算。

测算项目的“回正货值”：回正货值 > 项目土地款 + 前期投入。

推导出：回正货量 >（项目土地款 + 前期投入）/ 项目均价。

第二，测算在交付时能售罄的合理规模。

基于每期货量在该期交付时要售罄的目标和策略，项目总应从销售、施工、管理三个维度综合考虑内外部因素（销售流速、总包单位工程现场管理能力与项目部或项目公司的管理能力），来进行分期合理规模的测算。

在销售方面，项目总应考虑项目所在地从开发到交付期间的市场容量，即市场能够去化的量。

在总包单位工程现场管理能力方面，项目总应考虑两点：一是总包单位的数量，普遍情况下为 1 个，如果项目体量大或业态施工要求高，最多允许 2 个；二是单个总包可有效管理的施工面积，比如高层住宅常规总包有效管理面积为 8 万 ~10 万平方米，多层住宅常规总包有效管理面积为 5 万平方米左右，别墅常规总包有效管理面积为 2 万 ~3 万平方米。

在项目部或项目公司的管理能力方面，项目总应考虑甲方的项目团队同期可有效管理的工程量，一般是 1 个现场管理团队管理 1 个分期。

为了便于项目分期合理规模的测算，项目总可基于上述逻辑构建分期合理规模的测算模型（见表 6–15）。

具体到模型应用，项目总可以根据自身情况、项目当地的市场环境和供应商情况，以及企业往年管理面积的水平测算，来确定各个分期维度的权重。

例如，某些企业对人员编制控得很严，工程师岗位是项目的标准配置，那么项目总可通过寻找更多的供应商或者量价平衡来调整去化，实现经营目标；此时对管理维度的限制相应较大，因而项目总可相应调高管理维度的权重。又如新进一个城市，供应商库缺乏合适的供应商资源，此时对施工维度的限制加大，因而项目总可相应调高施工维度的权重。

表6–15 分期合理规模的测算模型

维度	分期逻辑	评价标准	配置标准				合理分期可售面积（平方米）	分期维度权重（%）	合理分期面积（平方米）
销售维度	分期交付时售罄	开工—交付2年，分期项目销售周期1年半，合理分期体量＝月均销售量×18个月	月均销售量（平方米）	8 000	销售周期（月）	18	144 000	50	
施工维度	一个分期最好1个总包施工，最多可允许2个总包施工	1个总包的合理施工面积为8万~10万平方米	总包施工面积（平方米）	80 000	总包数量（个）	1	80 000	25	117 000
管理维度	1个现场管理团队管理1个分期	1个土建工程师管理5万平方米，1个项目管理团队标配2个土建工程师	人均管理面积（平方米）	50 000	土建工程师数量（个）	2	100 000	25	

注：①以上表格中标颜色部分为可调整参数。

②参数设置说明：配置标准与分期维度权重可由公司相关部门根据公司现有状况与管理特征进行确定。

基于这些原则，各个维度对分期规模影响的权重可进行优化和调整。有些公司的总包资源或管理人员储备充分，在分期规模不受该维度限制的情况下，该维度权重可设为0。

第三，均衡型项目的首期规模测算。

第一步，根据经营导向原则测算“回正规模（a）”；第二步，根据规模适当原则测算“合理规模（b）”；第三步，通过权衡“回正规模（a）”与“合理规模（b）”来确定项目分期规模，并辅以相应的管理措施。

当 a < b 时，以“回正规模”来确定首期规模可以合理控制管理投入。

当 a > b 时，可以采用以下两种方案来确定分期规模。

方案 1：以“回正规模”来确定首期规模，并通过增加资源或管理投入，或者降低价格增加流量来提升“合理规模”以达到回正要求。

方案 2：以“合理规模”来确定首期规模，并同时确定二期规模，要求“前两期规模之和” > “回正规模”，且两期供货间隔不超过 6 个月，即在整体项目经营性现金流回正前持续以快开（发）、快（销）售、快回（款）的思路进行操盘。

【案例】某项目首期规模测算

某项目的计容建筑面积为 348 940.9 平方米，土地成交价为 145 368 万元，总货值为 405 271 万元，除地价外单方成本为 3 932 元 / 平方米。该项目的经营定位为均衡型项目，公司对均衡型项目的管理要求是 4 个月开工，12 个月开盘，24 个月内累计经营性现金流回正。

基于以上条件，推算项目分期的规模：

第一，应用运营分期标准模型，综合考虑销售、施工、管理三个维度的能力进行规模测算，得出分期面积为 117 000 平方米。

第二，从周转的角度，根据“首期货值 > 项目土地款 +24 个月建安成本投入”的要求来推算项目回正需要的分期规模（假设 24 个月内需支付除地价外的成本的 30%）。

首期货量 >（项目土地款 +24 个月建安成本投入）/ 首期预期均价

=（总地价 + 单方建安成本 × 计容面积 × 30%）/ 预期均价

= 160 604 平方米

第三，得出两个方案：

方案一：首期规模 11.7 万平方米，二期规模不小于 5 万平方米，供货间隔不超过 6 个月。

方案二：首期规模 17 万平方米，首期货值价格调整，通过以价换量实现早日回正；考虑选择承接能力强的总包或视情况增加管理投入。

……………………………………………………

（3）统筹各专业根据经营导向开展具体的分期策划

在判断项目分期规模的基础上，项目总或运营部门应统筹协同各专业线基于不同的项目经营目的，从本专业的角度适配具体的开发场景，来进行项目分期策划，最终形成符合项目经营需要的分期方案。

比如，一个大型项目由多个地块组成，如果政府允许分地块支付地价，投拓专业则可结合地价支付的差异来进行分期。又如，营销专业要想更好地去化产品，就要使同一期的产品业态尽量互补，同时合理控制同类产品的规模，避免造成库存和积压。

表 6–16 从加快周转、益于收入、控制成本费用及控制风险的角度给出了各专业进行分期策划的操作指引。

表 6–16　各专业分期策划操作指引

经营目的	适配场景	责任专业	操作指引
加快周转	多块宗地组成的项目	投拓	如果地价可以分宗地缴纳，可结合地价支付差异来进行分期
	多业态项目，市场去化水平很一般	营销	同期推出的产品业态互补，合理控制同类产品的规模
	关注周转的项目首期产品选型	设计	■ 首期规划大货量和早达预售条件的产品 ■ 在满足地块控规条件的情况下，首期尽量规划无地下室产品

（续表）

经营目的	适配场景	责任专业	操作指引
	地块自身条件差异化	工程	■ 因地块自然属性带来的开发难度差异（如水坑、土坡等），按照先易后难的顺序进行开发 ■ 因拆迁或场地平整带来的进度差异，按照优先达到开发条件的顺序进行开发
益于收入	有益于打造项目形象	营销	示范区规划应放在首期，同时考虑示范区或样板间参观线路规划
		设计	优先开发临近主道路的土地，重视产品外立面
	有益于产品口碑的树立，追求产品溢价	设计	■ 首期配备必要的配套设施，解决居民必要的生活需求（例如会所、底商、社区商业等） ■ 首期产品选择成熟的高端产品系列
	关注半年度或年度稳定增长的财务表现（定期结转收入需要）	财务	各分期内产品竣工备案交付的不同批次不跨 6 个月或 12 个月，如需跨期则单独分期
控制成本费用	便于施工过程中与分期交付后施工现场的有效管理	工程	■ 如地块中存在规划路或者高压走廊，可按照规划路或高压走廊确定分期界限 ■ 分期划分的各期施工范围相对集中，施工半径较小
	能够与供应商双赢	招采	如本单位供应商库中的总包单位皆为“中字头”企业，普遍承接项目的规模在 10 万平方米以上，则项目分期规模原则上不小于 10 万平方米
	营销推广费用有效投放	营销	同期产品的客户定位越相近，营销推广手段的目标越精准，效果越好
	符合成本分摊原则	成本	分期划分符合税务口径的土地成本、公建配套及设施的成本分摊需要
	有效税务筹划	财务	同一分期尽量搭配不同增值率的产品
控制风险	应对市场风险	营销	首次进入新市场或创新产品首期少量推出，试水客户与市场的接受度
	应对政策风险	营销	在市场去化支持的情况下，首期尽量多供货，早回收资金，降低因政策变动带来的影响

2. 风险控制要求

项目分期策划环节的风险控制主要体现在资金风险、合规风险、开工风险、交付风险和管理风险等方面，具体如表 6–17 所示。

表 6–17　项目分期策划环节的风险控制要求

风险点	风险描述	风险等级	风险对策
资金风险	■ 项目投入资金有限 ■ 对当地按揭回款或资金监管的政策及要求不熟悉	高	■ 以“自有资金限制额度 = 自有资金峰值”的逻辑来倒推合理的分期规模 ■ 项目资金铺排时，账上始终预留一定的安全资金，一般为未来 2~3 个月的经营支出
合规风险	不能及时了解当地政策法规要求，比如：当地规划部门明确规定项目分期建设规模的上下限；当地规划部门要求住宅项目分期建设规模达到一定程度需配建公建配套设施；土地成交合同中明确要求首期需配建的配套设施；当地房管部门对预售许可与竣工备案的报批规模要求对分期规模的影响	中	■ 项目获取前充分调研当地规划管理政策法规要求，提前与政府部门沟通 ■ 项目获取后，投资与设计部门要做深度交底，尤其是地块的详细控规指标及相关的土地出让条件 ■ 报建部门对当地房管部门与建设管理部门相关证件办理的规模要求做深度调查
开工风险	地基条件、红线内各类障碍物的详细定位及拆除时间不能满足分期要求	高	■ 工程专业现场踏勘、初勘需重点关注此项内容 ■ 确认障碍物拆除的条件及计划完成时间与分期开发的周期匹配
交付风险	■ 红线外大市政接入条件和位置不能满足分期交付需求 ■ 首期交付时水、电、气、有线、通信等功能系统不能独立运行，不能通过当地主管部门的验收 ■ 交付区域与后施工区域隔离的管理安全和施工安全问题	高	■ 综合管网和景观方案的设计能够满足项目分期交付的完整性和兼容性要求 ■ 使各分期之间的接触面最小，受影响的楼栋最小，分期交付后，交付区与施工区能够有效隔离

（续表）

风险点	风险描述	风险等级	风险对策
管理风险	市场环境变化或不可预估外界条件变化等导致调整经营分期	中	考虑到规划及验收问题、销售交付和合同承诺等因素，已开工部分不再做调整；未报建开工部分后期依据市场形势、产品业态变化、销售节奏变化等，同时考虑报建、设计、运营计划等因素，允许进行调整，但须拟定分期规划调整方案，经报建、设计、营销、成本、工程、运营、财务共同评审分期变更的经营影响后才能确定

3. 知识点与工具

（1）正确理解分期划分的含义

从项目总的角度来看，虽然每个项目的分期划分所考虑的影响因素不同，但追根溯源，终极诉求都是实现经营效益最大化。经营视角下的项目分期不等同于规划分期、施工标段、合同标段、销售批次、交付批次，而是将项目整体经营管理策略与目标进行有效分解，分阶段、有节奏地逐步实现项目经营效益。

第一，每个分期均可作为独立的经营单元，对应独立的经营目标，项目总可基于分期经营结果进行考核与激励。

第二，每个分期必须存在可经营的产品对象，即必须包含可售业态或可经营业态，有利润或有产权，例如，不能将作为公建配套的学校独立划分为一个分期。

第三，各业务部门可根据本专业的管理需要，基于经营视角下的项目分期进一步划分不同的管理对象来开展业务：营销专业可以划分“销售批次”来分别进行推售与管理；报建专业可以分批报规，按照“规划分期”来分别获取建设工程规划许可证；工程专业可以根据工程量或者施工难度将工程划分为不同的“施工标段”；客服专业可以根据项目验收及结转需要划分“交付批次”。

第四，经营分期的经营管理需要通过企业管理口径的核算来体现。这种独立经营结果的核算，将会包括土建成本、公共配套的建安成本等成本及部分管理费用，通过管理口径的规则来进行分摊，得出相应分期的经营结果。

> 经营视角下的项目分期不等同于规划分期、施工标段、合同标段、销售批次、交付批次，而是将项目整体经营管理策略与目标进行有效分解，分阶段、有节奏地逐步实现项目经营效益。

（2）规范分期命名与分期确定

经营视角下的项目分期或分区的命名规则，须用“一、二、三……期”标识；若项目只有一个分期，须用“全期”标识。项目分期或分区是一个整体概念，多地块项目可在分期的基础上再进行分“区”。施工标段、交付批次及地块分别为不同业务支线根据需要设立的层级，均用大写罗马字母Ⅰ、Ⅱ、Ⅲ、Ⅳ等按先后顺序进行标识。

项目分期的确定，在可研阶段由投资部门组织各部门基于项目经营定位的初判，按照项目分期管理要求初判项目的分期规模，并据此进行投资测算与投资决策，一并上报投资决策会审批；项目获取后，由区域运营管理部门在项目整体定位及示范区策划确定之后，组织各部门召开项目分期专项会，共同论证并确定项目分期规划方案，随项目启动会材料一并上报；在集团运营管理中心初步审核通过后，由集团财务、营销、成本及采购、设计、报批报建等相关部门在项目启动会上共同参与评审后确定。

（3）项目分期管理流程

通过对项目分期流程的梳理，项目总可以规范项目经营管理过程中分期规划的管理动作，明确分期规划工作与其他经营活动之间的前后搭接关系，确保项目分期管理的及时性、经济性、有效性，有效支撑项目经营目标的实现（见图 6–17）。

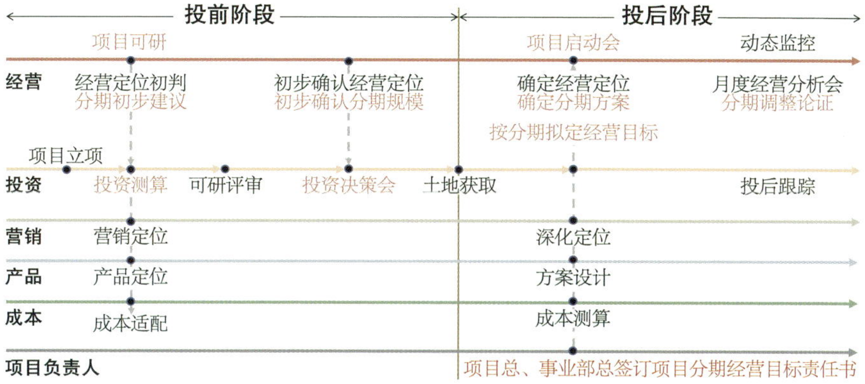

图 6–17 项目分期管理流程

（4）项目分期对各业务条线的业务指导及管理要求

一旦项目分期方案确定，各部门就应在此基础上有序铺排本专业的相关工作，有效地支撑项目经营效益最大化（见图 6–18）。

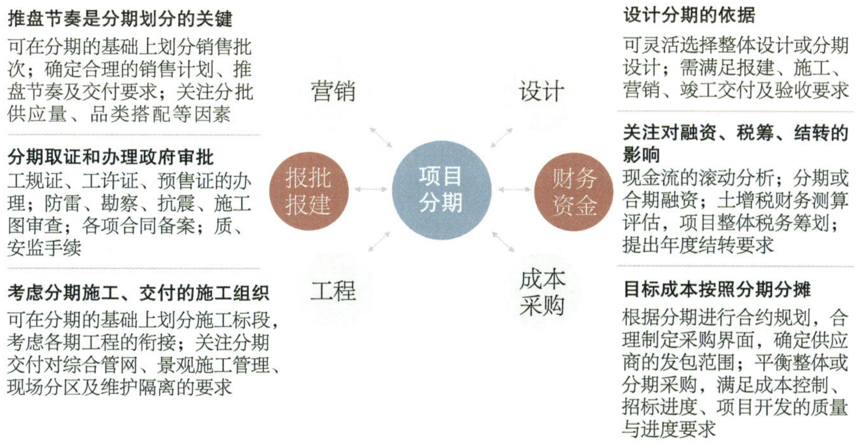

图 6–18 各专业线基于项目分期协同

一是对报批报建工作的业务指导及管理要求。报建部门应基于分期规划，分批次向政府有关职能部门提交申报资料以获取项目相关证照。报建取证（除国土证外）的批次与分期是一对一或多对一的关系，即一个分期内可以一次报建取证或分批次报建取证，但不能跨分期合并取证。报建部门应特别注意建设工程规划许可证及规划验收、土地核验、交付使用许可证获取前后业务的关联性。

二是对设计工作的业务指导及管理要求。在方案设计阶段，设计部门可根据项目分期开发计划，灵活选择整体设计或分期设计，关键是要满足报建、施工、营销、竣工交付及验收要求。景观设计与综合管线设计平衡应结合整个小区的风格定位进行整体设计，但要满足同期交付的进度和报建验收要求；售楼处设计、样板房装修设计、示范区景观设计进度应满足营销进度节点要求，并结合分期的实际要求，便于验收和交付。

三是对营销工作的业务指导及管理要求。营销部门应基于项目分期将销售策略及规划细化为合理的销售计划、推盘节奏及交付要求。

四是对财务及资金工作的业务指导及管理要求。财务部门应基于项目分期做好相应的融资规划，可以分期或合期融资；做好土地增值税财务测算评估、相应的分期核算评估以及项目整体的税务筹划；提出合理的年度结转要求，满足公司的经营计划。

五是对工程工作的业务指导及管理要求。工程部门可在分期的基础上划分施工标段，并考虑各期工程的衔接；关注分期交付对综合管网、景观施工管理、现场分区及维护隔离的要求。

六是对成本和采购的业务指导及管理要求。目标成本基于项目分期进行合理的项目成本分摊；合约采购规划基于项目分期进行策划，制定合理的采购界面，确定各供应商的发包范围；基于项目分期灵活进行整体采购与分期采购的平衡与协调，满足成本控制、招标进度、项目开发的质量与进度要求。

三、定位策划（管控点编号：2–B03）

项目定位策划是确定满足目标客群需求的产品类别的过程。项目定位既要满足外部客户的需求（小业主购房需求），也要满足内部客户的需求（股东投资回报需求）。

1. 关键管控要点

项目总在定位策划环节的关键管控要点在于：一是市场线、产品线和运营线“三线并行”，进行接口交圈、专业协同和工作前置；二是确定项目经营定位是高周转型还是利润型；三是进行环境、客群和产品分析，推动决策。

（1）三线并行：接口交圈、专业协同、工作前置

项目定位要从两方面出发：一方面，要充分挖掘和掌握外部客户的真实需求，确定匹配客户需求、适销对路的产品；另一方面，实现客群和产品定位与内部客户需求的匹配，最大化股东的投资收益。具体而言，项目定位要做到三线并行（见图 6–19）。

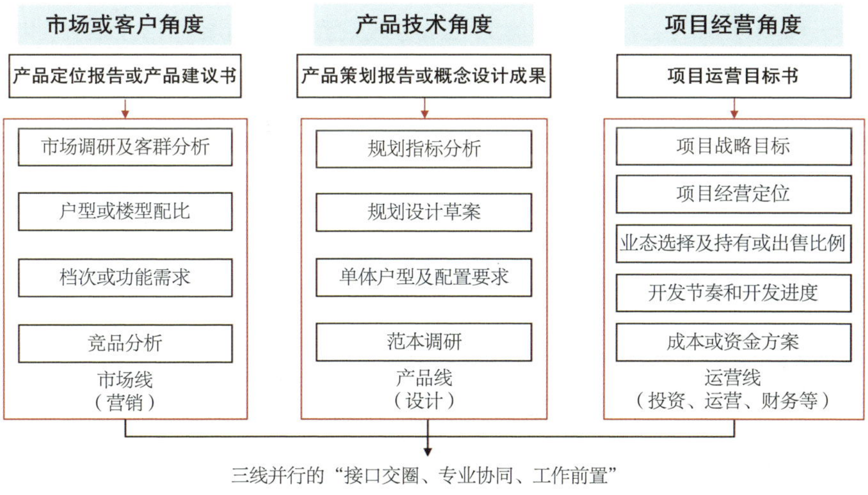

图 6–19　项目定位阶段三线并行

（2）经营定位先行：确定是高周转还是利润型项目

每个项目都有最适配的经营使命，项目总在定位阶段应重点关注项目本身的经营属性。比如项目位于三、四线城市，地货比（地价 / 总货值）低、房地差（销面单价减楼面地价）小、利润空间有限，但是现金流回正速度较快，这类项目就适合做高周转项目；项目位于一、二线城市，地货比高、房地差大、利润空间较大，但是现金流回正速度较慢，这类项目就适合做利润型项目。

一般情况下，三、四线城市的高周转项目以快速去化为目的，遵循总价或单价不宜过高的原则，主要的客群为刚需或刚改客户群体；一、二线城市的利润型项目以追求利润为目的，主要的客群以再改或高端客群为主。如果某些高端产品能够做到快速去化，那么其与高周转的经营定位也是匹配的。

产品的属性与项目的经营定位有着直接密切的关系（见图 6–20）。

在项目经营定位确定后，项目总应组织对项目全周期的经营目标进行测算，对照投资阶段的经营指标，对后续项目的全周期开发指标形成指导意见。

需要注意的是，从更高的层面来考虑，企业在追求项目经营目标的同时，也要关注战略性项目。对于想要规模化发展的企业而言，品牌型和创新型项目也不可或缺：明星盘往往有一盘成名的现象；而创新型项目对技术创新的探索，会对企业的基础竞争力产生长久深远的影响。

（3）推动决策：进行环境、客群和产品分析

一是环境分析。在确定市场定位前，项目总要对城市发展规划（人口、GDP、教育配套资源等）、土地属性（项目所属区域、周边功能配置、项目本体情况等）、体量分析（项目规模大小）、市场分析（去化周期、竞品分析等）、政策环境分析等进行充分调研。环境分析要做到细致不疏漏，借此了解当地客户真实需求，并掌握细分领域的潜在卖点或

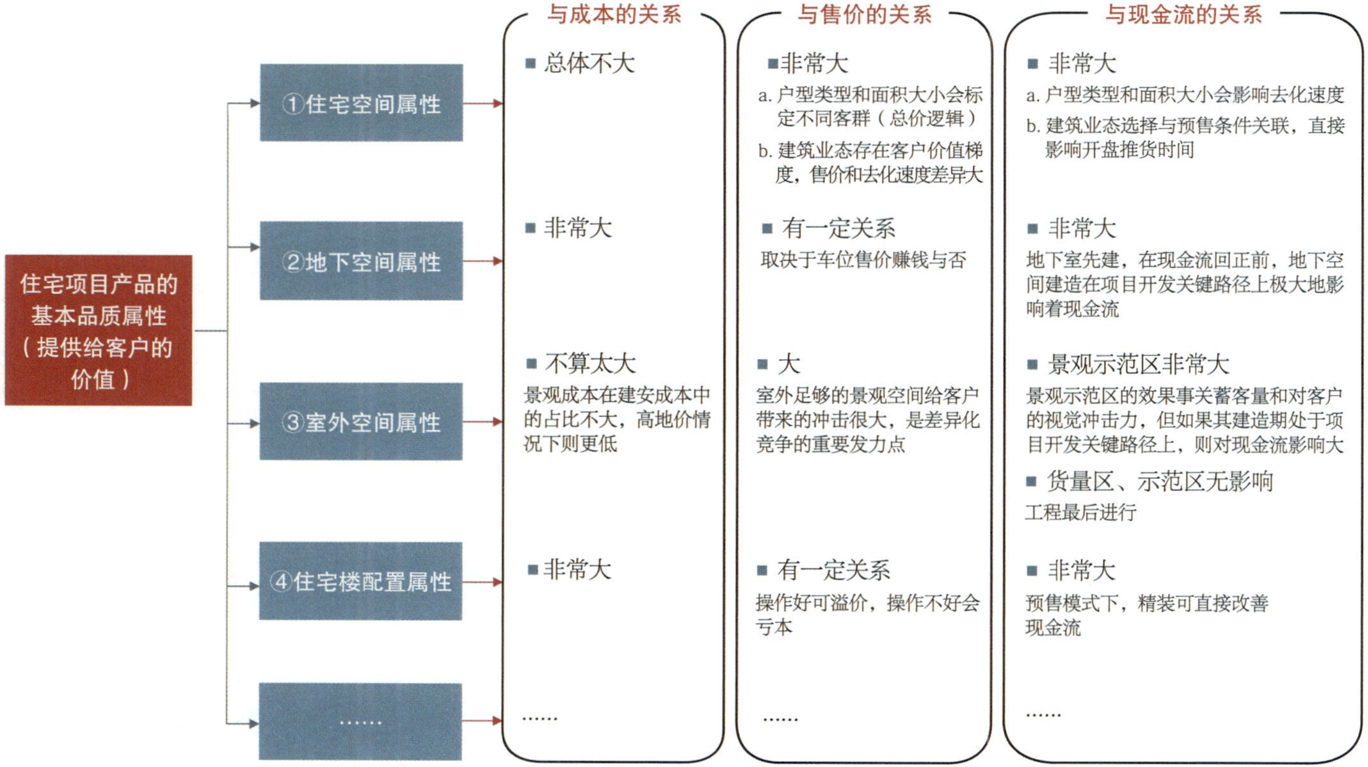

图 6–20 住宅项目产品基本品质属性

风险，比如哪类产品、户型畅销，客户对产品有无特殊需求，等等。另外，项目总应该以发展的眼光看待市场环境，判断应该采取跟随策略还是差异化竞争策略。

二是客群分析。项目总应该对目标客群有充分认知。对于住宅市场，一般可根据地段、容积率（土地属性）、建筑业态、产品档次四个维度将其划分为九大细分市场——城市刚需、城市改善、城市高端、城市顶端、郊区刚需、郊区改善、郊区中高端、郊区高端、郊区顶端。客群研究的目的是要提炼出目标客群具象的需求特征，从客群分类（生命周期、购买力、综合价值认知等）、生活行为、习惯爱好等维度进行调研，进而得出需求特征的结论。

三是产品分析。房地产相当于以“一定价格”卖“不动位置”的“空间”和“配置”，产品定位应关注户型配比、户型要求及配置要求等，以满足客户需求的产品选择方向。住宅产品的基本属性是空间属性和配置属性，空间属性包括空间功能（户型类型）、空间尺度（户型面积）、空间结果（空间布局）等，配置属性包括生活功能配置、材料部品配置等。

项目总不仅要将产品和客群匹配起来，而且要明确推广定位。推广定位的意义是“让客户知道你的好”，但在实际操盘中，很多企业往往忽略了这一点。对于项目操盘中精心雕琢、投入成本最多的地方，项目总一定要提炼出差异化、真实的卖点。推广定位的内容包括确定案名、定位语及视觉表现方向，同时其传递的档次要适配目标客群。

可见，在项目定位阶段，客户是外部牵引，环境是外部约束，经营是内部鞭策，激励是内部驱动，产品是串联载体。

2. 风险控制要求

项目总在项目定位策划环节的风险控制主要体现在市场环境和项目

定位上（见表 6–18）。

表 6–18　项目定位策划环节的风控要求

风险点	风险描述	风险等级	风控对策
市场环境	■ 宏观经济存在较大变化，如货币政策调整、信贷收紧、投资环境恶化等，导致市场预期和购买力产生变化 ■ 市场环境分析与客群分析不够深入，导致细分市场和客群定位出现偏差	中	周期性形成市场分析报告
项目定位	■ 当地市场竞品选择错误，或分析深度不足或数量太少 ■ 市场定位或客群定位与项目经营定位不符，项目经营指标存在重大偏差	高	■ 核查定位报告中的竞品选择与分析情况 ■ 核查经营定位与户型配比的关联关系

四、方案设计（管控点编号：2–B04）

方案设计是项目开发过程中的重要阶段，很大程度上决定了项目在成本、货值、利润、产品等方面的表现。方案设计管控的目的是，通过方案设计前、中、后三个环节，有效地平衡和适配土地、客户、产品、经营四大维度。具体而言，方案设计是基于土地属性及价值分析，深入结合客户属性及需求分析，有效衔接和匹配经营定位，不断将产品定位细化和落实为具体方案，同时考虑其成本的适配性（见图 6–21）。

方案设计的管控目标在于：一方面确保设计方案输入准确，全面考虑土地出让合同相关条款、地域设计规范和要求、投资测算要求、启动会意见等设计输入条件，并推动按时完成；另一方面应确保整体可售货值的最大化，同时确保项目经营定位、营销定位、规划设计规定的匹配性。

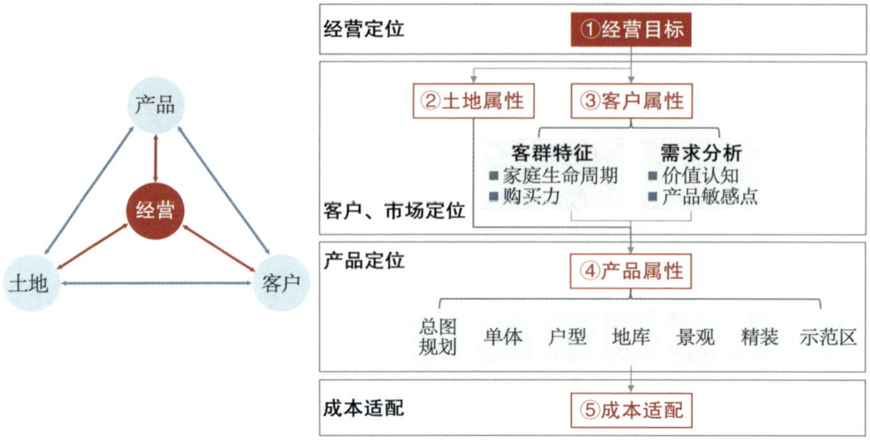

图 6–21 方案设计管控四大维度

方案设计管控的目的：通过方案设计前、中、后三个环节，有效地平衡和适配土地、客户、产品、经营四大维度。

1. 关键管控要点

项目总对方案设计的管控要点可以分为设计输入信息完整、设计过程充分沟通和方案评审多维严谨三个方面，尤其是要把好最后一道关，做好“五看”，从而实现土地、客户、产品、经营四大维度的平衡与适配（见图 6–22）。

（1）设计输入：信息完整

设计输入需准确全面，包括规划要点、土地出让合同相关条款、报建到设计的要求、营销定位、投资测算要求、启动会意见等。比如，项目总要深入解读项目所在地政策规范、地块控制指标等，明确日照、车位配比、公共服务设施配建、消防人防间距、建筑限高、建筑风格等相关要求。

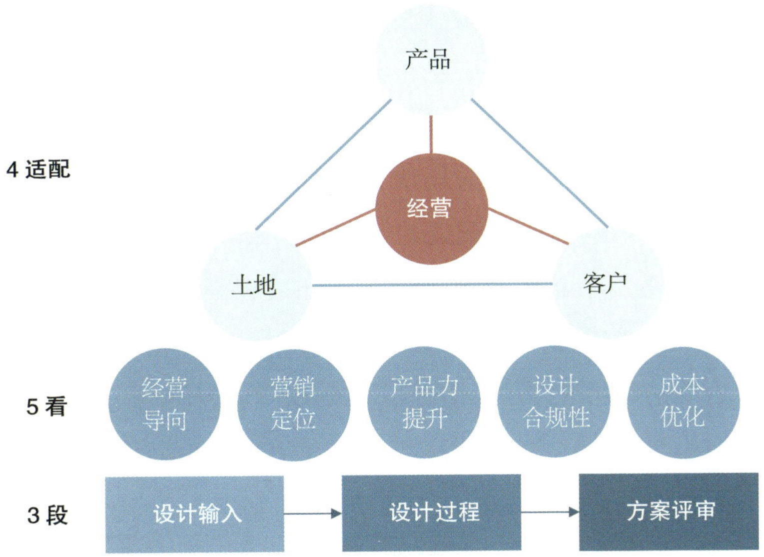

图 6–22 方案设计管控的“五看”

（2）设计过程：充分沟通

在方案设计过程中，项目总应与报建、工程、成本、营销、运营等各部门沟通交圈；同时，需与消防、人防、规划等政府部门充分沟通，规避风险点，避免方案调整反复。对于精装修项目，精装修设计单位应提前介入，参与方案的过程沟通与讨论。

（3）方案评审：多维严谨

方案评审包括概念方案设计评审和深化方案设计评审。项目总在概念方案设计评审时应综合考虑货值最大化与销售流速，对概念设计相关成果进行审核，推动完成概念方案审定，明确项目设计方向；在深化方案设计评审时，应注意有效衔接概念方案设计的评审意见，推动完成深化方案成果的编制与审定。

项目总在方案评审过程中应重点关注经营导向、营销定位、产品力提升、设计合规性、成本优化，也就是做好“五看”。

一看经营导向：从投资收益角度来综合考虑，不仅要考虑项目的货值、利润，更要考虑去化及现金流贡献情况。项目总要进行多规划方案比选，确定总平图，关注可售比、容积余量、产品组合等，匹配项目经营定位，在货值最大化、利润最大化、现金流最优中做出取舍，比如结合不同的项目经营定位，通过调整“高低配”产品组合及比例可形成利润型高低配和现金流型高低配。

图 6–23 为三个强排方案，虽然它们的容积率相同，但不同产品组合对应的项目总货值、去化、空间品质不同。方案 3 的货值处于中间水平，合理的高层与洋房配比有利于去化，高层基本无遮挡，空间品质好。

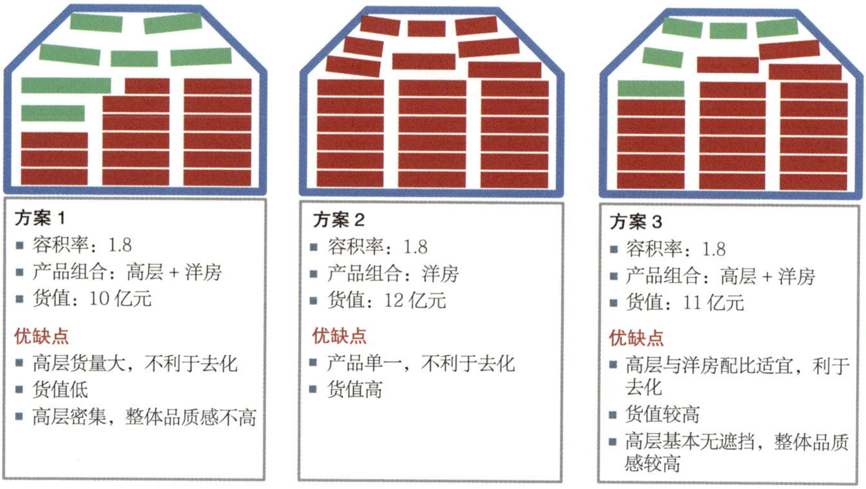

图 6–23　三个强排方案示例

二看营销定位：关注是否满足营销定位要求，需要考虑物业类型比例、户型配比、面积段与总价（单价）段、配套设施等，确保适销对路，获得理想的销售流速。

项目总应充分了解市场情况，摸清项目区域市场各面积段与总价（单价）段的销售流速，结合客户需求满足情况，分析未来竞争趋势，从而选择合适的竞争策略。

三看产品力提升：充分利用各类资源条件，提升项目空间品质、配置品质和价值感知，优化客户体验，建立差异化的产品竞争优势。

产品力体现在两个方面：一是客户端，产品好卖，对客户有吸引力，感知价值突出；二是项目端，产品卖得好，对竞品有竞争力，项目收益良好。围绕产品力的提升，项目总要重点关注规划、建筑、装修、展示等维度的成果，根据市场提出合理建议，确保优势更突出、性价比更高、客户更喜欢。比如在规划上考虑进一步提升内外部景观资源利用率，在功能上考虑设置针对目标客群的功能性配套，在空间上考虑规范内的面积赠送、水电气等点位优化（见图 6–24）。

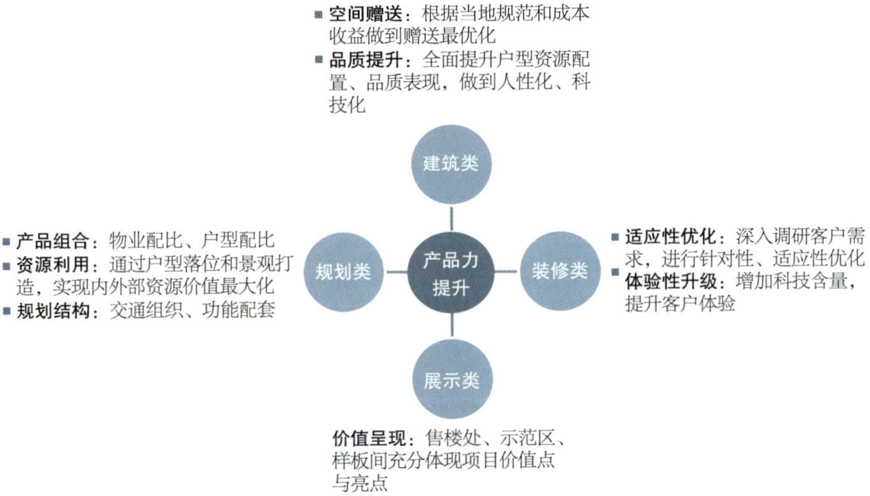

图 6–24　产品力提升方向

四看设计合规性：关注是否满足规划设计条件中的各项设计规定，是否满足当地各专项规定（比如供电、消防、人防等），各专项及配套指标是否有助于项目收益提升。赠送面积及二次改造，要关注法务提供的相关意见。

五看成本优化：关注成本优化点，比如人防可建面积、人防性质（人员隐蔽库、物资库）、地库、景观等。项目总要重点关注地库在建安成本中所占比例，比如车位配置要求、单车指标、层高及顶板覆土高度、净高、排水方案等，同时要关注客户敏感性成本投入，比如定位为利润型的项目，其与竞品相比是否有足够的竞争力。

方案评审"五看"：一看经营导向，二看营销定位，三看产品力提升，四看设计合规性，五看成本优化。

2. 风险控制要求

方案设计环节的风控点主要表现在设计报批、设计差异及调整、设计质量和设计进度方面（见表 6–19）。

表 6–19　方案设计环节的风控要求

风险点	风险描述	风险等级	风控对策
设计报批	在方案未获得审批通过前，完成施工图设计	中	确保施工图设计与报批方案的一致性，无特殊情况应按正常程序推进项目
	变更或突破原规划设计条件（如限高等）时，未取得政府相关部门书面批复	高	明确规定如有变更或突破原规划条件，应取得政府相关部门的书面批复
设计差异及调整	■ 实施版施工图与报规报建的图纸不一致，从而产生验收风险 ■ 规划总图报批调整导致示范区位置和设计条件出现较大调整	高	■ 明确施工图设计不得随意修改报批方案确定的内容，特别是涉及验收、交付的交付标准、二改等内容 ■ 报批前应充分了解当地规范并提前与政府部门沟通，避免此类事件发生

（续表）

风险点	风险描述	风险等级	风控对策
设计质量	■ 因前期设计考虑不周，致使产品功能缺失 ■ 景观设计对国家规范和安全性考虑不周，存在交付后的安全隐患 ■ 设计院出图存在重大失误，导致后期无法变更，或变更成本超标	中	■ 设计成果优先采用成熟标准化产品，降低产品功能缺失风险 ■ 景观设计不得影响规划的消防等功能，需对景观设计的安全性进行专项审核 ■ 重视设计院施工图质量管理，落实会审制度，并对设计院采用奖罚制度和措施
设计进度	■ 示范区设计节点延误 ■ 交付区景观、建筑等设计节点延误	中	前置设计工作，细化编制和执行设计计划，动态监控计划执行情况，并设置相应的激励措施

3. 知识点与工具

（1）可售比

可售比是指可售部分建筑面积与总建筑面积之比。可售部分建筑面积通常包含项目可售的住宅及商业部分，不含地下车库；总建筑面积为地上建筑面积（地上可售部分 + 地上不可售部分）加地下建筑面积（通常为地下车库，不计入可售面积）。

方案设计在整个项目的成本投入中占比不大，却影响着 70%~80% 的项目成本和项目盈利。方案设计阶段应注意减少不可售面积，提高可售比。

控制地下室面积是提高可售比很重要的一部分。一般来说，住宅的地下室不计容，建造成本却高于地面建筑的一倍以上。地下室面积越大，投入面积越大，分摊成本越高，可售比越低。经验证明，如果地下室面积超过建筑面积 15%，项目就不具有经济性了。因此，项目总要严格控制地下室面积，合理设计地下车库。

项目总在地下车库的设计上要注意三个方面：一是可通过配置机械停车库达到车位配比；二是在地下室功能布局上注重设计合理性，充分利用空间；三是通过车位画线和单双行合理动线设置，增加停车位数量。

（2）产品力逻辑认知

产品力是指从客户视角来看产品的溢价能力。产品力的逻辑认知维度包括业态、户型、总平和建造标准等。设计成果本质上是产品的书面表达，项目总无论出身于什么专业，都要提升自身对产品的认知，重视提升产品力。从空间品质视角来看，如下几个关键的专业逻辑对产品力有重要影响。

一是建筑业态的产品价值梯度。我们观察到，在土地属性相近的情况下，客群存在产品综合价值认知梯度的现象（见图 6–25）。

自中国住宅商品化开始，住宅市场客户逐渐形成了主流的产品价值梯度认知

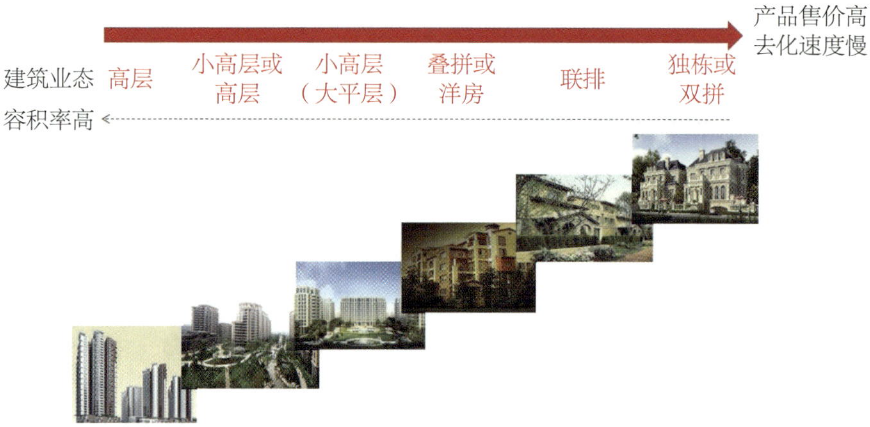

图 6–25　产品综合价值的客群认知梯度

二是公摊面积与得房率。不同建筑业态的公摊总面积差异大（见表 6–20）。

表 6–20　不同建筑业态的公摊总面积差异

住宅常见建筑业态	各建筑业态垂直公共交通空间主要功能要求	各建筑业态垂直公共交通空间常见主要功能空间组成	各建筑业态垂直公共交通空间常见面积大小
别墅（2~3 层）	无，属于户型室内	无	无
洋房（4~6 层）	1 个疏散通道（可不装电梯）	1 个楼梯 1 部电梯	25~30 平方米
多层（7~9 层）	1 个疏散通道 1 部电梯	1 个楼梯 1 部电梯	25~30 平方米
小高层（10~11 层）	1 个疏散通道 1 部电梯	1 个楼梯 1 部电梯	25~30 平方米
中高层（12~18 层，3 米一层）	1 个疏散通道（起火时云梯车可作为楼梯失效时的第二渠道） 2 部电梯（人更多了）	1 个楼梯 2 部电梯	55~65 平方米
百米高层或大高层（54~100 米）	2 个独立疏散通道（云梯车最大救援高度，起火时 2 个通道同时失效概率低） 至少 2 部电梯	2 个楼梯 2 部以上电梯	80~100 平方米

户型产权面积 = 户型套内面积 + 户型公摊面积。户型公摊面积的最大来源是垂直公共交通空间面积，它是按自然层的每层计算，分摊给同层住户的。与此同时，一楼大堂及楼顶的设备房等由整栋楼各户型一起分摊，在户型公摊面积中占比很小。

这个规律导致建筑业态、标准层梯户比（一层几户）、标准层各户型面积的选择和户型得房率相矛盾。建筑越高，营销如果追求控制户型总价，就得控制户型产权面积，做小户型，加大梯户比，以保证标准层面积（各户型套内面积之和 + 户型标准层公摊面积）足够大，否则不能保证得房率。也就是说，在同样的户型套内面积和梯户比前提下，选择较低的建筑业态和较小的户型产权面积则更有竞争力。百米高层常见得房率为 75% 以上，低于这个水平，户型竞争力就比较弱。

三是户型。朝阳采光面的户型面宽（一般一个功能空间的采光面称作一个面宽）具备资源竞争力。对于住宅产品而言，户型朝阳采光面成了一个重要的产品力竞争点，尤其是南向采光面。南方纬度低，客户对纯北向的户型还有一定接受度，在北方客户就完全不能接受。即使在南方，当地规划管理技术规定允许的部分纯北向户型的售价也相对低。

户型类型越复杂，户型功能空间数就越多。若每个功能空间都需要一个开窗采光面，这种户型需要的面宽就越多，尤其是南向朝阳面的面宽数，俗称几朝南。豪宅一般在四朝南以上，即有四个以上朝南的面宽。

一个住宅小区存在多栋住宅建筑，要保证每栋住宅楼都能满足当地规划管理技术规定的日照要求，则每栋住宅楼东西向的宽度（楼栋总面宽尺度）就有最大限制，同时楼与楼之间南北向的间距得足够大。这带来的挑战在于，梯户比一大，南向的面宽就成为紧缺的资源，在楼型选择（标准层平面设计）上，面宽分配成为重大考验。如果每个单体的面宽数都多，会导致单体总面宽尺度大，进而导致容积率无法做足，或者满足不了日照审核；即使能通过政府规划审核，也会导致室外空间尺度变小，极大地影响小区的整体品质。

四是地上空间布局（总平规划）与地下空间的相互影响。总平规划以 ±0 以上来看，需要对楼栋单体进行布局，而考虑布局时会受建筑业态、单体楼型类型、日照间距、消防扑救场地、消防道路、组团划分、出入口等因素的影响。这是设计专业性工作，设计单位常会从专业美学的角度去规划。但这样一来，楼座布局和楼间距的设计可能在 ±0 以下，会极大影响地下车库的停车经济性（单车位面积）。

【案例】优化地下车库提高净利润

地库的成本一般为项目总建造成本的 20% 左右。以一个 10 万平方米的项目为例：假设户均面积为 100 平方米，车位配比平均为 0.8 个 / 户，可得车位数是 100 000/100 × 0.8=800 个，地上车位占 10%，可得地下车位数是 800 × 0.9=720 个。假设单车位面积［地库总面积（含塔楼投影区 + 设备房 + 车位 + 车道等）/ 配建地下车位数］为 35 平方米，那么地库面积就是 720 × 35=25 200 平方米。具体如图 6–26 所示。

地库面积（平方米）	地上建筑面积（平方米）	项目总建筑面积（平方米）
25 200	100 000	125 200
单方造价（元 / 平方米）	单方造价（元 / 平方米）	
2 500	2 000	
地库建安成本（万元）	地上建筑建安成本（万元）	项目总建安成本（万元）
6 300	20 000	26 300

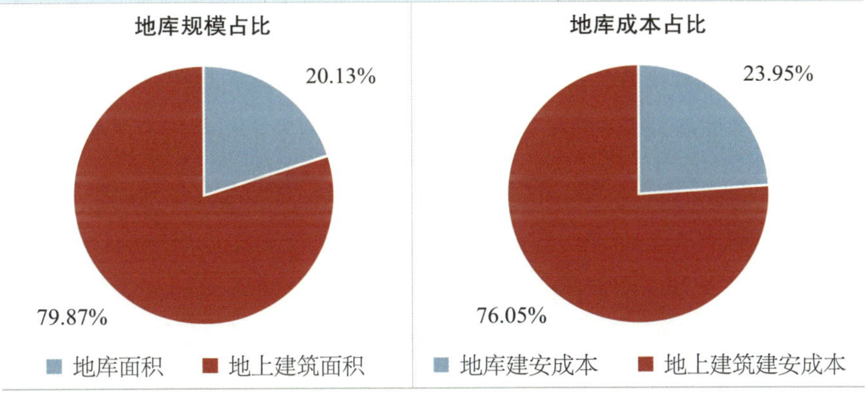

图 6–26　地库与地上建筑的面积和成本占比

注：地下车库受地质及项目其他条件影响，这里取一般住宅项目常规地质条件下的经验值。

在上面的测算中，地库规模占项目整体的 20.13%，地库成本占总建安成本的 23.95%。而一些标杆房企的调研数据显示，地下车库建设规模一般都能达到项目总规模的 20%~25%，建造成本占项目总建造成本的 20% 左右。地库有着很大的资金需求，又主要在开盘销售前施工，对现金流回正、销售计划等项目高周转运营的关键因素影响极大，在高地价情况下尤为明显。

车位面积（停车效率）对地下车库成本的控制非常关键，增减 1 平方米车位面积可以影响高达 70 元的单方造价（见表 6–21）。

表 6–21　车位面积影响地库成本

内　容	经验值	增减单位	影响单方造价（元）
车位面积（停车效率）	30~40 平方米	1 平方米	70
层高	3.2~3.9 米	0.10 米	20
含钢量	110~160 千克 / 平方米	10 千克 / 平方米	25
覆土厚度	0.8~1.5 米	0.10 米	10
地面面层厚度	0.25~0.4 米	0.10 米	30

还是以上面所举的 10 万平方米的项目为例：地库优化 10%，可提升项目净利润 8.6%。2.5 万平方米的地库，6 300 万元的地库建安费用，设可售面积为 10 万平方米，单价为 1 万元 / 平方米，净利润率为 10%，“三费一税”按经验值估算。如果地库优化 10%，即单车位面积减少 3 平方米、层高减少 0.3 米、含钢量减少 15 千克 / 平方米、覆土厚度减少 0.1 米等，可带来 8.6% 的项目净利润的提升（见图 6–27）。

一旦车位配比要求高，销售又不理想，地下车位售价多少才能避免亏损？这就要找到车位的盈亏平衡点。普通两层车库建安成本单方指标约为 2 500 元 / 平方米，单车位面积按照 35 平方米进行预估，一个车位的建安成本约为 2 500 × 35=8.75 万元，加上营销费用、财务费用、管理费用、税金等，一个车位若要不亏损，售价至少要在10万元以上。

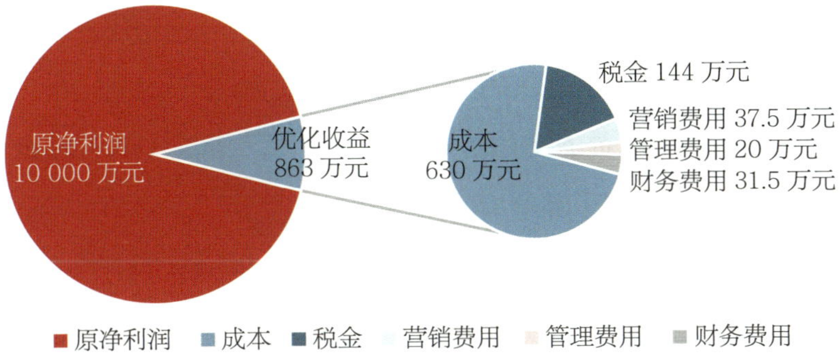

图 6–27 地库优化提升项目净利润

当然，不同类型的车库成本和售价也有所不同。一般而言，各类别车库的成本与售价如表6–22所示。

表 6–22 不同车库的成本与售价

车库类别	建安成本（元/平方米）	平均面积（平方米）	车位售价（万元/个）
全埋地下车库（兼人防）	3 000	35~45	10.50~13.50
普通地下车库	2 300	30~35	6.90~8.05
半地下室车库	1 700	30~35	5.10~5.95
架空层车库（普通柱网）	1 100	25~35	2.75~3.85
地面车库（植草砖）	100	18	0.18
机械车库（普通地下室）	2 600	22~26	5.72~6.76
机械车库（大架空半地下室）	2 000	22~26	4.40~5.20

虽然地库在项目中的客户敏感点较低，且后期车位销售的收益也十分有限，但由于地库影响了项目的基础部分，且常常在项目初期占据了大量资金成本，并影响工期及开盘预售等各个节点，因而

地库的设计优化对利润的影响十分可观，且具有较大的弹性空间。因此，地库设计一直是项目控制成本及提升收益的关键之一。

为降低单车位面积和提升停车空间集中效率，组团楼座围合式布局会更简单。同时，楼间距最好能卡住地下停车的模数，公式为：

卡住地下停车模数的楼间距 =5.1 米（车库紧邻楼座的边跨柱距）× 2+8.1 米（柱网开间值）× 奇数

假设地下停车模数行车道数量为 4，那么该模块的长度 Y=5.1 × 2+8.1 ×（2 × 4−1）=5.1 × 2+8.1 × 7=66.9 米，楼间距 L 应满足 L=Y。

项目总可以使用这一公式，快速判断楼间距是否卡住地下停车模数。算出的楼间距如果与规划设计的楼间距偏差不大，项目总可通过采用车库大小柱网优化设计的方法消除差距；反之，项目总就要决定是调整总平规划还是承受单车位面积大的代价。

同时，地库轮廓（地库边界范围）的设计也对项目经营有着极大影响。从平面设计角度来看，如果用来保现金流回正的楼栋不在地库范围内，会缩短这些楼栋达到预售条件的时间，有利于现金流尽快回正。从竖向设计角度来看，地库轮廓外用来保现金流回正的楼栋的建筑业态选择影响也很大。低的建筑业态 ±0 以下埋深（±0 以下结构部分的高度）浅，这样的楼栋 ±0 以下施工时间就会短很多，再加上 ±0 以上楼层数少，导致 ±0 以上的施工时间也短很多。

【案例】加快现金流回正的地库轮廓设计

例如，在高层住宅结构达三分之一楼层的预售条件下，18 层中高层住宅比 32 层百米高层预售时间约快 40 天。层数更少的建筑业态所用时间会更短，但相应的建筑业态货量少、回款额少，较难支持现金流回正。因此，很多房企在容积率 2.0 以上的项目中，常常采用首推货量主要为 18 层的建筑业态，同时将其布置在地库范围外。但这样的设计会对业主开车回家的流线造成冲击，给项目品质带来瑕疵。常见的技术应对是地下通道连通车库，这实现了双大堂开车直接入户的功能。但由于地库埋深常常取决于百米高层的埋深，其比 18 层楼型的埋深更深，所以这个通道是有高差的，而且这个高差较难通过坡道解决，于是房企常采用楼梯房的形式解决这一问题。这是追求快速回正必须付出的客户体验代价。

上述是针对 ±0 以下地下空间设计与 ±0 以上地上空间布局（总平规划）之间的品质影响以及经营影响的分析。

从配置品质视角来看，约束产品力的关键专业逻辑表现为对客户敏感点的把控和成本上限的把握。作为项目整体经营的责任人，项目总需要强调经营视角的操盘思维。

产品是项目成功的基础，经营是产品纠偏的指挥棒。世上没有完美的户型和楼型，项目总审视户型不能单看户型平面，而要把户型放在楼型中看、放在总平中看，并结合供货时间和去化速度，这样才能在不完美中找到相对最优解。

常见的办法是不平衡使用资源。面积、面宽、得房率、建筑业态、视野景观等都是资源，资源是有限的，因此产品总是有瑕疵的。理想的状态是，资源投放的地方能让客户怦然心动，资源控制的方面能让客户欣然接受。

【案例】不平衡使用资源，针对性提升产品力

某大型临海度假盘的高层主力户型为 2 房 2 厅 2 卫，面积为 76 平方米。卧室设计显得局促，如果床稍大，则一边放床头柜，另一边就放不下梳妆台，更别说给衣柜留空间了。但是，该户型提供了

一个深 3.9 米、宽 8.8 米且正对大海的大空间，市场销售极为火爆（见图 6–28）。

户型平面　　　　惊艳的面海客餐厅

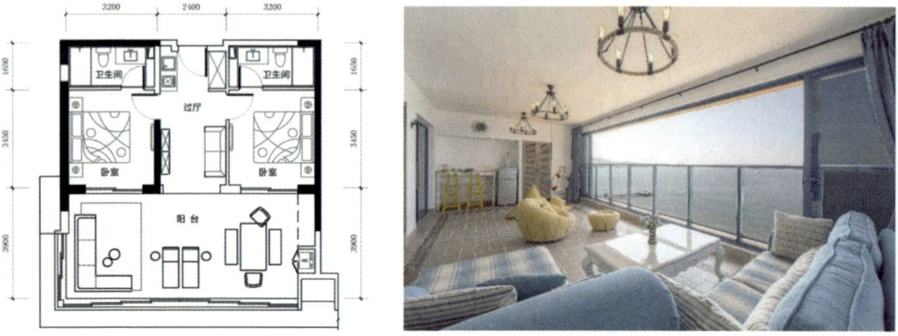

图 6–28　某大型临海度假盘户型案例

上述项目客户的需求主要是度假第二居所，并非常住居所。这是一个针对特定需求不平衡使用资源的经典案例。

项目综合产品力竞争永远都是有针对性的组合拳，这叫产品逻辑。回顾前述，房地产产品存在多方面品质，而客户感知的是综合体验。因此，针对性组合才是关键，放大优势、补足弱势，总会吸引一定的客群。操盘并不可能也不需要满足一个细分市场的所有客户。

那么，如何弥补空间品质？一是用大梯户比的楼型，提升得房率；二是优化空间布局，设计更精细化和人性化。例如，万科在南方研发出的十字楼型一面世就引得业内关注，在首置首改这个细分市场上具有很强的产品竞争力，经演变迭代，现在在一些更高端的改善细分市场中也有所应用。

（3）方案设计审查要点

项目总要关注方案设计中的审查要点，包括如表 6–23 所示的建筑专业针对总平面图的部分审查内容。

表 6–23　建筑专业总平面图审查内容（部分）

管控点	要　求
1.2.1 总图硬性规范审查	
总平面图表达完整	项目名称、指北针、风玫瑰、定位坐标点、场地标高、建筑标高及其他各种标注必须齐备
出入口数量	■ 出入口数量宜控制在 2 个以内 ■ 在符合规范要求的基础上尽量争取出入口数量最小化，以降低物业成本
主出入口	■ 主出入口宜采用人、车共用的模式，设置于基地周边主要人行、车行道路上 ■ 开口位置及大小必须满足控制性规划要求 ■ 主出入口应正对景观中心，同时应参考标准化出入口设置的功能及基本尺寸要求
次出入口	■ 次出入口以机动车出入口为主，同时满足消防出入口要求 ■ 出入口设计参考集团标准化出入口范例，道路开口位置必须符合控规要求，门卫位置必须合理
道路系统	■ 小区内部道路系统应采用人车分流模式：机动车道宽度控制在 5~6 米，利用环路满足消防、交通要求 ■ 高层住宅入户道路应控制在 3 米左右，低、多层住宅入户道路应控制在 2 米左右，紧急机动车道采用硬质铺地 ■ 在小区规模较小的情况下，可考虑利用单行机动车环道（4.5 米）组织道路交通
管线综合	■ 必须准确标注周边市政管线预留接口位置及管线容量 ■ 必须结合小区内部道路系统，预留设备管线通道
1.2.2 总图可行性审查	
货值最大化	在满足营销定位的前提下，层数越低越有利于提高货值，但必须保证建筑密度符合控规要求
资源利用最大化	景观利用上宜使尽量多的住户能够享受景观资源，因此小区内的公共绿地宜采用线性布局（线性绿地优于块状集中绿地）
户型分布合理	■ 在基本满足均好性的前提下，同一项目中高溢价、高档次产品应享有更好的景观、日照资源 ■ 保现金流回正的户型属于当地市场销售流速快的户型类型，并位于可早供货的楼型、楼栋中

（续表）

管控点	要　求
示范区	■ 结合营销部门“六点一线”策划，示范区选址应符合独立实施要求 ■ 示范区总面积应控制在 3 000 平方米以内，以控制成本 ■ 示范区及售楼处的主入口应方便客户直接到达，避免因单行道、周边公交、出租站台或施工通道阻碍引起绕行，影响客户体验感受
样板楼（房）	■ 在一般情况下，样板楼（房）与售楼处距离不应超过 400 米，否则需配备电瓶车等交通设备 ■ 样板楼所处位置景观较好、户型有特色，与相邻建筑无对视或视线遮挡

五、营销策划方案（管控点编号：2–B05）

项目总在营销策划方案环节的管控目标：一是确立项目核心价值逻辑，要求能够撬动市场、打动客户，形成营销策略，保障去化；二是确定销售节奏与目标，包括销售计划及其对应的来访和意向客户、去化和回款等目标。

1. 关键管控要点

基于对项目所属城市、区域、地段及项目产品、客群、竞品环境等的研究分析，项目总应明确整体营销策略与对应的推售计划和营销费用规划。

（1）营销策略

项目总应结合项目定位报告的各项内容，梳理出营销诉求点，从市场态势、竞争关系、客户需求、推广思路综合考虑，评估项目的核心机会和卖点，确立项目能撬动、突破市场的核心价值逻辑，形成营销策略。

营销策略主要包括三个要素：

- 对谁说：目标客户的分析和描述。
- 说什么：项目品牌形象，主要包括案名、logo（标志）、slogan（标语）等。
- 怎么说：营销推广原则、策略，话语体系，主要资源和渠道平台。

根据不同营销阶段的不同要求，营销策略的内容和重点也不同：开盘前的重点为核心价值研究、上市策略、定价策略；销售期主要以营销执行为主，重点为活动策略、媒体策略等；尾盘期主要以促销策略和车位销售策略为主。

【案例】推广定位的内容

推广定位的内容是确定案名和定位语以及视觉表现方向，比如深圳万科第五园的定位语是“骨子里的中国”。推广定位首先需要“让客户知道你的好”，目标是给客户留下强烈的印象，激发客户的想象力，直接目的是引起目标客群的兴趣并吸引他们到售楼处来，同时传递的档次要适配目标客群。

岭南有四大名园，第五园寓意着第五大“名园”，而“骨子里的中国”这一定位语则直接把范围从岭南扩大到中国，节奏过渡并不突兀，客户很容易接受。

此前，房地产主流产品主要是欧式和现代风格。策划业界的专家研究过原因：在改革开放前期，发达地区是标杆，绝大多数客户潜意识里认为中式就代表乡下旧屋破败的形象，而欧式和现代风格则代表了对发达的向往，但后来新中式越来越受欢迎，背后是人们骨子里的自我民族认同提升的表现；同时从技术上讲，古典中式住宅在空间品质、美学和空气流动等配置功能上非常先进和环保，但在材料耐久性（尤其是木材）和占地面积大等方面存在缺陷，不符合当代集约用地的需求，而开发商创新的新中式建筑，看似是西方集合式住宅，但带有很多中式的韵味和调性，尤其是景观。

因此，客研很重要，只有与时俱进深入客户的潜意识层面，房企才能真正打动人心。同时，推广定位要与产品定位匹配，不是越高大上越好。推广定位的逻辑应比目标客群的档次高一档，充分发挥客户的想象力，让客户产生拥有感；档次过高则会带来距离感，让目标客群觉得够不着，看看可以，但难以下单。

（2）推售计划

项目总应根据销售目标，结合竞品项目比较分析和政府备案价审核控制情况，预判各业态销售价格，测算销售均价和入市价格，明确价格调整策略；根据开发计划，选择入市时机，排布房源推售节奏，细化营销策略，部署客户蓄积计划，确定销售节奏排期（须与报建、工程充分沟通），确定来访和意向客户、去化、回款等指标。

不同经营定位的推售计划在逻辑上有差异。现金流型经营定位以快速回正并贡献现金流为目标，推售计划逻辑如图 6–29 所示。

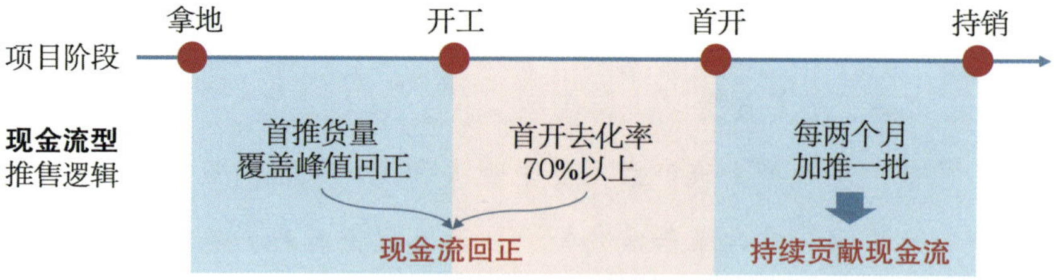

图 6–29　现金流型推售逻辑

现金流型推售逻辑，首推货量应大于资金峰值，且首开去化率要在

70% 以上，以达到首推货量覆盖峰值回正的目的；续推保证每两个月加推一批，以持续贡献现金流。

均衡型经营定位兼顾现金流快速回正及合理利润回报，推售计划逻辑如图 6–30 所示。

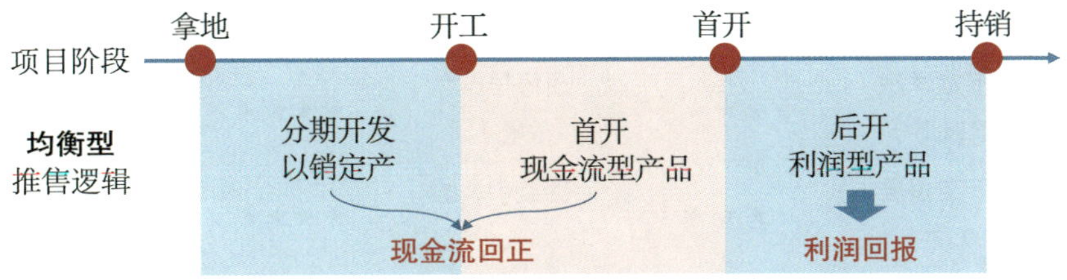

图 6–30　均衡型推售逻辑

均衡型推售逻辑不限定首推货量必须大于资金峰值，但强调分期推售、以销定产——通过分期推售、以销定产、降资金峰值、减财务成本，加快现金流回正。为兼顾现金流回正和利润实现两个目标，项目总在产品推售时应区分利润型产品及现金流型产品：首推现金流型产品，用于现金流回正，之后推利润型产品，实现利润回报。

常见现金流型产品与利润型产品区分如表 6–24 所示（按货量的三分之一或二分之一预售）。

利润型经营定位以利润最大化为目标，推售计划逻辑如图 6–31 所示。

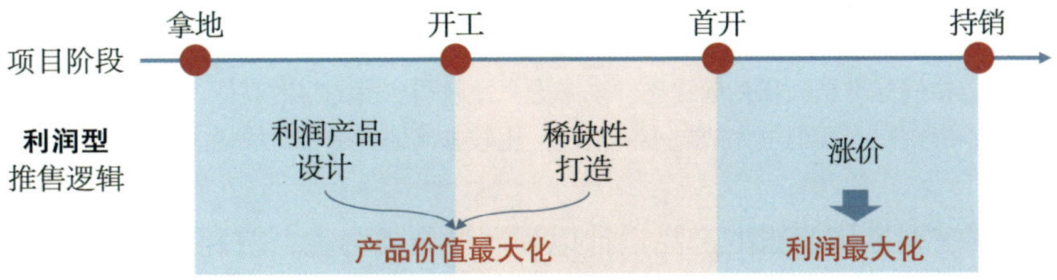

图 6–31　利润型推售逻辑

表 6–24　常见现金流型与利润型产品区分

产品类型	现金流型产品		利润型产品	
	适应度	判断依据	适应度	判断依据
别墅（独栋、联排、叠拼）	★	货量小，去化慢	★★★★★	品质好、总价高、单价高
有地下室洋房（6 层以下）	★★	货量小	★★★★	品质好、单价高
无地下室洋房（6 层以下）	★★★	预售早，货量小	★★★★	品质好、单价高
有地下室多层（7~9 层）	★★★	货量中，投入少	★★★★	得房率高、单价高
无地下室多层（7~9 层）	★★★	预售早，货量中，投入少	★★★	得房率高，无地库影响品质
有地下室多层（7~9 层）或小高层（10~11 层）	★★★	货量中，投入少	★★★★	得房率高、单价高
无地下室多层（7~9 层）或小高层（10~11 层）	★★★	预售早，货量中，投入少	★★★	得房率高，无地库影响品质
有地下室的中高层（12~18 层）	★★★★	货量大，去化快	★★★	得房率高
无地下室的中高层（12~18 层）	★★★★★	预售早，货量大，去化快	★★★	无地库影响品质
有地下室的高层（19~33 层）	★★★	货量大，去化快，投入大	★★★	得房率一般
无地下室的高层（19~33 层）	★★★★	预售早，货量大，去化快，投入大	★★	得房率一般，影响品质

注：①以相同标准层面积为前提条件来考虑，比较得房率的相对高低。
②不考虑户型面积过大或过小的情况，比较去化速度的相对快慢。

利润型推售逻辑的产品设计以利润型产品为主，首开不强调推出现金流产品，一般推出高品质产品（如楼王等），立价格标杆，打造项目高端品质形象，严格控制每次推货量，在市场上行时采取涨价策略以实现利润最大化。

（3）营销费用规划

项目总应基于严格控制总额、额度内相对灵活掌握、按计划使用、关注费效分析的原则对营销费用进行管理，确定项目全周期营销费用总额及各科目分解和年度费用明细等。项目总要综合考虑产品类型、项目货值、竞争关系、当地市场特点等因素，确定营销费用目标总额或费率，并考虑在总额范围内对各科目或部分科目进行一定比例的调剂使用。

项目总应按计划使用营销费用，并关注销售进度节奏与费用使用比例的匹配性，分析费用使用的实际效果，及时预警和调整，确保营销费用的有效管控。

营销费用科目一般分为人工类费用、推广类费用、行政类费用等，每家企业不尽相同。项目总应根据企业管理精细度和管理导向等灵活设计，并在设定营销费用或费率时做差异性考虑。

以营销设施建造费用管理为例，常见做法有三种：一是全部计入开发成本（含设计费用）；二是永久设施中可销售或自用的其硬装、软装计入开发成本，示范区中园林、景观、道路等不拆除部分计入开发成本，其他项目计入营销费用；三是永久售楼处、样板房后期进行打折销售的，相应硬装费（含设计费）折价后金额计入开发成本，红线内的示范区景观（含设计费）计入开发成本，其他项目计入营销费用。

营销设施如属于下面三种情况，均视为与项目的建造成本相关，归集计入成本作为扣除项：产权归全体业主；产权无偿交付政府、公用事业单位用于非营利性社会公共事业；实现对价，作为可销售的开发产品。

2. 风险控制要求

营销策划方案环节的风险控制主要体现在营销策划方案、营销策划执行、营销推广宣传上（见表 6–25）。

表 6–25 营销策划方案环节风控要求

风险点	风险描述	风险等级	风控对策
营销策划方案	营销策划方案对项目核心价值挖掘不足，难以撬动市场，影响整体营销效果	高	▪ 对项目所属城市、区域、地段及项目产品、客群、竞品环境等进行深入研究分析，确立项目能撬动、突破市场的核心价值逻辑 ▪ 围绕项目核心价值的传播，设计项目重要营销节点、推广主题、推广渠道、营销活动、渠道建设等内容
营销策划执行	营销策划方案在执行过程中相关资源安排不足、具体动作落实不到位，导致效果大打折扣，影响项目整体销售	中	▪ 结合销售节奏与市场反应，合理安排资源，落实营销策划方案 ▪ 以销售为导向，关注来访和意向客户、去化、回款等指标，必要时做出灵活调整，确保整体营销效果
营销推广宣传	营销策划方案内容虚夸不实，与产品本身不匹配，误导客户，影响企业口碑与品牌	中	▪ 营销管理部门严格落实销售说辞、出街物料等各类内容的管理规定，提前与相关部门进行确认并培训考试 ▪ 法务风控部门根据营销节点进行检查或安排暗访（或第三方检查），发现问题后及时督促整改，编制风险提示，进行负面案例分享，并明确处罚机制

3. 知识点与工具

（1）“5W1H”

项目总应梳理项目的客户、产品和竞争关系，分析、整合、提炼并形成营销策略。营销策略需要回答的“5W1H”如图 6–32 所示。

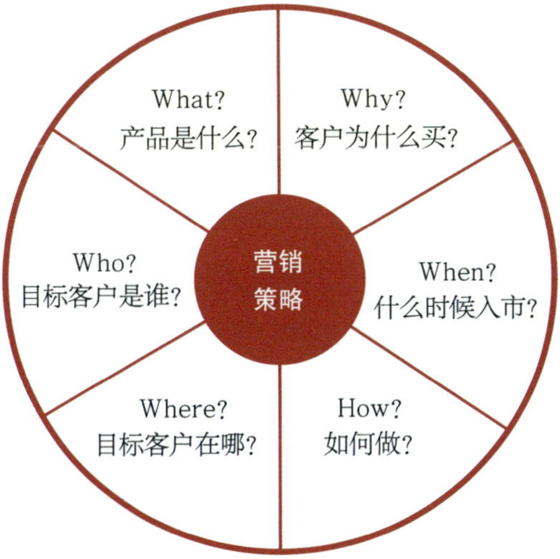

图 6–32 营销策略 5W1H

“5W1H”实际上就是注重产品适配，匹配产品定位与市场需求。

首先，做对产品是根本。项目定位、定价和营销方案前置，能基于客户需求来指导产品开发，自然能为后续项目快速销售打下基础。

例如，某房企就擅长运用营销来串起整个项目的产品生产场景，先研究摸清市场（包括宏观经济与政策、房地产行业市场指数、知名开发商和楼盘、在售项目来客的监控与研究等），再来定位产品和匹配需求：一是进行长期、实时的系统性监控；二是专人专职，配置专职人员统筹分析各代理公司数据。

某注重产品品质的房企认为“好产品会自销”，其产品定位和设计前置经过三个视角的审视，即产品的市场适配性、产品适配性和产品经营适配性，在设计产品时重视客户层面的访谈，包括老客户、潜在客户、同行、媒体、政府五个群体，确保项目符合更多人的期望。而聚焦地级市与百强县级市的某房企，每进入一个区域，就会提前数月派驻拓展人员在当地生活、调研（包括政府关系、区域竞品、客户分析等）。

其次，亡羊补牢，及时调整。前期产品没做对并不意味着毫无机会，例如某高周转企业会根据销售情况评估反向调整施工节点：一方面避免了存量过大为销售带来压力；另一方面则能根据市场需求及时调整户型、装修标准、设计等，更贴合购房趋势。同时，该企业还以市场成交走势为依据，结合项目户型结构以及工程节点，形成最稳健的推货安排；并根据最大化展示项目优点或特色的原则，在满足实体展示的情况下，按照动线安排形成最合适的铺排。

（2）营销策略大纲及主要内容

营销策略大纲需具有清晰合理的内在逻辑，在对市场、项目、客户进行研判分析的基础上，梳理和推导项目的核心价值。核心价值的表达、营销策略的制定、资源渠道的选择等都是围绕客户和项目核心价值展开的，不是跳跃性的主观臆断。以某企业的营销策略大纲为例：

- 市场分析：政策环境、大市场环境、板块分析、竞品分析。结论：市场定位是什么？
- 客户分析：目标客户需求和痛点描摹。结论：目标客户定位、客户“地图”、客户核心需求是什么？
- 产品分析：项目规划、产品户型等对比分析。结论：项目核心产品力有哪些？
- 品牌策略（项目营销定位）：品牌基因分析（可分为项目品牌、企业品牌两个层面）。结论：什么是贯穿项目始终的最吸引目标客户的独特方面？

- 传播策略：推广原则、核心策略、话语体系、主要资源渠道、营销费用的年度铺排。
- 视觉表现：VI 手册及延展。

图 6–33 为产品力对比雷达图，项目总可从户型力与规划力两个方面 17 项要素进行对比分析，建立和传递产品的竞争力与亮点。

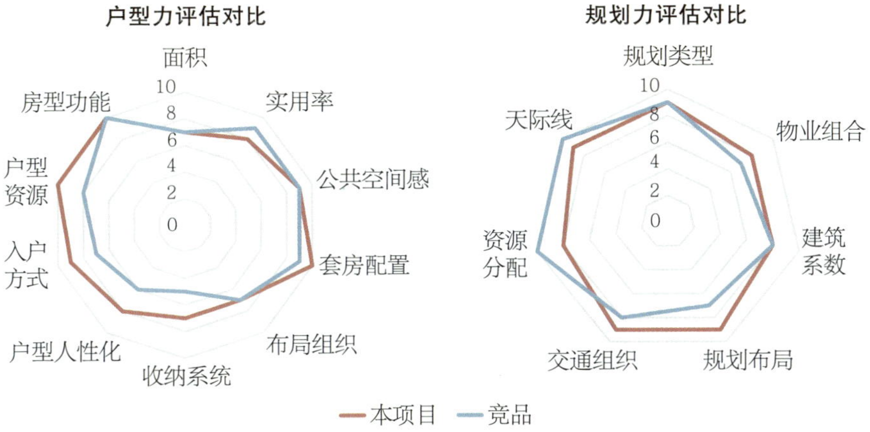

图 6–33 产品力对比雷达图

（3）营销流程标准化

固化基本流程，创新营销管理。例如，某房企对营销全过程制定了标准化流程（地铁图），并不断根据项目特点对标准化流程进行升级，全面规范营销各节点的执行事项及指引，提升执行效率（见图 6–34）。

企业可根据市场环境和营销需求及时调整策略，构建包括新项目、在售项目、周期性淡旺季、案场管控标准化及案例平台的“四标一体”标准化体系，做到营销各节点执行事项及指引全面规范化，各类营销案例知识库丰富，有章可循，从而快速提升执行力与作战力。

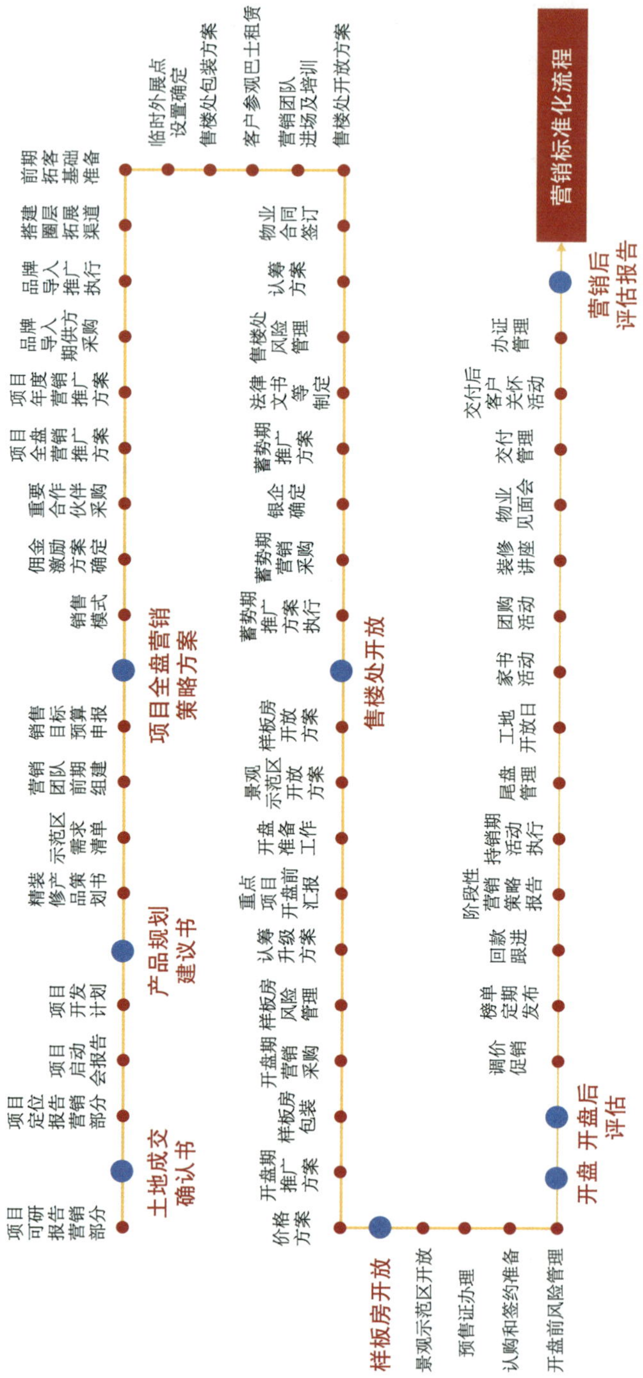

图 6–34 营销流程标准化示例

（4）营销激励机制规划

善用机制，好机制带来好执行。从项目角度来看，各类资源要配合营销拓客，房企要通过严格管理与高激励激发员工斗志。例如，房企的管控策略和制度体现在如图 6–35 所示的六个方面。

■ **人员招聘和组建四大策略**

①策划：必须有两年以上销售经验，对客户、产品、区域有深刻的了解。②销售：竞品销售精英，对目标有强烈的达成欲，体育竞技类优先考虑。③销管：有强烈的责任心和荣誉感，对数据具有管控、分析能力。④渠道：多元化行业搭配，有较强的资源整合和沟通能力（金融、政府、媒体、汽车、会议、保险、奢侈品人脉优先）

■ **拓客团队底薪及提成奖金分配策略**

■ **精神物质激励七大策略**

①每周、月成绩排名公开。②分组竞争，每月小组头名可以挑选最后小组 1 员。③重奖第一名策略，无论组还是个人。④每个项目每月销售冠军和家人一起与领导共进晚餐（家人异地报销路费、住宿费）。⑤销售冠军有资格参加项目重大决策会议，如定价、认筹、开盘方式等。⑥半年度两次以上月度销售冠军有资格晋升销售管理岗位。⑦年度营销精英享受购房优惠政策（营销总同待遇）

■ **严格四大监督督导制度**

①销售：线索客户全周期管理。②策划：展示形象全系统管理。③渠道：信息点、传播点、拦截点巡查管理。④客服：客户体验全接触点管理

■ **拓客绩效三大考核制度**

①CALL 客：转访量、转筹量、转签量。②巡展：进驻量、转访量、转筹量、转签量。③圈层：线下量、转访量、转签量、活动量、宣讲量

■ **营销团队七化管控**

①业务培训体系化、常态化。②奖惩机制灵活化、差异化。③隐性工作显性化、监督化。④结果目标过程化、考核化。⑤团队竞争分散化、白热化。⑥制度管理标准化、军事化。⑦情绪管理个性化、人性化

图 6–35 营销管控策略和激励制度示例

六、示范区策划（管控点编号：2–B06）

从项目角度来看，示范区工作仅占项目工作总量的 20%，但是示范区能够展示客户关注点的 80%，是实现项目快去化、高溢价和高品牌价

值的重要举措（见图 6–36）。

图 6–36　示范区传递信息

示范区策划的管控目标在于“适配”和“一致”。“适配”是指示范区策划方案贴合项目定位，与项目的经营定位、客户定位和产品定位相匹配；“一致”是指示范区建设计划与项目主项计划保持一致，保障各项工序顺利穿插进行，无矛盾点。示范区策划应涵盖示范区定位、选址、开放计划、成本测算和工程策划等。

项目总在示范区策划方案上的管控目标包括如下两个方面。

一是服务于营销，多专业协同。示范区是营销的主战场，营销要参与示范区整体策划方案工作，方案整体功能需满足营销要求，为营销工作服务。以示范区策划方案为输入，由设计专业主导，营销、工程、成本、开发多专业协同完成方案设计，避免后期出现方案反复、成本超支等情况。在示范区策划环节，营销专业需要提出装饰设计的相关需求，比如样板房的装修风格、高低档次，是否为永久样板房，开发通道与施工通道的设置，等等。

二是高品质快速呈现。示范区效果管控以前端设计策划为核心，选址定位和方案设计在很大程度上决定了示范区最终的展现效果和品质。同时，方案设计需考虑施工周期，以通过示范区的快速开放给予项目销售充分的蓄客周期，提升开盘效果。

1. 关键管控要点

项目总在示范区策划环节的关键管控要点包括以下四个方面。

- 经营视角方面，审核把控示范区选址、范围、开放时点等是否匹配项目整体的运营计划，确保可行性，避免营销、成本等单一专业视角。
- 进度计划方面，明确示范区专项计划，包括示范区设计、合约、工程主要工作安排，制订示范区专项计划时应充分考虑其与主项计划、各专业（设计、合约、工程、报建）的协调性和可行性。
- 成本方面，明确售楼处、样板房软硬装限额和景观示范区限额。
- 品质方面，充分考虑现状环境对示范区尤其是示范区景观功能的影响，做到借景、用景、避景。

示范区建设需提前与政府部门充分沟通，争取政府部门的批准，并考虑示范区的入口是否影响道路、园林景观绿化等。项目总需要将以上工作落实执行到位，并贯穿于示范区方案评审、示范区现场管控及示范区验收管理三个阶段。

（1）示范区方案评审

项目总要有效衔接示范区策划要点内容，推动完成深化方案成果的编制与审定。

第一，明确示范区方案，内容细致全面，包括示范区选址（主要考虑客户到达便利性、展示效果、工程施工难度，以及是永久还是临时示范区）、示范区定位（售楼处、样板房、景观示范区面积及单方成本、风格、软硬装配置标准）、示范区动线（营造良好的空间体验）、售楼处效果及平面布置、示范区进度计划（建筑、景观、装饰装修）等。

第二，关注设计条线内部建筑、室内、景观三个专业的协同，相互配合完成深化设计，联合评审取得一致意见。以示范区设计评审为例，项目总应重点关注建筑、景观、精装三个方面，明确相应的适配标准。

示范区建筑的设计评审往往关注总体布局、交通动线、售楼处和样板间。从客户角度出发，示范区的建筑规划应考虑客户参观的舒适度、便利度和体验感。某企业示范区建筑设计要求如表 6–26 所示。

表 6–26　某企业示范区建筑设计要求

总体布局	交通动线	售楼处	样板间
▪ 考虑客户在整个示范区内参观流线的舒适感，注重空间层次的体验感。一般参观动线：停车→礼宾接待→园林示范→售楼处→样板景观区→样板间→售楼处 ▪ 示范区的地坪标高宜高于室外市政道路地坪标高 600 毫米左右	▪ 示范区内应设置不少于 30 个停车位的客用停车场，应靠近售楼处并相对独立，并应考虑销售高峰期的客户临时停车点 ▪ 客用停车场与售楼处距离超过 200 米时应设电瓶车，并配置电瓶车停车位 ▪ 员工停车场应与客用停车场分开设置	▪ 选址：位于示范区核心景观位置，若场地受限，则应选择交通便利位置	▪ 选址：主要功能房的景观较好，能突出项目卖点并符合项目营销策略；主要功能房与周边建筑无对视、无视线遮挡；若无电梯，则样板房所选楼层不宜超过三层 ▪ 临时样板间的位置摆放应由示范区景观设计师统一进行规划设计

示范区景观的设计评审往往关注总图、功能分区和植物设计。示范区景观是客户在进入示范区后最直接的视觉接触对象，在满足设计范围和设计指标的前提下，其应展现项目的定位、特质、亮点细节，并随动

线带来移步换景的体验（见表 6–27）。

表 6–27　示范区景观设计评审

总图	设计范围	▪ 是否在设计范围内进行设计 ▪ 有无遗漏地方
	设计指标	▪ 是否满足售楼处活动广场面积要求 ▪ 是否满足水域面积要求 ▪ 是否满足绿地率指标要求（实景样板区） ▪ 是否满足停车位数量要求
功能分区	引导区	▪ 不仅包括用地沿道路的区域，还应至少向外延伸 100 米 ▪ logo 柱或景墙应尽量靠近市政道路路边，或设于道路转角处，并靠近主要人流车流方向；颜色、造型应醒目 ▪ 市政电杆、路灯杆等的样式，应考虑广告道旗与灯箱位置
	入口区	▪ 位于销售中心主入口前，是进入售楼处的主要形象通道，应注意体现气势和序列感
	示范区	▪ 总体氛围上应突出项目的设计理念，体现独特高品质的生活氛围 ▪ 销售中心临市政道路方向应布置为小广场 + 绿地形式，以丰富的绿化配合 logo 墙、柱、广告、道旗等，展示良好的绿色人居氛围
	样板区	▪ 后庭院设计要符合营销动线要求，合理布置看房路线，根据看房动线布置小品、小型情景雕塑、休息座椅、洽谈区桌椅等
	停车区	▪ 应设专门的停车区域，空间相对独立，并有明显标志
植物设计	植物设计原则	▪ 符合工程管理规范；符合营销理念要求；符合当地自然条件、生态要求；小市政管线路由不冲突；按分区将植物种植融入方案介绍
	画面表现	▪ 须明确反映乔、灌、草等植物的位置、布置形态，须标明树种名称、种类、观赏形态

示范区精装的设计评审往往关注售楼处和样板房。售楼处和样板房是项目营销非常重要的场景和功能区，也是向客户传递产品风格、功能、效果和体验的重要窗口，甚至会成为促成成交的“临门一脚”，值得重点关注。

第三，关注成本、工程、设计的充分交圈，确保成本与工期合理性。示范区要成本适中、分摊合理，匹配示范区概念方案，避免规模或面积过大、成本超标或二次成本；同时示范区工期要合理。为支撑示范区快速开放，现金流型项目通常将示范区置于不做地下室的区域内。

项目总应明确示范区在各阶段的管理界面，这有利于明确示范区管理责任主体，提高示范区管理的协同效果。

在示范区方案策划阶段，营销条线和运营条线共同主导示范区选址定位工作，并形成示范区整体策划方案。以示范区整体策划方案为输入，设计、工程、成本和采购条线分别主导完成示范区方案设计、工程技术分析、成本测算和采购策划。

在示范区施工图设计阶段，设计条线主责施工图设计工作，营销条线作为示范区使用方主导施工图设计评审工作，站在客户体验视角，对引导区、入口形象区、售楼处、通道区和样板区的设计展现效果进行综合评估。

在示范区开放阶段，为保证示范区展现效果和示范区前期策划高度契合，营销条线负责主导活动方案策划、示范区包装、示范区验收和开放后评估工作。

第四，示范区面积控制与空间营造。示范区方案管控是目标成本编制的重要依据，总成本控制策略应以对成本影响最大且可控的面积因素作为控制重点。比如，某房企示范区景观面积（不含红线外改造面积）不超过 1 万平方米，大盘项目或其他交地情况特殊（位置偏远、周边荒凉）项目可根据整体计划、目标成本适当扩大示范区景观范围，但不得超过 2 万平方米。为匹配不同的产品档次，售楼处建筑面积范围为 700~1 500 平方米。

在考虑示范区面积控制的同时，项目总要关注示范区呈现效果与客户体验。其中，如何在相对较小的空间内建立起丰富的空间感受是关键点，这可通过拉长动线、丰富故事线、适当留白、打造立体景观等手法来实现。

（2）示范区现场管控

示范区现场管控目标在于保证示范区施工进度和施工质量两个方面达到管理要求，项目总可通过 18 个节点来进行管控（见图 6–37）。

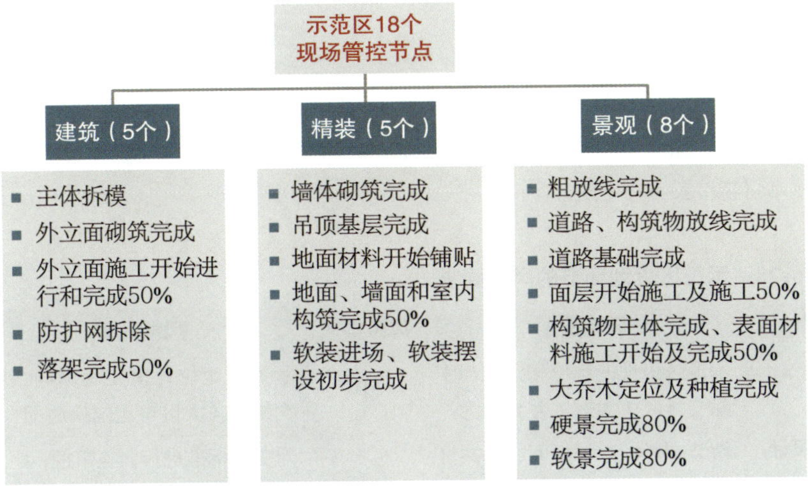

图 6–37　示范区 18 个现场管控要点

管控节点标准的设置原则在于，起始节点与过程节点的管控相结合，突出过程节点管控，例如外立面施工完成 50%，室内构筑完成 50%，硬景、软景完成 80%，等等。通过过程节点管控，项目总能够监控示范区施工进度情况，并保障示范区施工质量。

（3）示范区验收管理

示范区验收应主次分明，重点验收控制项的展示质量。项目总应确保制定有明确的示范区验收标准，保障示范区的验收有据可依，量化具体的细节标准，有重点地对示范区进行验收管控，从而保障示范区的验收质量，提高示范区的交付品质。

以园林景观为例，示范区验收分为控制项和一般项。控制项包括对示范区展示效果影响较大或施工难度较大的验收项目和部位，比如泳池、水景、溪流、苗木栽植等；一般项包括对示范区展示效果影响较小或施工难度较小的验收项目和部位，比如卵石粘贴、小品、苗木修剪等。同时，示范区验收评估针对控制项和一般项会设置不同的权重分值，重点验收控制项的展示效果和工程质量。

2. 风险控制要求

示范区策划环节的风控点主要表现在设计差异和营销宣传差异两方面，具体如表 6–28 所示。

表 6–28　示范区策划环节的风控要求

风险点	风险描述	风险等级	风控对策
设计差异	示范区呈现的定位和档次与实际交付区（大区）差异太大	中	示范区定位评审应确保与最终交付区（大区）定位相适配
	精装交付标准样板间、公共区域等展示的材料、设备等的品牌型号与实际交付的标准存在不一致的情况	高	对交付标准进行会签审批，组织对交付样板间走场检查验收，以确保交付样板间与交付标准保持一致，做出特别提示并录像保存
营销宣传差异	存在与营销交底不清、对外输出与实际设计不符的情况	高	对营销物料、销售说辞进行审核并培训
	售楼处宣传道具（沙盘、户型图、产品手册等）或样板房效果偏离实际设计，让客户产生误解，期望值过高	高	对交付标准和展示样板做充分比对，对室内结构与交付标准显著不一致之处或不属于交付范围的赠送物品，应做出特别提示并录像保存

3. 知识点与工具

（1）示范区标准工期表

示范区方案设计需考虑施工周期，项目总可通过示范区标准工期表来管理和规范示范区的建造工期，为项目开盘前预留足够的蓄客时间。

示范区标准工期参考表如表 6–29 所示。

表 6–29 示范区标准工期参考表

类 型	分 项	标准工期
土建类	别墅桩基础	7 天 / 栋
	别墅天然基础	4 天 / 栋
	别墅结构楼层	4 天 / 层
	别墅结构封顶（3 层或 4 层）	20~25 天 / 栋
	别墅拆外架	35~40 天 / 栋
	洋房桩基础	15 天 / 栋
	洋房地下室	15 天 / 栋
	洋房、商业街天然基础	7 天 / 栋
	洋房、商业街架空层	6 天 / 层
	洋房、商业街标准楼层	4 天 / 层
	综合楼基础—结构封顶	30 天 / 栋
	综合楼基础—拆外架	45~50 天 / 栋
挂石类	外墙干挂石材	20 天 / 栋
装修类	洋房板房装修	15 天 / 套
	综合楼消防工程	4 天 / 层
	综合楼装修	25 天 / 栋
	别墅板房装修	20 天 / 套
	超豪板房装修	25 天 / 套
园建类	游泳池结构	7 天
	泵房结构	4 天
	跳水池结构	3 天
	泳池四周范围铺贴	7 天
	单体别墅板房园建	7 天 / 栋
	综合楼、商铺前后广场铺贴	15 天
绿化类	绿化工程	25 天

注：亮化、广告包装、围挡等均为进场后 7 天完成。

（2）示范区参观动线与触点客服标准

动线是人在空间中的行动路线，既可以有功能性，也可以仅仅是串联景观的形式。示范区动线设计要力求迂回曲折，场景体验深刻，在紧凑的区域内展示更多的内容：一方面可以集聚人气，增加客户的购买欲望；另一方面能更好地控制成本。

合理设计示范区参观动线，比如：示范区外包装—示范区外停车位—示范区入口岗亭—示范区入口通道—示范区入口景观—售楼处入口—景观泳池—样板示范区—中心景观广场及凉亭—景观中轴线（见图 6–38）。

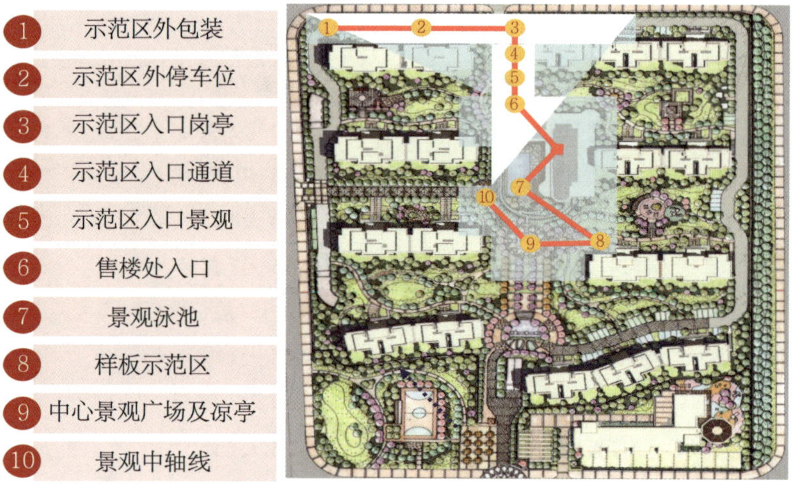

图 6–38　示范区参观动线示例

客户触点管理标准包含工程形象标准、服务标准和说辞标准三大标准，项目总需要重点关注 11 个触点，给客户提供完美的购房体验（见表 6–30）。

表 6–30 示范区触点服务标准

触点		服务标准
触点 1 示范区外包装	工程形象标准	路面整洁，绿化干净；街角景观化处理；工地大门包装，干净整洁，不随意开启；沿路绿化景观改造；树立精神堡垒；工地大门重新包装，以围板指引示范区入口位置；沿路发布道旗，指引此方向来人
触点 2 示范区外停车位	服务标准	预留客户车位，根据项目特点确定是否需要遮挡车牌，保护隐私；主动咨询，根据预约记录，通知营销中心准备接待；引导停车，雨天递伞，给客户小地图，引导至岗亭；熟悉预约接待说辞，能够回答项目有关的基本问题，服务意识好
触点 3 示范区入口岗亭	服务标准	保安：标准姿势站岗，敬礼并问好。销售人员：迎接问候，并带领进入示范区
	说辞标准	保安：熟悉预约接待说辞，能够回答项目有关的基本问题。销售人员：问好，自我介绍，互相简单交流
触点 4~5 示范区入口通道、景观	工程形象标准	路面整洁，绿化干净，示范区让客户感到惊艳与震撼；社区道路及景观整洁有序，让人赏心悦目；景观道路两侧郁郁葱葱、错落有致；视线所及楼体，建筑护网干净整洁，以掩护施工现场
触点 6 售楼处入口	服务标准	门童 3 米距离开门迎接；动作标准，服务规范，达到五星级酒店标准；能够记住客户姓氏，并微笑说“您好”
		进入营销中心，先请落座；服务人员及时递上茶水单；儿童需有专人看护；服务酒店化标准，动作高雅、细致；客户在场，不得出现卫生保洁；初步与客户攀谈，了解客户意向，介绍销售服务流程；与客户攀谈完毕，带客户依次参观视听室、模型区、示范区；客户离开座位后，服务人员立即在座位上放置“留座”牌位；服务人员及时清理卫生；大堂经理通知样板房接待人员做好准备
触点 7 景观泳池（会所）	服务标准	销售人员带领参观整体功能分区；由会所专业人员进行会所功能介绍；会所要能够体现高档物业形象，对客户具有打动力
触点 8 样板示范区	工程形象标准	参观通道必须灯光明亮，大堂配临时空调（标明非交付标准）
	服务标准	大堂及门口每天更换地垫，保洁及时打扫；样板房空调运行；及时清洁，保持整洁、干净；保洁需规避客户工作

（续表）

触　点	服务标准	
触点 9~10 中心景观广场、景观中轴线	服务标准	销售人员全程陪同，重点参观中心景观区、凉亭和景观中轴线
触点 11 客户参观完毕，离开项目	服务标准	客户参观完毕，回到会所，引导至留座位置；服务人员需递送湿毛巾，并再次提供茶水服务；详细洽谈完毕，准备销售资料袋，送客户至社区门口，保安指引客户开车离开；销售人员做好客户档案记录，记明客户饮茶习惯、家庭人口、兴趣爱好，并对客户进行分级

七、报建策划（管控点编号：2–B07）

报建策划的管控目标在于，收集并熟悉政府规划条件等关键信息，推动报建顺利完成，对可能的风险项进行预判和识别。

1. 关键管控要点

项目总在项目报建策划环节的关注点主要涵盖如图 6–39 所示的内容。其中，项目总的关键管控要点主要包括五个方面，即明确基础信息、明确报建流程、确定报建计划及与设计充分交圈、明确报建策略和政府关系维护。

（1）明确基础信息

项目总应组织对地块风险进行排查，层层过滤，降低投资与开发风险。报建风险检查的基本内容包括周边环境、基地现状和规划政策（见图 6–40）。

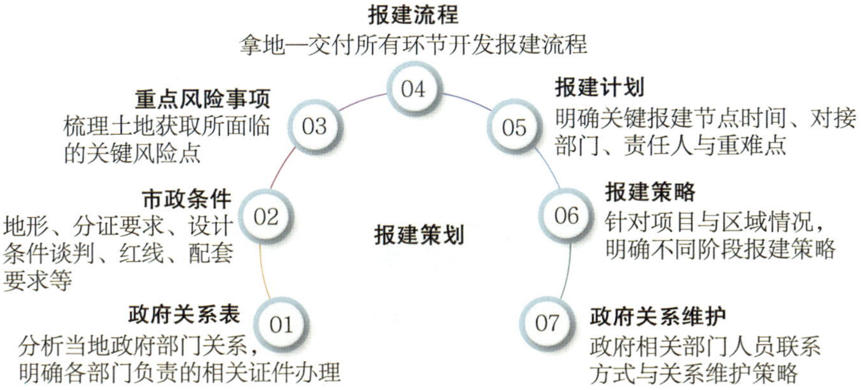

图 6–39　报建策划内容

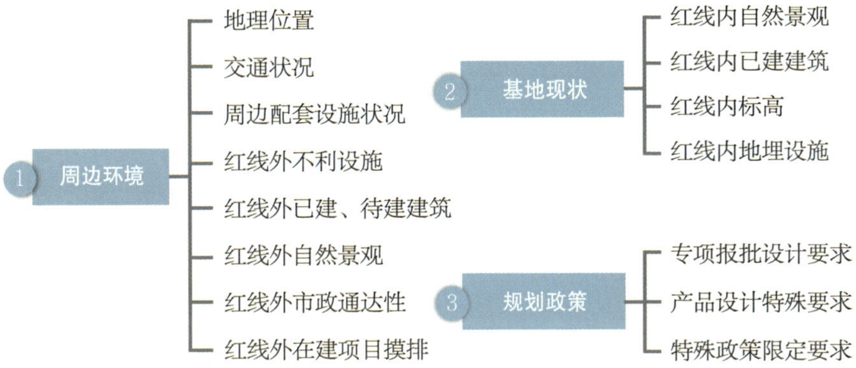

图 6–40　报建风险检查内容分类

（2）明确报建流程

项目总应梳理当地报建流程逻辑关系，明确各环节的前置条件，为项目报建时间节点梳理做好准备（见图 6–41）。

（3）确定报建计划及与设计充分交圈

项目总应明确节点的对接部门、时间要求、责任人及重难点，预设难度，提前预警，制定措施。设计专业的支持在报建过程中非常重要，项目总需推动报建与设计的充分交圈，协同配合。报建计划如表 6–31 所示。

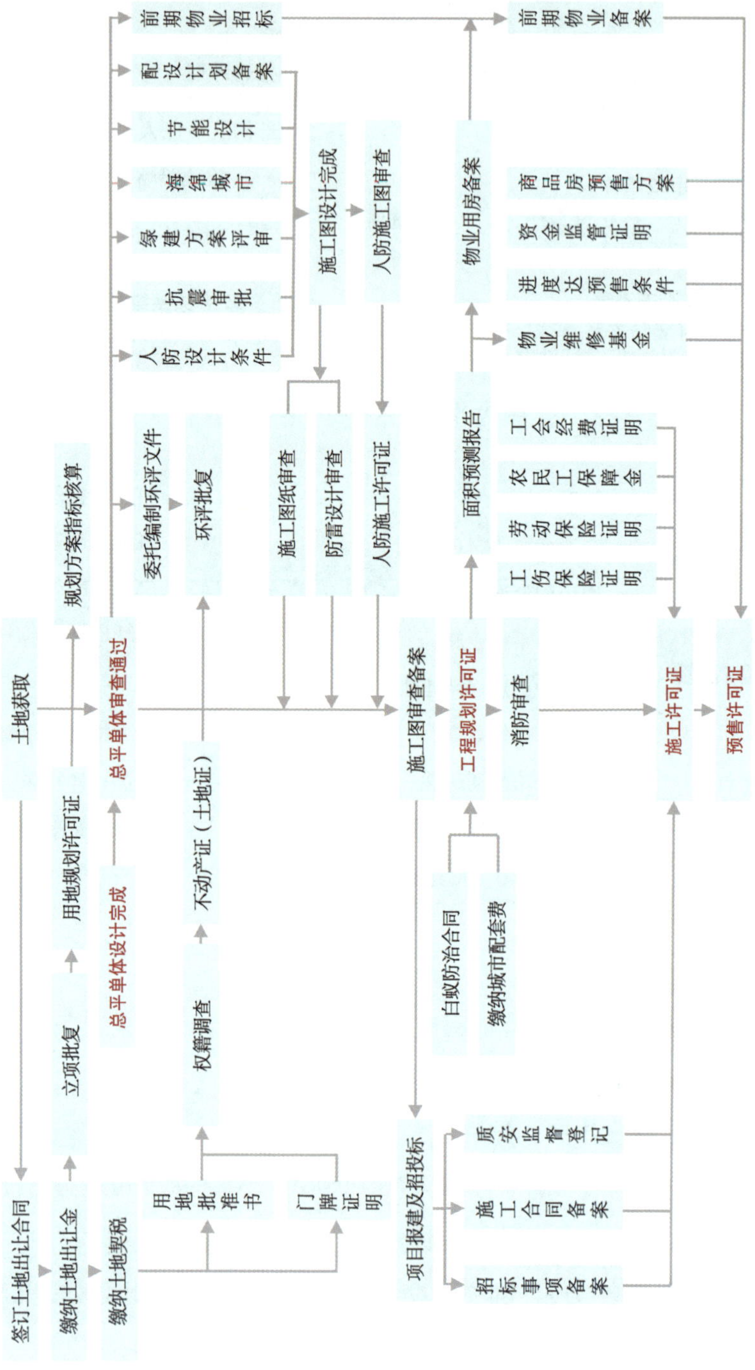

图 6–41 某地报建流程示例

表 6–31　报建计划

序号	工作内容	对接政府部门	开始时间	计划完成时间	重难点或注意事项	主责人	配合部门
1	签订土地出让合同						
2	发改委立项（包括立项核准）						
3	取得建设用地规划许可证						
4	完成规划设计方案						
5	规划方案通过审批						
6	取得环保批文						
7	完成建筑单体设计方案						
8	完成建筑单体方案审查备案						
9	取得土地批准书						
10	取得国有土地使用证						
……	……						

（4）明确报建策略

基于项目提前施工、提前预售、降低资金监管等目标，项目总应分析在哪些环节采用什么类型的策略，比如分析土地款是否可以分期支付、哪些环节的时间可以压缩、报建如何配合以及如何有效推动政府部门相关工作（见图 6–42）。

（5）政府关系维护

项目总还要清楚政府关系维护策略，从导向契合、敏感点跟踪、打消政府疑虑、现场参观了解四个方面开展。

一是导向契合。了解城市及区域发展规划、政府发展导向，分析项目如何去跟紧、匹配其方向与要求。

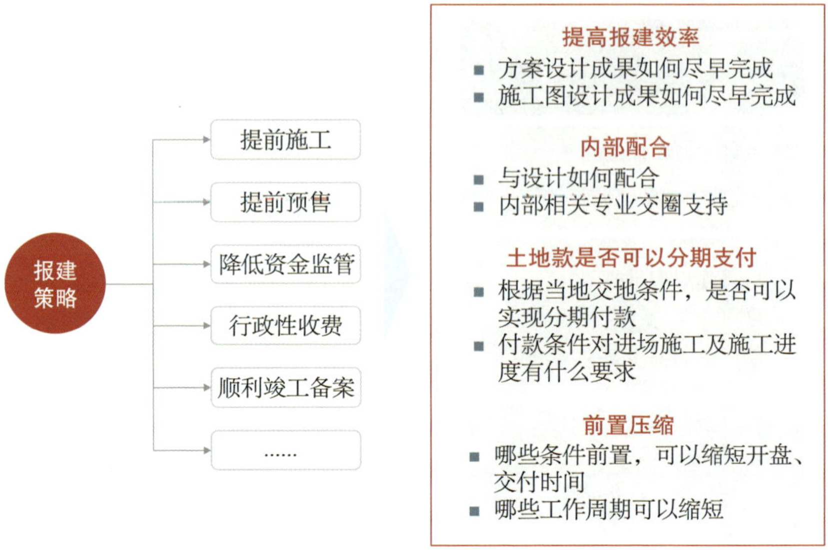

图 6–42　报建策略

二是敏感点跟踪。持续跟踪报建关键部门，了解最新政策动向与当地政府敏感点，避免内部重大敏感性风险。

三是打消政府疑虑。针对政府规划要点及敏感点，采取相应保障措施，帮助政府规避政策风险，打消疑虑，并定期主动向政府相关部门汇报工作进展。

四是现场参观了解。邀请政府领导到典型项目进行参观，使其对公司产品有感官形象认知，了解项目实际情况。

2. 风险控制要求

报建策划环节的风险管控要保证政府规划条件、指标、政策等输入条件明确、清晰，报批施工流程合规，内部专业充分交圈（见表 6–32）。

表 6–32 报建策划环节的风控要求

风险点	风险描述	风险等级	风控对策
基础信息	当地政策调整跟进不及时，如限购、限贷、限价等	中	定期跟进，及时报告当地政策调整情况
	存在地价款可以晚交但提前交地价的情况	中	关注地价款缴纳时间，在不影响后续报建的前提下晚交地价
	存在地块附着物拆迁问题，从而造成交地时间延误	高	提前征询政府有关部门，前期测算阶段需要考虑不确定因素的影响
政府规划	变更或突破原规划设计条件（如限高等）时，存在未获得相关部门批复同意的情况	高	如有变更或突破原规划条件，应取得政府相关部门的书面批复
报建准备	报批材料不完全或内容不符合规定，导致报批受阻	中	与地方建设部门提前沟通报批报建材料清单，按地方相关要求及时组织完善相关材料，相关部门特别是设计部门充分交圈，必要时寻求高层领导支持
	报批流程未完成便提前施工，可能发生停工增加成本的情况	高	如在手续办理完成前先施工，需做好与地方建设行政部门的沟通工作，维护好与地方政府的关系；施工中需要高标准控制质量、安全管理工作
	政府短期临时性事件（如环保督察等）影响项目进展	低	制定事件前、后的抢工措施

八、目标成本评审（管控点编号：2–B08）

目标成本（方案版）是项目成本管控的目标和准绳，确定合理的目标成本是成本控制的关键，也是项目总管控成本、保证项目经营目标达成的关键。目标成本评审的管控目标在于目标成本合理、可控，能有效指导后续成本管理工作。

1. 关键管控要点

项目总在目标成本评审阶段的主要关注点可以总结为“五看”：一看成本策划的全面性和合理性；二看目标成本和投资阶段成本测算的偏差；三看成本指标与产品标准的适配性；四看目标成本与基准成本的对比；五看成本和售价的敏感性关系。

（1）成本策划的全面性和合理性

项目总应推动进行全面深入的前置成本策划，监控过程成本管理工作。成本策划应全面、合理，包括成本指标的策划（总规优化、产品配置策划、装修标准优化策划等）、专项成本优化的策划（前期工程成本策划、示范区成本策划、红线外工程成本策划、大市政管网工程策划）、成本风险预控、成本管理的资源支持等。

成本策划是对整个项目的成本管理进行前置策划，在项目前期对整个项目的成本投入进行铺排和优化，对成本管理进行安排和筹划，有效指导项目成本管理工作。通常，成本策划内容可以从四个维度展开（见图 6–43）。

定位策划输入	关键事项成本策划	专项方案成本策划	风险预控对策
整体经营定位	项目容积率说明	前期工程成本策划	风险点评估
项目、配套价值	规划指标分析	示范区成本策划	相应预控措施及对策
市场定位分析	整体总规优化	建造成本适配策划	所需资源支持
客户定位分析	产品配置策划	红线外工程策划	
户型策划分析	装修标准加法优化	专业工程策划	
	项目加法溢价	客户敏感性成本策划	
	产品、车位售价敏感性	大市政管网工程策划	
	车库成本及优化方案	专题方案成本策划	
	成本内外部对标分析		

图 6–43　成本策划内容

（2）目标成本和投资阶段成本测算的偏差

项目总应判断目标成本是否超出投资阶段的成本测算，能否满足投资测算对经营结果的要求；分析目标成本与投资阶段成本测算产生偏差的原因以及解决措施。

（3）成本指标与产品标准的适配性

项目总应选择与项目产品线的产品标准相匹配的成本档次及标准：刚性成本满足限额指标要求，如个别项超限应具体分析原因并进行优化，保证整体成本水平可控；弹性成本可分析客户和对标项目周边竞品，针对客户敏感点适当调整成本标准，适当增加投入比例，注重投入产出比。

（4）目标成本与基准成本的对比分析

项目总应对比分析项目目标成本与项目所在城市基准成本，明确目标成本制定是否考虑到了各个地方的特殊性，比如：地方对装配式建筑、绿色建筑比例的要求，对环保的要求，对海绵城市、充电桩、太阳能、亮化等的要求；开发配套类经验数据是否充分调研了当地区域收费标准；判断目标成本与基准成本偏差原因分析以及解决措施的合理性。

（5）成本和售价的敏感性关系分析

项目总应通过成本利润空间的分析，判断项目成本的可操作空间，为后续成本变化决策提供依据。

目标成本评审“五看”：一看成本策划的全面性和合理性；二看目标成本和投资阶段成本测算的偏差；三看成本指标与产品标准的适配性；四看目标成本与基准成本的对比分析；五看成本和售价的敏感性关系。

2. 风险控制要求

项目总在目标成本评审环节的风控点主要体现在政策影响、成本变动和材料价格方面（见表 6–33）。

表 6–33　目标成本评审环节的风控要求

风险点	风险描述	风险等级	风控对策
政策影响	存在政府新增收费项	低	关注政策调整，随时采取应对措施
	发生政策调整，比如取费费率、材料要求等	低	
成本变动	设计不合理或地块内部、外部不利因素导致成本增加	中	■ 事前做好方案比选及优化工作，排查地块周边不利因素，提前规避 ■ 过程中做好动态成本的跟踪与管理
	设计错误或缺陷导致变更签证	高	事前做好设计评审，确保图纸质量，过程严控设计变更并进行成本审核，现场验证核对，并做到一周一结、一月一清
	适配标准调整导致成本增加	高	关注当地项目配置及客户需求，提前做好预案
	地方性垄断现象导致成本增加	低	关注政策调整，随时采取应对措施
	进度延误导致财务费用上升	高	从全成本视角综合平衡，尤其要确保示范区开放和回正货量的进度
	方案等未考虑全面导致税费上升	高	方案阶段就考虑税筹影响
材料价格	市场材料价格上涨	中	■ 关注市场变化，提前测算，制订谈判方案，将增加费用控制在合理范围内 ■ 推动建安成本优化工作，在目标成本总额内消化材料价格上涨费用
	人工、机械价格上涨	中	

3. 知识点与工具

（1）成本管理发展四阶段

随着地产行业的管理发展和提升，成本管理阶段也逐步发展到以经营目标为导向且关注全成本、利润、现金流的成本经营阶段（见图 6–44）。

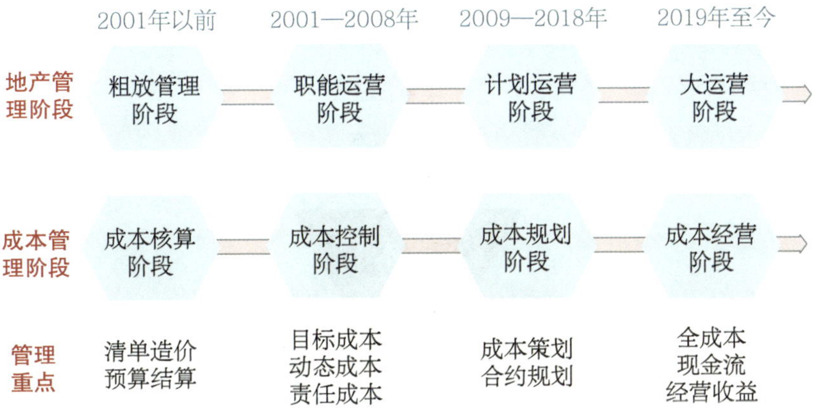

图 6–44 成本管理发展阶段

（2）建安成本管理

建安成本主要分为刚性成本和弹性成本，根据对经营的影响，可分为结构性成本、功能性成本和敏感性成本（见图 6–45）。

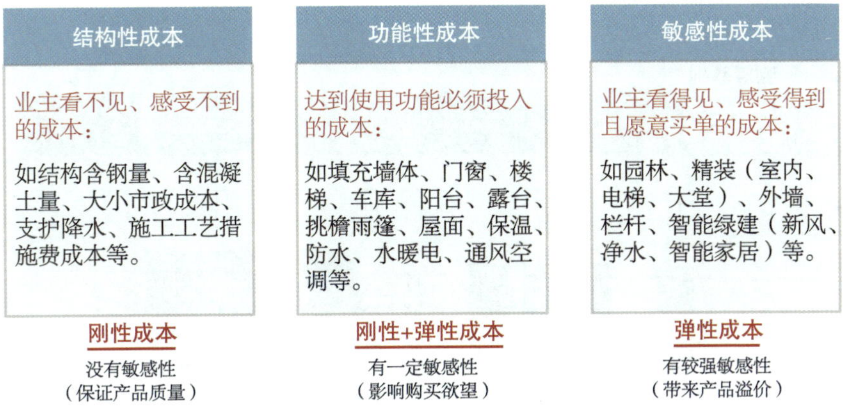

图 6–45 三类建安成本

围绕经营目标，针对不同类别的成本，控制要求也不尽相同（见图 6–46）。

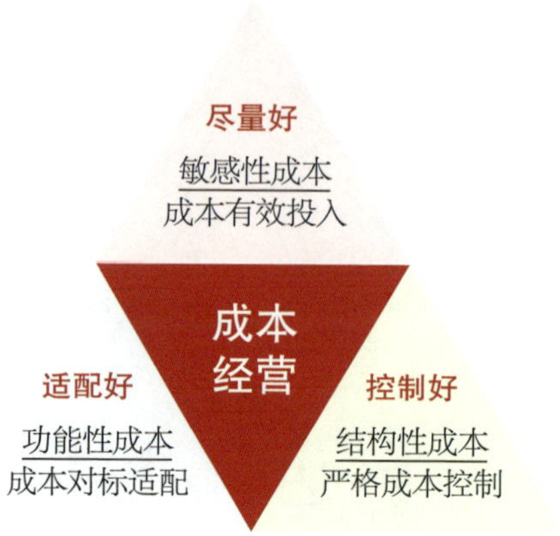

图 6–46　不同类别成本的不同控制要求

（3）目标成本管理

目标成本管理贯穿于房地产项目开发全价值链：通过各版本目标成本细化，管控设计阶段；通过目标成本分解到合约管控，管控招标采购阶段；通过动态成本管理，及时管控合同履行阶段（见图 6–47）。

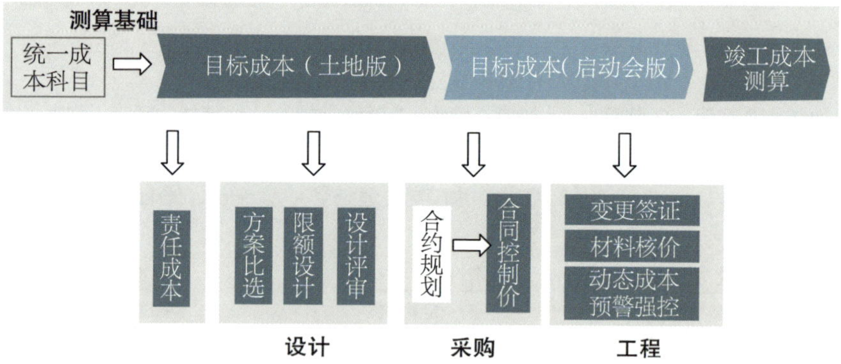

图 6–47　多版本目标成本管理及条线管理要点

对于成本管理，项目总要管控好四条线：目标成本控制线、动态成本控制线、成本形成曲线和成本发生曲线（见图 6–48）。

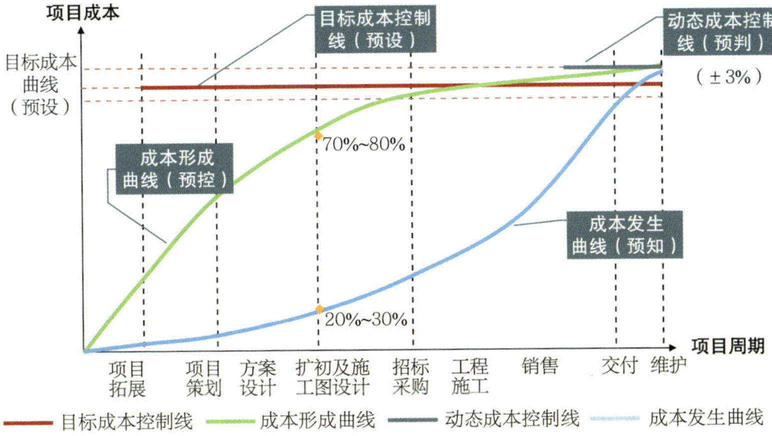

图 6–48　项目总成本管控四条线

成本形成曲线前陡后缓，说明主要成本取决于前端，因而项目总要做到成本预控，提前设定目标，制定目标成本进行控制；成本发生曲线前缓后陡，说明前期成本发生少，后期成本发生多，所以项目总在过程中要重视动态成本管理，预判成本的发生，及时跟踪成本变化。

（4）成本适配

成本管理的重点在前端，设计阶段决定了 70%~80% 的成本，成本要前置适配管理。通过成本适配标准的建立，项目总可以前置决策营销定位、产品、成本、材料部品的协同关键点，促使成本与产品配置真实合理，同时提高项目决策效率（见表 6–34）。

成本适配开展步骤共有四步：

一是建立成本控制指标，并明确各指标的客户敏感度。成本指标分为限额指标和配置标准：限额指标主要是刚性成本指标，控制工程量；配置标准主要是弹性成本指标，控制总价和单价。

二是确定项目档次。成本指标需要根据不同的项目档次确定不同的标准，不同企业的项目档次划分方法不同，有的企业按照产品线划分，有的企业按照售价和利润要求划分。

表 6–34　成本管理设计限额指标

类型	指标名称	适用范围	单　位	客户感知
限额指标	标准层层高	多层、小高层、高层、超高层	米	高
	地下车库层高	地下室	米	中
	地下车位平均面积		平方米	中
	窗地比	多层、小高层、高层、超高层	—	中
	地上单体钢筋含量	多层、小高层、高层、超高层	千克 / 平方米	低
	地上单体混凝土含量		立方米 / 平方米	低
	地下室钢筋含量	地下室	千克 / 平方米	低
	地下室混凝土含量		立方米 / 平方米	低

三是基于不同的项目档次确定不同的成本指标标准（见表 6–35）。

四是成本标准要动态适配。在确定产品档次的时候，项目总应针对地面景观、首层大堂等各方面进行细化，基于客户的敏感点，结合不同城市的产品偏好来配置档次和等级，最终形成产品要素级配体系表（见表 6–36）。

【案例】成本标准不适配影响项目和品牌形象

某项目定位为中高端改善型项目，示范区花了近 4 000 万元成本，现场亭台楼阁、小桥流水、鸟语花香，而做大区景观时仅剩不到 400 元 / 平方米的标准，落差极大，导致客户很不满意大区呈现。其原因在于，未重视示范区方案和大区整体的匹配，整体投入成本分配不合理，重示范区而轻大区，导致示范区与整体大区落差过大，并与项目本身的整体定位不匹配，影响项目和公司品牌形象。

表 6–35 不同项目档次对应的成本标准示例

模块	单体土建	单体立面工程模块																单体精装工程								
级配	单体层高	饰面工程		栏杆工程				窗地比	铝合金门窗				百叶工程		入户门工程	其他立面工程		大堂装修		泛会所装修	电梯厅装修		地下室电梯厅装修		电梯轿厢装修	室内精装修
		上部结构	架空外围	阳台露台	生活阳台	消防楼梯	低窗护栏		型材	玻璃	五金	单方	遮阳百叶	空调百叶		常规	ART-DECO	面积	单方		面积	单方	同大堂	同电梯厅		
Ⅰ级	3.3	100% 石材干挂、幕墙	100% 石材干挂	不锈钢玻璃栏板	镀锌钢栏杆	钢栏杆、钢管扶手	铝合金竖条	0.27																		
Ⅱ级	3	10% 石材干挂、幕墙，90% 仿石涂料、面砖	20% 质感涂料，80% 石材干挂	铝合金玻璃栏板、铁艺	镀锌钢栏杆	钢栏杆、钢管扶手	铝合金竖条	0.24																		
Ⅲ级	2.9	30% 面砖，70% 质感涂料或 50% 质感涂料，50% 仿面砖涂料	50% 石材干挂，50% 质感涂料	铝合金玻璃栏板、铁艺	镀锌钢栏杆	钢栏杆、钢管扶手	铝合金竖条	0.22																		
Ⅳ级	2.8	100% 质感涂料	50% 面砖，50% 质感涂料	镀锌钢栏杆（无钢花）	砖砌栏板	钢栏杆、钢管扶手	铝合金竖条	0.20																		

表 6–36　产品要素适配体系表示例

城　市	客户细分	产品要素		投资评审阶段				方案评审阶段			
				2	3	4	5	2	3	4	5
某二线城市	刚改为主、刚需为辅	立面			●			●			
		景观			●				●		
		精装	首层大堂	●				●			
			标准层电梯厅	●				●			
			室内精装	—				●			
		设备技术	基本设备配置		●				●		
			可选技术配置		●				●		
			样板房科技体验		●			●			

九、招采策划（管控点编号：2–B09）

房地产开发所需资源种类和数量繁多，包括工程供应商、材料设备供应商、监理咨询供应商等，需要合理安排和策划。同时，招采工作上承设计、下接工程施工，需要有合理的衔接计划。因此，招采策划在有效指导招采工作和推进后续进展中尤为重要。

1. 关键管控要点

项目总在招采策划时主要关注以下三点。

（1）审核合约分判和合同界面的合理性

首先，审核总包的承担工程范围是否匹配项目经营定位要求。如果项目为现金流型项目，那么桩基应单独采购，不纳入总包范围，这样能分批出图，实现快速开工，优先开展示范区单位招标，确保示范区先行，保障销售蓄客。如果项目是利润型项目，对开发节奏要求没那么快，那么总包可以采用工程量清单招标，同时可以多采用一些专业分包和甲供材，降低成本，保障产品质量，提高项目利润。如果项目是复杂的商业项目，那么总包可以在合约分判时承担更大的工程范围，避免在施工时专业分包过多，加大管理难度，同时影响施工工作面。当然，在企业有明确的标准合约规划时，项目应尽量按照标准的合约规划执行，但项目总可以根据项目特点对合约规划提出调整建议。

其次，审核其他专业分包的合理性，比如：在景观工程中，苗木采购是由园林景观单位承担还是单独采购；在精装修工程中，哪些材料部品由精装修单位完成，哪些单独采购。

最后，审核总包和主要专业分包的合同界面划分是否合理，比如：总包与门窗工程的封堵、收口等界面，与室内安装工程的孔洞预留、预埋和封堵等界面，与室外安装工程的接驳点等界面，与园林景观工程的土方回填等界面。

（2）推动采购策划并审核其完整性和合理性

一方面，项目总应推动前置整个项目的采购策划，前置决策，提高效率，避免过程中针对每个采购项目进行决策。整个项目采购策划应包括采购形式（战略采购、集中采购、分散采购）、采购方式（招标、议标、直接委托）、计价方式及报价要求、评定标方式、工程款支付节点和招采风险预判等。

另一方面，项目总要审核采购策划的各项内容是否合理，是否匹配项目特点，比如：现金流型项目可以提高战略采购、集中采购比例，工期影响较大的示范区采购项目可以使用直接委托的采购方式，总包可以采用模拟工程量清单的招标方式，等等。

（3）审核采购计划与项目计划、各专项计划的匹配性

采购计划的合理安排能有效提高开发效率，项目总要根据项目特点确定重要采购项的时间，重要采购项计划要与主项计划相匹配。比如现金流型项目，设计、勘察、总包、土方、桩基等采购需前置，项目总需提前安排采购时间。在满足主项计划的前提下，项目总需审核施工专项

计划、采购专项计划和设计出图专项计划是否匹配。只有各专项计划能衔接、匹配，才能保证项目计划的达成。

招采策划三个关注点：一是审核合约分判和合同界面的合理性；二是推动采购策划并审核其完整性和合理性；三是审核采购计划与项目计划、各专项计划的匹配性。

2. 风险控制要求

项目总在招采策划环节的风险控制，主要关注合约规划、招标流程、招标进度、招标方式及投标过程等（见表 6–37）。

表 6–37　招采策划环节的风控要求

风险点	风险描述	风险等级	风控对策
合约规划	合约规划界面不清，有漏项或界面重叠	中	制定并执行企业标准合约，严格按合约规划进行合约分判和界面规划
招标流程	未定标即与拟中标供应商开始实质性合作	中	严格执行先定标后进场合作
	招标计划安排不合理，进场后没有工作面或定标后长期不能进场	低	招标计划编排需与设计、工程部门沟通，取得一致意见
招标进度	前期设计方案及图纸不确定，影响招标进度	中	与设计部门保持良好沟通，实时督促
	定标延误，导致工程无法按期完成	中	招标进度安排与工程部门协商，取得一致意见
	存在当地政府对招采范围的限制而影响招采进度的情况	低	事先与当地政府沟通，了解招标条件
招标方式	存在无故不使用战略采购、集中采购成果的情况	中	如不使用，需经过审批同意，并设置相应的机制来约束
投标过程	存在投标人相互之间串标等违法投标的情况	高	尽量采用战略采购方式，选择投标单位时充分了解单位情况，招标过程中信息严格保密

3. 知识点与工具

（1）合约规划及合同界面

项目总要推动建立项目合约规划清单，明确采购项目合同及工程范围。合约规划的步骤：一是将项目进行工作分解，分解到最小的合同基准单元；二是确定项目合约管理模式，是采用大总包模式，还是总承包管理模式、平行分包模式等；三是基于项目合约管理模式，对最小的合同基准单元进行组合，形成合约规划清单（见表 6–38）。

表 6–38　合约规划清单示例

合同一级科目	合同二级科目	合同项目名称	工程范围
前期工程类	三通一平	临水工程施工合同	临时接水工程
		临电工程施工合同	临时接电工程、临时送变电安装工程
		场地平整施工合同	场地平整工程、临时道路工程
		供水机井合同	供水机井
		处理地上地下设施合同	处理地上地下设施
		绿化迁移及复绿工程合同	绿化迁移及复绿工程
	临时设施	施工围墙工程施工合同	临时围栏工程
			施工围墙工程
		临时办公室建设合同	临时办公室建安工程
	报批报建	节能评估合同	节能评估
		环境影响评价合同	环境影响评价
		交通影响评价合同	交通影响评价
		水土保持评估合同	水土保持评估
		地震安全影响评估合同	地震安全影响评价
		雷击风险评估报告合同	雷击风险评估报告
		施工图设计审查合同	施工图设计审查
		房屋面积测绘合同	房屋面积测绘

项目总要基于项目合约规划确定项目合同界面划分。合同界面划分的方法是：将工程内容进行分解，分解到施工工艺工序，找出有界面的工艺工序，明确相关合同界面（见表 6–39）。

表 6–39　合同界面划分（土建工程）

分项工程	合同名称		
地基基础工程	总包合同	桩基工程合同	土石方工程合同
地基处理	地基处理，地基处理产生的土方外运排放至指定地点	按甲方提供的基础图完成桩基的施工	—
桩基工程	—	■ 灌注桩泥浆外运 ■ 消除桩间挤土效应不利影响，包括恢复桩基施工面至交接原始标高，处理桩基质量问题（含标高偏差、位置偏差），承担由于桩基超高（超出设计值）引起的桩间土清运费用	—
桩基测试	配合桩基测试	负责试桩、配合桩基测试，试桩、测桩桩头处理	—
桩头处理	桩头处理，包括凿除桩到设计标高和桩顶标高至大底板标高间的所有混凝土、钢筋、植筋，以及清理、打磨等工作	—	桩头、桩渣外运

（2）采购策划表

项目总要推动项目采购人员建立项目采购策划表，明确采购对象、责任主体、流程节点、开展方式及时间周期（见图 6–49）。

采购对象					责任主体						流程节点				开展方式								时间周期			
合同项目名称	成本		设计				供应商			采购										合同			进场			
	标底编制		出图		设计定样		供方等级要求	调研及入围		合作形式	采购主体	采购业务								付款方式	签约时间	责任人	示范区施工		大面积施工	
	标底审核完成时间	责任人	出图时间	责任人	设计定样时间	责任人		入围完成时间	责任人			标段划分	责任人	采购方式	报价形式	需投标方提出	发标时间	回标	定标时间				进场时间	责任人	进场时间	责任人
总承包商施工合同										总包	集团			招标	按实结算	—				B类						
桩基础工程合同										分包	集团			招标	总价包干	—				B类						
钢管桩合同										分包	集团			招标	总价包干	—				B类						
地下室基坑支护合同										分包				招标	总价包干	—				B类						
边坡支护、挡土墙工程合同											集团			招标	总价包干					B类						
土石方工程合同										分包	集团			招标	按实结算	—				B类						
室内地坪漆工程合同										分包	集团			招标	单价包干	是				B类						
外墙涂料施工合同										分包	集团			招标	单价包干	是				B类						
钢结构工程合同										分包	集团			招标	单价包干	—				C类						
商铺铝合金门窗供货安装合同										分包	集团			招标	单价包干	—				C类						
幕墙工程合同										分包	集团			招标	单价包干	—				C类						
铝合金门窗、百叶工程合同										分包	集团			战略采购	战略单价	是				C类						
窗户栏制安合同										分包	集团			招标	单价包干	是				B类						
洋房入户门、防火门制作安装工程承包合同										分包	集团			战略采购	战略单价	是				C类						
别墅门制安工程合同										分包	集团			招标	总价包干	是				C类						
外墙砖供货合同										甲供	集团			战略采购	战略单价	是				D类						
内外墙涂料供货合同										甲供	集团			招标	单价包干	是				D类						

图 6–49　采购策划表示例

项目采购策划表要涵盖采购职能需明确的采购主体（集团、城市、项目）、采购形式（战略采购、集中采购、分散采购）、采购方式（招标、议标、直接委托）、招标计价方式（清单计价、模拟工程量清单计价、定额计价）、招标不同阶段的时间（发标、回标、开标、评标、定标等），同时还需包括采购上下游工作的责任主体和节点时间，即要明确设计出图的责任人、完成时间，招标技术要求提供的责任人、完成时间，工程量清单的编制责任人、完成时间。项目总要通过采购计划推动采购上下游工作安排，由被动管理转变为主动管理。

十、项目启动会（管控点编号：2–A10）

龙湖董事长吴亚军曾就项目启动会的目的说过："启动会不是'形式'，启动会若成了'形式'，说明更要开，且要好好开。启动会不是一个会，而是一系列的会。"启动会可以"实现项目定位、交付标准、关键细节、关键指标、关键路线、关键资源和项目全过程的联动、匹配以及完整推演"，启动会"是 PMO 团队和项目团队达成共识的过程和交底的过程"。

项目启动会的召开主要在于实现三个层面的目的：第一，通过启动会进行项目推演，确保在既定方案下实现项目目标具有充分的可行性；第二，通过启动会让各专业充分交圈，达成共识，统一后续工作的开展思路及推进策略；第三，通过启动会将目标责任有效落实到关键人员，确保"千斤重担人人挑，人人身上有指标"。

项目总在启动会环节扮演着"召集人"的角色，需要牵头召集相关专业人员及其他相关人员（包括项目操盘团队），并在输入成果准备充分的情况下召开启动会。原则上，运营、投资、报建、设计、成本、招采、营销、财务、人力行政、物业、客服等相关专业负责人及 PM 人员均需要参与项目启动会。

1. 关键管控要点

项目总在项目启动会环节的关键管控要点有：一是确保启动会按计划召开，保障项目开发进度，并通过会议的形式达成共识；二是推动各专业充分交圈，各专业需要充分论证推演项目操盘策略、关键环节和协作要点，指导后续工作高效协同；三是评审确认项目目标，一方面保障项目目标的科学合理性，另一方面将目标有效分解至相关责任人，驱动责任主体；四是提出资源需求，项目总及项目操盘团队需要提出如人员、资金等方面的资源需求，保障项目整体目标和阶段目标的实现。

（1）确保项目启动会按照计划召开

项目启动会是目标推演、意识统一和责任分解的关键环节。若项目启动会不能按照计划时点召开，那么延迟的每一天对项目而言都是“无目标运行”状态，以致项目团队对操盘策略和专业共识不够清楚明确，工作的开展容易陷入无序混乱状态。保障项目启动会按照计划召开需要做好以下两个方面。

第一，严格执行项目启动会的会议标准。项目总需要明确项目启动会召开的各类要素条件，比如会议时间、会议组织、参会人员、上会要求、会议议程、输出成果标准等，确保会议组织单位和参会者清楚了解会议什么时点开和怎么开；需要基于项目启动会审议的内容，对上会材料模板进行规范化和标准化，并在上会前经过相关人员评审，保障上会材料的深度和质量符合审议要求。

第二，匹配项目启动会按计划召开的奖惩措施。启动会作为项目开发计划铺排中的关键节点，本身就有基于项目节点计划的奖惩措施。此外，部分房企还在计划节点管控的基础上叠加关于项目启动会的专项奖惩措施，提升项目启动会的重要性。

【案例】奖罚星通报机制

某房企为保障项目启动会按照计划召开，匹配基于启动会按时提交相应成果审批的“奖罚星通报机制”：红星表示通报表扬，红星越多表示启动会保质保量完成情况越好；黑星表示通报批评，黑星越多表示计划完成情况越差。同时，该房企要求开工（含体验区）等关键节点需要以项目启动会召开作为前置条件，倒逼项目启动会按计划召开。

（2）评审确认项目目标

项目目标好比项目运行的“宪法”，是企业评价项目成果的关键标尺，是动态经营监控的“风向标”，同时还关联着相应的组织单元或个人的责任、权力及利益分配。所以，项目目标是否合理以及是否能驱动相关责任主体，显得尤为重要。评审项目目标首先要关注目标本身是否合理，其次关注目标的分解是否合理。

第一，评审目标本身是否合理，需把握一个核心原则，即目标要匹配企业当前组织能力和市场环境，项目操盘团队具有达成目标的能力。在此原则下，项目总需要重点观察以下四个方面。

一是各阶段指标是否一致。项目启动会的核心指标应延续投资阶段、定位阶段的核心指标体系，确保项目整体的经营方向不发生偏差。在此基础上，项目总应将启动会阶段的项目全周期经营指标与投资版、定位版的经营指标进行对比，分析指标偏差，对于指标降低的，应明确原因及后续的提升措施。

二是目标制定得是否过高。过高的目标会削弱目标本身的牵引力。当操盘团队或个人本身已经知道目标“高不可攀”时，其中一部分人会失去为之奋斗的动力，导致整个项目团队士气消极，此时需要合理降低部分目标，并不断进行演练磨合，让团队对目标有信心。

三是目标制定得是否过低。过低的目标会让项目团队认为达成目标“轻而易举”，从而对目标不够重视。项目总在评审时需要充分考虑目标提升策略，比如是否有更有效的方式推动项目快速去化，或者是否有更好的方式降低项目成本，并在此基础上合理提升项目目标。

四是目标之间是否冲突。项目目标不是简单的销售额或利润额，项目总需要充分考虑指标之间的钩稽关系，比如项目的费用率目标是否匹配项目的利润率目标，项目的利润率目标是否匹配销售目标，以此实现各目标间的内在逻辑统一。

第二，在目标合理的基础上，把目标有效分解至相关责任主体。大部分房企会以项目目标责任书为抓手，由管控主体与执行主体签订目标责任书落实项目整体目标，比如通过区域总与项目总签订项目目标责任书，将目标责任落实到项目总。

将目标分解至责任主体，同样需把握一个核心原则，即目标承接主体的责任和权利需要统一。比如，若项目总承担了项目核心经营指标，房企就需要关注其是否享有与之匹配的知情权、建议权、审核权乃至部分决策权；若项目设置了节点专项激励或基于经营结果的超额激励，项目总就要以目标责任书中约定的节点时间标准、回款额、利润额等指标值为基础，进行奖金包测算和计提。

（3）确保各专业充分交圈

项目启动会评审确认后的成果就是项目“操作执行基本法”，项目操盘团队需严格执行，所以通过会议形式回顾项目的整体定位、产品设计思路、操盘策略、示范区定位及方案、目标成本等内容，保障各专业充分交圈、达成共识，十分关键。交圈工作贯穿了项目启动会的会前、会中和会后三阶段，其中前置交圈和会中交圈最为关键。

前置交圈：首先，若为两级启动会（集团—区域或城市），材料就需提前在区域或城市公司内部相关部门之间达成一致意见，且专业成果已经过集团总部相关专业部门审核把关；其次，部分对项目收益可能产生重大影响的方案，比如项目总图、规划指标、立面、配套等，原则上项目总应在启动会前组织相关专业部门前置评审并达成一致，否则不应召开启动会。

会中交圈：由项目总统筹，基于项目目标对项目的五个关键评审点协同交圈。

第一，项目的开发策略是否支撑？通过对项目的开发策略、经营定位、运营分期和销售分期等维度进行评审，推演开发策略的可行性。

第二，项目的定位是否支撑？通过对经营、市场、客户和产品定位等维度进行评审，推演项目“四位一体”定位的一致性和匹配度。

第三，项目的产品是否支撑？通过对产品竞争力和竞品对标进行评审，推演客户对产品的接纳度及敏感点是否支撑。

第四，运营铺排是否支撑？通过对产供销节奏、现金流规划、示范区开放及管理等维度进行评审，推演项目开发计划、产供销计划和成本支付计划的合理性。

第五，目标成本是否支撑？通过对目标成本、客户敏感点成本管理、弹性成本管控策略进行评审，推演项目成本的合理性及适配度。

在以上五个关键评审点上，各专业充分表达“可行的理由陈述”或“不可行质询意见”，并最终由项目总在平衡各方专业意见基础上给出结论意见，确保各专业达成共识。

会后交圈：项目总需要将项目启动会上评审的内容与相关专业确认调整完成后，连同会议纪要抄送至所有与会人员，并确保所有与会人员查收确认。

（4）提出相关的资源支持需求

项目全周期开发需要各方人力、物力和财力等资源支撑，当项目总预判基于项目现有资源条件难以保障目标达成时，他就需要在项目启动会上向相关领导提出资源支持的需求，其中包括即刻需要的资源和未来可能需要的资源。

第一，针对即刻需要的资源，项目总需要在会上及时提出保障目标达成的资源需求，比如增加阶段人员配置、增加部分贴近市场响应类的授权、开展对外合作洽谈及与政府高层领导洽谈等。

第二，针对未来可能需要的资源，项目总需要通过会议明确资源支撑的沟通协调机制，并确定相应责任人保障机制。

项目启动会四要点：一是确保启动会按计划召开，二是评审确认项目目标，三是推动各专业充分交圈，四是提出资源需求。

2. 风险控制要求

项目启动会环节的风控点主要表现在节点进度、协同交圈、目标制定、资源支撑等方面（见表 6–40）。

3. 知识点与工具

（1）不同拿地方式下启动会召开时间不同

对于拿地方式不同的项目，项目启动会召开的时间和前置工作有所不同。其中，对于公开拍卖类项目，拿地前完成“产品研策—上会”，拿地后立即召开项目启动会；对于与政府合作类项目，拿地前至少完成方案设计，投资决策会后立即召开项目启动会；对于城市更新类项目，拿地前至少完成施工图设计，确认实施主体后立即召开项目启动会（见图 6–50）。

（2）不同企业需要的启动会形式和内容不同

在实际工作中，不同企业的项目启动会的召开形式和会议内容也会有所差别。

表 6–40　项目启动会环节的风控要求

风险点	风险描述	风险等级	风控对策
节点进度	启动会前置节点未完成，迟迟不能组织召开启动会，项目开发进度滞后	高	提升项目启动会的计划节点管控级别，同时制定针对项目启动会节点延迟的专项奖惩措施
	项目启动会专业委员时间难以协调，很难召集所有相关人员参会进行审议，组会推进缓慢	中	制定专业委员的 AB 角机制，A 角与 B 角在时间难以协调时及时补位，同时制定会议缺席、迟到、请假相关的惩处措施
	在项目启动会上，与会人员发现上会材料的完整度和内容深度不符合审议条件，需要补齐完善后重新组会	中	由会议组织部门严格审核上会材料的完整性，并牵头相关部门完善上会成果模板及内容标准深度或要求
协同交圈	上会前各专业未对相关材料进行预审，比如方案设计未与其他专业进行交圈评审等	高	重视部分材料预审的惩处机制，倒逼各专业预审，并提出专业审核意见
	会后需要修订调整的内容未及时更新并发起报批，会议纪要未抄送至所有与会人员	中	明确所有成果文件会后调整与流程报批的天数（如 5 天内必须发起审批），同时定期开展管理检查，重点关注启动会会议纪要抄送情况
目标制定	投资阶段和定位阶段指标不一致	高	统一各阶段经济测算底表（含指标口径）和上会模板，聚焦和明确企业需要重点关注的项目核心经营指标
	在成本或利润目标、成本估算过程中，设计及相关部门未能及时参与或沟通不充分，导致估算偏差较大	中	在启动会前组织关于目标成本的前置审议，同时制定各专业目标成本审议表（模板）
	报规方案外审程序反复，严重影响项目进度	高	组织设计专业提前熟悉当地报规要求，若出现规划条件不符合当地要求的尽早修订；同时在规划方案预审时，邀请报建专业参与以提前明确风险点及风险级别
资源支撑	因外部因素产生的项目开发各类证照办理影响项目进度，比如政府换届对规划条件提出新的要求，或项目施工启动前置难以获取行政审批许可	中	指定公司相关领导作为资源支撑的责任人，对接政府相关领导，主动沟通，争取尽早完成证照办理

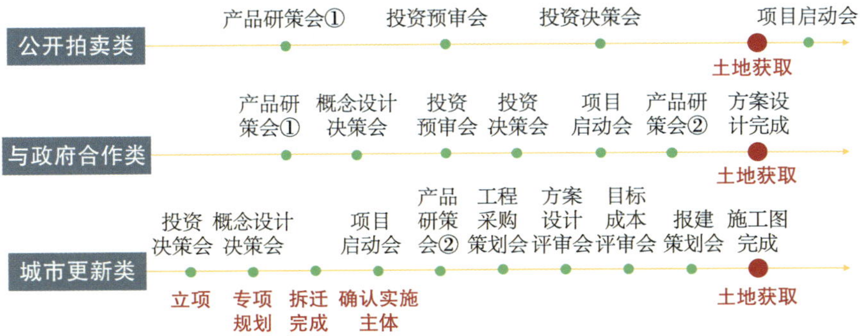

图 6–50　不同拿地方式项目启动会时间与前置工作

比如，有的企业考虑到方案大多由集团完成后交接给项目一线，往往将项目启动会分为启动会和交底会，进而细分为“六大关键会议”——项目启动会、项目交底会、项目开工会、项目开盘会、项目入伙会和项目后评估会。

有些企业会将项目启动会分为两个阶段（见图 6–51）。

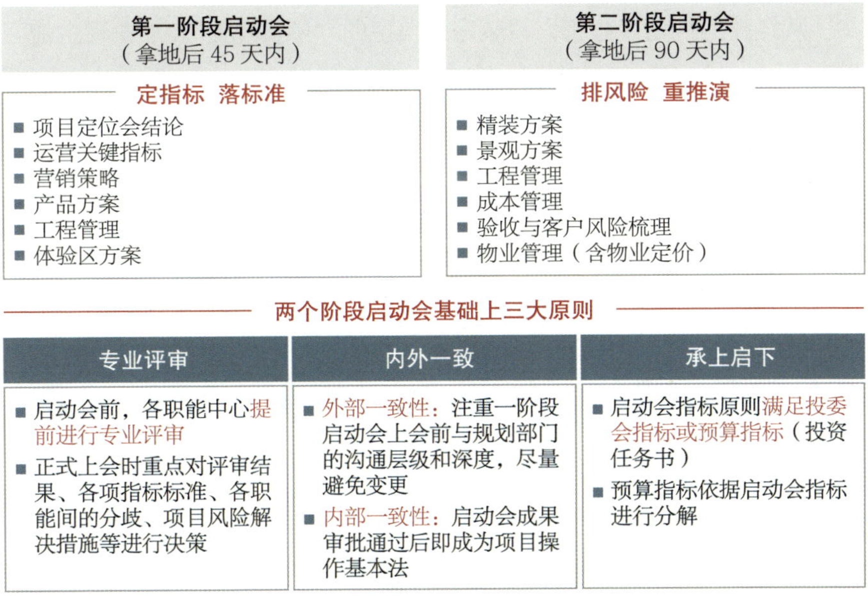

图 6–51　项目启动会的两个阶段

两个阶段启动会基础上重视以下三大原则。

- 专业评审。启动会前，各职能中心提前进行专业评审；正式上会时重点对评审结果、各项指标标准、各职能间的分歧、项目风险解决措施等进行决策。
- 内外一致。注重第一阶段启动会上会前与规划部门的沟通层级和深度，尽量避免变更；启动会成果审批通过后即成为项目操作基本法。
- 承上启下。启动会指标原则满足投委会指标或预算指标，预算指标依据启动会指标进行分解。

十一、精装策划（管控点编号：2-B11）

精装交房已成为趋势，精装策划的目标是有序开展精装过程管理，确保精装修进度与质量，实现精装产品的完美交付。

从经营的视角来分析，精装房是典型的“早收晚支”、加快现金流回正的产品。在去化率偏差不大的基础上，对于现金流型项目来说，毛坯改精装能够加快现金流回正。因为精装产品产生的价格提升带来更高的货值在开盘后即能体现，而精装修的成本在项目后期才支出，这能够加大回款规模，有利于实现现金流快速回正，但不会增加开盘前的资金峰值。

从利润实现的角度来分析，精装修产品还能够在一定程度上减免土地增值税。

目前，很多高周转房企都实施精装交付，推行精装的产品标准化，这一做法更多的是从经营视角来考虑的。从客户体验来看，精装产品更能体现产品质量及生活体验，好的精装产品能为客户带来更大的产品价值。但无论是毛坯还是精装，房企都要综合考虑自身的操盘能力以及市场的接受度。

1. 关键管控要点

项目总在精装策划环节的关键管控要点有如下两个方面。

（1）有序推进：精装策划“六定”

从项目立项到精装策划，主要包括立项、可研、启动三个环节及定性质、定产品、定目标、定计划、定方案、定策略六个方面的决策事项（见图 6–52）。

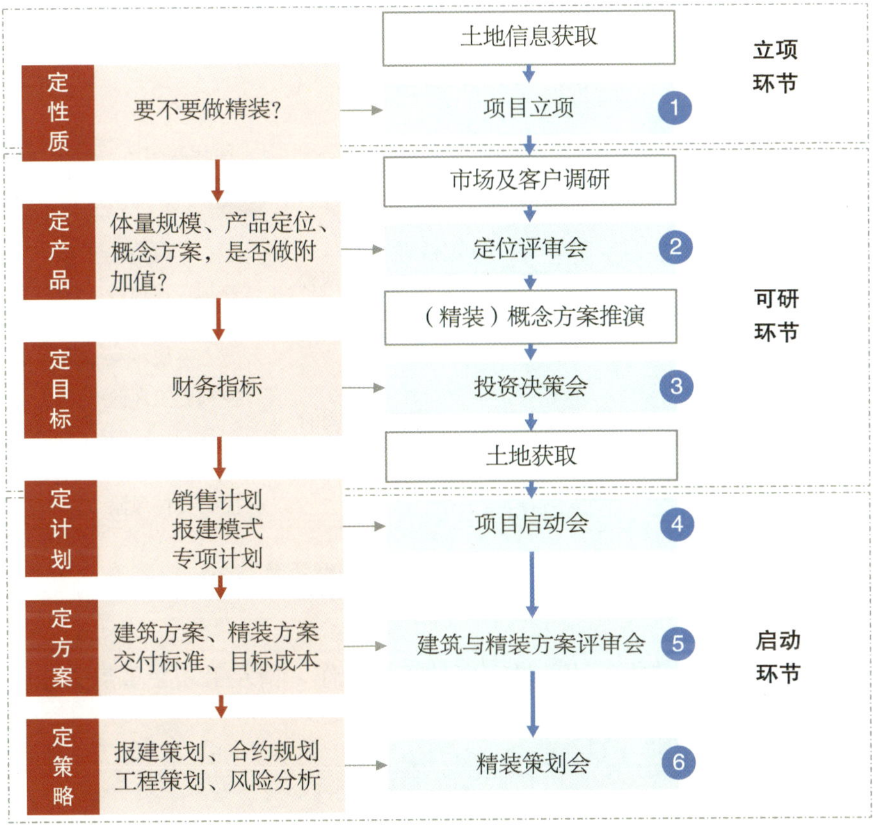

图 6–52　精装修决策的“六定”逻辑

在精装产品标准的制定上，示范区的精装标准要与货量区一致，避免后期交房时达不到客户的要求，影响口碑。在进行精装产品标准确定时，项目总要明确对标行业或竞品成熟的产品方案，对精装配置标准进行对标分析，识别自身产品发力点，清晰哪些配置优于竞品，哪些配置平于竞品。

精装修“六定”：定性质、定产品、定目标、定计划、定方案、定策略。

（2）重点关注六大关键环节

在精装开发与操盘过程中，项目总应重点关注与精装相关的六大关键环节，即“一会、二审、三点评”（见图 6–53）。

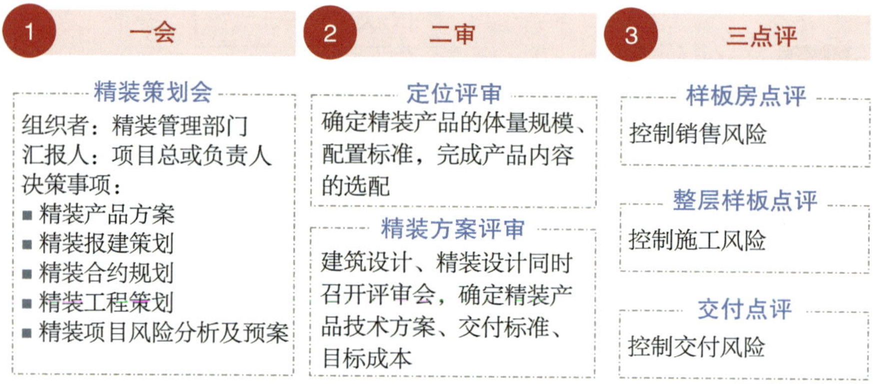

图 6–53　精装相关六大关键环节

其中，项目总组织团队做好精装策划工作，精装策划会重点关注以下五项内容。

- 项目精装产品方案回顾，包括单方造价、交付标准、精装专项计划等。
- 进行精装报建策划，分析国土、规划、房管、城建等部门关于精装的报建政策要求及应对策略。

- 开展项目精装合约规划及招采策划，进行精装总包单位、分包单位、材料供应商招标工作。
- 开展精装工程策划，明确工程质量管理要求及工程计划。
- 进行精装项目风险分析，梳理精装管理重点、难点及不利因素，明确各相关部门专业职责分工等。

2. 风险控制要求

精装修是一把“双刃剑”，相较于传统的毛坯房，精装修在项目管理上面临更大的难度和风险。精装策划环节的风控点主要表现在内部交圈协同、设计或工程质量、交付过程管理等方面，具体如表 6–41 所示。

表 6–41　精装策划环节的风控要求

风险点	风险描述	风险等级	风控对策
内部交圈协同	各专业协同性不高，比如工程、设计、成本、采购专业间的工作面，工程专业中土建、暖通、室内等小专业间的工作面，设计专业中建筑、精装、机电等小专业间的工作面等，交圈不够充分，缺乏有效协同	中	■ 在项目总体实施计划及各职能部门专项计划中加入精装修工作的任务要求 ■ 在精装策划启动会、方案评审会、精装样板房点评等环节要求各部门共同参与，促进各专业部门工作交圈、匹配
设计或工程质量	交付时出现观感、空鼓、开裂、渗漏、脱落、设计及成品保护缺陷等质量问题，以及空气质量、放射物质等环保问题	高	■ 推行精装总包模式，先选精装总包供应商 ■ 执行精装修“四化”管理：图纸标准化、材料加工工厂化、现场整洁化、管理可视化 ■ 做好样板先行、管理及技术交底，深入贯彻材料“飞检”、质量风险过程评估、交付评估等手段，避免系统性的质量风险

（续表）

风险点	风险描述	风险等级	风控对策
交付过程管理	房屋交付时出现与销售合同不一致的情况（比如户型图、材料部品等），以及与销售说辞不一致、与营销前期宣传（模型、样板房、宣传资料）不一致和交付时间延误等问题，导致业主投诉及满意度降低	高	■ 在精装销售环节做好开放、开盘、交付前的“三前”风险检查 ■ 按时快速处理投诉，做好原因分析，防止问题再发生

3. 知识点和工具

（1）精装修的两种操作模式

当前，房地产市场精装交付模式在逐步推进，房企有两种主流的操作模式（见表 6–42）。

表 6–42　精装修两种操作模式

模　式	做　法	优　势	劣　势
毛坯报建，精装交付	先毛坯房通过竣工备案，再进行拆改、补板等动作，完成精装修之后交付	增加阳台、结构连板、设备机位等面积空间优化的可行性；提升产品对客户的吸引力	拆改带来成本浪费；精装不能实现穿插施工，总工期延长；违规风险
精装报建，精装交付	精装一步到位，直接以精装修状态进行竣工验收备案并交付	精装修和主体施工可以穿插进行，没有毛坯报验的制约，总工期较短	无法进行面积空间优化，面积赠送优势下降；各地精装验收标准不同，需要提前了解当地政府部门的验收要求

（2）精装修开发路径图

项目总应明确精装项目的计划节点，梳理精装房全过程的关键管控环节及管控要求。项目总全过程重点关注六个里程碑节点（见图 6–54）：精装策划会（如何干）、样板房开放及开盘（干成什么样）、精装总包确

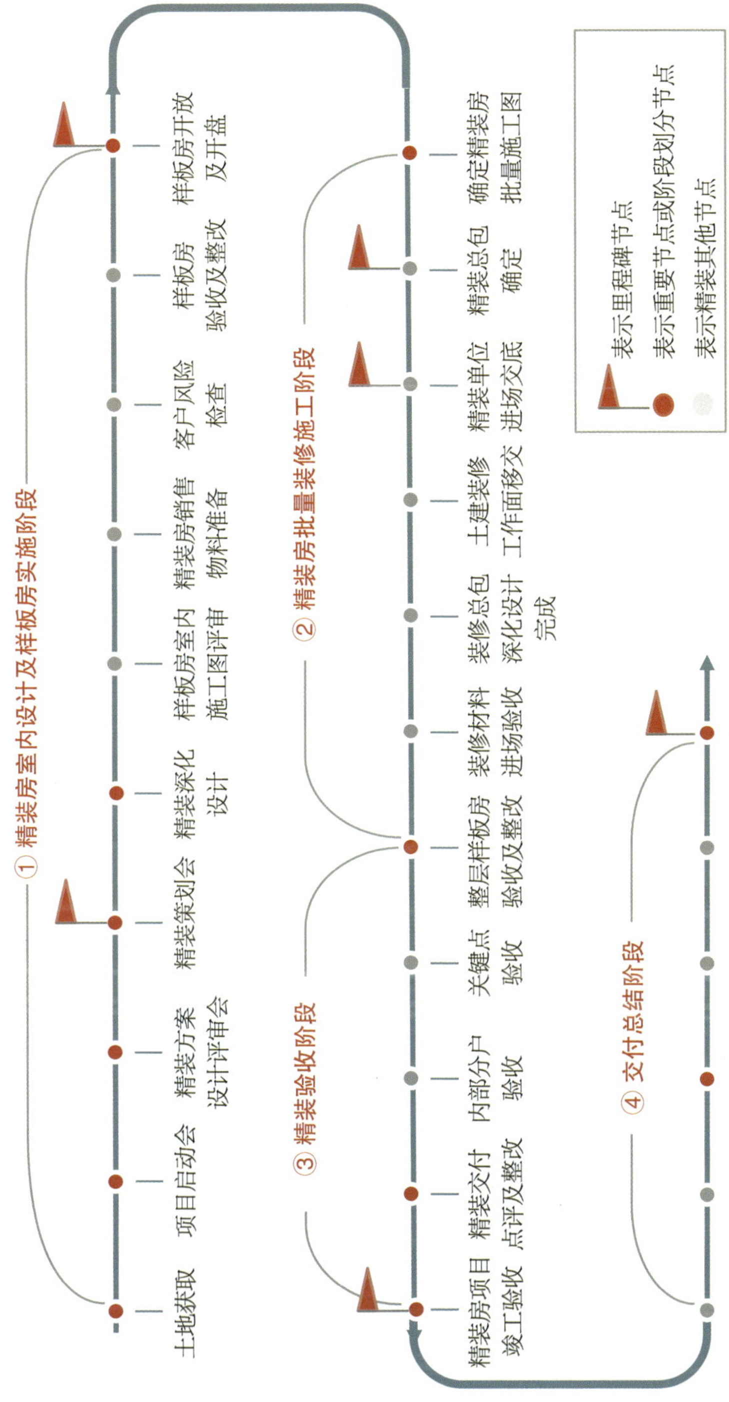

图 6–54　精装操盘地铁图

定（谁来干）、精装单位进场交底（如何干好）、精装房项目竣工验收（干得如何）、项目后评估（如何干得更好）。

十二、施工图设计（管控点编号：2-B12）

施工图的作用：一是指导具体施工；二是联审之后，作为施工合同的基准图纸，是与施工单位结算的依据。

施工图设计环节的管控目标：一是出图时序合理，保障示范区和首开货量区及时开工；二是把控本企业技术标准在施工图中落实到位，提升客户满意度及降本增效；三是避免"错、漏、碰、缺"等设计缺陷，减少设计变更，确保图纸质量。

1. 关键管控要点

项目总在施工图设计环节的关键管控要点有如下两个方面。

（1）施工图联合评审

施工图联合评审的目的：一是关注客户与经济性视角，避免设计院出图只关注国家规范，而忽略客户使用和感受，或是忽略成本有效投入与产出的问题；二是可落地性视角，避免本企业技术标准未能切实落地，以及新项目、新设计师再度犯错的问题；三是专业交圈性视角，避免各专业不交圈的设计质量缺陷；四是改进性视角，避免经验和教训未能得到有效应用。

具体而言，项目部应制订联合审图计划，组织设计、报建、成本、工程、客服、物业等部门联合审图。

项目总参与施工图评审，应从跨专业、全项目综合性经营视角去审视、研判施工图改善挖潜的空间，具体可从利于施工管理及实现运营计划、降本增效、提升工程质量、提升客户满意度等角度提出意见，重点关注五点：

- 示范区与地库的关系、首开区与地库的关系，明确影响经营的重大事项有无改善的空间。
- 企业技术标准落实情况，以及客服结合客户敏感点和过往客诉案例提出的施工图优化建议。
- 施工图与成本控制要求的匹配性，比如成本测算书、限额设计指标、产品配置标准等。
- 施工图与政府要求的匹配性，比如报批通过的规划文件、国家和地方的各专业规范、文件编制深度规定等。
- 施工图与施工图设计任务书、方案设计的匹配性。

（2）管理闭环两个“必须”

项目总必须把控施工图管理闭环：一是把控任何工程施工开工都必须经过施工图纸联合审查；二是联合审图结果必须落实到责任人并跟踪整改。比如项目部负责反馈施工过程中可能出现的设计缺陷，以及复核是否已按审图结果进行设计变更。

其中，设计条线负责及时提交供审核的施工图纸，并根据审图结果完成相应的设计变更，以及完善设计任务书条件、改善以后项目的出图质量。报建条线负责及时提交包括规划、消防、环保、人防、交通管理等部门在内的关于方案或初步设计的审批意见书，以及根据当地上述各政府部门管理特点审图。成本条线负责根据本企业审图要点及以往项目成本缺陷、优化案例、成本数据库等情况做好审图工作，对拟变更事项进行成本敏感性测算和替代方案评估，以减少过程成本变动风险；收集影响成本的图纸因素并记录其可执行的审图要点，对材料设备选型方面的审图要点提出意见，控制产品风险。工程管理条线负责根据本企业审图要点及施工经验审图，收集各项目施工过程中发现的设计缺陷并完善后续审图要点。客服条线负责根据以往客户反馈的设计缺陷进行审图并完善审图要点。物业条线负责根据以往物业管理过程中发现的设计缺陷进行审图并完善审图要点。

> 项目总把控施工图管理闭环要坚持两个“必须”：一是把控任何工程施工开工都必须经过施工图纸联合审查；二是联合审图结果必须落实到责任人并跟踪整改。

2. 风险控制要求

施工图设计环节的风险管控如表 6–43 所示：一是要避免施工图设计与报批方案不一致的情况；二是未经审核通过，设计单位不得突破设计限额；三是重大设计变更未经审批通过不得擅自实施。

表 6–43　施工图设计环节的风控要求

风险点	风险描述	风险等级	风控对策
设计报批与规划验收	施工图设计与报批方案不一致，导致无法通过验收，沟通成本增加，节点进度延误	高	■ 设计专业与工程专业及报建协同联合检查，关注施工图设计、变更与执行情况 ■ 施工过程中发现施工图与原规划审批图不一致时，及时与规划局等相关部门沟通，并做相应变更，确保现场施工图与规划审批图一致，避免验收风险
限额设计	突破设计限额标准，导致成本额外增加	低	■ 严格要求设计单位按照限额标准执行，如有突破，需经审批通过后方可执行 ■ 设计与成本专业重视过程检查与监督管理，及时发现和沟通修改超出限额的设计 ■ 将限额设计的执行情况作为设计、成本等部门的绩效考核内容，将外部设计单位的限额设计执行能力纳入履约评价范围

（续表）

风险点	风险描述	风险等级	风控对策
设计变更	擅自实施重大设计变更，导致质量、安全等问题，增加施工成本，引发交付风险	高	▪ 严格执行设计变更管理流程，避免先变更后立项，变更发起前要充分交圈，并特别关注变更可能造成的成本增加及对客户的承诺无法兑现等问题 ▪ 及时审核设计变更，重视设计变更、月清月结等相关考核

3. 知识点与工具

（1）出图顺序

在总体出图顺序上，项目总应明确规定以下有利于保证关键图纸提前完成的要求：第一，先示范区后货量区，示范区图纸出来即可组织施工；第二，先管线后主体；第三，先基础后上部；第四，装修、机电、绿化同步。

（2）各专业设计关注点

一是总体设计：按照国家日照规范要求进行日照测算；按照规划设计要点退红线并满足拨地文件中的相关要求；按照消防部门的批文及其提出的意见进行修改深化设计；道路系统满足交通、消防等方面的要求；对分期报建开发的项目，机电及市政综合方面应与分期开发相协调。

二是地库设计：层高需综合考虑结构梁高、设备管道及建筑面层标高等因素；地下车库防火分区的划分必须满足国家规范，并尽量减少对停车位的影响；地下车库及人防出地面部分采光井、疏散口等构筑物，需尽量隐蔽并结合环境进行设计。

（3）施工图审查要点

需要注意的是，施工图阶段的工作项偏技术性，如非设计专业出身的项目总，往往也不具备审图的专业基础，因而不同企业可根据自身项目特点、标准做法等，列出项目总施工图审查要点，项目总可根据需要进行了解和知识补充。

以建筑专业针对总平面图的部分审查内容为例，施工图管控点涵盖总图硬性规范审查（包括工程范围、控制线准确、退界退线符合规定、总平面图表达完整、建筑高度、日照分析等）、总图可行性审查（包括总平调整、竖向设计、小区出入口及门岗等）等。

第三节　项目建设阶段

项目建设阶段的操盘目标在于以销定产、快速开工、快速开盘、确保品质。如表 6–44 所示，具体的操盘策略包括以销定产、供销平衡，分清主次、管控前置，前置策划、聚焦难点，过程管控、常态管理，多重检验、确保品质。

表 6–44　第 3 阶段——项目建设阶段操盘目标

操盘目标	以销定产、快速开工、快速开盘、确保品质	
操盘策略	策略要点	主责专业
以销定产 供销平衡	▪ 以销定产：根据项目经营计划（现金流）排布营销计划，根据营销计划倒排工程计划，实现以销定产 ▪ 供销平衡：若计划需要进行调整或计划延误，运营需及时拉通各方进行交圈，确保供销平衡	▪ 财务 ▪ 运营 ▪ 营销 ▪ 工程
分清主次 管控前置	▪ 有序推进收地：与报建部门多沟通，促进土方开工，及时发现隐藏的征地、拆迁等问题 ▪ 提前开展地勘：按照先售楼部、后示范区及首开区、最后货量区的原则完成地勘，尽可能取得周边建筑物地质勘查资料及相关工程资料 ▪ 确保临设先行：早日完成三通一平（施工水电路），保证早日开工	▪ 工程 ▪ 报建

（续表）

操盘目标	以销定产、快速开工、快速开盘、确保品质	
操盘策略	策略要点	主责专业
前置策划聚焦难点	■ 前置工程策划：编制工程策划书，对全项目工程管理做出系统安排，在基础施工、主体施工、精装修、交付等环节编制专项策划书 ■ 施工计划合理：理顺关键施工顺序，明确前置工作及交叉施工工作 ■ 资源投入适配：为匹配工程进度与品质管控要求，保障施工道路顺畅，对关键线路科学安排施工资源，在保障工程质量的前提下完成计划要求	■ 工程
过程管控常态管理	■ 标准落实：合理安排生产节奏，确保工程品质全面落实各项工程管控措施，实施常态化管理要求 ■ 平行检查：实施常态化平行检查，及时发现施工中的问题，及时处理，避免后续返工	■ 工程
多重检验确保品质	■ 确保品质：通过样板引路、停止点检查、材料检测、过程验收等，确保示范区及首开区工程品质	■ 工程

项目建设阶段操盘路径图如图 6–55 所示。

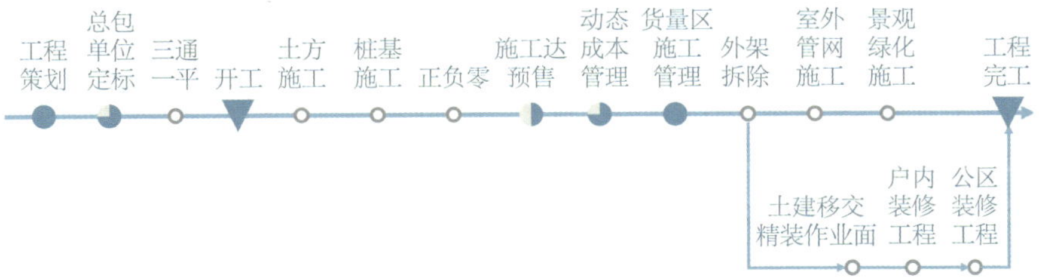

图 6–55 项目建设阶段操盘路径图

项目建设阶段项目总的关键职责如表 6–45 所示：一是工程策划，组织工程策划及推演，负责将工程管理思路及要求向总包及监理交底；二是总包单位定标，选择优秀的总包和能胜任的项目经理；三是管控好施工达预售；四是做好货量区施工管理；五是进行动态成本管理，针对动态变化情况采取相应措施以保证经营目标的达成。

此外，项目总需要指导项目专项计划及预案，审核施工方案及确认样板，指导生产工作并监督检查，进行内外部关系维护和协调解决争议问题。

表 6–45　项目建设阶段项目总的关键职责

序号	类别	管控点编号	项目总管控方式		
			协调型	运营型	经营型
1	工程策划	3–A01	●	●	●
2	总包单位定标	3–B02	◑	◕	◕
3	施工达预售	3–C03	●	●	◑
4	货量区施工管理	3–A04	●	●	●
5	动态成本管理	3–B05	◑	◕	◕

一、工程策划（管控点编号：3–A01）

项目工程策划的管控目标在于目标明确、路径清晰、难点预知、风险可控。

1. 关键管控要点

项目总在工程策划阶段需做好三个方面的管控：一是清楚工程策划的输入条件，确保策划精准；二是明确工程管理的管控关键点及方法，并覆盖完整；三是组织工程策划的内外部交底及培训。

第一，项目总需将经营要求转化为对工程进度、质量、成本等因素的全方位落实、优化和平衡，从而促进各项指标均好。项目总在工程策划阶段要管控好工程策划输入条件，做到知彼知己、胸有成竹（见图 6–56）。

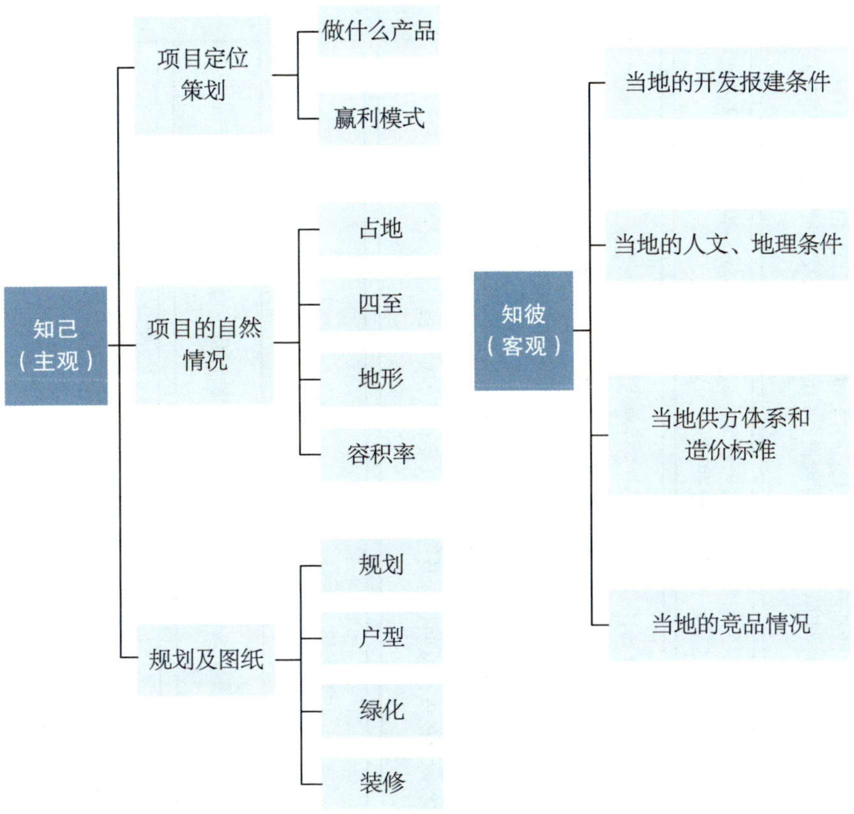

图 6–56　工程策划的前置条件

第二，在工程施工前，项目总要基于项目目标对整个工程管理过程进行总体策划，从工程管理的角度明确需要关注的重点及方法，通常有八大管控关键点（见图 6–57）。

工程策划内容要覆盖全面，对企业关注的重难点问题应进行重点描述，明确具体的方法及策略（见图 6–58）。

为了让工程质量管理目标能在项目工程管理全过程中得到更好的落实，使项目开发进度按照总体质量目标推进，既需要有针对全项目的总体工程策划，也需要有针对基础工程、示范区、精装修、交付等工作的专题策划及动态管控。

工程策划八大控制要点

（一）定项目目标	定项目管理总目标，包括基于项目经营目标（E）、需要关注的计划（P）、质量（Q）、成本（C）、安全（R）、团队（T）等管理目标；定项目团队及职责，包括相关方的职责划分
（二）工程总平及营销配合	项目施工各阶段的总平面布置，配合销售管理，做好销售中心、样板房示范区的选址与定位及销售动线的策划；规模及分期安排
（三）工程总进度计划	项目总控计划、工程专项计划等的策划；充分考虑产销时间、货量、业态的平衡
（四）工程质量规划	具体的质量管控措施，结合工期质量目标等要求制定具体的技术质量措施；方案先行、样板引路、过程检查、交付评估、物业移交、业主开放日等
（五）安全文明与成品保护	制定有针对性的安全文明目标及措施，以及成品保护措施
（六）过程成本控制	严控设计变更、工程签证的方法
（七）供应商管理	项目合约规划、采购计划、总分包管理措施、履约评价、激励措施等
（八）工程风险及重难点对策	项目重点、难点及对应措施和风险预控；针对性的质量通病防治（防渗漏、空鼓开裂）以及重大技术难题等策划

图 6–57　工程策划八大控制要点

工作事项	分值
1.1 项目基本信息与工程管理目标	
1.1.1 项目基本信息	
1.1.2 工程管理目标	
1.2 施工管理总图	
1.2.1 场地现状分析	
1.2.1.1 区位及周边道路关系 1.2.1.2 地上地下不利因素分析 1.2.1.3 市政配套现状及接入风险分析	
1.2.2 示范区与正式工程关系分析	
1.3 施工组织推演	
1.3.1 分期分组团分标段及面积指标	
1.3.1.1 分期分组团分标段影响因素分析 1.3.1.2 分期分组团分标段划分结论 1.3.1.3 重要证件与分期分组团分标段的关系 1.3.1.4 组团交付运行分析 1.3.1.5 面积指标及开发节奏	
1.3.2 全景计划工程相关节点	
1.3.3 土（方）护（坡）降（水）与地基处理阶段	
1.3.3.1 土护降与地基处理方案 （1）水文地质特征描述 （2）土石方调配方案 （3）基坑开挖及降水支护方案 （4）高切坡支护方案 （5）地基处理方案 1.3.3.2 平面交通组织 1.3.3.3 临水临电布置方案 1.3.3.4 甲方监理办公临设方案 1.3.3.5 施工进度关键节点	
1.3.4 基础及主体施工阶段	
1.3.4.1 施工流水划分 1.3.4.2 垂直交通布置及分析 1.3.4.3 主体施工阶段平面交通组织 1.3.4.4 地库顶板施工与交通组织 1.3.4.5 临水临电布置方案 1.3.4.6 生活临设布置方案 1.3.4.7 主体阶段施工进度关键节点	
1.3.5 装饰装修施工阶段	
1.3.5.1 装饰装修阶段施工流水划分 1.3.5.2 装饰装修阶段平面交通组织 1.3.5.3 外装施工措施 1.3.5.4 垂直交通转换 1.3.5.5 精装交房土建向精装移交工作面 1.3.5.6 装饰装修阶段施工进度关键节点	
1.3.6 市政景观施工阶段	
1.3.6.1 市政施工阶段施工流水划分 1.3.6.2 市政景观阶段平面交通组织 1.3.6.3 市政景观施工推演 1.3.6.4 市政景观阶段施工进度关键节点	
1.3.7 启动版工程进度计划	
1.3.7.1 工程进度计划 1.3.7.2 工程进度计划重难点分析 1.3.7.3 重要工序穿插及期量分析 1.3.7.4 工程进度计划偏差分析	
1.3.8 分供方选择方案	
1.3.8.1 监理选择方案 1.3.8.2 总包选择方案	
1.4 基础选型方案	
1.4.1 基础选型方案	
1.5 技术质量管理	
1.5.1 工程专项计划及重要技术方案	
1.5.2 防渗漏管控要点	
1.5.3 四新技术	
1.6 风险管理	
1.6.1 风险一览表	

图 6–58　工程策划目录示例

第三，在工程策划中，项目总需要对工程总包和分包、合约管理提出具体要求，以实现项目工程总体管理目标。在工程策划报告内部评审通过之后，项目总要及时组织对总分包、监理等外部供应商和内部业务部门进行管理和技术交底。项目团队需要对工程标段划分、总平面布置、工程计划管理等方面提出建议，明确各专业职责，促使项目满足整体计划的要求。

2. 风险控制要求

原则上，工程策划评审未通过，工程不允许开工。对于工程策划阶段识别的风险点，项目总应全程跟踪管控，预防重大风险发生（见表 6–46）。

表 6–46　工程策划环节的风控要求

风险点	风险描述	风险等级	风控对策
输入条件	工程策划的前置输入条件及依据不充分或错误	中	项目总组织对前置输入条件进行逐项落实，确保准确性
重难点工作	工程策划未关注项目重点、难点，导致工程策划成果没有指导意义	高	对重难点工作事先明确标准，制定专项措施，推演措施的合理性和可行性，必要时组织专项答辩
交底要求	工程策划成果未详细交底，导致工程目标不能达成	中	对内组织项目团队成员讨论学习，对相关业务部门交底，对外向相关方（比如总包、监理等）进行交底

3. 知识点与工具

（1）工程操盘要点

项目总工程操盘有五大要点，一是合约分判（尤其是总包），二是施工总平，三是施工计划，四是合约规划，五是进度、质量和安全落实（见图 6–59）。

<table>
<tr><th rowspan="2">五大工程操盘要点</th><th colspan="3">策划先行：经营才是指挥棒</th><th colspan="2">过程严控：两手都要硬</th></tr>
<tr><th>做好合约分判（尤其是总包）</th><th>做好“施工总平”</th><th>做好“施工计划”</th><th>做好“合约规划”（共赢意识）</th><th>进度、质量、安全要求落到实处</th></tr>
<tr><td>示范区</td><td colspan="2">经营视角的“示范区范围”决策</td><td>■ 根据开盘时点倒排
■ 留足蓄客时间
■ 示范区计划管控到“天”</td><td colspan="2">■ 目之所及、不留瑕疵
■ 穿插，并行</td></tr>
<tr><td>货量区</td><td>■ 总包负荷能力
■ 总包风险把控能力</td><td>■ 进度是靠塔吊保的
■ 塔吊是靠材料保的
■ 材料是靠道路保的</td><td>■ 早起跑：二次设计早介入，材料、运输、队伍依势前置，临水、临电、临设早施工
■ 串改并：工序穿插提效
■ 控周期：在保证质量前提下，缩短工序净工期</td><td>健康的甲方文化：“预防”永远比救火重要、把好进度付款</td><td>充分落实企业标准：交底到位、界面明晰、样板先行、实测实量等</td></tr>
</table>

图 6–59 项目总工程操盘五大要点

（2）施工总平面布置四大阶段与策划八大要点

各施工阶段的主要工程内容和工艺不同，且住宅项目常有大地库，容易导致材料堆场及加工区、施工道路等的调整。施工总平至少要分四大阶段绘制（见图 6–60）。

具体到施工总平面策划，则可总结为如图 6–61 所示的八大要点。

要点	土方或桩基阶段	±0以下结构阶段	±0以上结构阶段	装饰阶段
主要工程	■ 土方 ■ 基坑支护、降水等 ■ 桩基	■ 筏板 ■ 地下室结构（钢筋混凝土）	■ ±0以上结构（钢筋混凝土） ■ 砌体及二次结构 ■ 外门窗	■ 外立面装饰工程 ■ 室内装饰工程 ■ 室内外安装工程 ■ 景观工程
垂直运输机械	汽车吊	■ 塔吊 ■ 汽车吊	■ 混凝土输送泵（地泵） ■ 塔吊 ■ 升降梯	■ 升降梯 ■ 永久电梯 ■ 汽车吊
水平运输机械	■ 渣土车（泥头车） ■ 大型平板车	■ 大型货车、平板车 ■ 混凝土罐车 ■ 混凝土泵车（天泵）	■ 大型货车、平板车 ■ 混凝土罐车	■ 大中小型货车 ■ 自卸货车
运入主要材料	■ 管桩 ■ 钢筋、混凝土（灌注桩等）	■ 钢筋 ■ 模板 ■ 混凝土	■ 钢筋、模板、混凝土 ■ 砌体 ■ 幕墙、大型设备等（商办等非住宅）	■ 装饰材料 ■ 安装材料 ■ 园林材料
常见道路安排	出土临时道路	第1次临时道路	第n次临时道路	永久道路

图 6–60　施工总平面布置四大阶段

总平面策划八大要点

（一）施工机械布置	塔吊布置；井架布置；混凝土输送泵布置；钢筋加工场地；材料堆放场地
（二）场地交通组织	尽量形成环线，主要施工道路旁设置停车点；尽量在各家总包单位标段内设置独立的出入口，便于各总包单位管理；尽量结合正式小区道路，将临时路与永久路相结合
（三）脚手架形式	慎重使用爬架，以免影响门窗、外墙穿插施工；部分多层若工期宽松、工程简单，可不外架悬挑；防护要兼顾美观和安全性，还要有防水措施
（四）土方平衡方案	先进行土方平衡测算及优化，尤其对于山地建筑；设置合理的临时堆土点；充分考虑雨季对临时堆土的影响；提前了解土质情况，土质差的提前外运
（五）基坑支护影响	土方基坑阶段施工总图布置；地下室施工阶段总平图布置；土方与桩基施工的先后顺序；支护方式的选择；出土策略；降水是否已到位，降水井交接是否完成
（六）临水临电布置	施工用水和生活用水的容量；小容量、多台数、分批投入；不要产生“二次迁移”；雨水沟渠最优排放；生活区临水临电接驳点；临时变压器设置位置及功率
（七）示范区营销配合	售楼处；样板房；样板景观区域；看房通道；临时围板；建筑立面展示；门厅及公共部位装修；电梯安装；安全防护；材料、部品、工序展示
（八）大地块总体策划	场地总平图；工程总进度计划；销售示范区；临时用水用电通信的计算、布置、保护；红线、施工循环道路、进出口；排水条件；排污条件；场地围墙

图 6–61　施工总平面策划八大要点

二、总包单位定标（管控点编号：3-B02）

项目总在总包单位定标环节的管控目标在于选择优秀的总包和能胜任的项目经理。

1. 关键管控要点

（1）总包单位选择

项目总应优先选择战略总包建立长期的合作关系。不同标段之间，总包工程可考虑国企与民企互相搭配、外地企业与本地企业搭配，保证均衡性及竞争充分性。项目总在确定非战略总包单位前应进行有效、充分的供应商考察，特别是现场考察和项目考察，重点考察承办人和项目经理，对总包单位和项目经理选择提出主导意见，包括其学历背景、工作年限、过往项目、能力要求等。

项目总在确定非战略总包单位前应进行有效、充分的供应商考察，特别是现场考察和项目考察，重点考察承办人和项目经理，对总包单位和项目经理选择提出主导意见。

（2）总包单位招标、评标

项目总应重视技术标和乙方项目经理的评判，确定技术合适的总包和乙方项目经理。

在技术标面试阶段，项目总应严格面试项目经理及拟派团队，在团队成员面试评审通过后，严禁随意更换成员。有些单位对于答辩的项目经理很满意，但由于各种情形，该项目经理往往无法到岗。因此，合同中需要明确选中的项目经理，并提前约定如该项目经理不能到岗则加以严厉罚款。

项目经理若为施工生产负责人或经营负责人，因其有调动公司资源的能力，则应被优先考虑。

总包招标评标办法通常采用综合评分法，侧重评价总包的现场管理能力及其配合和服务意识，因为总包的现场管理、配合和服务对项目的开发效率影响比较大。

（3）总包合同条款

项目总在编制合同条款或审核合同时应重点注意以下四点：

第一，重点工作要求要在合同条款中加以明晰，减少总包管理过程中的风险。

第二，招标文件或合同附件应合理清晰地界定总包和其他分包的工程范围界面划分，避免项目现场管理扯皮（见表 6–47）。

第三，明确总承包配合与服务条款，总包对专业分包、材料供应商的配合服务内容及计价。

第四，合同要有风险条款（比如在某些特殊情况下有权单方面终止合同等），或是约定总包退场造成的时间和损失金额赔偿（比如以合约金额的 10% 作为违约金等），这样才能保障甲方权益。风险条款在出现各种问题（比如民工争议、索赔争议）时，能够保障甲方的主动权。

（4）总包管理及合同交底

项目总通过总包管理和合同交底，可使甲乙双方清楚、明确各自的目标、管理要求和标准，减少过程中的扯皮。关于项目的进度、质量标准、成本等管理要求，项目总要对总包进行规范、细致的交底；总包单位确定后，项目总应及时就合同条款等内容对项目公司管理人员和现场施工单位进行交底，包括事先的管理交底、设计交底，和事中的技术交底、合同交底。

2. 风险控制要求

项目总在总包单位定标环节的风险控制要点包括：一是招标环节避

表 6–47　总包、装修分包及专业分包的施工界面与责任划分示例

界面		完成面		接收面	
大类	分项	完成单位	工作内容	接收单位	工作内容
外立面	屋面	土建总包	按照设计要求，屋面全部完成	无	无
	外墙面	土建总包	按照设计要求，外墙面涂刷或铺贴全部完成；外墙预留孔洞完成；外墙灯具、插座安装	各专业分包及装修总包	预留孔洞穿管，比如排水、燃气、空调、换气扇（浴霸）等
	铝合金、塑钢门窗安装	土建总包	砌体洞口成形，内墙灰饼完成，每层水平基准线完成，每个大立面提供控制线（进出线、窗垂直中线、标高线三线）	门窗分包	核查洞口尺寸与标高，不符合要求的提交书面通知单，通知总包整改洞口
	铝合金、塑钢门窗	门窗分包	安装塑钢门窗，框边塞缝，塞缝防水（涂刷到过门窗洞阳角 50 毫米处），成品保护，监理组织窗边淋水试验，合格后交接收口	土建总包	门窗洞口粉刷成形，外墙涂料或面砖施工
	铝合金、塑钢门窗	门窗分包	窗框与墙面打胶完成，经淋水试验，确定无渗漏，报监理协同组织检查验收合格后，按甲方要求对门窗及玻璃进行成品保护，配件安装齐全、功能调试正常后移交	装修总包	接收后的成品保护，在内墙装修完毕后的墙面窗框收口及清理
	外墙排水管	土建总包	按设计要求完成安装及疏通、成品保护	无	无
	外墙孔洞口	各专业分包	空调、热水器、浴霸、排气扇等设备安装完毕；排水、燃气管道安装完毕；预留孔洞及二次开孔穿管道完毕	土建总包	完成所有外墙面开洞的封堵及墙面装饰修补、清理
	阳台、露台	土建总包及专业分包	结构混凝土完成，管道安装及穿楼板或墙体洞口封堵完成，结构闭水，防水基层处理	装修总包	完成防水层，盛水试验验收完成后，地砖铺贴
	进户门	土建总包及各专业分包	进户门厂家完成门框安装及门框内的砂浆填充，总包完成所有门框与墙体间的基层收口；在装饰湿作业完成后，土建总包配合分包商完成门扇安装；门锁的成品保护完成后移交装修总包	装修总包	门框、门扇及门锁的成品保护
	户内门	户内门分包	户内门框及门扇安装，成品保护完成后移交装修总包	装修总包	门框、门扇及门锁的成品保护

免不合格总包中标及围标、串标行为；二是过程执行，严禁总包挂靠；三是现场团队能力（见表 6–48）。

表 6–48　总包单位定标环节的风控要求

风险点	风险描述	风险等级	风控对策
招标环节	有不合格的总包入围或中标	中	严格总包入围的标准，项目总要参与总包的现场考察
	围标、串标	高	严格总包的招投标过程管理，尽量选用战略总包
过程执行	以挂靠形式取得总包资格	高	■ 前期招标文件中明确禁止以挂靠形式入围 ■ 合同中约定对总包挂靠的处罚、违约条款
现场团队能力	现场管理人员对项目的管理标准、技术标准、总包合同条款不清楚，导致缺乏管理措施和手段	中	对现场管理团队进行管理和技术交底、培训，包括工程管理标准、技术要求、合约条款等

三、施工达预售（管控点编号：3–C03）

施工达预售的管控目标在于，实现示范区的快速高品质呈现，促进首开区达到预售条件，工程质量符合完美形象展示的要求，首开区货量达到现金流回正要求，做到又快又好又足。衡量指标包括：进度方面如开工到开盘、示范区开放、预售关键时间节点的要求；质量方面如示范区综合验收评分、首开区实测实量得分等；经营方面如现金流回正等。

1. 关键管控要点

项目总要推动项目开工前的各项准备工作，促进项目早日开工。在时间紧、任务重的施工准备阶段，项目总要做到“快而有序、忙而不乱”，坚持做好开工条件审查，消除因为准备工作不充分而仓促开工带来的风险（见表 6–49）。

表 6–49　工程开工条件审查

项　目	工作要点	管控要点
手续准备	主控项	详勘报告；用地红线；建筑工程施工许可证
	一般项	施工用水办理；施工用电办理；临时路口手续；施工占道手续；临时排放手续；施工图报批
人员准备	主控项	项目相关人员到岗；监理到岗；施工人员到位
现场准备	主控项	开工验线；临时设施；相关机械设备；施工场地交接；场地周边管网查询
	一般项	七通一平
技术准备	一般项	施工图纸会审；监理规划审查；签订各种合同；施工组织设计审查；施工单位开工报告；项目总计划
开工许可	主控项	内部审批通过，同意开工

2. 风险控制要求

项目总在项目施工达预售环节的风控点主要表现在供货节奏、政策调整、周边关系、协同交圈、节点进度等方面（见表 6–50）。

表 6–50　施工达预售的风控要求

风险点	风险描述	风险等级	风控对策
供货节奏	因工程进度、备案价格、证照获取等因素影响供货	高	制订交圈计划，严格按照计划执行，过程动态监控、预警、纠偏；提前与政府沟通备案价格问题
	市场环境变化，需调整供货节奏	中	结合营销需求，合理编排供货节奏
政策调整	政策调整导致经营节点无法按期完成	中	须随时关注政策动向，保持与政府的良好沟通及联系
	政府领导换届，原方案不受认可，导致货值降低、成本增加	中	保持与政府的良好沟通及联系，了解政府人事信息，及时预防风险

（续表）

风险点	风险描述	风险等级	风控对策
周边关系	周边交通变化、民扰等问题	中	做好周边关系维护及问题敏感点公关
协同交圈	工作推进督办不到位，造成工作拖延	中	梳理出需要跟踪督办的节点事项，提前跟踪完成情况并及时向管理层汇报
	各专业各自为政，不交圈、信息不对称，导致进度与质量问题	中	针对易出错风险点，制定明确的工作流程与交圈评审机制，重点监督
节点进度	计划或工期排布不合理，导致节点无法按期完成	中	按照企业标准工期，合理排布工程计划
	发生重大设计变更，应对措施不当或失效	中	设计阶段严格评审，降低错误率；做好设计变更的应急预案
	特殊施工建材无法及时供应，延误工期	中	材料订单前置计划，提前与供应商沟通，确保建材及时供应

3. 知识点与工具

（1）常用建筑工人施工工效参考表

要推动施工达预售，达成进度、质量、经营等指标，直接的管理在于工期保障，推动项目施工进程。因而项目总有必要对建筑施工工效有所了解，以作为判断和推进施工达预售环节进度的重要依据和参考。常用建筑工人施工工效参考表如表 6–51 所示。

（2）塔吊对工程进度的影响

主体进度要靠塔吊来保障（见图 6–62）。一方面，从安装位置来看，塔吊一旦安装，在整个工期内无法调整位置，主体工程需要的最大垂直运力也就固定下来；另一方面，从数量来看，如果塔吊数量不够（有时候是为了省下塔吊费用，因为塔吊按时间付费），会严重影响进度，延误工期对项目经营的影响会大于塔吊的支出。项目总要了解上述两点，做好平衡，从经营角度进行决策。

表 6–51　常用建筑工人施工工效参考表

土建类	木工	一个木工一天（8 小时）能安装拆除模板约 15 平方米
土建类	钢筋工	一个钢筋工一天（8 小时）能绑扎 400 千克钢筋，约 15 平方米
土建类	砌筑工	一个砌筑工一天砌红砖 1 000~1 800 块，砌空心砖 800~1 000 块
土建类	抹灰工	一个抹灰工一天（8 小时）抹灰 30~35 平方米
土建类	架子工	架子工一般是按计时工计算的
土建类	混凝土工	一个混凝土工一天（8 小时）平均浇筑混凝土 25 平方米
土建类	防水工	一个防水工一天（8 小时）平均施工 15~20 平方米
装修类	装修水电	水电一般是按计时工计算的
装修类	装饰工	一个装饰工一天（8 小时）平均施工轻钢龙骨 15~20 平方米，石膏板 25~30 平方米
装修类	装修木工	一个装修木工一天（8 小时）平均施工 20~25 平方米
装修类	铺贴工	一个铺贴工一天（8 小时）铺贴瓷砖 15 平方米，木地板安装 10 平方米
装修类	腻子工	刮大白第一遍 300 平方米 / 天，第二遍 180 平方米 / 天，第三遍压光 90 平方米 / 天
装修类	油漆工	一个油漆工一天（8 小时）平均施工 100 平方米
园建类	园建水电工	水电一般是按计时工计算的
园建类	铺贴工	一个铺贴工一天（8 小时）铺贴瓷砖 20~30 平方米
绿化类	园林工	一个园林工一天（8 小时）修地形 20 平方米，种小苗 5 平方米，铺草皮 40 平方米

首先，塔吊的数量不够往往有两方面原因。

- 塔吊的安装程序复杂，“易装难拆”。一般住宅项目的高层建筑居多，大量采用固定附着式塔吊（即使低容产品也用固定塔吊），且安装的工作程序复杂，因此塔吊一旦安装，整个工程期间无法调整位置，主体工程需要的最大垂直运力也就固定了。

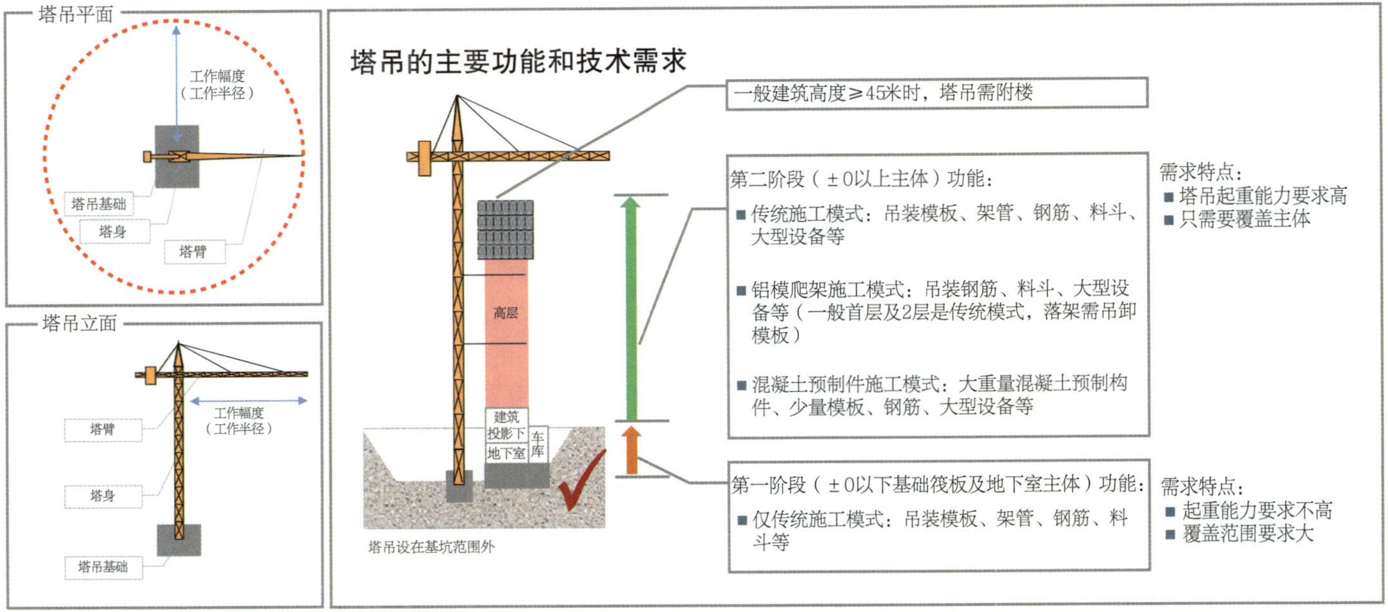

图 6–62　塔吊的平面图与立体图

- 项目总需要抵御内外部的诉求压力，以经营视角看投入产出比。从项目总视角，塔吊数量应符合整个项目的经济性，并保回正货量的进度；从成本视角，完成工程目标成本，塔吊够用就行；从总包视角，则会优先考虑工程措施的经济性，所以省塔吊数量是天然习惯。若有大型塔吊需求时，型号越大，市面上越难租到，且租金越贵，但增加塔吊数量带来的成本更大，进一步加剧了塔吊数量的紧缺度。

其次，在塔吊数量紧张的情况下，项目总就需要进一步合理规划塔吊的摆放位置，保障效率最大化。所以，塔吊“负荷合理、避免交圈、避免转运和避免盲区”是项目总在项目工程施工过程中对塔吊合理规划的关键点（见图 6–63）。

最后，塔吊的设置还需要重点关注部分受到约束的安全条件，包括塔臂不能打到建筑物、塔臂不能打到别的塔身、塔臂不能扫到施工生活区、吊着材料不从示范区上方扫过等，以使施工作业的安全风险降到最低（见图 6–64）。

四、货量区施工管理（管控点编号：3–A04）

货量区施工管理环节的管控目标在于：落实各项工程管控措施，实现工程常态化管理，确保工程质量、进度、安全文明、成本等目标符合项目要求。

1. 关键管控要点

项目总在货量区施工管理环节的常见衡量指标有工程过程评估综合得分（含质量、安全文明等）、项目计划目标达成率、变更签证率等。为确保目标达成，项目总在这一环节需要管控四个方面。

负荷合理	避免交圈	避免转运	避免盲区
每台塔吊一般负担高层建筑标准层面积≤1 000 平方米，底层建筑可在该经验值上适度增大	尽量避免 3 台以上的塔吊半径同时交圈，当群塔同时工作时，指挥复杂，效率降低	塔吊的主要能力是垂直运输，大量消耗在水平运输上，其效率大降	塔吊的工作半径要能覆盖工作面；做不到时，未覆盖的最大距离≤2 米

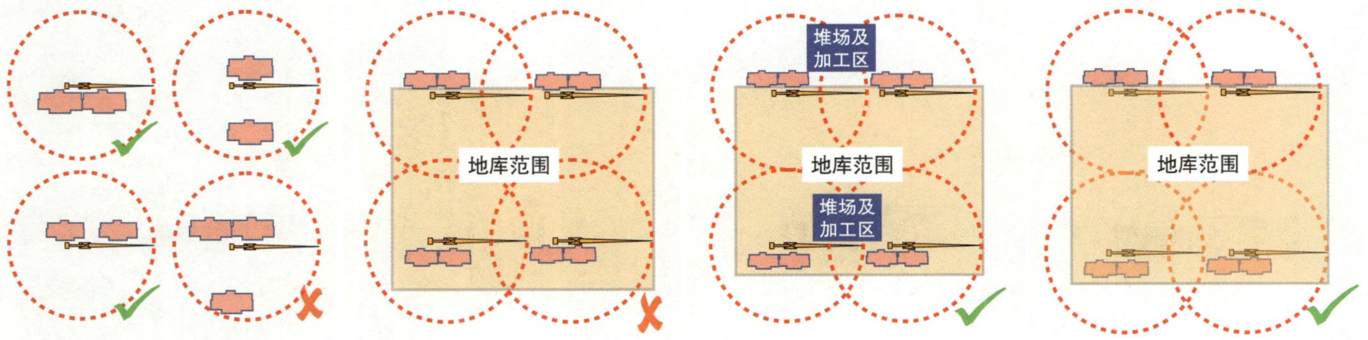

图 6–63　塔吊设置规划要点

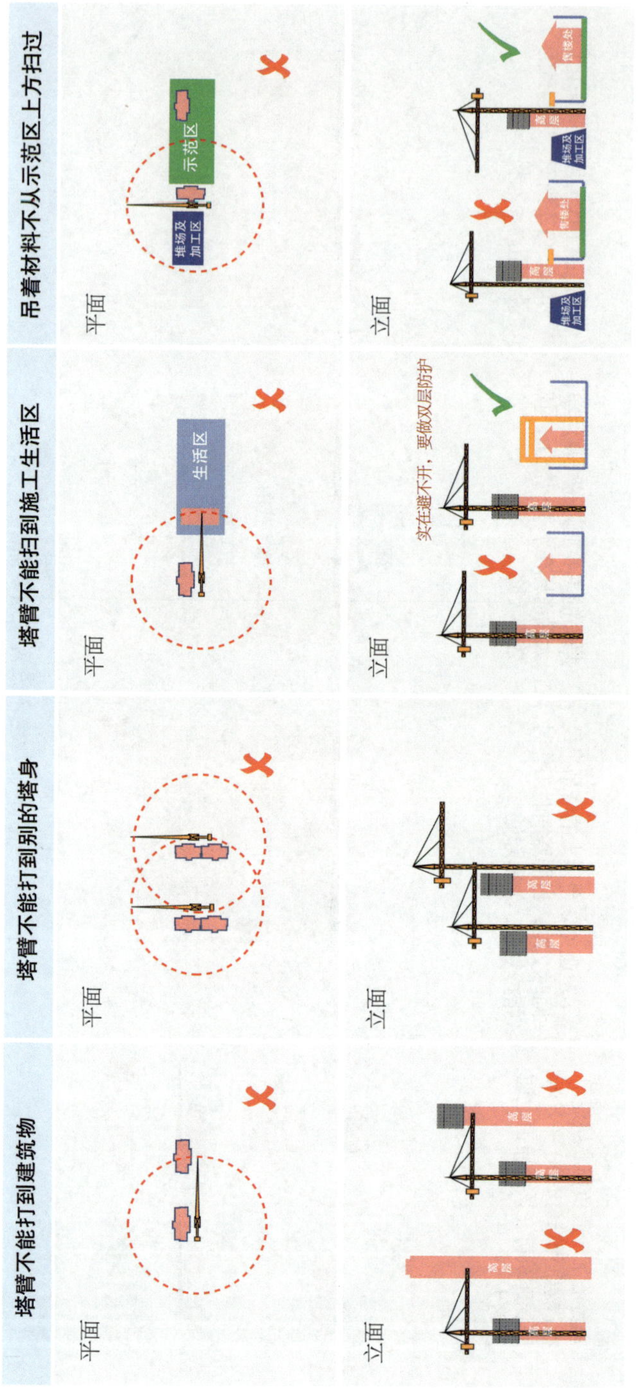

图 6–64 塔吊设置需关注的约束安全条件

（1）八项措施管控施工质量

项目总在货量区施工管理阶段要以工作质量为管控重点，落实各项质量管控措施，达到项目工程质量优良的目标，为后续竣工验收及顺利交付打好基础（见图 6–65）。

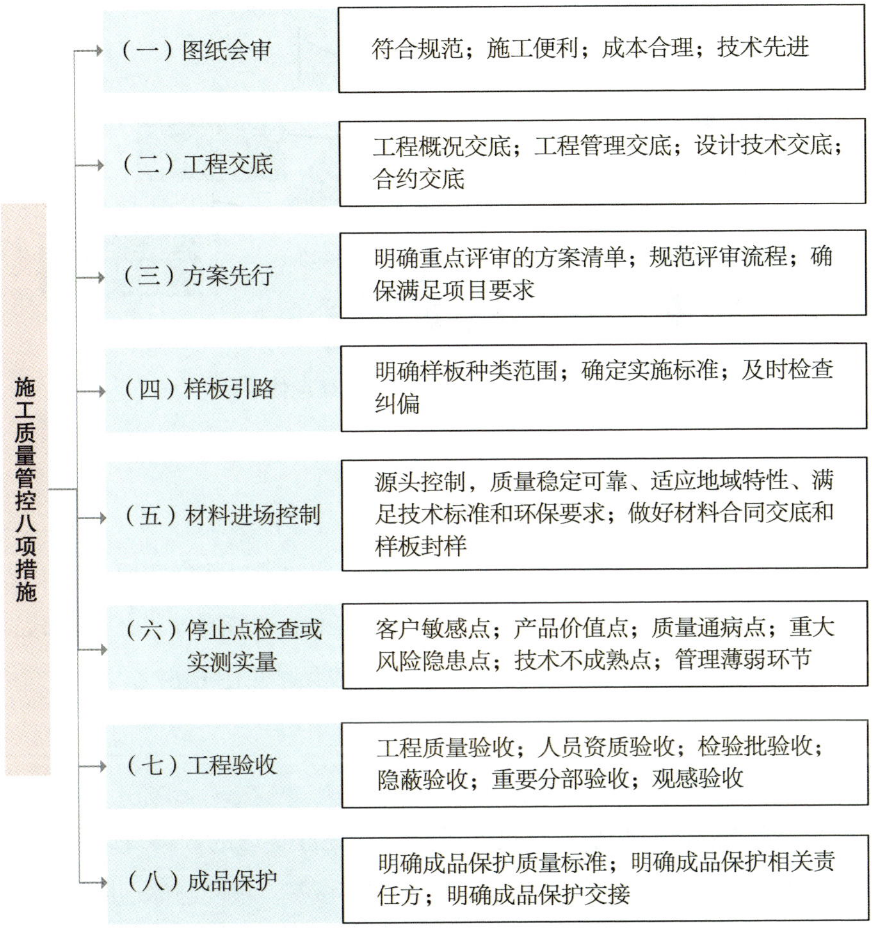

图 6–65　施工质量管控八项措施

与此同时，工程领域的一个新的重点是推动新型建造方式升级应用，包括装配式建造、数字建造、精益建造、绿色建造等，逐步在房屋建筑和市政基础设施工程等重点领域推广应用，促进行业健康可持续发展。例如，某行业领先企业持续关注新型建造模式的探索、实践，取得了一定成效（见图 6–66）。

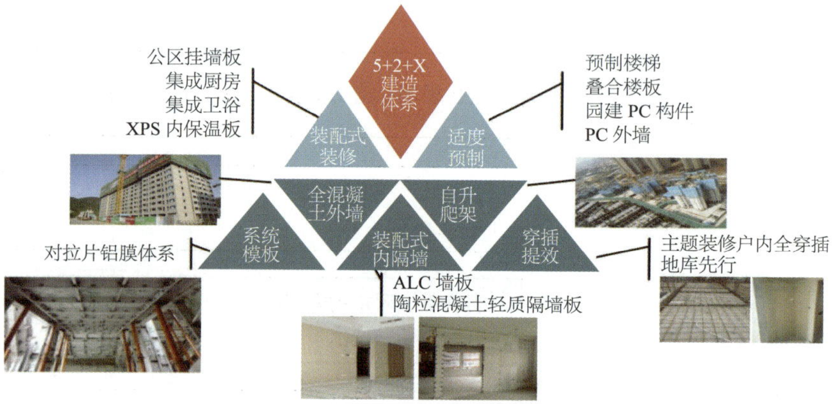

图 6–66 “5+2+X”工业化建造体系

（2）工程进度的穿插提效

工程进度提效并不意味着简单的压缩工期或者一味强调加大资源投入，而应该更多地依靠科学管理来实现。某企业通过推行“全穿插施工管理”模式，取得了平均提效 20%~30% 的成果（见图 6–67）。

工程穿插提效模型如图 6–68 所示。

（3）工程成本的变更签证管理

变更签证管理既是重点也是难点，对签证管理的好坏可以反映企业工程管理的综合能力和水平。首先，该不该签？该问题体现图纸完善性、合约条款完善性、工程计价规则明确性；其次，签多少？取决于对事实的快速认定与评估的精准性；最后，何时能办好？做到直面问题不推诿，不累积矛盾到结算。

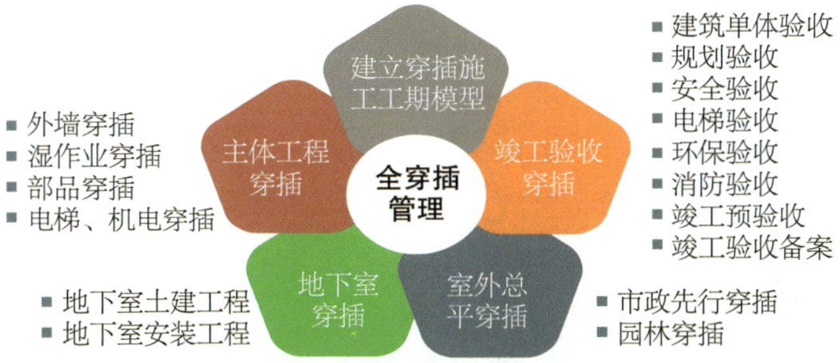

企业名称	传统模式工期（天）	新建造模式工期（天）	节约工期（天）	提效比（%）
A企业	603	454	149	24.70
B企业	655	500	155	23.66
C企业	555	400	155	27.92
D企业	795	615	180	22.64

图 6–67　全穿插施工管理示例

项目总对变更签证的管理主要关注三个方面：及时性、有效性、准确性。

变更签证的及时发起、确认、结算，能及时反映项目动态成本的变化情况，让项目总掌握项目真实的成本变化情况，为项目经营决策提供准确的依据。

变更签证的有效性包括内容的有效性和程序的有效性。内容的有效性是指，变更签证的内容属于合同约定的变更签证范畴；程序的有效性是指，变更签证的程序合理、合规，不涉及违规签证，减少成本控制风险。

变更签证的准确性主要由成本部门把控，项目总要及时了解。

要管控好变更签证的及时性、有效性、准确性，项目总一般需遵循以下原则。

一是时间限制原则。工程专业应对变更签证实行严格的时间限制，并严禁过后补办。压单超过 1 个月者，一经发现，将受到公司内部通报批评处理等处罚措施。

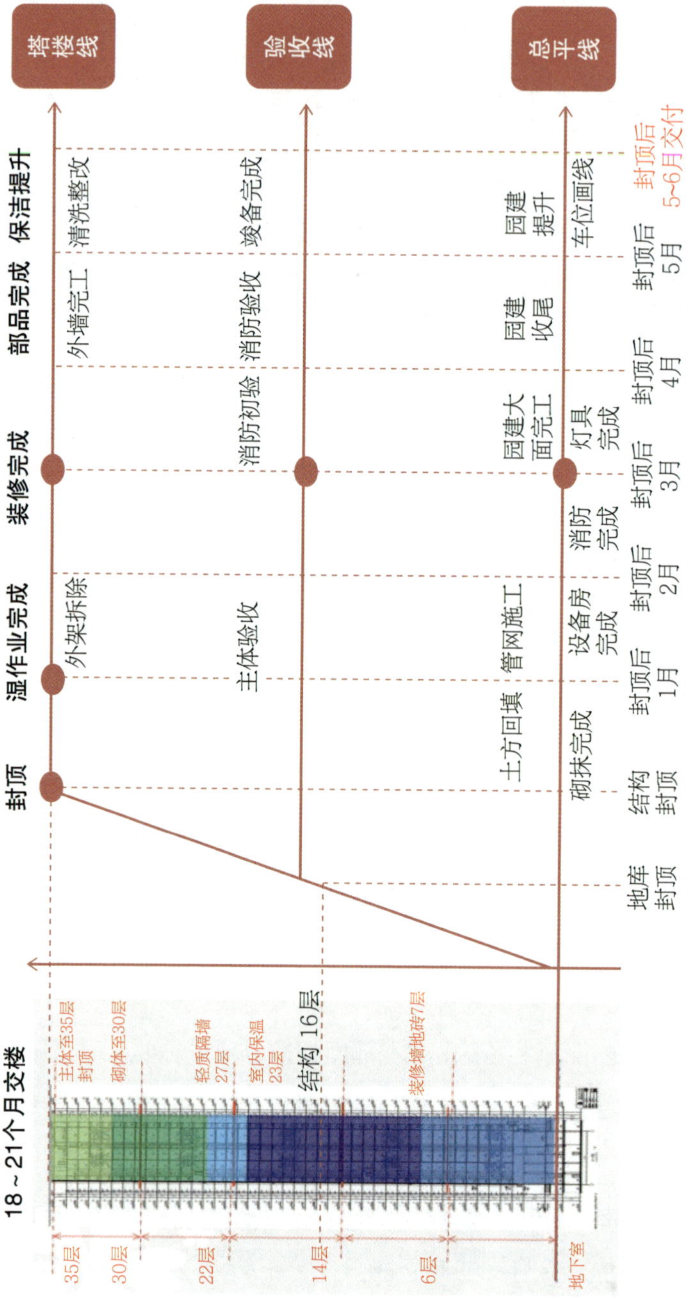

图 6–68 工程穿插提效模型

二是一月一清原则。项目工程部经理组织相关人员召开本月承包人上报经济资料事宜（含签证、变更、非承包人原因的索赔等）的专题会议，当场形成会议纪要并由参会人员签字确认。

三是一单一结原则。一份设计变更或工程变更应办理一份签证，一份签证办理一次结算且对应一份合同。

四是完工确认原则。在设计变更及工程变更完工后，施工单位、监理、工程部在签证单上完成签字盖章确认；隐蔽工程必须在其覆盖之前完成签字盖章确认。

（4）安全文明的常态化管理

安全文明工作作为工程管理的基础工作和保障措施，需要满足常态化的管理要求。随着 5G 通信、无人机、IT（信息技术）系统的应用，近年来一线城市纷纷提高了“智慧工地”的要求，比如以人为本、突破管理瓶颈、全面保障工友生命安全、全方位打造智能互联工地等。

货量区施工管理四个方面：八项措施管控施工质量、工程进度的穿插提效、工程成本的变更签证管理、安全文明的常态化管理。

2. 风险控制要求

货量区施工管理环节重点关注的风控要点涵盖施工安全、周边影响、工期进展、施工准备、施工质量、组织管理等（见表 6–52）。

3. 知识点与工具

（1）精装修工程管理的三类样板房

精装修工程管理的三类样板房：设计研究样板房、销售展示样板房和工艺工法样板房（见图 6–69）。

表 6–52　货量区施工环节的风控要求

风险点	风险描述	风险等级	风控对策
施工安全	施工用电不规范	低	施工现场每天至少巡查一次，做好相关记录，发现问题及时整改
	脚手架、塔吊搭建不满足规范要求	中	脚手架作业人员必须接受安全教育，进行安全技术交底；作业人员须正确使用个人防护用品和工具袋，穿防滑鞋；施工现场按要求配置安全员，并对现场发现的问题及时整改回复
	防火、消防设施未定期检查更换	低	施工现场安全员对施工区、办公区、生活区消防设施进行定期检查，对不合格的设备及时更换，确保消防设施有效
	高空坠物	高	临边孔洞做好防护措施，设置防护网、隔离区等，防止高空坠物
	特种作业存在安全问题	中	必须进行特种作业安全培训，提高工人安全意识
	施工履约过程中的索赔问题	中	合理组织工程施工，留存施工中未履约的资料凭证，对潜在索赔风险及时梳理，做好内部记录
	项目占用红线外用地	低	做好地方政府协调工作
	未经实践检验采取新工艺	低	采取新工艺施工时确保施工样板先行，对施工工作人员提前做好技术交底工作，确保新工艺施工质量合格、高效合理
周边影响	正常施工时影响周边居民和单位，导致投诉或阻挠施工	中	完善施工手续，维护好与地方政府的关系
	工程抢进度增加夜间施工，影响周边，引发投诉	中	办理相关夜间施工手续，合理安排夜间施工作业，做好预控措施
工期进展	施工单位配合度不够、施工进度延误	高	合理组织工期节点计划，实时跟踪进度所需的人、材、机的落实情况

（续表）

风险点	风险描述	风险等级	风控对策
工期进展	收并购项目存在遗留问题，导致项目延误	高	针对遗留问题制订专项方案，工程策划环节将遗留问题结合在一起，制订合理的施工组织计划
	场地问题导致无法按时正常开工	高	提前考虑各阶段施工场地制约因素，进行动态场地布置及施工动线策划
	投诉、群闹等事件阻碍正常施工进度	中	维护好与客户及地方政府的关系，重视现场管理
	材料供货不及时	中	合同中明确材料供方的供货考核机制，过程中严控供货计划
施工准备	开工手续不齐全便开始施工	中	完善开工手续，做好与地方建设行政部门的沟通工作，维护好与地方政府的关系
施工质量	施工人员能力或经验不足，造成施工质量缺陷	中	要求总包做好对分包的管控，把控工人的专业技术能力
	合作单位选择不当，导致不能构建符合要求的质量管理体系	中	在招标阶段做好对合作单位的审核，事前做好管理交底，对合作单位的付款进行把控，要求合作单位建立符合要求的质量管理体系
组织管理	承包方、监理管理人员能力不足，任务分工和管理职能分工不明确，组织混乱	高	项目部对施工单位及监理单位进行组织管理交底工作，明确不同时段工作内容的轻重缓急，确保现场管理无盲区

（2）工序验收流程

工序验收流程非常重要，包括对主要材料、成品、半成品、构配件、器具和设备的进场检验，以及工序的自检、互检、交接检直到工序确认（见图 6–70）。

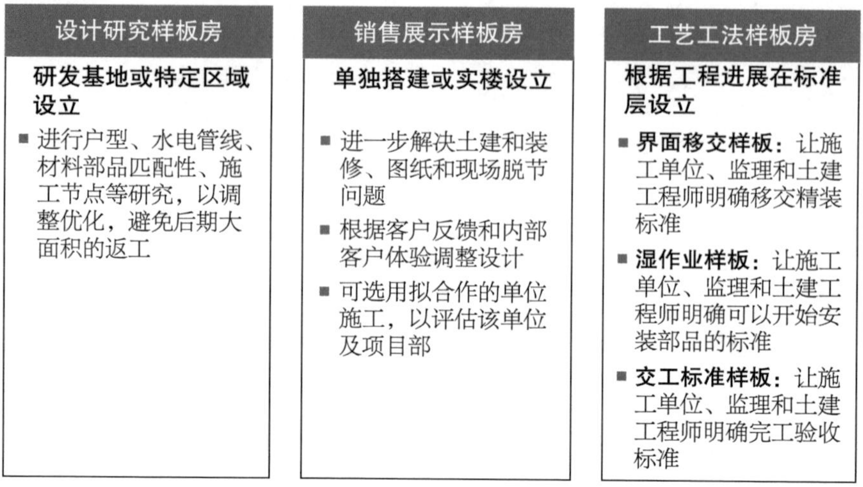

图 6–69　精装修工程管理三类样板房

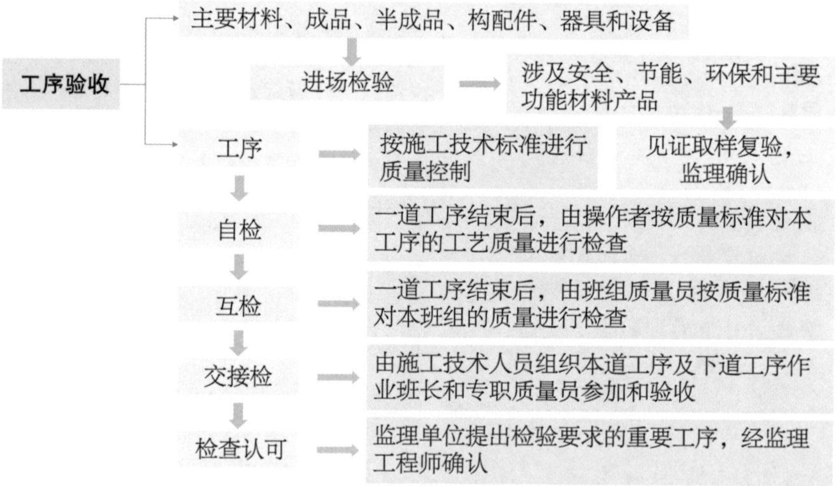

图 6–70　工序验收流程

（3）现场停止点检查

工程停止点检查的作用是，对国家规定的工序检验批验收不足或不完善部分进行补充和强化。工程停止点检查主要是对业主投诉较多的质量问题、影响业主使用功能的质量问题、容易导致产品缺陷的质量问题、总分包分工作业界面较为复杂的质量问题等进行检查（见表 6–53）。

其中，确定停止点检查清单非常重要。第一，工程招投标前应制定停止点检查清单，作为招标技术文件内容；第二，在项目的月、周工作计划中，停止点检查应作为专篇列入计划；第三，涉及交付效果的，应通知营销部、研发部、成本部有关人员参加；第四，检查前应按检查表格式填写检查计划，包括检查项及甲方、监理、施工方人员分组名单和检查重点、检查标准等信息；第五，以专题会总结方式公布检查情况，汇总并得出结论，结论限于“通过、有条件通过、不通过”三种。

（4）应用于施工环节的 BIM 技术

BIM（建筑信息模型）技术应用于工程管理实践，包括从招投标到竣工结算的各个环节，在商业综合体类项目中应用广泛，同时在住宅类项目中也有逐步应用的趋势，特别是在地下室管线综合排布等环节成效明显（见图 6–71）。

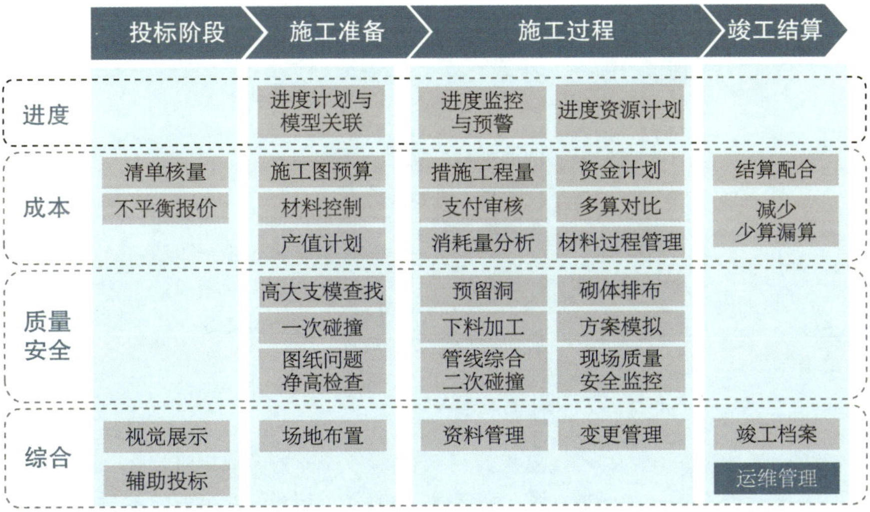

图 6–71　BIM 技术应用于施工环节

表 6–53　工程停止点检查清单

分部工程	分项工程	停止点	控制内容	验收要求	
				监理验收	甲方验收
地基与基础	防水	结构墙体隐蔽验收、防水层隐蔽验收	品牌、型号、合格证及复检报告、施工厚度、细部处理、施工缝及后浇带施工	全检，填写验收记录，对相关验收结论负责	抽检 30%
建筑屋面	防水	屋面隐蔽验收，防水隐蔽验收	屋面泛水等细部的防水处理及防水层的厚度检查、防水材料的检测报告	全检，填写验收记录，对相关验收结论负责	抽检 30%
	整体淋水	淋水试验	淋水试验	全检，填写验收记录，对相关验收结论负责	抽检 30%
建筑装饰装修	沉箱防水	防水隐蔽验收	防水材料黏结强度、厚度、细部处理、蓄水试验	抽检 30%，填写验收记录，对相关验收结论负责	抽检 10%
门窗工程	土建洞口	门窗洞口尺寸验收	按照实测实量确定的验收标准进行测量	全检，填写验收记录、对相关验收结论负责	抽检 30%
	门窗	样板点评	建立安装样板，总结安装工艺，门窗密封、防水措施	全检，形成点评纪要	抽检 30%
主体结构	钢筋工程	一层、标准层、屋面钢筋隐蔽验收	钢筋规格、型号、焊接质量、连接是否符合图纸规范要求，剪力墙、管线预留预埋、梁板留洞处理，窗台挑板钢筋、成品保护（专项方案）、资料	全检，填写验收记录，对相关验收结论负责	抽检 30%
	模板工程	一层、标准层、屋面模板验收	模板尺寸及高差关系、垂直度、加固措施、建筑立面核对	全检，填写验收记录，对相关验收结论负责	抽检 30%

五、动态成本管理（管控点编号：3-B05）

动态成本管理是目标成本管理体系的组成部分，是成本“管得住”的体现和方法。房地产项目开发周期长，要想保证目标的达成，项目总应在项目开发过程中及时掌握动态成本情况，同时针对动态成本变化情况采取措施以保证经营目标的达成。

1. 关键管控要点

项目总在动态成本管理环节的关键管控点包括及时掌握动态成本情况及其偏差变化，以及偏差对经营结果的影响。

（1）及时掌握动态成本情况

项目总要及时掌握动态成本的情况，包括两个方面：及时性和准确性。只有及时了解信息才能及时管控，这就要求过程中发生的变更签证及时发起、及时录入、及时清算。

项目总对变更签证的及时性要重点关注。只有动态成本及时准确，才能知道项目的真实成本是多少，才有预先控制的基础。这一方面要求已发生成本及时准确，另一方面要求对待发生成本进行及时调整，从而保证动态成本的准确性。

（2）动态成本的偏差变化

项目总应关注动态成本与目标成本，分析上一阶段的成本偏差及偏差产生原因，比如建造标准的变化、面积的变化、成本分摊转移的变化、人工材料价格的变化、目标预设的不准确等，针对不同原因采取相应措施。如果产品配置变化引起成本变化，那就要求配置的变化带来一定比例的售价提高，并重点关注后续售价变化情况；如果人工、材料价格变化导致成本变化，那就要持续跟踪人工、材料价格的变化，考虑是否可以使用不可预见费。

（3）动态成本偏差对经营结果的影响

项目总除了关注动态成本本身的变化情况，更要关注成本变化对项目经营结果的影响，以及对利润和现金流的影响，比如：当成本变化造成利润损失时，一方面采取措施控制成本，保障利润；另一方面在成本难以控制的情况下，通过售价策略的变化来达到利润目标。项目总也可以通过内部成本重新调配以确保总成本不超标等方式来保障利润。另外，项目总可通过成本投入的变化（比如增加示范区赶工措施费以提前开盘蓄客，加快项目资金回笼）来达到现金流快速回正的目的，即要从成本经营角度进行投入产出比分析，科学决策。

2. 风险控制要求

项目总在动态成本管理环节的风险控制主要体现在动态成本的及时性、准确性以及动态成本变化的应对等方面（见表 6–54）。

表 6–54　动态成本管理的风控要求

风险点	风险描述	风险等级	风控对策
动态成本及时性	动态成本不能及时录入、上报	中	■ 规定动态成本及时录入、上报的时间期限 ■ 对动态成本的及时性做检查、考核
动态成本准确性	变更、签证不及时清算	高	规范变更、签证的程序，做到一月一清、一单一结
	成本拆分、分摊不合理	中	■ 明确成本拆分的原则、方法 ■ 对成本拆分、分摊等进行检查、评价
动态成本变化的应对	没有从项目经营结果（利润、现金流）方面做出合理的应对措施	高	项目总应关注动态成本对项目最终经营结果的影响，基于经营结果，针对动态成本变化，制定合理的应对措施

3. 知识点与工具

（1）动态成本管理含义

动态成本管理是指对项目开发过程中的成本进行动态管理。基于成本的形成过程，动态成本包括已发生成本和待发生成本（见图 6–72）。

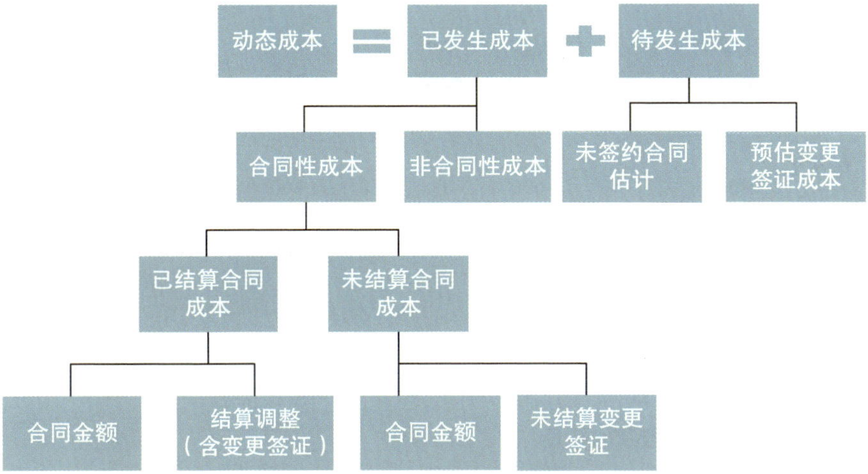

图 6–72 动态成本管理

（2）动态成本管理方法

动态成本管理要做到预知、预控。预知就是通过待发生成本的及时调整，预先知道成本情况，而不能只关注已发生成本。预控就要求动态成本管理到每个具体的合约，提前设定合约目标，针对各业务阶段可能带来的成本变化进行预先控制，比如控制招投标阶段的实际中标价格、控制合同施工过程的变更签证额度、控制结算额度等。

基于业务管理的精细度，动态成本管理方法分为科目法和合约规划法。科目法是指动态成本管理到某级成本科目；合约规划法是指动态成本管理到每个具体的合约事项。

我们通过示例来看看科目法和合约规划法的差别。

【案例】动态成本管理——科目法

第一个合同是土方合同，动态成本未超目标成本（见表 6–55）。

表 6–55　土方合同涉及的科目

成本科目	目标成本	合同				本月动态成本			
		已签约合同名称	科目下合同金额	变更签证金额	结算金额	已发生额	待发生额	总成本	与目标成本差异
地基工程费	1 000		600	0	0	600	400	1 000	0
		土方合同	600			600			

第二个合同是桩基合同，动态成本超目标成本（见表 6–56）。

表 6–56　桩基合同涉及的科目

成本科目	目标成本	合同				本月动态成本			
		已签约合同名称	科目下合同金额	变更签证金额	结算金额	已发生额	待发生额	总成本	与目标成本差异
地基工程费	1 000		1 100	0	0	1 100	400	1 000	100
		土方合同	600			600			
		桩基合同	500			500			

引起动态成本超支的原因可能为土方合同，但科目反映的结果是桩基合同导致动态成本超支，可见采用科目法可能导致动态成本管控对象的精确性不足，管控措施不及时。

【案例】动态成本管理——合约规划法

如表 6–57 所示，土方合同签订时，虽然合同金额未超科目目标成本，但加上未签约成本后，导致动态成本超目标成本。合约规划法会准确监控到具体的合约对象，管理更为精准。

表 6–57 土方合同的成本科目及合约规划

成本科目及合约规划		目标成本	合同				动态成本					与目标成本差异
			已签约合同名称	科目下合同金额	变更签证金额	结算金额	已发生额	待发生额			总成本	
								未签约成本	预计变更签证	合计		
科目	地基工程费	1 000		600	0	0	600	500	0	500	1 100	100
合约	土方合同	500	土方合同	600			600	0				
	桩基合同	500						500				

从上面两个案例可以看出，科目法管理动态成本计算简单，但控制对象不具体，有滞后性；合约规划法管理动态成本计算相对复杂，但管理精细，会准确监控到具体的合约对象。

（3）动态成本管理手段

动态成本管理手段包括预警和强控。当动态成本达到预警线时，管理工具（如成本管理系统）即发出预警通知，提示采取解决措施；当动态成本达到强控线时，管理工具即发出强控通知，并暂停相关付款流程。科目预警与强控表如表 6–58 所示。

表 6–58　科目预警与强控表

科目代码	科目名称	预警强控级别	预警线	强控线
AA.402	前期工程费（二级科目）			100%
AA.402.01	规划报批费	二级科目强控	95.00%	
AA.402.02	市政配套费	二级科目强控	95.00%	
AA.402.03	设计技术费用	单独强控科目	95.00%	100%
AA.402.04	施工报建费	二级科目强控	95.00%	
AA.402.05	三通二平及临时设施费用	单独强控科目	95.00%	100%
AA.403	建安工程费（二级科目）			100%
AA.403.01	基础工程	单独强控科目	95.00%	100%
AA.403.02	土建工程	单独强控科目	95.00%	100%

第四节　项目销售阶段

项目销售阶段的操盘目标在于实现示范区的完美呈现和有效去化，具体的操盘策略包括完美开放、明确策略、成功开盘及目标实现（见表 6–59）。

项目销售阶段操盘路径图如图 6–73 所示。

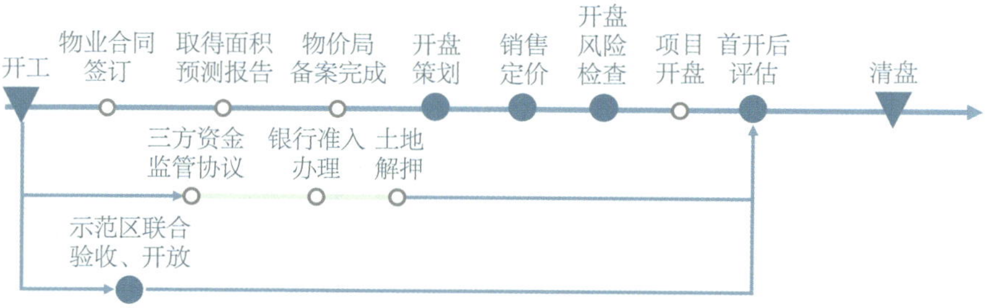

图 6–73　项目销售阶段操盘路径图

在项目销售阶段，项目总的关键职责包括五个方面（见表 6–60）。

表 6–59　第 4 阶段——项目销售阶段操盘目标

操盘目标	完美呈现、有效去化	
操盘策略	策略要点	主责专业
完美开放	■ 施工合理：厘清示范区工程工序策划，优先售楼处、样板间，其次景观园林，重点做好前置和交叉施工安排 ■ 加强联合验收：在示范区开放前，组建联合验收小组开展验收工作，验收合格方可开放	■ 营销 ■ 工程
明确策略	■ 确定项目整盘销售方案及销售计划，并基于不同阶段（开盘前、销售期、尾盘期）明确差异化关注的内容要点及核心策略 ■ 开盘前重点关注上市策略、定价策略，销售期重点关注活动策略、媒体策略，尾盘期重点关注促销策略和车位销售策略	■ 营销
成功开盘	■ 严控风险：开盘前进行系统性风险排查，严格控制红线风险，及时整改 ■ 效果完美：全面调动内外部团队，精细策划做好开盘活动的安排，进行开盘前的预演，确保项目开盘目标实现	■ 工程 ■ 报建
目标实现	以项目目标实现为基础，密切关注市场形势及竞品变化，灵活调整营销策略及推货节奏，快速有效应对销售过程变化，匹配相应的激励机制，保证销售目标实现	■ 工程

表 6–60　项目总在项目销售阶段的关键职责

序号	类　别	管控点编号	项目总管控方式		
			协调型	运营型	经营型
1	示范区联合验收、开放	4–A01	●	●	●
2	开盘策划	4–A02	◑	◕	●
3	销售定价	4–A03	◑	◕	●
4	开盘风险检查	4–A04	◕	◕	●
5	首开后评估	4–A05	◕	◕	●

一是示范区联合验收、开放：项目总组织或配合相关部门开展各层级联合验收，做好验收问题的整改施工，组织示范区开放活动，确保开放效果。

二是开盘策划：项目总组织或参与开盘方案评审，了解营销操盘逻辑及所需支持，配合营销实现快速销售。

三是销售定价：项目总应确保项目按计划达到工程预售条件，并组织或参与定价决策，协同运营部做好项目收益指标的把控。

四是开盘前风险检查：项目总组织或参与风险检查，提出整改意见，督促施工单位或相关责任部门进行整改。

五是首开后评估：项目总组织或参与项目开盘工作，协调项目各类资源，为项目完美开盘提供支持，并组织或参与开盘后评估。

一、示范区联合验收、开放（管控点编号：4–A01）

示范区联合验收、开放的管控目标：一是多轮验收，通常针对职能平台与项目，组织不同层级开展两轮以上验收；二是及时整改，验收后及时跟进，在规定时间内完成整改及复验，确保开放前三天销项；三是完美呈现，做好风险排查和开放日活动规划，确保开放效果。

1. 关键管控要点

（1）策划先行，节奏有序

项目总要全面梳理验收步骤及各环节时间点，将各项工作及沟通前置，有效协同各专业条线，按公司要求完成验收。

项目总要根据公司规定策划示范区验收步骤、验收轮次和时间节点，通常应至少在示范区开放前两周开展首轮验收，明确每一轮的部门和人员安排，如有总部验收要求需提前与总部相关条线联系；项目总要依据验收职责，提前通知相关部门，建议验收的专业组成包括工程、设计、营销、运营、客户关系；项目总应以示范区开放节点倒排各项计划，包括各轮验收、整改等，把控展示效果与节点进度的平衡。

（2）逐项检查，确保完美

项目总应重点抓好材料样板确认、工程按图施工及过程的质量管理，按公司规定与示范区质量标准组织相关部门进行检查，确认示范区呈现效果与设计匹配。

示范区验收检查包含土建、装修（硬景和软装）及园林景观三个方面。

- 土建验收方面，重点关注销售中心和样板房施工质量和品质观感，包括是否存在渗漏、空鼓、开裂、积水、掉砖、返碱等基础质量问题以及功能检查是否合格。
- 装修验收方面，硬装要重点关注材料品质是否良好，有无破损、色差等质量问题，避免开裂、打胶质量低下、射灯照度不足等通病，保证示范区品质感；软装要关注材料品质、体量规格是否符合设计主题要求，要突出项目亮点和特色，另外需要特别关注摆件的布置，最好由设计深化单位首席设计师现场调整布置。
- 园林景观验收方面，首先要确保整体园林景观效果和设计主题相符，重点关注道路铺装（路面是否平整、台阶高度和长度是否合理等）、苗木景观（乔灌木搭配合理且层次分明，苗木修剪形状整齐、均匀）及设施设备（泳池、喷泉等设施设备运转正常，确保水质清澈和形式美观）。

同时，项目总要关注细节的处理，比如：关注草皮与铺装接口处的处理，避免积水；注意井盖与铺装面的高差，避免绊人；关注看楼通道与永久园林的结合，实现曲径通幽的效果，使其成为园林景观的一部分。

（3）推动整改，及时销项

根据验收结果，项目总应及时组织或督促相关责任部门开展验收后整改。示范区验收过程中发现的土建类、装修、园林、软装等问题，应由施工单位限期整改，项目总牵头制订并落实验收及整改销项计划；整改及销项计划应明确关键节点，责任到人，确保细节整改到位。

示范区联合验收、开放：策划先行，节奏有序；逐项检查，确保完美；推动整改，及时销项。

2. 风险控制要求

项目总在示范区联合验收与开放环节的风险控制主要关注验收形式、开放时间和开放效果等风险（见表 6–61）。

表 6–61　示范区联合验收与开放环节的风控要求

风险点	风险描述	风险等级	风控对策
验收形式	验收人员凭经验进行验收，验收点不完善，疏漏较多，造成后续问题频发	低	制定成体系且明确的验收清单和关键验收点，验收人员带清单进行验收
	验收人员“走过场”或内部隐瞒问题，小问题不提，大问题不记录	低	建立追责机制，后续产生投诉时追责问题验收负责人或引入第三方验收机制
开放时间	前序工程进度拖沓、工程质量控制不力，预留验收整改时间不足，影响开放	低	制订示范区专项计划，按照运营和工程标准严控时间节点
	验收问题整改不及时，正常开放时间内未能如期完成，导致开放延后	中	验收后迅速做出反应，针对整改事项提前评估工作量，无法完成时应及时寻求上级资源支持

（续表）

风险点	风险描述	风险等级	风控对策
开放效果	公示信息不完整或信息有误，导致客户投诉或退房	中	开放前验收，加入对公示信息的验收和校对
	销售宣传物料与交楼标准、规划设计不一致，导致客户群诉	高	两道把关：一是销售物料及说辞的前序交圈校对；二是开放前验收针对性核对
	样板间交付标准没有标示，客户将非交付标准默认为交付标准，交付出现争议	高	样板间按照交付标准进行明确标示，区分交付标准和非交付标准，同时营销准备好应对说辞
	样板间功能展示、结构与相关公示图纸不一致	中	样板间是客户体验感较强的区域，需要重点进行样与实核对
	示范区安全防护不到位，开放后出现客户受伤或其他类型的安全事故	高	在示范区开放前，对现场进行安全评估，不达标的在整改完成前不允许开放

二、开盘策划（管控点编号：4-A02）

销售的最好技巧是真诚，所谓的“逼定”“杀客”都是套路。开盘策划环节的管控目标在于：方案精准有效，通过前期的充分准备、开盘现场的有效管理，支撑项目开盘去化及客户满意目标的达成。

> 销售的最好技巧是真诚，所谓的“逼定”“杀客”都是套路。

1. 关键管控要点

（1）前期准备充分，策划推演到位

在开盘策划环节，项目总的职责包括：完成开盘活动当天各项事宜的前置准备及推演，同时明确开盘解筹流程；根据开盘活动方案制定操作流程，重点把控开盘当天需要注意的细节问题，包括开盘场地、人员组建和安排、物料等方面，规避开盘过程可能出现的问题。

首先，确定场地和流程。项目总应根据客户人数及售楼处实际情况进行活动场地选择，提前策划活动开始时间及过程要点。根据开盘交底方案，各专业人员按时到岗，职责清晰；活动执行需提前做好人员分工（如有支援人员，需至少提前一天安排到位）；活动前一天需做好彩排、走场工作；每一位工作人员需明确开盘当天自己的工作职责以及活动流程。

其次，工具和公示合规。开盘各环节所需签署文件（如认购书、选房卡等）已完成审核，财务收款工具提前检测确保无故障。开盘现场各项风险提示资料公示清晰，确保合规开盘。

再次，动线和物料合理。项目总要关注动线设计的合理有效性：动线的设计应根据开盘场地实际情况划分区域，同时判断从入口（签到处）到出口（确认处）的动线规划；充分考虑销售道具、参观通道装修和布置、参观流线导示包装，以及开盘宣传类物料（楼书、户型图、宣传册等）、接待道具和其他相关文本文件（认购流程及协议等）、楼梯条幅、户外设计和围挡等包装准备情况。

最后，做好开盘相关培训和人员安排规划。项目总应根据认筹情况、价格策略和开盘策略等，对开盘情况和要求进行培训，充分考虑项目实际情况及过往开盘经验。

（2）现场组织得当，确保过程顺畅

根据开盘活动方案，项目总要配合营销部对现场活动进行全面管控，保障开盘效果。

开盘现场活动组织合理，最大化促进客户成功选房；结合首开货量，根据实际到访量评判选房叫号量，到访量大则高频次叫号，到访量低则低频次叫号，加快客户选房速度，提高转化率；将已选房客户有序引导至财务区及签约区，及时完成手续；对未选房客户同样做好服务工作，了解客户未选房的原因；确保安全疏散通道顺畅，防止突发性安全事故发生。

【案例】某项目开盘现场组织不当影响客户体验和成交

某项目开盘时，客户在签约区等待时间过长，影响销售进程，客户体验较差，影响成交量。

原因分析：一是各岗位人员不足，未能及时引导客户办理成交手续；二是开盘策划不足，未充分预估开盘现场火爆情况并制定应对措施，未合理安排各岗位人员；三是未做好各岗位的操作培训，未采用高效的工作方法。

解决思路：增加财务签约区的人员，增加电子打单和手动签单，从而大幅缩短客户排队时间，提高开盘签约效率，在提高客户体验感的同时减少犹豫客户的等待时间和退单纠纷。

（3）策略定位匹配，开盘策略有效

策略与项目定位、目标和进度要有效匹配统一。

- 开盘目标与项目目标有效匹配：应关注核心竞品分析和目标成交量推导逻辑是否准确，最终结合项目经营目标的分解确定开盘目标。
- 项目进度与营销铺排动态一致：应针对不同周期和关键营销节点进行工作铺排，与项目整体进度及可实现性达成一致。
- 房源盘点保障货值可实现：应结合工程及取证进度，对目前项目库存货值、可售货值、在途货值等进行分析，关注货值实现的合理性。
- 确保开盘推售目标可实现：应结合认筹情况尤其是认筹量进行分析，同时比对认筹客户的落位情况，明确开售总货量和开盘节奏。

要达到开盘定价与项目目标的平衡，项目总应在充分考虑项目各项指标如利润率、IRR 等的前提下进行定价推导及调整。

2. 风险控制要求

对于开盘策划环节的风险控制，项目总主要关注开盘前准备和开盘活动（见表 6–62）。

表 6–62　开盘策划环节的风控要求

风险点	风险描述	风险等级	风控对策
开盘前准备	未取得预售许可证，就以各种名目变相向客户收费	中	内控严禁无证收筹，相关监督部门监控并抽查项目情况，对违规现象做内部严肃处理
	开盘前蓄客不足，为了保住节点强行开盘，导致去化效果差，项目整体业绩受影响	高	开盘前，项目营销与上级营销应对开盘预期进行全面评估，重点关注开盘去化目标实现的可能性，并制定相应的应对策略
	未及时编制开盘准备工作计划并召开筹备会	低	开盘前一个月左右完成开盘准备工作计划的编制，并组织相关部门召开开盘前协调会，对开盘相关筹备工作进行布置
	开盘方案未经有效审批、开盘计划不够详尽或未对现场可能发生的风险制订妥善的应急预案	中	开盘方案及风险应急预案应经过相关部门交圈讨论取得一致意见，并按公司内部相关流程审批
开盘活动	购买时房源抽取安排不准确	低	现场安排专人负责销控，房源售出立即贴上标签
	开盘当天秩序混乱，影响客户体验	中	开盘前 1 ~ 2 天进行开盘方案预演彩排，发现问题及时整改；开盘当天，销售负责人应于开盘前进行二次复核或走场

3. 知识点与工具

（1）开盘场地整体布置及物料准备

开盘场地整体布置图上要具体标识各功能区域，并采用形象的方式标识客户从签到到离开过程中每一步的具体动线。项目总应组织开盘前预演，综合考虑选房号、电子支付手段等，以科学合理有序的方式来设置购房动线。

在开盘物料准备上，项目总应列出开盘需准备的物料清单，提前准备好各类物料，明确各区域物料准备的负责人、物料名称及数量等具体内容，编制开盘前物料准备清单表格，并下发给物料准备人员进行准备。

（2）房源分析

房源分析的关键环节包括开盘目标及铺排、资源盘点、需求分析和开盘策略制定等，项目总要考虑各关键环节相应的输入条件，并对核心控制点进行说明（见图 6–74）。

	关键环节	输入条件	核心控制点说明
房源分析	开盘目标及铺排	项目经营目标、项目开发计划	**开盘目标：**选取核心竞品及部分主要竞品的首次开盘情况进行分析，通过市场竞品对比自身项目情况，计算目标成交量，最终结合项目经营目标的分解确定开盘目标 **工作铺排：**针对不同周期和关键营销节点进行工作铺排
	资源盘点	项目开发计划	**稳定房源盘点：**盘点目前已经拿到预售证的可售房源 **预期房源盘点：**盘点目前未取得预售证但取证日期可控的房源，并判断如期取证的可能性
	需求分析	阶段性认筹情况分析总结报告	**认筹情况：**针对项目认筹的情况尤其是认筹量进行分析 **客户特征：**针对认筹客户区域来源、年龄结构、家庭结构、置业次数等数据进行分析和预判 **客户落位：**针对认筹客户意向进行落位，并进行相应引导
	开盘策略制定	项目价格策略营销策略总纲	**开盘策略：**根据资源盘点和需求分析，提出具体的推售策略，明确开售总货量和开盘节奏

图 6–74　房源分析

（3）开盘活动

开盘活动的关键环节包括活动计划及流程、动线及区域功能、包装及物料准备、开盘人员培训计划等，项目总也要考虑各关键环节相应的输入条件，并对核心控制点进行说明（见图 6–75）。

	关键环节	输入条件	核心控制点说明
开盘活动	活动计划及流程	开盘活动方案	**开盘前准备工作：**完成开盘活动当天各项事宜的前置准备 **开盘解筹流程：**根据开盘活动方案制定操作流程 **开盘流程注意事项：**重点把控开盘当天需要注意的细节问题，包括各个区域的人员安排、物料准备和突发情况等
	动线及区域功能	场地基本情况、开盘活动方案	**场地动线：**根据开盘场地实际情况设置从入口（签到处）到出口（确认处）的动线 **区域功能：**根据开盘场地实际情况划分区域
	包装及物料准备	场地基本情况、开盘活动方案	**销售道具类：**参观通道装修和布置，参观流线导示包装 **现场展示类：**包括开盘宣传类（楼书、户型图、宣传册等）、接待道具和其他相关文本文件（认购流程及协议等） **现场包装类：**包括楼梯条幅、户外设计和围挡等包装准备
	开盘人员培训计划	开盘活动方案	**开盘前培训及演练：**根据认筹情况、价格策略和开盘策略等，对开盘安排和要求进行培训

图 6–75　开盘活动

三、销售定价（管控点编号：4–A03）

项目总可通过“五看”对销售定价进行管控，实现精准定价：一看外部，看清市场环境与趋势；二看同行，关注核心竞品价格；三看策略，明确项目整体经营策略；四看自身，盘点项目资源与禀赋；五看客户，关注前期蓄客情况及客户需求（见图 6–76）。

1. 关键管控要点

（1）一看外部——市场环境及趋势

项目定价只有基于市场情况和发展趋势，才能有效地匹配客户需求，达成公司经营目标。项目总只有深度研究项目所在城市宏观市场基本情况并预判销售走势，才能为定价提供大势参考。

图 6–76　项目总“五看”管控定价

市场环境及趋势的分析主要看当前市场动态、市场去化和政策要求等，包括城市或区域房地产市场基本面（月度供应、成交、价格变化以及典型项目的市场表现）、当前城市或区域房地产市场的调控政策（限购、限贷、限价等）（见图 6–77）。近年来，政府调控措施对房地产市场影响较大，项目总应具体了解当地的落地政策，并分析政策带来的影响。

（2）二看同行——核心竞品价格

看同行，即在市场价格大势的基础上，根据竞品定价以及市销情况分析，确定相对合理的价格区间。

对竞品的研究，主要针对区域内与自身项目形成密切竞争关系的 3~5 个项目，将其作为比较对象，明确具体的竞品项目及其产品定位和类型，具体关注各竞品的主力产品面积段、销售单价、近一个月（三个月）蓄客与销售情况、货量、推售情况、相关激励和促销措施等，同时关注竞争项目的销售模式，比如自销、代理、转介和渠道等，提前进行相应准备。

在与竞品做价格对标时，项目总需要分产品及区间段进行分析：对

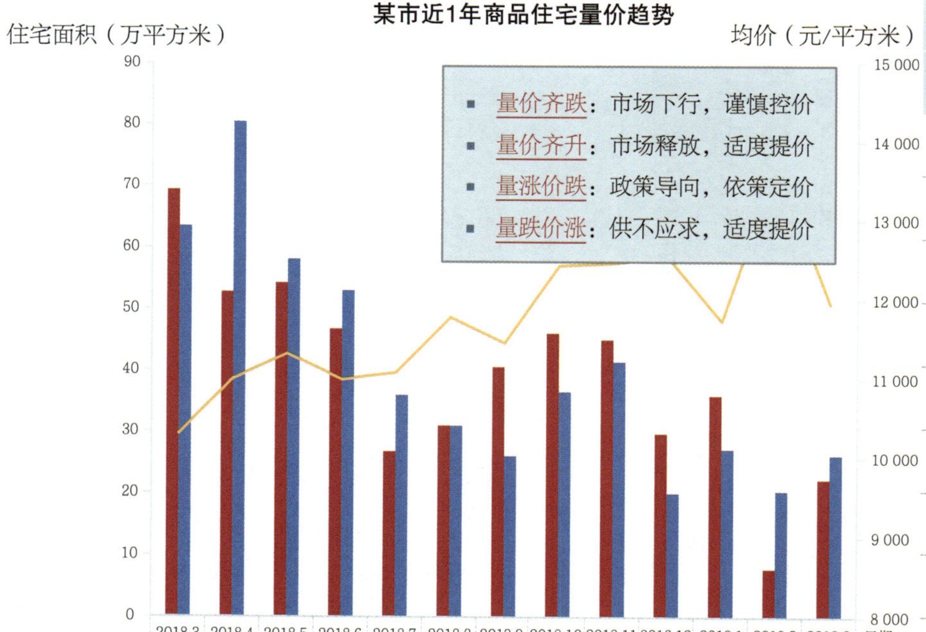

	2018.3	2018.4	2018.5	2018.6	2018.7	2018.8	2018.9	2018.10	2018.11	2018.12	2019.1	2019.2	2019.3
供应面积（万平方米）	69.27	52.72	54.22	46.73	26.76	30.97	40.55	46.04	44.99	29.71	35.9	7.8	22.24
成交面积（万平方米）	63.42	80.42	58.12	53.01	36	30.99	26.08	36.56	41.44	20.06	27.2	20.4	26.25
成交均价（元/平方米）	10 304	11 004	11 322	10 996	11 080	11 780	11 454	12 434	12 465	12 548	11 732	13 719	11 950

某市某年某月商品住宅成交面积前10强

名次	楼盘名称	成交面积（平方米）	成交套数	成交均价（元/平方米）
1	A号	51 918.69	464	11 168
2	B城	37 404.29	339	12 126
3	C城	34 291.44	273	11 300
4	D郡	33 254.76	289	11 137
5	E域	22 581.47	166	10 377
6	F春	19 818.46	140	14 271
7	G城	18 781.10	144	11 342
8	H岸	18 701.61	155	12 053
9	I苑	18 203.28	149	8 924
10	J隽	17 796.59	147	15 578

图 6–77　某市某年商品房住宅量价趋势与成交前 10 强

于住宅类产品，关注各户型面积段的价格和去化情况，取中间楼层算价；对于商铺类产品，需要分楼层、面积段和商铺位置、销售速度进行价格比对；对于车位类产品，需要考虑车位所处地下楼层及与入口远近的关系。竞品分析应细化至分类产品和分类面积，根据自身项目的情况，采取点对点的分析结论。例如，市场 A 类对标产品，其 90~100 平方米和 110~120 平方米面积段各自是什么价格、均价水平如何、去化速度如何。

【案例】充分竞争市场下的高层价格方案制订

以某充分竞争市场 X 区域的 Y 项目高层价格方案为例，该区域竞品供货量大，供货集中为 80~130 平方米的两居、三居，与 Y 项目产品面积段重叠严重（见图 6–78）。

直面竞争竞品

- A项目：80 ~ 92平方米两居，110 ~ 125平方米三居
- B项目：户型50~140平方米，一到三居，主力户型为77平方米和88平方米两居，单价1.0万 ~ 1.2万元/平方米
- C项目：主力户型80 ~ 99平方米两居，单价1.2万 ~ 1.4万元/平方米

同区域、同产品、同客群、同总价

重点竞争竞品

- D项目：60 ~ 80平方米两居，89 ~ 130平方米三居，单价0.9万 ~ 1万元/平方米
- E项目：71 ~ 85平方米两居，89 ~ 130平方米三居，单价1.2万 ~ 1.3万元/平方米

同产品、同客群、总价相近

分流竞品

- F项目：高层60 ~ 95平方米，洋房87 ~ 130平方米，别墅170 ~ 210平方米，单价0.85万 ~ 1.1万元/平方米
- G项目：77平方米两居，99平方米三居

同客群、同总价

图 6–78 X 区域项目产品面积段情况

Y 项目在 A 项目和 G 项目中间。X 区域市场供应量大，总供货达 52 494 套，其中二、三季度竞争最为激烈；直接竞争对手年可推房源为 7 254 套，重点竞争对手年可推房源为 25 740 套；二季度为竞品集中推货期，供应量达 19 500 套，市场竞争白热化。

根据刚需客户置业逻辑以及对 X 区域市场项目的价格敏感点进行权重因素以及占比确定，选取与项目直面竞争的竞品 A 项目、B 项目、C 项目和 D 项目为参照项目。其中，Y 项目的各项权重得分均为 1 分，竞品项目得分范围为 0.5~1.5（见表 6–63）。

表 6–63　多项目权重因素及占比对比分析

权重因素			A 项目		B 项目		C 项目		D 项目	
			打分	权重得分	打分	权重得分	打分	权重得分	打分	权重得分
地块价值（40%）	区域成熟度	8	1	8	1.1	8.8	1.1	8.8	1	8
	片区升值前景	8	1	8	0.9	7.2	0.9	7.2	0.9	7.2
	环境与自然景观	6	1	6	1	6	0.9	5.4	1	6
	交通便利性	10	1	10	1.2	12	1.1	11	1	10
	周边配套	8	1	8	1.2	9.6	1.2	9.6	1	8
本体价值（40%）	建筑密度	6	0.9	5.4	0.8	4.8	1.1	6.6	1.2	7.2
	户型设计	8	0.9	7.2	0.8	6.4	0.9	7.2	1.1	8.8
	商业配套	9	1.1	9.9	1.1	9.9	1.2	10.8	1	9
	教育配套	6	0.9	5.4	0.7	4.2	0.7	4.2	0.8	4.8
	赠送空间	6	0.8	4.8	0.8	4.8	0.7	4.2	0.8	4.8
	园林景观	5	1.1	5.5	1.2	6	1.2	6	1.1	5.5
项目附加值（20%）	开发商品牌	5	0.6	3	1.1	5.5	1	5	1.1	5.5
	工程进度形象	4	1.2	4.8	1.2	4.8	1.2	4.8	1.2	4.8
	现场包装与展示	6	0.9	5.4	1.1	6.6	1.1	6.6	1.2	7.2
	物业服务	5	0.8	4	1	5	1	5	1	5
合计		100		95.4		101.6		102.4		101

结合价格权重，项目总可以对预期价格做出判断（见表 6–64）。

表 6–64　价格权重下的均价预期

项目名称	权重	现销售均价（元 / 平方米）	对比得分	比准均价（元 / 平方米）	权重均价（元 / 平方米）
A	60%	7 000	95.4	6 678	4 007
B	15%	11 000（不含精装）	101.6	11 176	1 676
C	15%	12 500	102.4	12 800	1 920
D	10%	8 000（不含精装）	101	8 080	808
合计	100%				8 411

参考主要竞品项目当前成交均价，在不考虑市场环境以及销售速度的前提下，Y 项目静态均价预计为 8 411 元 / 平方米，可建议整体均价为 8 500 元 / 平方米。

在制定整体均价之后，该项目对地下车库是否直接入库、楼间距情况、是否临商业、楼内有无公建等因素进行打分，从而得出楼栋的价值排序（见表 6–65）。

表 6–65　定价因素与推导方法

定价因素构成（由高到低）	推导方法
楼栋价差	根据各个楼栋的价值排序，确定全盘楼栋的价差；结合景观、噪声等因素，综合评定楼栋价差，并根据实际情况进行微调
户型价差	根据各产品线之间的差异，确定不同产品户型之间的价差；结合面积、设计等因素，综合评定户型价差，并根据实际情况进行微调
楼层价差	根据各楼栋层数的差异，确定各栋楼的楼层价差
垂直价差	根据不同楼层的差异，确定垂直价差
端中户差	根据东西户差异，确定东户、西户间差异
特殊价差（据实际情况调整）	针对特殊情况制定实际价差调整（价格体系后调整）

在制定项目整体均价并进行楼栋价值排序之后，考虑到当时低

价开盘策略可能更利于抢占市场，Y 项目通过楼栋与房源分析，制订了高层价格方案，划分为三个区域。为迅速争取客群，低价引爆市场，保证后续溢价，Y 项目首次加推 1、2、3 栋房源，在加速去化的同时为价值较优区域争取时间换利润，“舍卒保车”。

（3）三看策略——明确整体经营策略

看策略，即在价格大势的基础上，针对项目经营定位要求，适配合理的定价策略与原则。销售定价要基于企业的经营策略，既要考虑企业战略和经营目标的可实现，又要考虑项目运营目标和经营收益的达成（见图 6–79）。

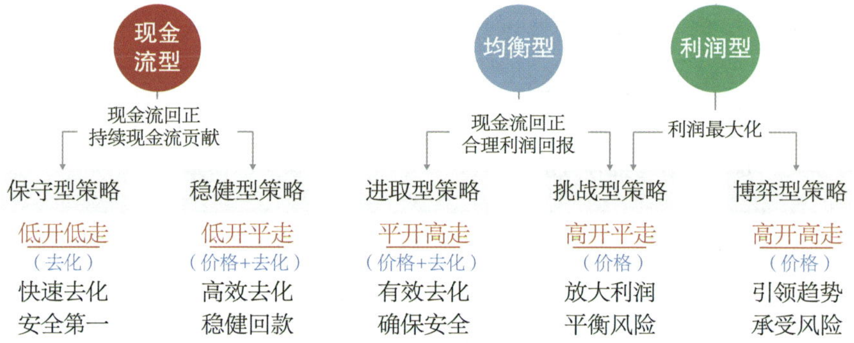

图 6–79　不同定位项目的定价策略与原则

策略的选择与企业整体经营相关，首先要考虑企业经营指标优先级是追求现金流还是利润，抑或是现金流与利润均衡；其次要考虑现阶段企业最急迫的目标，如果资金吃紧急迫回款，则考虑能够急速回款的策略，而如果当前情况预估与年度利润指标差距较大，则优先考虑利润最大化的策略。

具体而言，项目总应在保证资金安全和快速回笼的基础上，争取收益最大化。有五种细分策略可供选择：一是博弈型策略，定价高开高走，目的是博取最大利润价值；二是挑战型策略，定价高开平走，目的是实现利润最大化，同时平衡风险控制；三是进取型策略，定价平开高走，目的是实现有效去化，同时确保安全；四是稳健型策略，定价低开平走，目的是实现高效去化，确保稳健回款；五是保守型策略，定价低开低走，只考虑快速去化、经营安全，保证能尽快售完。

策略的选择与企业整体经营相关，首先要考虑企业经营指标优先级是追求现金流还是利润，抑或是现金流与利润均衡。

（4）四看自身——盘点资源与禀赋

看自身，即在价格区间内，基于项目定位与价格策略，结合项目自身综合竞争力确定核心价格（竞品比准）。具体来看，所在片区优势分析包括周边环境、地标性建筑、生活便利性、交通路线、污染及噪声等。

对项目自身的分析，一是关注项目经济指标，包括用地面积、容积率、总住宅体量、梯户比、商铺体量、车位体量和园林会所等；二是关注项目过往销售情况（非首开），包括去化情况（楼栋及去化率）、剩余套数、开盘时间、销售价格、总金额等（见表 6–66）。

在对项目自身进行分析时，项目总同样要注意细节的区分，应对不同楼栋、不同产品和面积段进行拆分说明。

（5）五看客户——前期蓄客与客户需求

看客户，即根据开盘前蓄客情况与客户购买意愿，对价格进行优化调整（整体均价、不同面积段价格差等），同时制定合理的销售策略。定价是否合理、关于定价的各种分析和策略是否有效，最终会由客户的实际成交来验证。

表 6–66 盘点自身资源及定价因素指标

定价因素	指标
位置	A. 距离在片区中心区的远近 B. 商业为临街或背街 C. 写字楼为临街或背街 D. 住宅为距所在片区中心区的远近
城市规划	A. 规划期限（远中近期） B. 规划完善程度 C. 规划所在区域重要性程度 D. 规划现状
楼盘规模	A. 总建筑面积（在建及未建） B. 总占地面积 C. 户数 D. 容积率
配套	A. 城镇基础设施：供水、排水、供气、供电 B. 社会服务设施：文化教育、商业配套、医疗卫生、文娱体育、公园绿地
交通	A. 距地铁站远近 B. 距公交站远近 C. 站点数量
园林景观	A. 景观资源 B. 园林效果 C. 感官舒适度
外立面	A. 是否醒目 B. 是否新颖 C. 是否高档 D. 感官舒适程度
户型设计	A. 客厅和卧室的结构关系 B. 厨房和厕所的结构关系 C. 是否通透 D. 实用率大小
朝向	A. 按方向 B. 按山景 C. 按海景 D. 视野
室内装修	A. 高档 B. 实用 C. 功能是否完善 D. 质量是否可靠
停车位数量	A. 停车位数量 B. 住户方便程度
价格基础	A. 百元以上为等级划分基础 B. 商铺、写字楼、豪宅、普通住宅等级依次减少 C. 价格是否有优势
物业管理	A. 服务口碑 B. 物业管理费（元 / 月） C. 是否人车分流 D. 物业管理商资质
环保	A. 空气 B. 噪声 C. 废物 D. 废水
发展商实力及信誉	A. 资产及资质 B. 企业规模 C. 楼盘质量 D. 品牌
付款方式	A. 一次性付款 B. 分期付款 C. 按揭付款 D. 其他
销售情况	A. 销售进度 B. 销售率 C. 尾盘现状
广告	A. 版面大小 B. 广告频率 C. 广告创意

对于客户特征及购买意愿的分析，项目总首先应对整体认筹情况进行梳理，包括认筹量（有效筹、无效筹）、客户性质（新客户、老客户）、是否老带新等；其次应对认筹客户的意向产品、户型和面积段进行分析，同时考虑首付款到账时间段，避免影响企业现金流；再次应基

于企业的客户特征及诚意度模型，对分类客户进行统计和占比分析，比如A类客户为意向强烈客户，B类客户为有意向但需进一步引导的客户，由此推断解筹率和成交套数的数据区间；最后通过案场和渠道摸查客户意向价格，了解认筹客户对不同价格段的接受程度。

以客户需求为导向，项目总可以描绘出客户、产品、定价的综合特点；基于对客户的分析，项目总可以从客户视角进行均价的推导，结合市场比准价格与客户意向价格，确定项目最终定价。

销售定价“五看”：一看外部，二看同行，三看策略，四看自身，五看客户。

2. 风险控制要求

销售定价环节的风控点包括定价和过程操作等方面，具体如表6–67所示。

表6–67 销售定价环节的风控要求

风险点	风险点描述	风险等级	风险对策
定价	开盘定价（含底价、优惠、一房一价表）未经有效审批，一房一价表私自出街	中	开盘前需按内部定价流程完成申报和审批（底价、均价等），一房一价表出街前应进行二次复核
	定价偏离市场实际情况（过高或过低），对企业经营目标或销售结果造成较大影响	高	对市场变化情况进行充分监测并总结分析，发现偏差较大时及时调价，并对定价偏高或偏低的行为采取事后追责
过程操作	销售价格变相突破政府备案限价，受到政府惩罚或在市场上造成不良影响	中	销售过程不得随意加价，严禁突破政府备案价；开盘前进行法务、风控检查
	捆绑销售、售后返租、包销、以租代售等各种讨巧销售行为，破坏市场规则，影响企业声誉	低	案场严控捆绑销售、售后返租、包销、以租代售等行为，特殊情况需符合当地政策并专项报公司审批

3. 知识点与工具

（1）竞品分析表

在定价过程中，项目总可将竞品细化到产品户型进行分析，按产品各维度如面积、单价、货量、推售历时、余货和去化情况等形成竞品分析表（见表 6–68）。

表 6–68　竞品分析表

产品	面积	销售单价	货量	推售历时	余货	去化	月均销售率
三房							
四房							
合计							
主力户型及畅销户型图							

（2）客户意向分类表

项目总可按购房需求、产品认同、购买能力、预计成交时间、沟通频次或深度等维度，对客户购房意向进行分类，具体如表 6–69 所示。

四、开盘风险检查（管控点编号：4–A04）

开盘风险检查的管控目标：一是时间控制，检查时间建议在开盘前 20 天内完成，以预留问题整改时间；二是隐患规避，依据风险清单涉及

表 6–69 客户意向分类表

客户级别	购房需求或购房动机初判	产品认同			购买能力	预计成交时间	沟通频次或深度	
		区域认同度	项目认同度	价格承受能力	资金到位		主动沟通频次	认购流程及银行按揭政策须知
A 类客户	购买动机明确、清晰，认可项目即可购买	认可区域价值，无抗性，无其他区域性的对比和考虑	产品符合其需求	若项目价格对比市场同类产品无明显偏差，则无明显抗性	近期可下定，资金没问题，具备贷款资格	一周内	到访当日或 7 日内主动回访，现场或电话咨询房产或项目信息 1~3 次	关注付款方式，担心自己是否符合办理银行按揭贷款的条件，主动且愿意配合征信的查询和提交相关按揭办理资料
B 类客户	购买动机明确、清晰，认可项目即可购买	认可区域价值，或对区域价值有一定抗性但可引导	产品符合其需求，对个别因素存在抗性但可引导	若项目价格对比市场同类产品存在偏差，则会表现出抗性，可引导	资金存在一定的问题，但近期可以解决，具备贷款资格	一周到两周内	到访当日或 7 日内没有主动沟通，15 日内主动回访现场或电话咨询房产或项目信息 1~3 次	关注付款方式，担心自己是否符合办理银行按揭贷款的条件，主动且愿意配合征信的查询和提交相关按揭办理资料
C 类客户	购买动机不明确、思路不清，对比、观望情绪浓厚	基本认可或不太认可区域价值，有一定抗性，或正在对比和考虑其他区域	对产品存在不可引导的抗性，通过后期推出产品可解决	对价格存在不可引导的抗性，通过后期促销产品解决	资金存在难以解决的问题，需要 1~2 个月甚至更长的时间，具备贷款资格	一个月左右	到访后一直没有主动沟通，被动沟通时表现冷淡	对认购和按揭相关政策流程有一定了解，不愿意主动配合填写表单、查询等事宜
D 类客户	明确表示无购房意向，只是随便看看或为了领取礼品等	不认可区域价值，购房的区域意向待定	不认可产品，存在极大抗性，后期也无产品可满足该客户需求	对价格存在不可引导抗性，不接受市场同类产品价格	资金不足或无法办理贷款	不会购买	到访后一直没有主动沟通，被动沟通时明确表示放弃	不关注认购和按揭相关流程，不配合填写表单、查询等事宜

的风险点逐一排查，规避开盘隐患及大规模客诉风险。

1. 关键管控要点

项目总在开盘风险检查环节的关键管控要点，主要体现在手续是否齐全、道具是否完备以及说辞是否准确上。

（1）手续是否齐全

项目总应确保开盘前相关证照获取齐备，避免出现系统性风险。

一是确认土地使用证、用地规划证、建筑规划许可证、施工许可证及预售许可证等相关证照是否齐全。

二是确认销售合同、认购书、车位及储藏室等特殊物业认购书或使用权转让协议、物业合同、业主公约等是否齐全。

（2）道具是否完备

销售道具配齐和细节准备到位，包括以下三个方面。

第一，不利因素确认，例如针对红线内外不利因素（不利因素提醒公示牌、规划图、项目周边综合项目资料等）的完整性和准确性，检查小组要针对阳光公示牌中产生风险的内容进行逐条确认、严格把控。

第二，销售道具确认，包括：沙盘模型项目信息、社区配套公共设施、免责提示用语的准确性，销售合同内容及附图信息的准确性，售楼处销售动线规划的合理性及体验性。

第三，细节准备一致，比如：样板间现场样品展示与审批合同交付标准一致，样板间差异化提示明确到位，使用功能无缺陷；结构与报规图一致，符合交付标准要求；提示语言显性管理；示范区与实际效果一致，相关卖点的宣传到位。

（3）说辞是否准确

销售说辞内容应与相关条线充分交圈，保证内容与实际的一致性。

在早期的对外宣传中，营销人员应与设计、项目等部门进行沟通协商，就产品品质、交付周期等内容达成一致；在开盘前的风险检查上，设计、项目、客服等部门均要对销售说辞进行重点检查，确认其是否与产品定位和设计方案一致，是否与后期的工程相一致。

销售说辞既要充分展示项目的亮点和卖点，又要做到真诚相待、实事求是、不乱承诺。不能夸大事实，避免达不到客户预期，要确保销售说辞与项目的交付标准要求完全一致，严禁过度或不实承诺。

2. 风险控制要求

开盘风险检查环节的风控要求主要包括排查事项、文件合规性及问题整改等方面（见表 6–70）。

表 6–70 开盘风险检查环节的风控要求

风险点	风险描述	风险等级	风控对策
排查事项	开盘前风险检查存在漏项，潜在风险未充分识别	中	从内部管理动作上明确开盘前风险检查的参与部门与细化排查事项
文件合规性	证件、销售合同等审核不严格，遗留各种法律风险	中	明确文件等审核的职责及要求，严格执行审批流程
问题整改	排查出问题未及时整改，或整改不到位	低	明确整改责任人，并跟踪整改结果

3. 知识点与工具

（1）开盘前风险检查汇总表

开盘前风险检查汇总表的内容涵盖法律底线、销售道具与销售话术、销售活动、易引发客户投诉的重点问题和资料准备等，表 6–71 展现了一个具体的例子。

表 6–71　开盘前风险检查汇总表

项目停止点检查评分表——开盘前风险检查汇总表		检查主体：	
检查项目及组团：		检查日期：	
检查内容		**检查结果**	**得分**
业务红线 25	运营停止点各项管理要求		
	土地使用权证		
	总包合同		
	商品房预售许可证		
	商品房买卖合同及补充条款（合同附图）		
	合同配置标准		
	代征代建用地协议		
	各类配套设施合作合同（学校、医院、公交等）		
	基础设施设备配套合同（水、电、燃气、电话、宽带网络、有线电视等）		
	选聘物业管理企业及前期物业服务合同签订		
	分项得分		
销售准备 35	规划要点批复、公建配套批复、项目总规划图、详规图、各期总平面图		
	沙盘、模型		
	印刷品及广告（含楼书、户型图、宣传单页、户外广告、媒体广告等）		
	样板间、体验区		
	售场表达		
	销售说辞与话术		
	分项得分		
销售组织 5	开盘流程、组织与计划等		
	集中签约		
	分项得分		
重点问题 15	红线内、外不利因素公示		
	其他客户敏感问题		
	分项得分		
管理准备 20	开盘前相关风险控制要点回顾		
	开盘前风险检查资料归档情况		
	分项得分		
合计总分			

（2）开盘前检查对照表

项目开盘前检查对照表涵盖证照取得情况、销售人员行为规范、设计成果（产品）与设计变更等（见表 6–72）。

表 6–72 项目开盘前检查对照表示例

序号	检查项目	检查内容	检查部门	是否完成	备注
1	证照取得情况	未取得的证照及预计取得时间			
2	销售人员行为规范	接待礼仪符合标准			
3		项目介绍说辞与销售口径一致			
4		对周边竞争项目情况说明准确			
5		销售动线清晰			
6		清楚数据录入规范			
7		清楚案场认购流程及售后流程			
8		清楚购房政策与银行按揭政策要求			
9		卡片印刷内容正确			
10	设计成果（产品）	是否符合政府相关政策要求			
11		户内设计是否存在造成使用不便的不合理部位			
12		公共区域是否存在造成使用不便的不合理部位			
13	设计变更	是否存在设计变更或规划变更			
14		如发生变更，是否已提前知会相关部门，如项目部、营销部、客服部等，以免发生业务信息不对称			
15		如发生变更，相关宣传资料内容、销售口径内容是否已调整			
16		影响客户交付观感及客户生活的重大设计变更，需提前与各业务部门，如项目管理中心、项目部、市场部、销售部、客服部等达成一致			

（3）规范销售人员行为的“七把尺子”

这“7 把尺子”分别是销售说辞培训考核、标准接待流程培训考核、产品理解及掌握度培训考核、购房政策培训考核、客户应变能力培训考核、规则意识培训考核、业绩考核。这七把尺子可以归结为“三管好”：管好嘴巴、管好知识、管好行为（见图 6–80）。

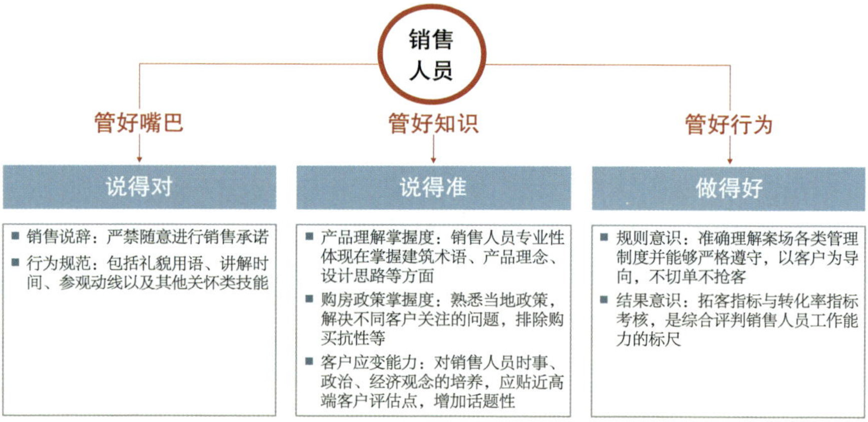

图 6–80　案场销售人员“三管好”

管好嘴巴——销售说辞培训考核：上岗基础培训与考核（围绕项目核心价值体系编写销售说辞），严禁随意进行销售承诺。标准接待流程培训考核：包括礼貌用语、讲解时间、参观动线以及其他客户关怀类技能，总之确保真诚待客。

管好知识——产品理解及掌握度培训考核：提高销售人员专业性，熟悉建筑术语、产品理念、设计思路等。购房政策培训考核：熟悉当地政策，解决不同客户关注问题，排除购买抗性。客户应变能力培训考核：加强销售人员时事、政治、经济观念的培养，贴近高端客户关注点，增加话题性。

管好行为——规则意识培训考核：准确理解案场各类管理制度并能

够严格遵守，以客户为导向，不切单不抢客。业绩考核：拓客指标与转化率指标考核，是综合评判销售人员工作能力的标尺。

五、首开后评估（管控点编号：4–A05）

首开后评估的管控目标主要包括项目经营评估、营销策划评估和开盘活动评估三个方面。基于首开后评估的管控目标，项目总在首开后评估环节的管控要点也集中于这三个方面。首开后评估由营销或运营牵头，以销售为核心（卖得好不好），聚焦三点——定位准不准、产品对不对、策略好不好，这三点决定了经营成不成（见图 6–81）。

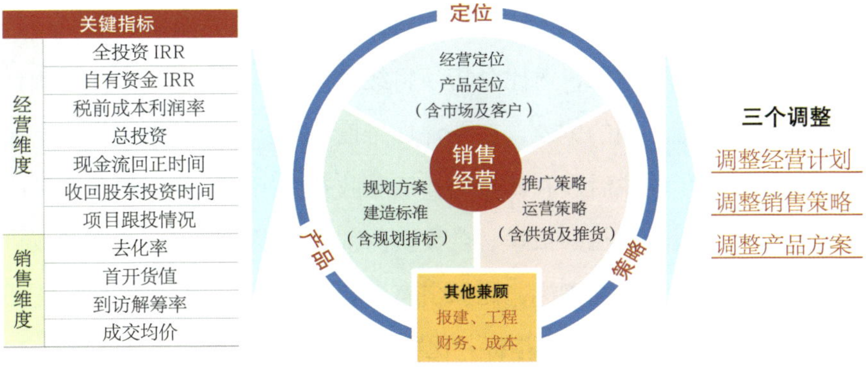

图 6–81　首开后评估聚焦的三个方面

1. 关键管控要点

项目总需分析影响项目实现完美开盘的主要影响因素，并提出后续优化策略及作为新项目开发的借鉴。

（1）经营成不成？——经营评估

以经营为导向，首先，分析开盘目标完成情况。一是评估本项目开盘销售目标已完成情况，包括销售额目标、销售去化指标、现金流回正指标等；二是评估实际开盘销售情况与企业考核目标之间的偏差；三是明确偏差原因，并提出后续项目销售优化建议。

其次，进行项目整体经营目标预测。基于目前的销售策略、销售价格、去化速度等，评估项目整体经营经济指标已完成情况，评估预计项目整体经营指标与项目整体考核目标之间的偏差；明确偏差原因，并提出后续项目调整的建议。

最后，进行开盘实施效果评估。基于开盘当期不同业态的签约情况，评估项目当前销售状况与企业开盘目标的偏差，并明确开盘阶段销售策略、销售价格、推货节奏的调整方案；评估销售策略、销售价格、户型设计、推货节奏与市场的贴合度；明确后续同类型项目借鉴事项。

项目总在开盘后评估环节有三个评估要点：

第一，预计项目整体经营目标与终期考核目标的偏差分析。项目总应聚焦项目经营结果，对比分析项目经营计划责任书考核指标的预计目标与考核目标之间的偏差，主要评估维度包括：一是收入类指标，比如总销售额、税前税后净利润额等；二是收益类指标，比如税前税后成本净利润率、股东权益回报率、全投资内部收益率、自有资金内部收益率；三是现金流贡献类指标，比如自有资金回正周期、经营性现金流回正周期等；四是运营效率类指标，比如节点计划完成率、及时供货率。

第二，进行开盘当期销售业绩与开盘标准偏差分析。项目总聚焦项目销售目标，对比分析开盘计划与开盘实际销售业绩的偏差，主要评估维度包括：一是收入类指标，比如销售额、回款额等；二是运营类指标，比如首推货量、开盘当天去化率、开盘当周去化率、开盘当月去化率。

第三，评估项目经营提升建议一览表。项目总聚焦项目经营结果实现，通过开盘当期的实现效果，明确后续项目销售策略、开发建设、成本管控等优化调整建议。

（2）定位准不准？——定位策划评估

定位方面的评估包括客群定位、产品定位和经营定位的评估，以及定位的适配性。

客群定位：评估基于土地属性、区域属性的市场客户研究、目标客群选择、客群偏好定位、购买动机及能力分析是否精准。

产品定位：评估基于目标客群需求的产品整体定位、功能定位及户型定位是否匹配。

经营定位：评估项目经营定位、经营策略、经营目标与产品定位的适配性。

（3）产品对不对？——方案评估

评估产品对不对，具体包括规划方案、建造标准等的评估，是以最终的经营结果来衡量的。产品方案评估可以从以下方面进行：一是方案整体货值铺排的合理性；二是规划方案批复与定位方案差异对比及影响分析；三是户型面积及户型配比的合理性；四是客户反馈的产品力与竞品对比的竞争力。

项目总要通过方案评估快速了解客户对产品的接受度，及时调整后续产品方案。

（4）策略好不好？——营销推广策略

策略方面的评估包括拓客策略、价格策略、推广策略和货源组织的评估。

拓客策略评估：拓客是房企销售最为直接和有效的客户召集方式之一，具有成本低、成效高的优势。拓客渠道及方式灵活多样，正确的拓客策略及渠道选择是项目寻找有效目标客群、促进销售的关键。

价格策略评估：定价策略是开发企业价格策略的一个关键环节，是产品顺利进入市场、促进客户成交的关键因素。在保障项目经营目标实现的情况下，匹配不同的市场行情、选择最佳的价格策略及入市时机，是项目实现完美开盘的关键。

推广策略评估：匹配项目营销定位，基于不同销售阶段的卖点策略、品牌策略、形象策划、宣传策略、优惠策略等，是促成签约转化的关键。

货源组织评估：基于市场行情及蓄客情况的首推、加推计划是否合理，货源落位及各业态是否实现均衡销售，是供销匹配、高效开盘的关键。

策略有效、推广有方，即基于项目销售全过程价值链管控线，明确从拿地到开盘不同阶段的营销策略思路、推广方案及关键核心管控要点，评估各阶段营销策略的有效性、推广方案的针对性、核心管控要求的执行性，评估促进本项目销售的价值点，分析策略、推广的不足之处。具体评估逻辑关系如图 6–82 所示。

项目总需重点关注推广策略中的开盘活动，通过开盘前活动策划、开盘活动实施、准客户满意度及开盘风险管控四个维度，评估项目开盘活动组织是否成功。具体的评估内容包括以下五个方面。

一是开盘活动策划，通过开盘活动组织实施效果，评估开盘活动策划方案的全面性与合理性。为此，项目总一方面要注意方案周详与否及执行到位情况。评估项目开盘活动策划方案的现场效果是否达到预期、方案策划是否全面及各环节是否执行到位。具体评估要点如图 6–83 所示。另一方面，项目总要关注资料审核与严谨规范性。评估开盘前销售物料准备是否充足，涉及产品介绍类、销售道具类、现场展示类和销售合同类及附件资料是否准确无误，并提出优化建议。具体评估要点如图 6–84 所示。

二是开盘活动实施，通过开盘活动各环节的协同配合，评估项目开盘活动现场组织是否有序。

三是准客户满意度，通过神秘客户调研及现场客户满意度调查，评估开盘现场活动组织的合理性。

四是开盘风险管控，梳理开盘活动过程中发生的突发事件及现场客户管理流程，包括行为管控情况。评估案场销售人员的销售说辞、待人接物、行为规范、仪容仪表等是否符合企业要求，是否能展示企业形

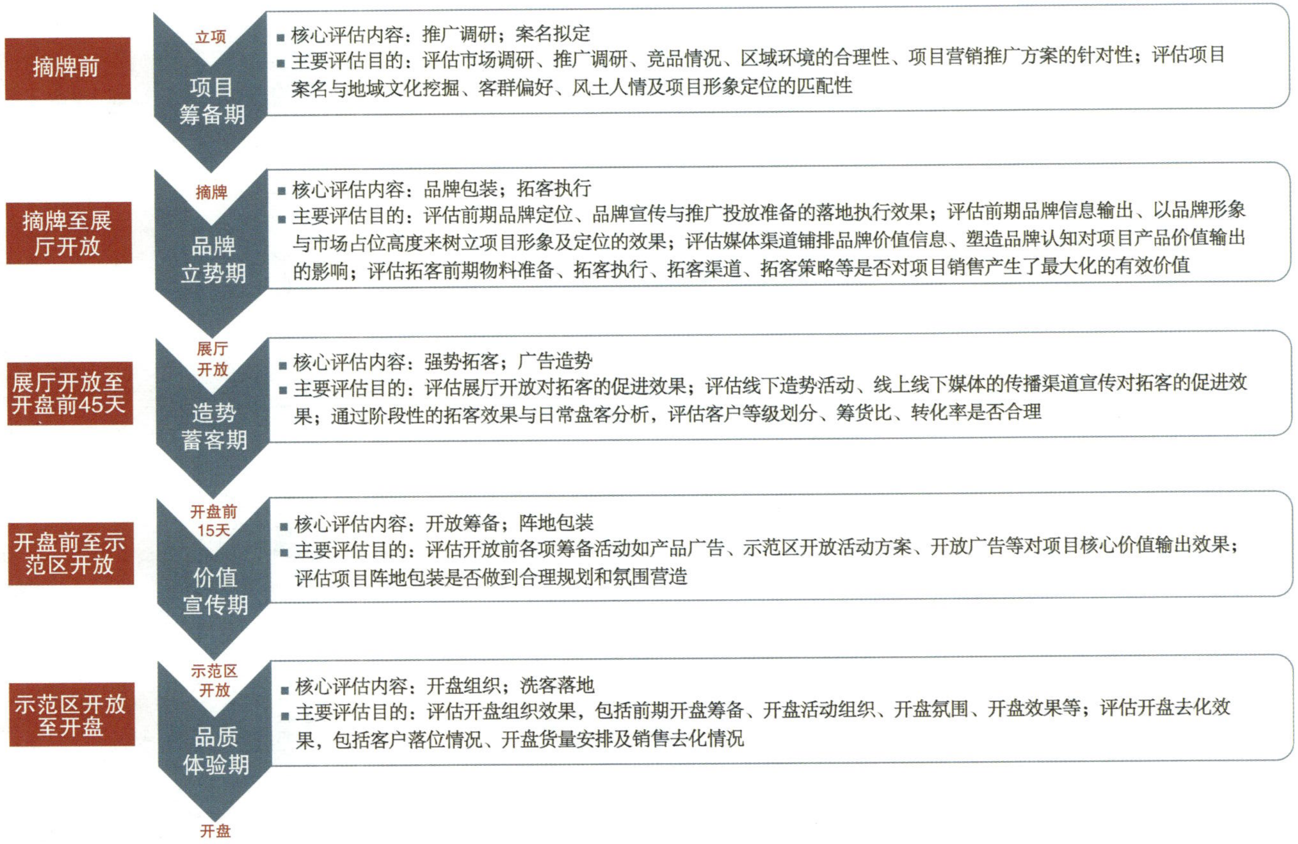

图 6–82　基于项目销售全过程价值链的营销策划评估

象。评估开盘风险管控是否到位。

五是项目开盘活动的组织，通过开盘活动策划及组织实施评估，发现管理漏洞，并提出合理的优化建议，提升项目开盘组织能力。

开盘活动	开盘基本情况	开盘时间及开盘地点、开盘推售货量、客户认筹情况
	开盘目标	品牌目标、口碑目标、销售目标
	开盘定价及优惠策略	定价、开盘优惠、付款方式优惠、及时签约优惠
	开盘包装及物料准备	整体包装风格、物料清单、物料准备计划
	开盘活动场地布置	功能区划分、开盘场地动线安排
	开盘管理架构及人员安排	主责部门及配合部门、主责人员及配合人员、各区域人员岗位及职责
	开盘活动形式	外围阵地营造、等候区开盘典礼及节目设置、开盘活动现场整体环境把控、开盘活动服务配置
	开盘流程	客户流程、工作流程、各功能区域流程
	开盘后续工作	签约、退卡

图 6–83　开盘活动评估要点

销售资料	关注重点内容　确保真实一致			
类型	项目介绍类	销售道具类	现场展示类	销售合同类
评估点	▪ 项目介绍是否突出企业使命及价值导向 ▪ 产品介绍是否抓住目标客群的价值诉求及产品定位	▪ 销售用图是否与报规图纸保持一致且准确无误 ▪ 销售模型是否与图纸保持一致且准确无误 ▪ 销售辅助道具是否齐备	▪ 政府要求必备文件是否齐备 ▪ 外围阵地营造展示是否恰当 ▪ 样板房示范区路线规划、形象布局及组织安排是否合理	▪ 销售宣传资料是否齐备且布置合理 ▪ 认筹资料是否齐备且准确 ▪ 合同资料是否齐备且准确

图 6–84　开盘销售资料准备情况评估要点

首开后评估以销售为核心（卖得好不好），聚焦经营成不成，分析定位准不准、产品对不对、策略好不好。

2. 风险控制要求

首开后评估环节的风险控制，主要表现在后评估的组织、后评估准备与评估过程及后评估的整改与提升三个方面，如表 6–73 所示。

表 6–73　首开后评估环节的风控要求

风险点	风险描述	风险等级	风控对策
后评估的组织	后评估参与人员不全，关键岗位人员及相关供应商未参加，影响评估效果	中	明确参与人员，要求相关方参加
后评估准备与评估过程	▪ 前期资料准备不充分或深度分析不足，评估价值不大 ▪ 评估过程走过场，沟通研讨不足，问题及改进点挖掘不准，对后续提升价值不大	高	▪ 明确资料准备的深度要求并责任到人 ▪ 明确问题分析方法及改进建议的实操性要求
后评估的整改与提升	整改建议未得到足够重视和有效落实	中	明确整改跟踪的要求及责任人，确保整改落实

3. 知识点与工具

（1）项目经营分析工具

项目经营分析工具主要包括项目经营指标对比分析总表、预计利润分析明细表、项目开盘效果评估明细表、项目销售情况明细表和项目经营提升建议一览表。项目总要通过项目销售情况明细表盘点评估项目开盘效果，通过项目开盘效果合理测算项目预计利润实现情况，通过项目预计利润实现情况与项目操盘目标的对比分析以及各环节的查偏找因，明确后续改进措施的一揽子计划，并落实到责任部门进行改进与考核，最终推动项目整体经营目标的更好实现。

项目经营指标对比分析总表围绕着项目核心经营指标，按照当前项目开盘价格及销售策略，合理地判断项目整体经营指标预计完成情况与项目整体操盘考核目标之间的偏差额，对造成偏差的关键原因开展重点分析，明确后续改进建议（见表 6–74）。

表 6–74　项目经营指标对比分析总表

指　标	操盘考核目标	累计已完成目标	预计完成额	差额（预计–考核）	偏差原因
总投资（亿元）					
总销售额（亿元）					
税后净利润（亿元）					
税后销售净利润率（%）					
税后成本净利润率（%）					
全投资内部收益率（%）					
自有资金内部收益率（%）					
经营性现金流回正周期（月）					
自有资金现金流回正周期（月）					

预计利润分析明细表围绕项目整体利润指标实现，通过开盘效果评估，基于项目整体利润指标、分产品类型利润指标，合理测算项目整体利润指标及现金流回正周期预计实现情况，对比投资决策阶段、项目启动会阶段所定目标，寻找偏差，并对造成偏差的关键原因开展重点分析，明确后续改进建议（见表 6–75）。

表 6–75 预计利润分析明细表

科目（可售单方，元 / 平方米）	项目整体				A 产品				B 产品			
	投资版	方案版	开盘后评估版	偏差分析	投资版	方案版	开盘后评估版	偏差分析	投资版	方案版	开盘后评估版	偏差分析
占地面积												
建筑面积												
可售面积												
计容面积												
一、项目总收入												
1. 销售收入												
2. 税收返还												
二、各项支出总额												
土地成本												
行政事业性收费与前期工程费用												
建造成本												
开发间接费用												
营销费用												
财务费用												
管理费用												
税费												
三、销售部分利润总额												
四、销售部分所得税												
五、销售部分净利润												
六、销售毛利率												
七、销售净利润率												
八、现金流回正周期												
九、土地获利倍数												

项目开盘效果评估明细表围绕项目开盘去化率目标要求进行，通过对开盘当天、当周、当月的认购去化率及销售去化率进行盘点分析，监控开盘期项目整体去化情况与企业考核去化率之间的差距，对造成偏差的关键原因开展重点分析，明确后续改进建议（见表 6–76）。

表 6–76　项目开盘效果评估明细表

指　标	开盘实际完成目标	开盘考核目标	偏差分析（考核 – 实际）	原因分析
销售额				
开盘当天认购去化率				
开盘当周认购去化率				
开盘当月认购去化率				
累计销售去化率				
开盘当天销售去化率				
开盘当周销售去化率				
开盘当月销售去化率				

项目销售情况明细表围绕项目各业态、各产品类型细分销售现状，盘点项目开盘当期的认筹、认购、签约去化及意向客户转认购率，分析项目开盘当期的各类产品的销售进度及预计实现的销售去化情况，对销售去化不佳的产品类型开展重点分析，明确后续改进建议（见表 6–77）。

项目经营提升建议一览表基于项目销售情况盘点、开盘效果评估、预计利润实现及项目考核经营指标偏差分析，汇总后续改进建议，进一步明确改进建议的紧急程度，落实改进责任部门并实施考核（见表 6–78）。

表 6–77 项目销售情况明细表

产品	分区	户型	单户面积（平方米）	装修标准	整体货量	开盘推货	认筹情况		开盘一周成交（认购）		开盘两周成交（认购）		现存意向客户数量	意向转认购率
					套数	套数	总筹量	签到筹量	套数	按套消化率	套数	按套消化率		
A 产品	示范单位	A1		豪装板房										
	货量			毛坯										
		货量区小计												
B 产品	示范单位	B1		装修板房										
	货量	B2		选装										
		货量区小计												
C 产品	示范单位	C1		装修板房										
	货量	C1		精装修										
		C2		毛坯房										
		货量区小计												
小计														
总计														

表 6–78　项目经营提升建议一览表

序号	职能	改进项	改进措施	紧急程度		是否列入管理体系整改	时间要求	责任部门
				立即整改	建议整改			
1	营销	市场客群分析	重新开展区域市场调研及客户价格偏好分析： ①明确区域竞品项目销售策略及预推货节奏 ②针对 X 户型主推产品，重新进行目标客群定位，明确价格偏好	√		√		营销
2		调整推货策略	①加推 Y 户型畅销产品供货，促进经营性现金流按考核目标实现回正 ②缓推 X 户型市场供货，待市场进一步好转后，实施销售，提升项目溢价能力		√	√		营销
3		价格调整	①利用市场行情较好、产品畅销契机，针对 Y 户型实施稳步提升价格策略，进一步提升项目溢价能力 ②采取适当优惠政策，差异化降低已推 Y 户型产品销售价格，确保经营性现金流回正周期	√		√		营销
4	运营	调整项目分期开发策略	基于市场行情，未来 X 月内主推 Y 户型产品，建议调整项目分期开发、分期销售策略，先开 3 期晚开 2 期		√	√		运营
5	成本	严控动态成本增加	本项目主打 X 户型产品，且客户认同度偏低，建议严格管控建安成本，避免随意增加成本，确保项目整体经营目标实现		√	√		成本
6	工程	加快 3 期施工至预售建设	加快 3 期施工至预售施工进度，抓住市场行情机遇，快速去化 Y 户型产品	√		√		项目
7	……	……	……					

（2）营销策划评估工具

营销策划能力提升建议一览表基于从项目筹备期至品质检验期的全过程评估，对造成开盘效果不佳的关键营销策划环节及原因进行评估分析，明确紧急程度及管理体系优化时间要求，并落实责任部门，限期整改并实施考核（见表 6–79）。

表 6–79 营销策划能力提升建议一览表

<table>
<tr><th rowspan="2">序号</th><th rowspan="2">优化内容</th><th rowspan="2">优化项</th><th rowspan="2">改进措施</th><th colspan="2">紧急程度</th><th rowspan="2">是否列入管理体系整改计划</th><th rowspan="2">时间要求</th><th rowspan="2">责任部门</th></tr>
<tr><th>立即整改</th><th>建议整改</th></tr>
<tr><td>1</td><td rowspan="2">市场调研</td><td>客群价值诉求分析</td><td>针对洋房、别墅类项目，强化目标客群价值诉求趋势变化分析，不能以过往的客户偏好定义未来两年的客户偏好</td><td>√</td><td></td><td>√</td><td></td><td>营销</td></tr>
<tr><td>2</td><td>区域市场供求关系分析</td><td>①强化深耕城市重点区域的供求关系长期跟踪，积累数据
②通过项目所在区域的供求关系分析，合理预测项目开盘当年的供求关系，做好市场行情预判</td><td>√</td><td></td><td>√</td><td></td><td>营销</td></tr>
<tr><td>3</td><td>产品定位</td><td>目标客群购房偏好分析</td><td>强化目标客群的购房偏好分析及建议配置标准分析，规避目标客群偏好与产品价值点不匹配</td><td>√</td><td></td><td>√</td><td></td><td>营销</td></tr>
<tr><td>4</td><td rowspan="2">项目整体营销策划方案</td><td>营销策划方案评审</td><td>建议增设营销整体策划方案的评审，对整体营销策划方向、形象定位、品牌宣传等进行高层决策，避免后续销售策划、营销整体策划与产品定位相偏离</td><td>√</td><td></td><td>√</td><td></td><td>营销</td></tr>
<tr><td>5</td><td>销售铺排计划</td><td>在制订销售铺排计划时，强化分析同区域同时间段的品牌楼盘销售策略，合理确定销售计划和竞争策略</td><td>√</td><td></td><td>√</td><td></td><td>营销</td></tr>
<tr><td>6</td><td>……</td><td>……</td><td>……</td><td></td><td></td><td></td><td></td><td></td></tr>
</table>

（3）开盘组织评估工具

项目开盘组织建议一览表基于开盘活动实施效果，对前期开盘活动策划方案、物料准备、活动预演、现场管控进行全方位评估，对造成开盘组织实施不佳的关键环节及原因进行评估分析，明确紧急度及管理体系优化时间要求，并落实责任部门，限期整改并实施考核（见表 6–80）。

表 6–80　项目开盘组织建议一览表

序号	优化内容	优化项	改进措施	紧急程度		是否列入管理体系整改计划	责任部门
				立即整改	建议整改		
1	开盘方案	动线安排	基于开盘现场不同功能区域划分，在开盘方案里明确各功能区域的组长、副组长为主要负责人，避免人多混乱、管理人员缺失和应对不及时造成现场混乱及客户情绪波动	√		√	营销
2	开盘方案	管控点明确	在开盘方案标准模板中，必须以单独章节明确开盘实施过程中要严格执行的重要管控点，避免提前摇号、认购资料不齐全等低级错误，并明确到责任人	√		√	营销
3	开盘活动预演	预演到位，避免走形式	建议公司层面组织神秘客户参与预演，模拟从签到至签约的全过程程序，并针对关键环节管控点设置专项问题演练，减少现场突发事件		√	√	营销
4	开盘活动实施	维权风险预防	风险管控部门在开盘阶段时时关注新闻媒体、微信微博、抖音快手等快速传播渠道，对项目开盘造成负面影响的新闻报道、微信短视频等，及时发现问题、及时应对	√		√	营销
5	开盘活动实施	现场客户财产安全	设置专门维保团队，做好视频监控及现场安保工作，室内区域不得多于 X 个功能区域，室外区域原则按 X 组 / 区域，确保现场活动有序，保障客户人财物安全	√		√	营销
6	……	……	……				

第五节　验收交付阶段

项目验收交付阶段的操盘目标在于：政府验收合规，通过内部精细验收及工地开放日实现完美交付。具体的操盘策略包括：前置准备，推进验收；精细查验，品质为先；精心策划，完美交楼（见表 6–81）。

表 6–81　第 5 阶段——项目验收交付阶段的操盘目标

操盘目标	推进验收、完美交楼	
操盘策略	策略要点	主责专业
前置准备 推进验收	■ 验收策划：验收项种类繁多，需厘清各项验收之间的关系，做好验收工作的整体策划，按时推进各项验收工作，保障交付节点 ■ 前置准备：提前规划准备，包括提前与政府部门沟通、梳理各项验收要求、准备验收资料、设计验收现场查看路线等，识别验收重难点，提前发现和暴露问题，并做出及时有效的处理 ■ 前置介入：规划验收和消防验收专业性要求高，是验收的关键点，需按照工程进度提前介入	■ 报建 ■ 工程
精细查验 品质为先	■ 交付评估提质量：工程系统坚持交付评估工作，提升工程质量 ■ 承接查验抠细节：物业系统针对户内、公区、设备设施进行全面排查 ■ 联合验收消风险：客户服务部门组织联合验收，消除项目的交付风险 ■ 及时整改保满意：督促各责任单位落实各项目整改要求，完善提升细节品质，确保客户交付满意度	■ 工程 ■ 物业 ■ 客服
精心策划 完美交楼	■ 提前 6 个月启动交付准备工作，倒排各项工作计划 ■ 制订详尽的交付计划、预案并实施 ■ 建立集中交付期间的快速维修机制，快速维修 ■ 交付一个月内及时复盘，总结经验	■ 工程 ■ 物业 ■ 客服 ■ 营销 ■ 运营

项目验收交付阶段操盘路径图如图 6–85 所示。

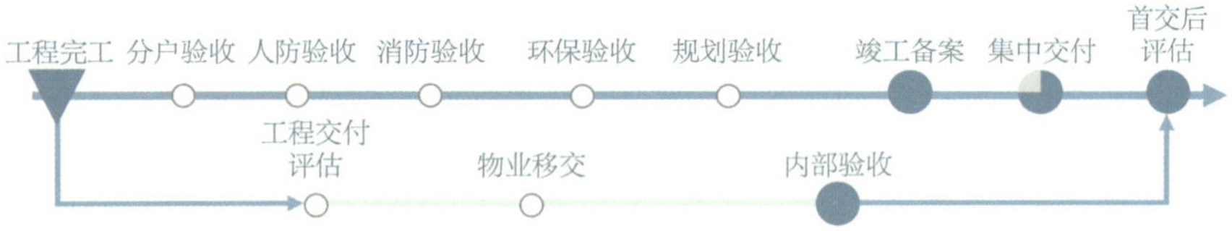

图 6–85 项目验收交付阶段操盘路径图

项目验收交付阶段项目总的关键职责主要有四点：一是内部验收，组织项目内部各专业验收，接受公司或上级组织的联合验收，协调落实整改要求；二是竣工备案，组织各项竣工验收工作，协调落实整改要求；三是集中交付，组织完善交付方案及后评估工作，处理交付期间的突发事件；四是首交后评估。项目验收交付阶段项目总的关键职责如表 6–82 所示。

表 6–82 项目验收交付阶段项目总的关键职责

序号	类 别	管控点编号	项目总管控方式		
			协调型	运营型	经营型
1	内部验收	5–A01	●	●	●
2	竣工备案	5–A02	●	●	●
3	集中交付	5–B03	◕	◕	◕
4	首交后评估	5–A04	◕	●	●

一、内部验收（管控点编号：5–A01）

内部验收的管控目标是：对可能存在的交付质量风险进行评估和预警，提前整改完善，进而降低户均问题数，提升一次交付成功率和客户满意度；通过分析原因，制定改进措施，不断改善施工工艺、方法、管控措施等，进而提升交付质量。内部验收的衡量指标一般包括户均缺陷条数、整改完成率、交付评估综合得分等。

1. 关键管控要点

项目总在内部验收环节的管控要点，主要是明确内部验收责任及内容、落实内部验收的 PDCA 工作原则及细控内部验收的关键环节。

（1）明确内部验收责任及内容

内部验收包括工程、物业、客服、营销等条线，各职能条线验收相互交叉，各有侧重，项目总需对各个条线的内部验收做好统筹协调（见图 6–86）。

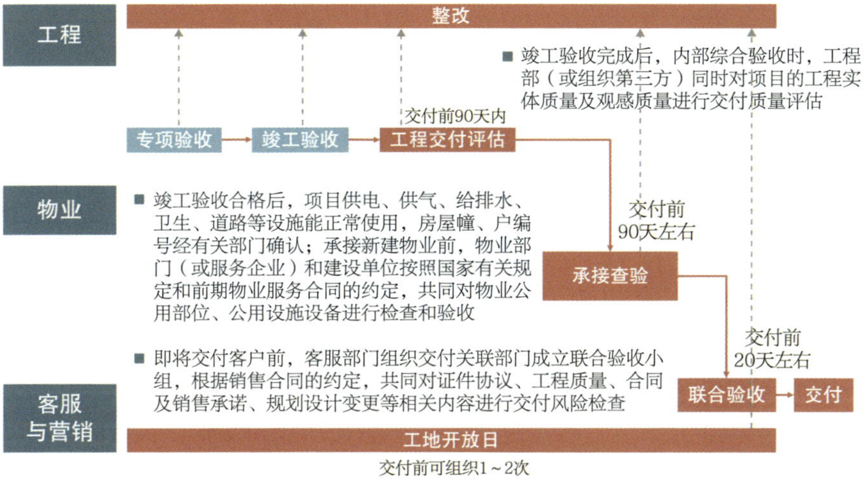

图 6–86　内部验收责任及内容

（2）落实内部验收的 PDCA 工作原则

对于内部验收而言，交底是基础和前提，工程整改是关键，检查是必要手段，分析有助于改进和提升（见图 6–87）。

（3）细控内部验收的关键环节

一是交付评估要点，包括功能性和观感质量两个维度，涉及户内、公共部位、外立面、园林景观等，并赋予相应权重进行综合评分，形成交付评估成绩（见图 6–88）。

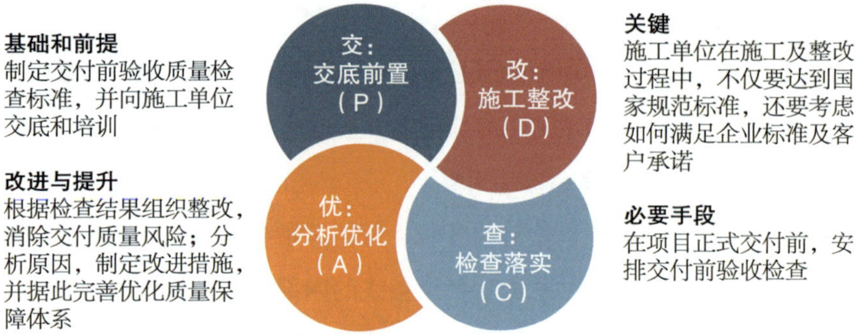

图 6–87　内部验收的 PDCA 工作原则

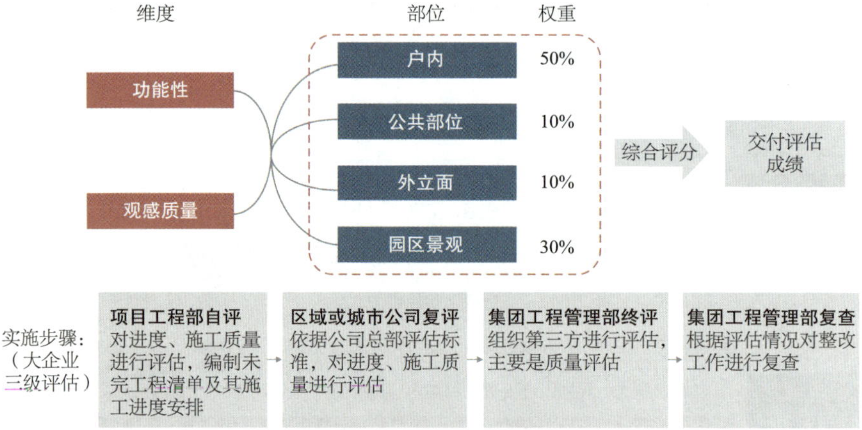

图 6–88　交付评估要点

二是承接查验要点。承接查验的目的是，物业公司从客户视角检验房屋的功能、质量和观感，提出房屋质量问题，确认是否符合物业接管条件和标准。公司成立的承接查验小组，通常由物业、工程、客服等专业人员参加。一方面，查验小组对项目公用部位、公用设施设备以及市政配套工程（水电气）进行承接查验；另一方面，查验小组严格把控问题的整改效率及效果，确保项目完美交楼（见图 6–89）。

第三，联合验收要点。联合验收的前置工作包括：项目部完成交楼工程，确保项目在关键交楼节点达到交楼条件，比如已取得竣工备案表，单体、市政、道路、绿化和外环境达到法定及合同约定的交楼使用条件；开发部提供规划验收证明、门牌号、面积实测报告书等法定及合同约定的交楼文件或资料；物业公司组织承接查验、形成承接查验报告并报送相关部门备案，实施公共设施（设备）的承接查验，办理项目整体移交和接管手续。

①项目部提前做好查验输入资料及问题整改关闭目标的措施保障与资源准备（包括人员及材料）	②查验小组建立联席会议制度，及时沟通、协调，形成书面决议并有效落实跟踪直至目标达成
承接查验管理要点	
③物业加强查验整改结果验证，严格把关问题整改复验的合格率指标	④物业做好查验过程与复验结果信息的记录、收集与接管验收，保证记录完整有据可查

图 6–89　承接查验管理要点

联合验收的一般流程如图 6–90 所示。

第四，集中整改要点。对于整改要求的跟踪落地，重点用好两个工具："一单""一表"。"一单"指质量问题整改单。一个项目完工，项目总要对项目曾经发生了多少次质量问题了然于胸，对整改结果清晰明确，并尽可能用图片形式保存下来，作为知识与经验积累。"一表"是指缺陷反馈表。对于重大质量问题，项目总应尽量做单独立项、单独列表，描述每个问题发生的原因、解决并防止再发生的方案和最终解决的结果。

2. 风险控制要求

内部验收环节的风控点主要表现在计划安排、责任到位及资源投入等方面，因而项目总要做到时间保障、合约保障和资源保障（见表 6–83）。

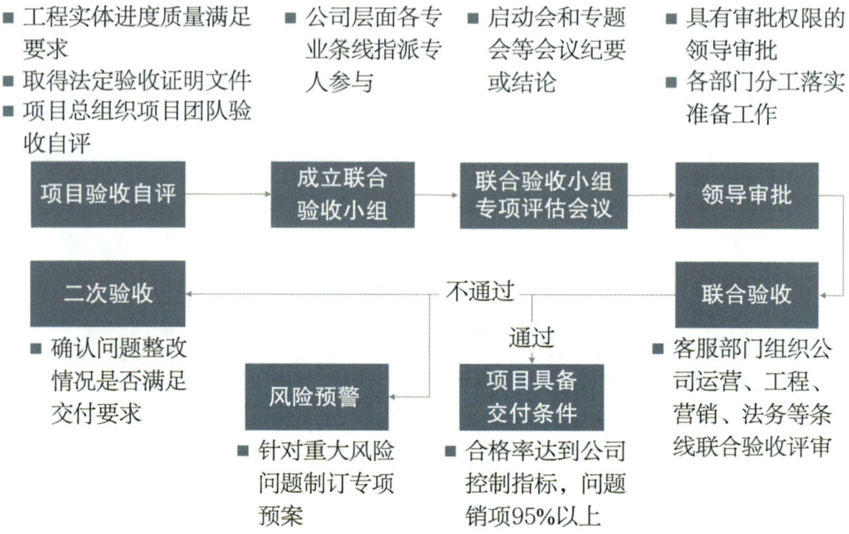

图 6–90　联合验收的一般流程

表 6–83　内部验收环节的风控要求

风险点	风险描述	风险等级	风控对策
计划安排	工程进度计划延误，没有充足时间完成内部验收	高	时间保障：必须于交付前 2~3 个月完成竣工备案，根据交付数及是否带精装修等，给内部验收及整改留足 2~3 个月时间
责任到位	合约中对总包配合内部验收的责任不明确，总包配合积极性不高	中	合约保障：总分包合约中明确界定各类供应商在内部验收环节的配合责任和奖惩措施
资源投入	外部责任单位、各职能条线投入资源不足，影响内部验收效果	中	资源保障：通过高层推动各职能条线、外部各责任单位投入充分的人力、物力、时间等资源，确保内部验收的效果

3. 知识点与工具

（1）联合验收环节风险预警机制

按一级计划交楼距离合同交房的时间，联合验收环节风险预警依次设置黄色、红色和黑色预警，并列明风险预警的处理和处罚措施（见图 6–91）。

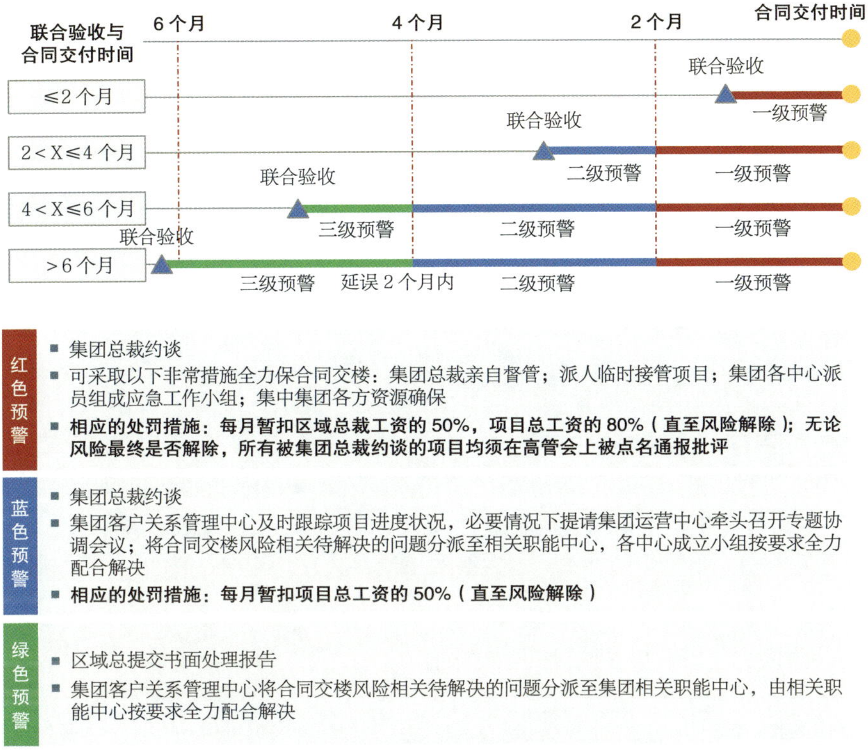

图 6–91　联合验收环节风险预警机制

（2）内部验收环节常见质量问题

内部验收环节关注重点可总结为观感质量、景观效果、结构安全、设计缺陷、进度风险等问题，通过列明具体的关注内容和常见示例作为参考（见表 6–84）。

表 6–84　内部验收环节常见质量问题示例

关注重点	关注内容	常见事例
观感质量	■ 砌体、安装、外装、交房样板等关键点评 ■ 分户检验，严控向物业的移交 ■ 在规范许可范围内，满足行业标准	■ 开放日发现的问题至交房时仍未整改完成 ■ 各种质量瑕疵
景观效果	■ 景观效果与体验区的差异，样板段及时点评与整改 ■ 提高配置标准	■ 交付花卉种类与样板区差异大 ■ 种植密度差异
结构安全 隐蔽工程质量	■ 过程中点评 ■ 加强整改，安抚业主及主管部门 ■ 必要时权威第三方出具整改方案，实施方案后进行专业鉴定	■ 楼板裂缝整改过程被业主曝光 ■ 地采暖铺设不规范被业主曝光 ■ 装修时剔凿发现露筋，下挠
工程未完工 交付条件未达到	■ 室内设备设施安装、安装后未通、水电气未按期开通、安防系统未启用	■ 交房未铺设沥青路面 ■ 排水管未接入大市政
设计缺陷	■ 本项目优化、弱化、改善或替代 ■ 收集与总结设计缺陷问题和案例，新项目进行改进	■ 空调风机位置不当，影响使用和体验 ■ 公区排水至私人空间
赠送区域、溢价空间	■ 私家花园边界形状、相邻户确权、管道井盖、露台阁楼，确保私有权益和价值感，个案引导处理	■ 相邻庭院划分不明 ■ 包封阳露台
预售面积与实际测绘面积差异	■ 实测导致补差款争议 ■ 赠送空间面积达不到承诺标准	■ 花园使用权边界、面积无法确认 ■ 增加面积出现大额补差款
验收及竣备	■ 规划验收、消防验收、竣备 ■ 内部自检及时，有效推进，争取主管部门支持	■ 规划验收后封闭阳台 ■ 消防验收后山墙开窗或建造景观
进度风险	■ 严格按照合同约定保证交付	■ 材料设备（如空调）的海外厂家无法按时供货 ■ 总包谈判、经济索赔
满足验收标准，但与实际使用需求有差距	■ 确保赠送空间、溢价区域使用性和价值感	■ 市场变化、群诉 ■ 行业政策变化（如限购、限贷、税收、税率政策等）
精装房	■ 无产品质量与交付验收规范，快修支持、严控质量、整改引导、管控预期	■ 石材裂纹、地板色差、壁纸修补
产权办理	■ 大、小产权办理时间在合同中是否有约定 ■ 梳理当地主管部门办理产权相关要件、期量标准等 ■ 大、小产权证办理前置条件 ■ 其他可能影响产权办理的情况	■ 因抵押导致大产权无法办理 ■ 因违建导致大产权无法办理

二、竣工备案（管控点编号：5–A02）

竣工备案的控制目标是一次通过、争取优良。工程竣工验收是对工程质量进行综合验收的质量检查行为，其目的包括：一是明确合同责任，检验勘察、设计、施工、监理等供应商的合同履约情况；二是节点确认，即承包方向发包方交付合同标的物的重要时间节点；三是质量检验，全面考察建设工程项目的施工质量，完成工程竣工验收，取得验收合格证明文件；四是程序要求，即工程竣工备案是建设工程项目转入使用的必备程序。

1. 关键管控要点

项目总在竣工备案环节的管控要点，主要在于明确关键管控环节，清晰规划验收流程和竣工验收流程，以及明确工程竣工验收资料的归档要求。

（1）明确关键管控环节

一是梳理程序。项目总根据项目工程进展，结合当地政府工程验收程序，梳理项目验收工作程序（见图 6–92）。

二是明确前置预案。项目总根据各项验收的前置条件，识别验收风险并制订预案，针对可能出现的验收问题前置梳理与跟踪，亲自督促，确保达到验收条件。

（2）清晰规划验收流程

项目总要清晰规划验收流程（见图 6–93），了解流程各环节的具体工作事项和应具备的条件和资料，推动内部相关方按按计划完成各环节的工作。

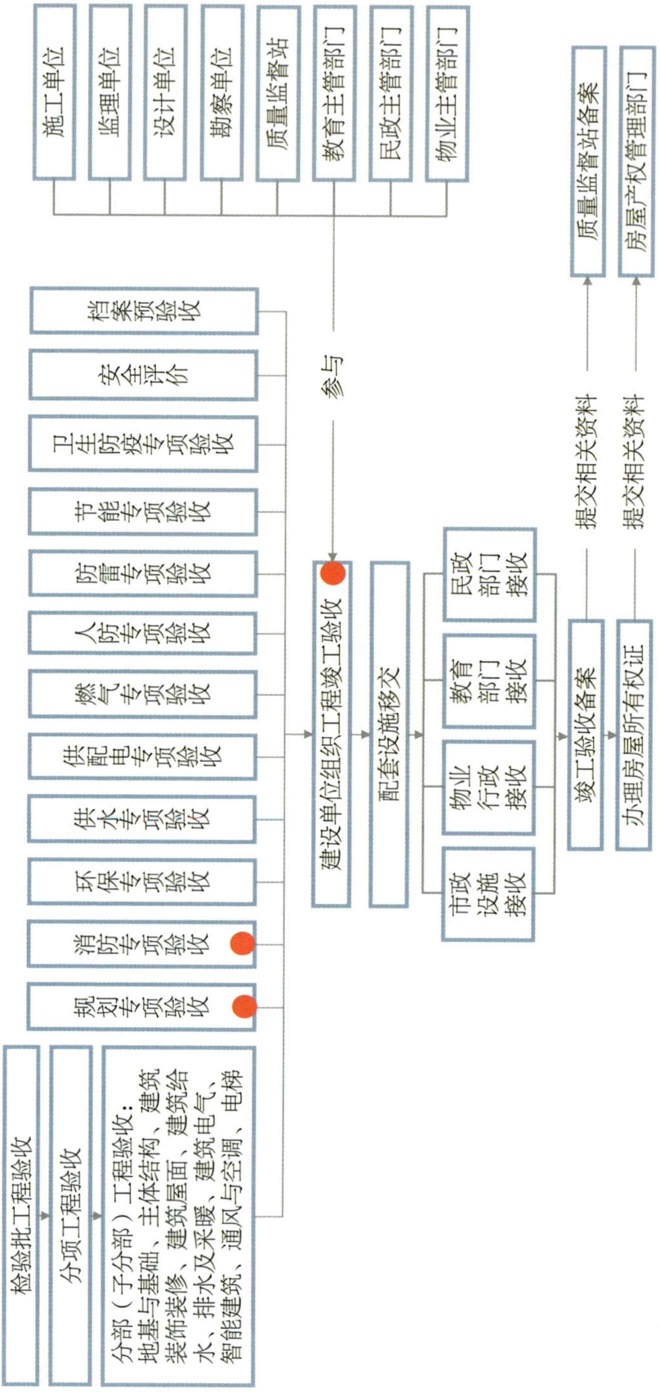

图 6–92　项目验收工作程序

注：●为项目总管控的关键环节。

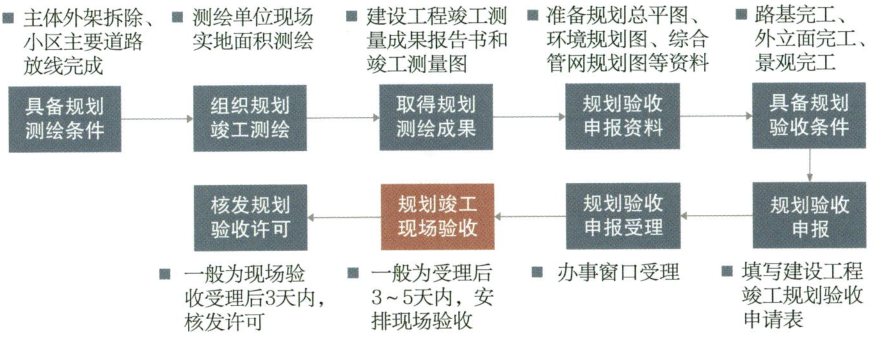

图 6–93　规划验收流程

（3）清晰竣工验收流程

竣工验收流程如图 6–94 所示，项目总要协调推动各相关方按计划推进各项准备工作，确保竣工验收顺利完成。

（4）明确工程竣工验收资料的归档要求

项目总要明确准备验收资料的责任人、完成时间及统一归档的要求。

工程竣工验收资料包括：工程竣工验收备案表；工程竣工验收报告及备案部门认为需要提供的有关资料；规划、环保等部门出具的认可文件或准许使用文件；住房和城乡建设主管部门出具的对大型的人员密集场所和其他特殊建设工程验收合格的证明文件；自来水公司、供热单位、燃气公司出具的同意接收文件；供电部门出具的验收合格证明；道路、桥梁、路灯、排水、垃圾用房、绿化、挡土墙等市政工程竣工验收备案手续；广播电视、通信管理局对有线电视网络、电信基础设施出具的同意接收文件；物业公司对红线内道路、路灯、排水、环卫、绿化、信报箱、物业管理用房、公共停车位等出具的同意接收文件；市政管理机构对市政道路出具的同意接收文件；施工单位签署的工程质量保修书；城建档案管理部门对竣工档案初验合格后核发的建设工程竣工档案初验合格证；法规、规章规定必须提交的其他文件；住宅工程质量保证书和住宅使用说明书。

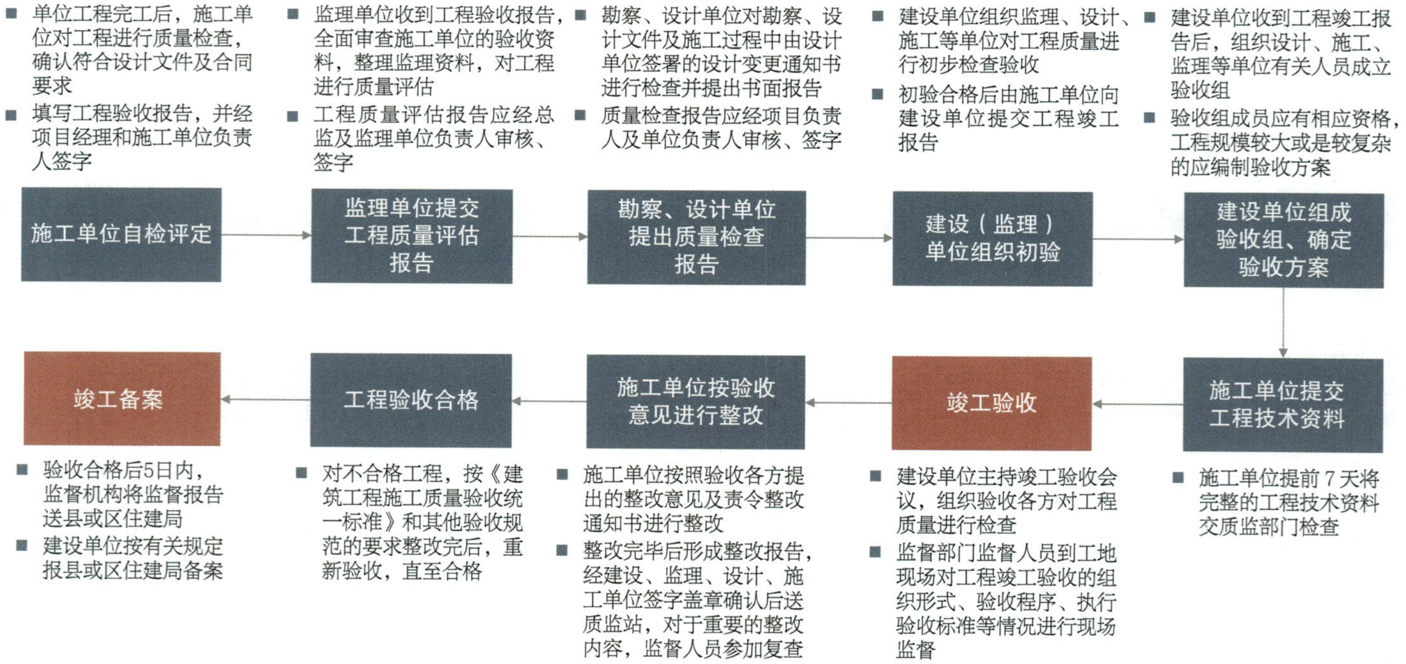
■ 单位工程完工后，施工单位对工程进行质量检查，确认符合设计文件及合同要求
■ 填写工程验收报告，并经项目经理和施工单位负责人签字
■ 监理单位收到工程验收报告，全面审查施工单位的验收资料，整理监理资料，对工程进行质量评估
■ 工程质量评估报告应经总监及监理单位负责人审核、签字
■ 勘察、设计单位对勘察、设计文件及施工过程中由设计单位签署的设计变更通知书进行检查并提出书面报告
■ 质量检查报告应经项目负责人及单位负责人审核、签字
■ 建设单位组织监理、设计、施工等单位对工程质量进行初步检查验收
■ 初验合格后由施工单位向建设单位提交工程竣工报告
■ 建设单位收到工程竣工报告后，组织设计、施工、监理等单位有关人员成立验收组
■ 验收组成员应有相应资格，工程规模较大或是较复杂的应编制验收方案
施工单位自检评定
监理单位提交工程质量评估报告
勘察、设计单位提出质量检查报告
建设（监理）单位组织初验
建设单位组成验收组、确定验收方案
竣工备案
工程验收合格
施工单位按验收意见进行整改
竣工验收
施工单位提交工程技术资料
■ 验收合格后5日内，监督机构将监督报告送县或区住建局
■ 建设单位按有关规定报县或区住建局备案
■ 对不合格工程，按《建筑工程施工质量验收统一标准》和其他验收规范的要求整改完后，重新验收，直至合格
■ 施工单位按照验收各方提出的整改意见及责令整改通知书进行整改
■ 整改完毕后形成整改报告，经建设、监理、设计、施工单位签字盖章确认后送质监站，对于重要的整改内容，监督人员参加复查
■ 建设单位主持竣工验收会议，组织验收各方对工程质量进行检查
■ 监督部门监督人员到工地现场对工程竣工验收的组织形式、验收程序、执行验收标准等情况进行现场监督
■ 施工单位提前 7 天将完整的工程技术资料交质监部门检查

图 6–94　竣工验收流程

2. 风险控制要求

竣工备案环节的风控要求包括备案资料准备、备案过程及问题整改三个方面（见表 6–85）。

表 6–85 竣工备案环节的风控要求

风险点	风险描述	风险等级	风控对策
备案准备	计划延误，备案资料准备不足或未达验收条件，造成备案不能通过	中	管控开发节奏，资料准备责任明确，及时跟踪过程完成情况
备案过程	设计变更等引起的施工图与报规图不一致带来规划验收风险	中	设计变更及时在施工图上标注，对有规划验收风险的重大变更，提前跟规划局沟通，并制订预案
	车位数量、赠送面积、绿地率、容积率或退让红线与报规方案不符，影响规划验收	高	项目推进过程中对这些敏感性指标持续关注，在内部验收和总结评估环节重点关注，提前制订应对方案
	消防道路、扑救场地或外墙保温材料等变更影响消防验收	中	评估变更的必要性和相应风险，提前跟消防做好沟通，做好预控方案
	红线内设备用房规划调整或分期不合理，存在交房前不能接通并投入使用的风险，如消防、供电、供水等功能规划在后续分期，当期不能使用	中	方案评审会、工程策划会和验收评估会等环节予以重点关注，对确实无法避免的，制订应急解决方案
	红线外配套未按计划实施，存在交房前不能接通并投入使用的风险，如供电、供暖、燃气等大市政配套未按计划实施	中	制订风险预控专项计划，项目开发全过程予以持续关注，安排专人限时解决落实
问题整改	竣工备案过程发现的问题未能及时整改，导致交付延误	中	安排专人跟进整改事项，确保逐项按时整改完成

3. 知识点与工具

政府规定验收及建设单位内部综合验收的事项如图 6–95 所示。

政府规定验收的事项

由监理组织的验收
- 分部分项验收
- 专项验收
- 竣工预验收

由建设单位项目部组织的验收
- 分户验收
- 竣工综合验收

验收结论
- 政府验收时，工程项目质量等级达到合格以上等级时，竣工验收的质量结论意见为合格

建设单位内部验收事项

- 客服系统交付风险评估
- 物业系统移交验收
- 工程系统交付质量评估
- 各部门联合验收

说明：在满足国家验收规范的基础上，甲方单独组织内部各业务条线进行验收

验收结论

满足要求的颁发“工程验收移交确认函”，表明工程具备交付给业主入住的条件标准，供应商的履约责任达成

- 政府验收合格是内部综合验收的基础
- 甲方合约标准通常高于政府验收标准，政府验收合格不等于履约完成，根据合约确定的甲方内部综合验收合格才视为履约完成

图 6–95　政府规定验收及内部综合验收

三、集中交付（管控点编号：5–B03）

房屋交付是客户对开发商承诺是否能够完美兑现的审视。从一纸蓝图到家的完美呈现，开发商交付的不仅仅是一套房子，更是企业的口碑。将房屋交付视为与业主进一步接触的机会，将交付工作从满足交付要求、全方位满意到超越客户期望，对于企业赢得客户信任、提高客户满意度及忠诚度非常重要（见图 6–96）。

集中交付的价值既是客户与企业互动的最重要的一个接触点，也是企业自我验证能力和客户认可评价并兑现客户承诺的一个关键时刻。集中交付的管理目标是确保客户满意、实现完美交付，其评价指标包括交付满意度、一次交付成功率、户均缺陷数等指标。

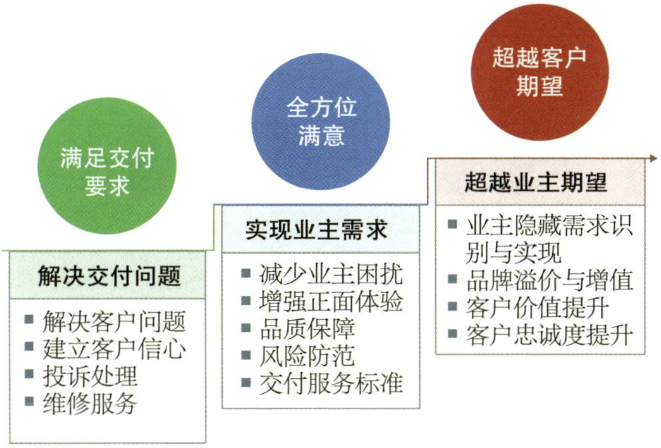

图 6–96 房屋交付业主满意度提升模型

1. 关键管控要点

项目总在项目集中交付环节的关键管控要点，主要在于梳理集中交付期流程、参与策划交付计划、落实工地开放活动、细化集中交付方案以及快速维修。

（1）梳理集中交付期流程

梳理集中交付期流程，包括相应的时间安排和流程各环节的具体责任单位、要求和工作事项（见图 6–97）。

（2）策划交付计划，落实责任主体

交付前 1 个月由客户关系中心编制交付计划，项目总参与策划。计划中明确交付各项工作时间节点、交付现场选址、交付当日工作流程、交付人员配备与工作安排、交付准备工作等。

其中，客服部门牵头召开交付准备会，负责牵头组织检查标段的交付风险，做好前期的准备协调工作，定时将相关信息上报公司并知会相关部门；完成项目交付自评估报告及整改计划，针对交付风险中发现的可能导致延期交付等重大风险投诉的情况，要及时制订风险预案；落实

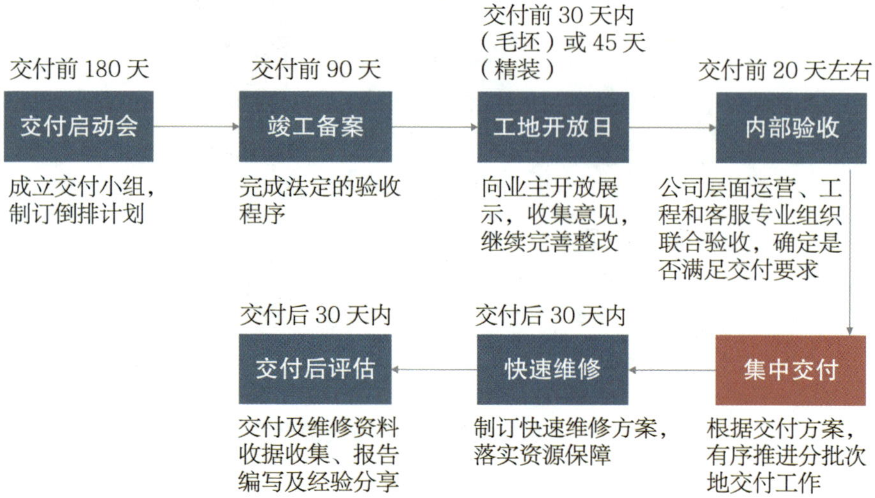

图 6–97　集中交付工作流程

质量管理人员名单并明确其工作职责、组织架构和技能培训，做好工地开放和预验房工作；详细记录工地开放期间业主提出的各项问题并分流到相关责任人监督落实实施，总结工地开放情况、制作快报上报公司并指挥相关部门；负责组织对交付工作人员的培训（包括工程、设计、营销、物业等专业部门的问题收集并统一回答口径，制定统一说辞）；督促质量管理人员完成工地开放活动期间业主所提问题的关闭；负责组织集中办理交付碰头会，将相关信息上报公司并知会相关部门；负责交付时现场协调工作及其他前期筹备工作，比如组织交付前合同附图核对、客户交付资格确认及对外公开文件的审批（如住宅质量保证书、住宅使用说明书、交付通知书等），负责交付期间现场确认及物资筹备。

工程部门应完成项目交付检查一览表中的合同、法规部分及工程质量部分；组织验收并完成竣工备案；完成集团风险交付检查及在具体期限内完成细节检查，并将钥匙移交给物业；协助客户关系中心进行交付前的工地开放及预验收工作；协助完成交付所需的对外资料；协助客户关系中心提供验房岗工作人员名单并组织培训；协助提供交付时工程方面的统一说辞；正式交房时，负责组织提供集中交付时的现场维修服务，以及联系相关施工单位、供货商至现场提供服务。

营销部门负责面积实测报告及补差，协助进行资格交付确认及全面的客户信息，以及完成初始登记证工作。

物业部门负责完成质量保证书、新建住宅使用说明书、业主生活手册等的制作，并寄发交付通知书；负责每户业主6个月物业管理费、垃圾清运费发票、装潢押金收据（必须在开发商确定实测面积报告后才可完成）；负责交付现场人员的配备及岗位工作职责，并完成开荒保洁工作，完成交付方案和交付所需物资清单；牵头组织和进行模拟交付，确定集中交付现场流程等。

责任主体明晰及各部门全力配合是实现完美交付的前提。

（3）落实工地开放活动

项目总在思想意识上要高度重视“工地开放日”活动对最终顺利交房的价值和作用，同时梳理清楚针对不同状态、不同目的的工地开放活动（见图6–98）。

例如，某企业将产品力提升融入项目开发全过程，通过全过程“五大开放”确保为客户交付最佳体验：一是售楼处或样板间开放，将项目理念及所代表的生活方式以设计的手段集中呈现在售楼处及样板间；二是标准层结构开放，将建筑结构、工艺工法、建筑材料、装修等内容进行“解剖式”展示；三是集中工艺样板开放，让客户真实感受十二大科技系统、装修选材和施工工艺工法带来的舒适居住体验；四是实楼交付样板开放，客户可以体验归家礼仪、感受实楼样板，是企业工程质量管理精细化的集中体现；五是交付前一个月开放，为业主讲解并全流程模拟交付场景，解答业主关于交付的疑问，便于后期优化交付流程。

主要类别		开放看点
毛坯竣工工地开放	素颜展示	局部预留裸露的主体结构；保温隔热材料、设备管线铺设情况；天、墙、地等内部结构及其他
工艺工法基地开放	匠心呈现	结构样板区、装饰样板区、市政样板区、安全文明标准化示范区等
实楼样板工地开放	承诺表达	通过实楼样板层向业主呈现交付标准，落实销售承诺
精装竣工工地开放	家的具象化	从景观、公区、室内装修等维度全方位向业主展示产品最终交付状态

注：在企业实际操作中，不同类别的工地开放活动往往会根据项目实际情况以及营销需要合并开展。

图 6–98　工地开放活动类别及看点

项目总还要掌握工地开放活动的关键点，对活动邀请对象、客户意见和活动形式进行把控（见图 6–99）。

邀请对象	■ 潜在客户或准业主：根据活动目的，合理安排潜在客户或准业主的数量，并在活动前充分沟通，尽量确保活动当天出席数量合适
客户意见	■ 疑问：提前制定统一说辞，说辞必须真实、诚恳，活动当天要充分解答客户疑问，消除疑虑，不能给客户造成新的困惑 ■ 整改：客户提出的质量问题，必须及时得到有效整改并将整改结果反馈至客户 ■ 转化：根据现场记录，总结客户关注点和需求，据此完善相关体系
活动形式	■ 适配：工地开放日活动在满足客户需求的同时，也要对甲方提出更高的要求，因此需要结合本企业项目管理的成熟程度和销售风格合理安排

图 6–99　工地开放活动的关键点

（4）细化集中交付方案

细化集中交付工作方案，包括集中交付的具体工作流程，以及流程中各环节的具体工作事项和安排（见图 6–100）。

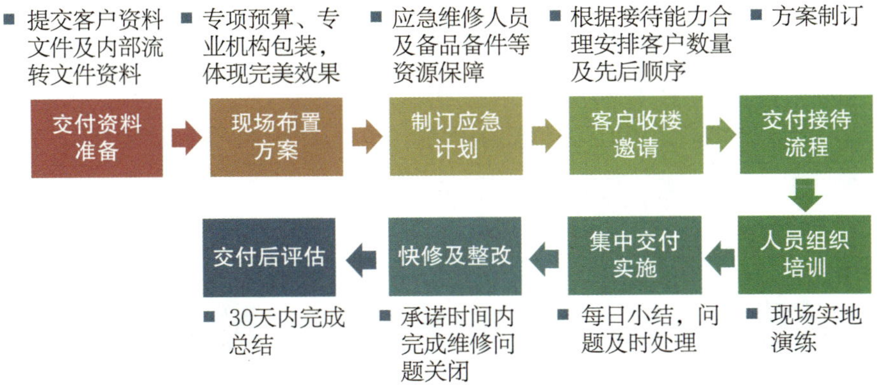

图 6–100　集中交付方案

掌握集中交付环节的工作要点：一是分工明确、各司其职、流程合理；二是提前计划、提前准备、提前培训；三是合理授权（特别是涉及客户投诉和应急处理事项）、有效沟通、及时决策；四是合作互助、无缝衔接、团队高效；五是有效激励，比如看板管理、即时奖励等；六是张弛有度，比如周末集中、灵活调休、员工活动等。

（5）实现快速维修

项目总要高度重视集中交付期间的快速维修工作，避免将正常的工程报修升级为投诉事件，甚至演化为群诉事件。

近几年的统计数据显示，工程缺陷投诉约占日常投诉的 93%。对于房屋这类特殊产品，工程维修将成为建造工作的延续，而入住业主对维修处理的满意度低，也与工程质量缺陷不能得到及时有效解决密切相关。

某些城市（如深圳市）售房合同示范文本规定：在保修期内，经两次以上维修后仍不能解决质量缺陷，且严重影响买方正常居住和使用的，买方有权解除合同。

据统计，维修服务常见问题包括：处理问题的态度和效率有待提高；整改周期长、敷衍了事；收房时房屋渗漏、墙面不平、入户门锁打不开等，要求整改却一直推诿无结果；渗漏一直没有得到解决；排水管问题、管道敷设不合理、空调机位漏水等长时间都没有返修完成。

项目总要推动建立快速维修机制，及时响应客户的报修要求。“又快又好”做好维修的四要素（见图 6–101）。

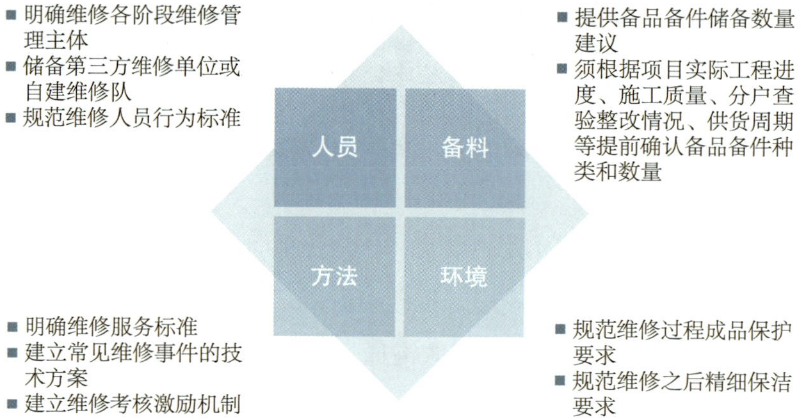

图 6–101 “又快又好”维修四要素

在客户验房时，通常采用“一对一”接待模式，陪同验房工程师主动出示之前开放日或预验收发现的问题清单并提示房屋使用须知，让客户感受认真负责的态度及专业贴心的服务。同时，企业着力打造交付中快速维修能力，项目部筹建快速维修队，进行简易问题的及时维修，保证交付成功率。对不能及时维修的问题，在业主验房情况记录单上认真记录，并告知维修完工时间；验房结束后，为业主检查关闭门窗、水电，确定房屋安全后锁门与业主离开，返回办理中心。若客户提出质量问题而拒签交接书或支付费用等，则请客户签署房屋交付异议单。当日办理交付的客户，确保已办理交付客户信息 100% 录入信息系统。

2. 风险控制要求

在集中交付环节的风险控制中，项目总主要关注到场客户数量、交付组织和问题处理等方面（见表 6–86）。

表 6–86 集中交付环节的风控要求

风险点	风险描述	风险等级	风控对策
到场客户数量	到场客户数量未达到预期，影响交付周期与交付目标达成率	高	安排相关人员通知到场时间，明确相应责任，跟进并确认客户能否到场
交付组织	现场交付接待工作组织混乱，影响业主交付体验和交付成功率	中	交付方案培训并反复演练
问题处理	项目存在重大瑕疵，带“病”交付引发业主大规模拒收	高	严格执行内部联合验收及开放日制度，不具备交付条件的严禁交付
	对客户的报修问题等处理不及时，升级为投诉甚至拒收房	高	提前储备快修队伍及相应部品部件，明确快修标准及考核机制

3. 知识点与工具

（1）集中交付快速维修分工模式

集中交付对快速维修的要求较高，房地产项目常见的维修分工模式有开发商全程负责、物业全程负责和分段负责等模式（见表 6–87），项目总可进行相应了解。

表 6–87　房地产常见的维修分工模式

模　式	责任主体		优　点	缺　点
	集中交付期内	集中交付期后质保期内		
模式 1 开发商全程负责	项目部	房修中心	■ 地产公司责任明确 ■ 易于调动责任施工单位 ■ 专业度高	■ 投入人员较多 ■ 维修工作占据地产大量工作精力，对新项目建设可能造成影响
模式 2 物业全程负责	物业公司		■ 物业是维修问题的直接接收人，直接派单给施工单位，节约信息传递时间 ■ 地产工程人员能将较多精力放到新项目建设上	■ 物业公司协调原施工单位力度较差，导致维修质量、维修效率及服务质量差，易造成客户的二次投诉
模式 3 分段负责模式	项目部	物业公司	■ 集中交付期充分发挥项目部的作用（熟悉项目情况、熟悉责任施工单位） ■ 项目部的专业度相对高，工程维修质量易把控 ■ 集中交付期后，项目工程人员能够将精力投入新项目中	■ 增加信息传递过程，物业公司协调原施工单位力度较差，难以保证维修效率及客户满意度

（2）正常交付流程与各部门职责

集中交付正常的流程包括形象指引、业主资料核验、签约、财务收款、物业财务收款、物业签约、领取锁匙、领取礼品、验楼轮候、现场验楼、VIP 接待、配套服务等。具体的流程内容与注意事项如表 6–88 所示。

表 6–88　交付流程及内容示例

序号	流程名称	流程内容	备　注
1	形象指引	指挥驾车进入交付案场的客户停车，引导业主进入收楼的第一个环节	
2	业主资料核验	业主本人身份证、商品房买卖合同、收楼通知书、齐款证明及其他需要提交的核验资料，发放收楼流转单，派专人引导客户	如业主资料不齐或未齐款，则流程终止
3	签约	面积补差协议、代办证委托等产权办理资料，工作人员签署收楼流转单	可根据属地政策情况执行
4	财务收款	交付现场完成楼款尾款、面积补差款以及物业维修资金、契税等收取，调换楼款发票；工作人员签署收楼流转单	财务预先准备收费凭证
5	物业财务收款	物业财务预收物业服务费、水电费（如有）等费用；工作人员签署收楼流转单	
6	物业签约	签署物业服务协议及业主手册，领取相关资料，工作人员签署收楼流转单	
7	领取钥匙	清点钥匙；工作人员签署收楼流转单	
8	领取礼品	签收礼品；工作人员签署收楼流转单	
9	验楼轮候	现场茶点接待	
10	现场验楼①②	地产工程、物业客服陪同业主到房屋内查验交接；业主签署房屋交接表；工作人员签署收楼流转单，并标注①	设置特殊流程专职验楼人员
11	房屋交接表、收楼流转单回收①②	每栋楼宇大堂或园区专点设立回收点，业主在房屋交接表、收楼流转单上签字确认收楼完成；回收表格工作人员在收楼流转单上签署回收并标注①	业主查看完成不肯办理收楼手续应标注②
12	VIP 接待	接待现场咨询及投诉客户	上述各流程产生的客户投诉
13	配套服务	办理供暖、有线电视、网络、物业增值	

推进有序交付、确保满意交付等过程离不开各方资源的协同，助力计划落地执行。集中交付各部门职责如表 6–89 所示。

表 6–89 集中交付各部门职责

部 门	交付流程中承担职责
客服部	■ 负责召开项目交付启动会，与各职能部门及项目团队组成项目交付工作小组，筹备交楼组织工作 ■ 负责组织梳理项目开发全周期风险控制表，不定期回顾梳理风险排查情况，督促各部门及项目在交付前及时排查风险，或将交付风险降至最低 ■ 负责组织交付关键节点的风险排查工作，并落实风险整改工作情况；参与项目中期停止点、交付启动会、项目后评估自查工作 ■ 编制项目工地开放方案，组织工地开放活动 ■ 发起编拟项目交付方案、交付费用、交付申请、“两书”、应知应会、应急预案等 ■ 负责梳理各类风险情况，制订风险防范应急方案，组织现场交付的培训及集中交付工作，在集中交楼工作完成后 48 小时内编制交楼工作总结 ■ 组织寄发收楼通知书、催收楼通知书等，负责交楼过程中所签文件的准备，对产生的交楼记录（如邮寄收楼通知书的投递单和投递证明、面积补差协议、确认函等）妥善归档管理 ■ 负责监督及抽查物业公司房屋交接表填写与录入，做好归档工作 ■ 监督及抽检项目物业当日录入系统实际交楼时间，及工程交付后报修问题录入（报修单）、派单、数据维护、发函、现场组织维修情况 ■ 负责组织对维修完成率、关闭率的统计及满意度的回访，汇签保质金的支付 ■ 负责交付现场投诉的处理
营销部	■ 负责参与项目关键节点的自检自查工作，配合梳理交付的客户风险，对客户进行背景描摹，梳理已签订的商品房买卖合同风险 ■ 负责提供项目各时期清晰的销售资料、对客口径、空置房清单 ■ 负责工地开放日的业主接待工作 ■ 负责参与交付应知应会的编写及培训，参与集中交付当天的工作；协助处理集中交付时客户对销售的投诉 ■ 负责在系统中录入实测数据，并编制面积补差方案及面积补差协议
设计部	■ 负责在项目交付启动会后再次复核施工图、规划报建图、竣工图、签约图、销售彩图建筑材料是否一致 ■ 参与集中交付应知应会的编写和培训 ■ 参与现场集中交付工作，负责协助处理客户对规划、设计方面的投诉

（续表）

部　门	交付流程中承担职责
报建部	■ 负责在项目启动会、开放（开售）前提供项目地块红线外 1 公里范围内政府规划的不利因素，并在项目建设过程中及时提供更新信息 ■ 负责及时对设计变更进行规划调整，对不合规的设计变更及时制止，并记录于项目开发全周期风险控制表 ■ 负责协调政府关系，及时取得项目的规划验收证明、实测报告、大确权等验收证照，确保准时交付
财务部	■ 负责审核交付项目客户楼款及其他款项的收取情况，审核齐款符合收楼条件的客户资料 ■ 负责审核项目的面积补差方案，逾期缴款或逾期交付产生的违约金 ■ 负责参与集中交付及零星交付工作，收取客户欠款，并开具收款凭证
法务部	■ 负责参与开放（开售）、交付启动会、交付关键节点的自查自检工作，审核项目对客的销售资料、交付、应知应会、统一说辞等资料 ■ 参与集中交付，负责现场法律、法规的解释及协助处理客户在交付现场的投诉
行政部	■ 负责配合集中交付当日的人员车辆组织工作 ■ 负责配合集中交付当日的后勤支援工作
物业公司	■ 确保项目物业服务人员在交付前 3 个月到岗，并经培训上岗，编制物业管理服务方案及集中交付预算费用 ■ 负责组织项目物业人员落实一户一验及公区查验工作，根据交付前验房发现的问题，将验房发现的报事项数据上传系统，并现场检查确认关闭 ■ 负责配合工地开放日的活动，建立每户客户的物业档案。 ■ 负责购买或印制商品房住宅质量保证书、商品住宅房屋使用说明书、业主手册、装修管理规定、消防责任书等文件资料 ■ 负责组织协调物业公司内部力量完成项目集中交付任务，并制订零星交付的工作方案，确保小区内业主不受不明商家的骚扰 ■ 负责在交楼后 24 小时内在系统中准确录入客户的实际收楼时间，录入集中交付时客户在房屋交接表中的维修报事项 ■ 配合工程管理部在集中交付前完成物业及公区查验接管工作，按“公区承接查验”时间要求办理移交手续

（续表）

部　门	交付流程中承担职责
物业公司	■ 配合项目工程部开展集中交付整改及保修期维修的管理工作，协助通知陪同客户对维修完成项进行复检，并及时将客户意见反馈项目工程部 ■ 负责项目交付期间物业服务类的文件签署、钥匙签收、现场收房陪同、客户报修问题记录、收楼当日满意度调查等，并确保在集中交付后 24 小时内将客户反馈的问题上传到系统，并对报修问题进行派单 ■ 负责提供与物业服务收费标准对等的物业服务，对磨合期的满意度负责
项目团队	■ 负责交付风险排查及整改工作的实施 ■ 负责项目规划验收、竣工验收、通水、通电、通气、通邮、通网络等证照的落实 ■ 负责工地开放活动方案的实施 ■ 负责组织一户一验及公区查验移交计划的实施及整改，落实开荒清洁工作 ■ 负责集中交付现场的布置及组织集中交付方案、零星交付方案的实施 ■ 负责集中交付整改期及保修期的维修工作开展 ■ 负责对空置单元进行管理 ■ 负责跟进处理客户投诉

（3）交付前风险检查

项目各专业端口根据项目交付风险检查一览表完成各部门交付风险自评估，并汇总至客户关系中心。该表已含房屋检查结果，并主要包括四类内容：合同文件类、销售承诺类、工程质量类和设计变更类。

合同文件类包括合同要求和中间文件：前者检查项目包括竣工验收备案表、竣工验收报告、住宅质量保证书和住宅使用说明书，后者包括规划、主体工程、室内环境、供电及给排水使用条件、消防、人防、电梯、燃气、档案等的验收证明和竣工面积测丈报告。

销售承诺类包括项目配套设施、售楼广告、对客户的个别承诺、合同附图及交楼标准。其中所列销售承诺为项目建设过程中销售端口对客户的所有承诺，依据营销部的销售台账进行核对。

工程质量类所列问题为项目工地开放及验收过程中，发现的与工程相关的投诉热点问题及重大工程隐患，比如提前预防观感不佳、空鼓、开裂、渗漏、脱落、设计及成品保护缺陷等质量问题。

设计变更类是指在项目建设过程中由客服人员判断的那些必须通知业主的设计变更。

与此同时，项目各专业端口必须对提交的项目交付风险检查一览表内容制订出整改工作计划，形成交付准备会会议纪要；并针对交付风险检查中发现的可能导致延期交付等重大客户投诉风险制订预案。

（4）现场人员岗位设置

集中交付现场的工作项较为繁杂，涉及的工作内容和人员岗位较多，涉及形象引导组、业主资料核验组、签约组、财务收费组、物业财务组、收费组、物业资料、签约组、钥匙发放组、楼宇交验组、快修维修组、投诉咨询组、应急小组、后勤保障组、治安组、外联组和配套组等（见表 6–90）。

表 6–90　集中交付岗位设置示例

序号	岗位名称	人员职责	责任部门
1	形象引导组	负责车辆引导、人流引导、交付流程陪同引导、收房流程咨询	物业
2	业主资料核验组	业主资料验证，签收商品房买卖合同，派发收房流转单	营销
3	签约组	签收两书、面积补差协议及其他需要业主确认事项	营销
4	财务收费组	交付现场完成楼款尾款、面积补差款以及物业维修资金、契税、代收代缴费用等收取，调换楼款发票	地产财务
5	物业财务收费组	物业相关费用的收取（物业费、装修相关费用及水电费等代收代缴费用）	物业财务

（续表）

序号	岗位名称	人员职责	责任部门
6	物业资料签约组	业主资料的签署，物业相关事项咨询	物业
7	钥匙发放组	业主钥匙、各种卡的发放及登记，验楼、工程问题处理钥匙借出及登记	物业
8	楼宇交验组	陪同业主验房，填写房屋交接单，记录验房情况；工程整改问题的复查，陪同业主复查并做好登记	工程、物业
9	快修维修组	对验房单上的问题及时安排进行维修	工程、物业
10	投诉咨询组	交房过程中问题投诉接待、处理及住户咨询	工程、法务、开发、客服、物业
11	应急小组	重大事件问题的处理	项目总（团队）、客服、物业及营销负责人
12	后勤保障组	安排各岗位人员就餐及其他后勤保障工作	地产行政、物业行政
13	治安组	交房现场的秩序维护，车辆停放秩序管理	物业
14	外联组	负责交付项目当地公安、街道、媒体、政府相关部门的协调	物业、开发、品牌、项目
15	配套组	供暖、有线电视、网络、物业增值	物业

四、首交后评估（管控点编号：5–A04）

首交后评估的目标在于，真实反映客户对项目产品呈现及交付全过程管控的满意度，查找企业项目交付全过程的管理漏洞，并明确后续需要提升优化的方向，不断提升项目产品品质及客户满意度。首交后评估由客关牵头，以客户为核心（交得好不好），聚焦三个维度六个要点——满意度高不高、执行得好不好、配合得顺不顺，后续应关注“两个提升”（见图 6–102）。

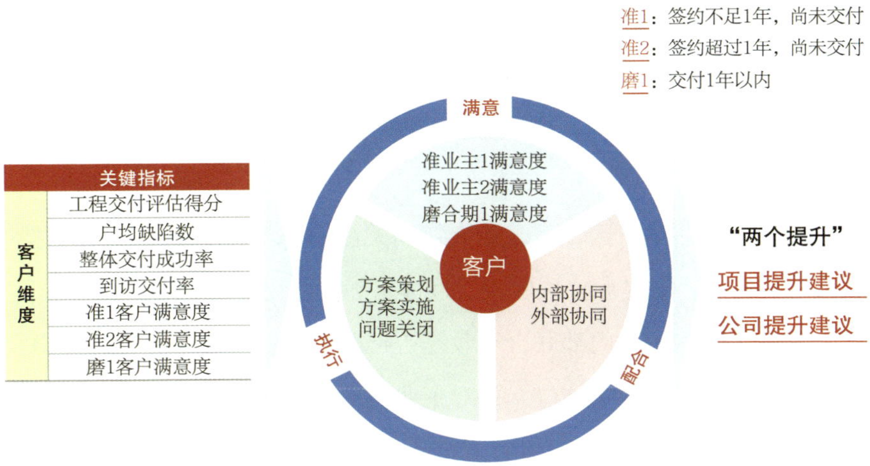

图 6–102　首交后评估关注的三个维度

1. 关键管控要点

项目总在首交后评估环节的关键管控要点主要包括交付前风险排查全过程评估、交付组织实施评估和内外部配合协同三个方面。

（1）满意度高不高？——交付前风险排查全过程评估

通过分析影响项目交付率及客户满意度的关键事项，评估交付前各阶段检查工作的有效性、检查维度的全面性、交付前整改的落实度以及交付风险管控的合理性。

针对准业主满意度的评估主要分析销售阶段销售准备、执行及销售后客户关系的维护工作，如销售前风险检查是否到位，销售过程是否规范、是否存在过度承诺，销售后与客户的沟通及时性及相应的客户关系维护是否到位等。

针对磨合期业主满意度的评估可以从以下五个方面分析。

其一，对比交付中发现的缺陷问题，评估在对施工单位验收过程中是否按照国家验收规范及企业验收规范实施了严格验收，评估对施工单位工程验收管理过程中存在的管理漏缺项，并对施工单位验收管理提出优化建议。

其二，评估工程品质管理部门进行内部验收检查时是否存在漏缺项（含资料完整性），对发现的问题是否整改落实到位，并对内部预验收管理提出优化建议。

其三，评估业主预验房时业主特别关注的事项，以及预验收问题的整改落实情况，并对业主预验收管理提出优化建议。

其四，评估企业内部联合验收是否检查到位，对联合验收过程中发现的问题是否整改落实到位，并对企业内部联合验收管理提出合理优化建议。

第五，对比交付中发现的重大交付风险问题，评估在交付前各阶段的验收过程中对重大交付风险是否检查及整改到位，并对交付前风险管理提出合理性优化建议。

（2）执行得好不好？——交付组织实施评估

交付现场组织实施全过程管控评估，可用于评估交付方案策划的合理性、交付组织实施的有序性和交付过程中风险管控的有效性。交付组织实施的评估主要包括以下三个方面。

一是交付方案策划。评估交房方案策划是否考虑周全，核心管控要素是否布局周密。具体评估维度如图 6–103 所示。

图 6–103　交付方案策划评估维度

二是交付方案实施：基于交房活动演练及交房活动实施，评估交付组织活动是否执行到位，各项工作是否执行高效，交付活动是否顺利，针对交付活动中存在的问题及管理漏洞进行评估并提出合理优化建议。

三是突发事件处理：评估针对交房过程中存在的各项交付突发事件的处理机制、处理及时性及方法是否合理。

（3）配合得顺不顺？——内外部配合协同

内部协同：评估交付前内部各相关专业（如工程、客服、营销、设计等）在内部验收、开放日及模拟验收等环节的内部协同配合度。

外部协同：外部相关方（包括工程总包、精装总包）在交付环节的配合，包括及时整改要求的落实，并将评估结果作为考核供应商的一项重要指标。

首交后评估聚焦三个维度——满意度高不高、执行得好不好、配合得顺不顺。

2. 风险控制要求

项目总在首交后评估环节的风险控制，主要关注交付结果、交付组织预演和交付过程等方面（见表 6–91）。

3. 知识点与工具

（1）项目交付效果评估表

项目集中交付效果评估可从交付效果、户内缺陷、公区缺陷、园林景观缺陷等类别来进行评估，其中交付效果评估涵盖的指标有到访交付率、整体交付率、拒收率、户均缺陷率、交付满意度等，通过对指标的实际值和目标值进行对比，分析偏差原因（见表 6–92）。

表 6–91 首交后评估环节的风控要求

风险点	风险描述	风险等级	风控对策
交付结果	强调到访交付率的重要性，而忽视项目整体交付率，有针对性地选择业主邀约，导致其他业主不满，交付时集中爆发造成群诉事件	中	对完美交付实施到访交付率与整体交付率双维度考核，做好问题业主交付前的风险管控，提前解决
交付组织预演	交付预演形式化，问题的前置暴露不足	中	在交付组织活动评估过程中，强调交付预演评估内容的重要性，严格执行交付预演工作
交付过程	对质量缺陷及整改效果关注不足	高	对交付过程中客户投诉较多的各种质量、观感缺陷等事项清单一一确认并彻底整改
	集中交付前，对重点客户的前置沟通不足	中	通过各种业主交流群、网络论坛等渠道跟进，评估交付前对重点客户的应对是否有效
	集中交付中，对现场交付突发性风险的应对机制、处理方案的有效性不足	中	管理层重视相应的应对机制方案或对相应的方案组织进行评审

表 6–92 项目交付效果评估表

类　别	指　标	实际值	目标值	底线值	实际 – 目标偏差	实际 – 底线偏差	偏差原因分析
交付效果评估	到访交付率						
	整体交付率						
	拒收率						
	户均缺陷率						
	交付满意度						
户内缺陷	户均问题数（初验、复验、终验）						
	问题关闭率						

（续表）

类 别	指 标	实际值	目标值	底线值	实际－目标偏差	实际－底线偏差	偏差原因分析
公区缺陷	整改合格率						
	未整改问题数						
园林景观缺陷	整改合格率						
	未整改问题数						

（2）房屋质量缺陷反馈表

项目集中交付房屋质量评估的维度涵盖门窗质量、卫生间质量、墙地面质量、阳台质量、外墙保温质量等细节内容，按具体的问题进行归类，并通过投诉频次、缺陷问题描述和分析及问题整改关闭情况进行详细记录和评估（见表 6–93）。

表 6–93　房屋质量缺陷反馈表示例

序号	评估维度	问题归类	投诉频次	缺陷问题描述	缺陷问题分析	问题整改关闭
1	门、窗质量	门框窗框是否牢固，四周有无密封				
		门面有无磕碰、变形				
		密封是否严密、密封条是否完整				
		锁具、猫眼是否良好				
		窗户玻璃、窗纱是否完好				
		门、窗开合是否碰墙				
2	卫生间质量	地面是否渗漏				
		卫生间外墙是否有水渍				
3	墙、地面质量	是否有空鼓、裂缝				
		地面平整度是否不大于 X 毫米				
		墙面平整度不大于 X 毫米				

（续表）

序号	评估维度	问题归类	投诉频次	缺陷问题描述	缺陷问题分析	问题整改关闭
4	阳台质量	阳台与房间之间是否有裂缝				
		门窗、过梁等部位是否开裂				
5	外墙保温质量	墙面是否有水渍、渗水				
		窗洞口是否有潲雨现象				
6	双下水管道质量	有无渗、漏、堵现象				
7	电闸、电表质量	拉闸后户内有无断电				
		户内分闸能否控制各分支电路				
		空气开关、漏保是否良好				
8	插座质量	保险插座（距地面 30 厘米）：单独用物体能否插进单个插座孔眼中				
		卫生间插座是否防潮				
		插座是否有效供电				
9	排风孔质量	厨房、卫生间排风是否正常				
10	水表、电表、燃气表	水表读数是否正常				
		电表读数是否正常				
		燃气表读数是否正常				

（3）新项目交付借鉴

新项目交付借鉴一览表记录了在项目设计、施工、验收和交付组织等环节的具体优化项、改进措施、提升类别及责任部门等，通过项目交付全过程、全方位评估以及交付时发现的质量缺陷、感官缺陷、整改缺陷、风控缺陷等多维度分析，明确新项目开发借鉴事项，以规避同样的问题重复发生（见表 6–94）。

表 6–94 新项目交付借鉴一览表示例

序号	优化环节	优化项	改进措施	提升类别			是否列入管理体系整改计划	责任部门
				质量品质提升	感官品质提升	交付组织提升		
1	设计阶段	平衡车位与绿化面积	建议在规划设计上，平衡考虑小区绿化品质的溢价价值，通过绿化面积提升小区整体品质，避免绿化面积不足造成客户群诉		√		√	设计部
2	设计阶段	减少露台、挑空等	建议适当控制楼体外部的增值空间使用，避免造成群诉，以及浪费建设成本	√			√	设计部
3	施工阶段	供电、供水、煤气、智能化等配套工程	此类配套合作供应商为垄断供应商，因此要做好关键人员的日常关系维护工作，避免变更过多给后期造成工程建设的返工，耽误项目整体推进，以及避免出现较多隐蔽工程	√			√	报建部
4	验收整改	强化预验房整改落实	建议预验房缺陷问题整改落实达 X% 以上，方可启动集中交付，对未整改落实到位的工作必须提前做好解释及解决措施，避免集中交房时客户群诉事件发生	√			√	项目部
5	验收整改	绿化景观维护	冬季交付项目的景观苗木选择以常绿树及耐寒花卉为主，同时注重日常维护保养工作，避免集中交付时苗木花卉干枯死亡，影响交付品质		√		√	设计部、项目部
6	交付组织	风险预控	风险管控部门在交付阶段要时时关注新闻媒体、微信、微博、抖音、快手等快速传播渠道，对项目交付造成负面影响的新闻报道、微信、短视频等，及时发现问题，及时应对，避免群诉事件发生			√	√	风控部
7	……	……	……					

具体到管理经验与知识沉淀上，企业可以从销售端、项目端、客服端、采购端等多方面进行问题的梳理与分析。

一是销售端。与客户签订的选装单及合同补充协议中需增加同等品牌替代的条款；销售对品牌不做具体承诺，口径统一或注明同档次品牌即可。

二是项目端。截单前销售自查选装单与台账明细，之后客服、销售、项目部再次进行联合排查；项目部与施工单位进行交底，与采购部确认部品样式及数量；在毛坯工地开放前制作样板间展示；项目需在精装开放前 15 天完成所有硬装施工，在交付前 15 天完成电器类产品的安装。项目需确保交付前 15 天的配套进场，如水、电具备使用条件，为安装电器做好准备，并核查房间内是否张贴施工部位明细表。

三是客服端。毛坯工地开放增加样板间展示和电器部品展示；精装开放增加专职验房师的验房环节；交付前涉及部品，联系厂家提供使用说明的小视频。

四是采购端。采购部需关注电器类产品更新换代，第一时间进行通报并制订解决方案；敦促厂家按期供货，尤其是电器类产品，若多个项目同时交付，则需事先安排好资源配置；与供货商约谈精装开放及交付前供货时间，确保供货周期及现场施工进度。

第六节　项目后评估阶段

项目后评估是促进企业管理效能提升的重要管理手段，即在项目运营完成后，成立项目后评估专项小组，由高层领导统筹，项目总或运营总组织实施，对影响项目经营结果、运营效率及产品品质的核心事项总结和分析经验教训，查找管理漏洞，优化管理体系并明确新项目开发借鉴事项，从而不断推动项目经营品质、产品品质及管理效能的提升，进而促进企业高质量、高品质发展。

项目后评估阶段的操盘目标在于：解决遗留问题，总结经验教训，分析管理薄弱环节，优化管理体系，促进管理效能提升（见表 6–95）。

表 6–95　第 6 阶段——项目验收交付阶段的操盘目标

操盘目标	精细结算，按时评估	
操盘策略	策略要点	主责专业
按时完成结算	■ 前置策划：明确结算资料责任人与资料清单，确保资料按时准备完成 ■ 争议处理：关注争议问题责任分判与解决，定期召开结算争议协调会，坚持实事求是原则	成本
发挥后评估价值	■ 按时召开后评估会，全专业参与，对全过程进行复盘分析 ■ 明确遗留问题处理计划 ■ 优秀经验总结，沉淀操盘经验，转化固化操盘标准，指导新项目开发，提升操盘水平	运营

项目后评估阶段操盘路径图如图 6–104 所示。

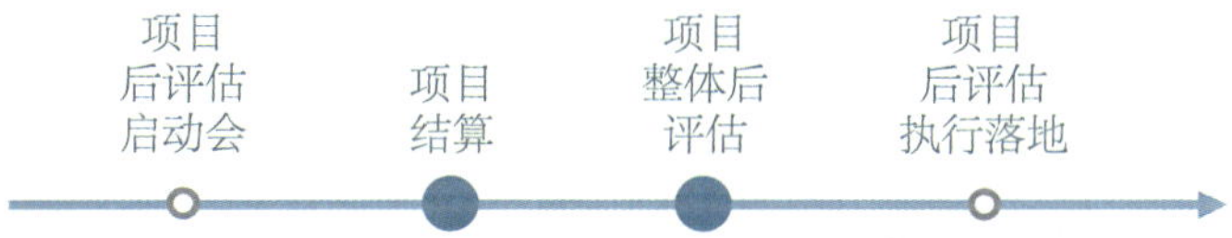

图 6–104　项目后评估阶段操盘路径图

在项目后评估阶段，项目总的关键职责包括组织或推动项目结算和完成项目整体后评估。项目总确定项目结算计划，组织完成结算，协调项目结算争议，并通过项目整体后评估，对影响项目经营结果、运营效率及产品品质等的核心事项进行经验总结和分析（见表 6–96）。

表 6–96　项目后评估阶段项目总的关键职责

序号	类　别	管控点编号	项目总管控方式		
			协调型	运营型	经营型
1	项目结算	6–A01	◑	◕	●
2	项目整体后评估	6–A02	◑	●	●

一、项目结算（管控点编号：6–A01）

项目结算环节的控制目标在于及时和准确。及时是指把控前置各环节工作进度，按节点计划及时开展和完成分阶段工程结算；准确是指需要把握工程量的准确性。

1. 关键管控要点

项目总在项目结算环节的关键管控要点在于结算前置策划、结算资料准备、结算过程管控和项目结算分析等。

（1）结算前置策划

在住宅交付前 1 个月，项目总组织召开项目结算启动会，明确应通知哪些人员或单位参加，以及结算资料标准和提交时间。

会议中需要明确：项目部梳理变更及结算资料（特别签署人工、机械台班）；设计梳理结算图纸；施工单位上报结算资料时间；承包商应及时提交结算资料，提交后方可申请竣工款；项目部、监理应及时签署结算资料，不可逾期或者蓄意延误；结算如涉及工期提前或延误的，应由项目部主责发起工期认定会签，明确责任分判；如涉及交叉扣款或者索赔争议，应由项目部进行事实确认及责任分判，以供合约结算。

（2）结算资料准备

在工程符合结算条件的前提下，项目部向承包商发出工程结算通知书，敦促承包商按时提交结算材料，认真审核承包商申报的各种计价资料。结算资料准备过程应符合以下四个原则。

一是及时性原则：应按规定时间完成资料移交。项目部完成结算资料审核并移交成本部的时间规定主要包括：总包工程应在竣工备案日期后 40 个工作日内，分包工程应在竣工验收日期后 20 个工作日内，材料工程应在合同供货完成 10 个工作日内。

二是真实性原则：所有资料应为原件（合同经济条款除外）。

三是严谨性原则：不能作为计价依据的资料，不得纳入移交的结算资料范畴。

四是完整性原则：项目部应严格审核资料完整性，并着重审核承建商报送的资料是否完整地包含了涉及违约金罚款、工程内容减少等约定条款。

（3）结算过程管控

结算过程管控具体包括如下三类。

签证变更管控：重点关注结算资料的完整及合规性，必须审核签证变更 App（应用程序）或 ERP 流程，签证依据必须充分合理。

乙方扣款管控：所有交叉责任扣款必须经过确认；验收阶段对未按图施工内容必须进行核查、确认；质量缺陷在结算前整改完成，未整改完的在结算中进行相应扣款；甲供材供应在合同结算完成前对安装超供扣款进行预留。

结算争议管控：收集整理施工单位在对数过程中的争议问题，定期召开结算争议协调会；对图纸或现场工程量的争议问题，坚持实事求是的原则进行现场勘查及核对，清单综合单价的争议以合同为依据，严格按照市场及定额水平进行审核。

（4）项目结算分析

在项目结算完成后，成本部需对项目结算情况进行分析，内容至少包含以下内容：项目概况、最终结算成本构成、目标和动态成本变化情况、产品经济性分析、变更及无效成本情况、过程成本管理经验等。项目结算分析形成报告，明确结算待改进之处及后续改进措施，为后续项目结算提供借鉴。

2. 风险控制要求

项目总在项目结算环节的风控要求，主要关注结算的及时性和资料的完整性（见表 6–97）。

表 6–97　项目结算环节的风控要求

风险点	风险描述	风险等级	风控对策
结算及时性	结算未及时完成（总包、分包分别超出交付后 1 年、半年；示范区超出示范区开放半年），导致供方满意度下降，产生税务风险	高	■ 提前制订好项目结算计划，并且和施工单位做好沟通 ■ 项目总需重点关注争议，并组织或推动召开争议协调会及时解决
资料完整性	项目结算资料不完整，结算无法闭合	中	■ 开发过程中关注变更的日清月结，保证资料完整性 ■ 结算前按照结算要求，提前做好与施工单位结算的资料准备和沟通工作，确保资料完整

同时，所有大额变更、索赔、住宅总包结算必须进行复审（协同单位可不复审）；大额变更、索赔必须经过上级组织审核，不可擅自决策。

3. 知识点与工具

工程合同结算计划表是项目结算环节的一个工具，合同类别包括已签订合同和拟新增合同，合同内容包括合同编号、合同名称、归属成本科目、合同总金额、是否结算、结算金额、累计已支付金额、还需支付金额、是否存在结算争议及结算进度计划等维度（见表 6–98）。

表 6–98　工程合同结算计划表示例

合　同	合同编号	合同名称	归属成本科目	合同总金额	是否结算	结算金额	累计已支付金额	还需支付金额	是否存在结算争议	结算进度计划
已签订合同										
	小计									
拟新增合同										
	小计									
合计										

二、项目整体后评估（管控点编号：6–A02）

项目后评估常见形式有项目过程后评估与项目整体后评估。前者主要围绕着项目操盘过程中的关键管控环节及事项，发现问题、总结经验教训，及时调整策略，推进项目有效运转，如首次开盘后评估、首次交付后评估与结算后评估等；后者主要围绕从拿地至交付的全周期进行经营后评估、专业线后评估、管理后评估与清算后评估等涵盖全周期和各专业线的整体后评估。

项目整体后评估是促进企业管理效能提升的重要管理手段。项目整体后评估的流程如下：在项目运营完结后，公司成立项目后评估专项评估小组，由高层领导统筹，项目总或运营总组织实施，对影响项目经营结果、运营效率及产品品质的核心事项，通过总结和分析经验教训，查找管理漏洞，优化管理体系，明确新项目开发借鉴事项，不断推动项目经营品质、产品品质及管理效能的提升，进而促进企业及项目高质量、高品质发展。

1. 关键管控要点

项目总在项目整体后评估阶段的关键管控要点，主要在于围绕项目经营结果评估、各专业线投入与协同评估、项目管理后评估等方面的评估。

（1）项目经营结果评估

项目经营结果评估在评估过程中可重点关注项目赢利能力、运营能力及资金管理能力。具体的评估维度及指标如图 6–105 所示。

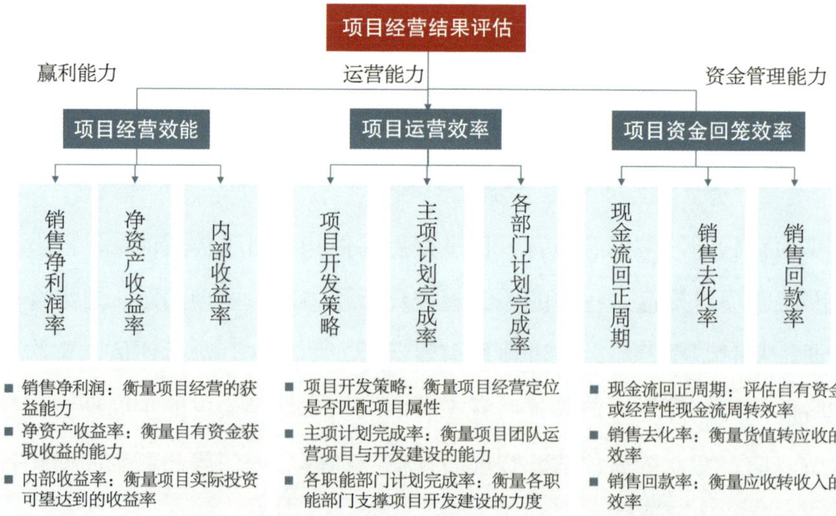

图 6–105　项目经营结果评估的评估维度及指标

项目经营结果评估首先主要围绕项目最终实现的各项运营指标是否达到初期所订立的目标，聚焦结果实现，关注过程管控，动态跟踪分析，查偏差找原因，明确影响经营结果实现的关键要素、关键指标及关键环节。综合评估项目运营是否成功，核心目的是促进企业运营执行能力的提升。

其次，项目经营结果评估围绕影响项目经营的管理要素进行全过程评估，分析影响项目经营目标实现的核心因素及指标。以利润为例，项目总可通过指标分解全过程分析影响利润的相关因素（见图 6–106）。

【案例】货值动态管理后评估

以货值动态管理评估为例，某高端豪宅项目最终利润目标实现的主要影响因素是项目全过程价格管理。项目价格管理出现问题的主要原因是企业市场及行业研究力度不足，导致项目投资决策不够精准，同时开盘前项目销售定价过于主观化，且为了销售去化而大量赠送车位及地下室，造成“货值—收入”未能实现最大程度转化（见图 6–107）。

其中，要尤为注意两个“陷阱”。一是“均价陷阱”：对市场行情研究不足，对均价预估过于乐观或悲观，导致目标货值与收入偏差过大；或是当各阶段目标成本超过投资决策时，为保障目标利润随意提高预估均价。二是“溢价陷阱”：认为增加的成本能带来覆盖成本的溢价，但实际房价由市场及政策决定，而非单纯成本定价，导致成本溢价转化为销售溢价能力不足。

此时，后评估的方法应是全价值链货值管理盘点评估、关注关键环节动态分析、关注市场行情变化及调整策略，查找偏差分析原因。

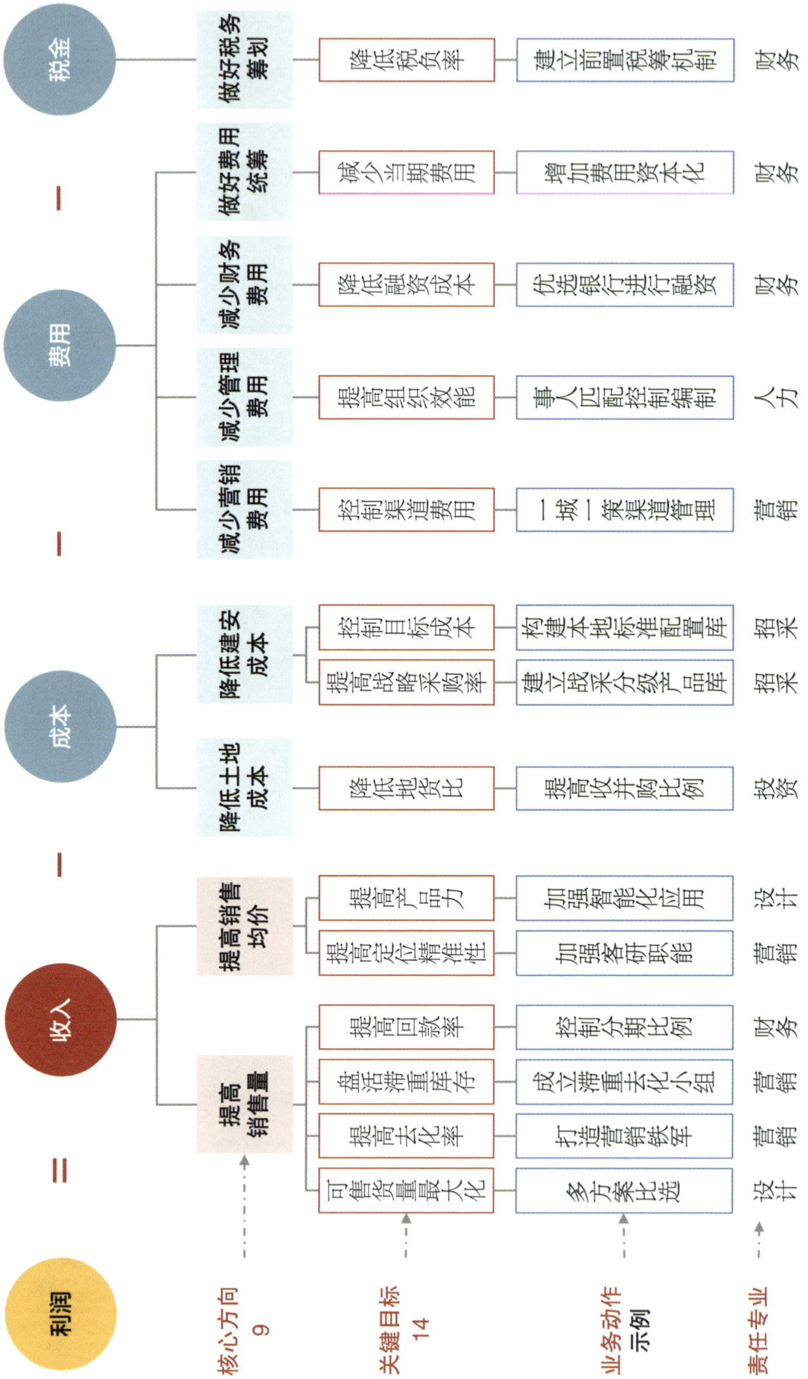

图 6–106　项目经营动态跟踪监控体系

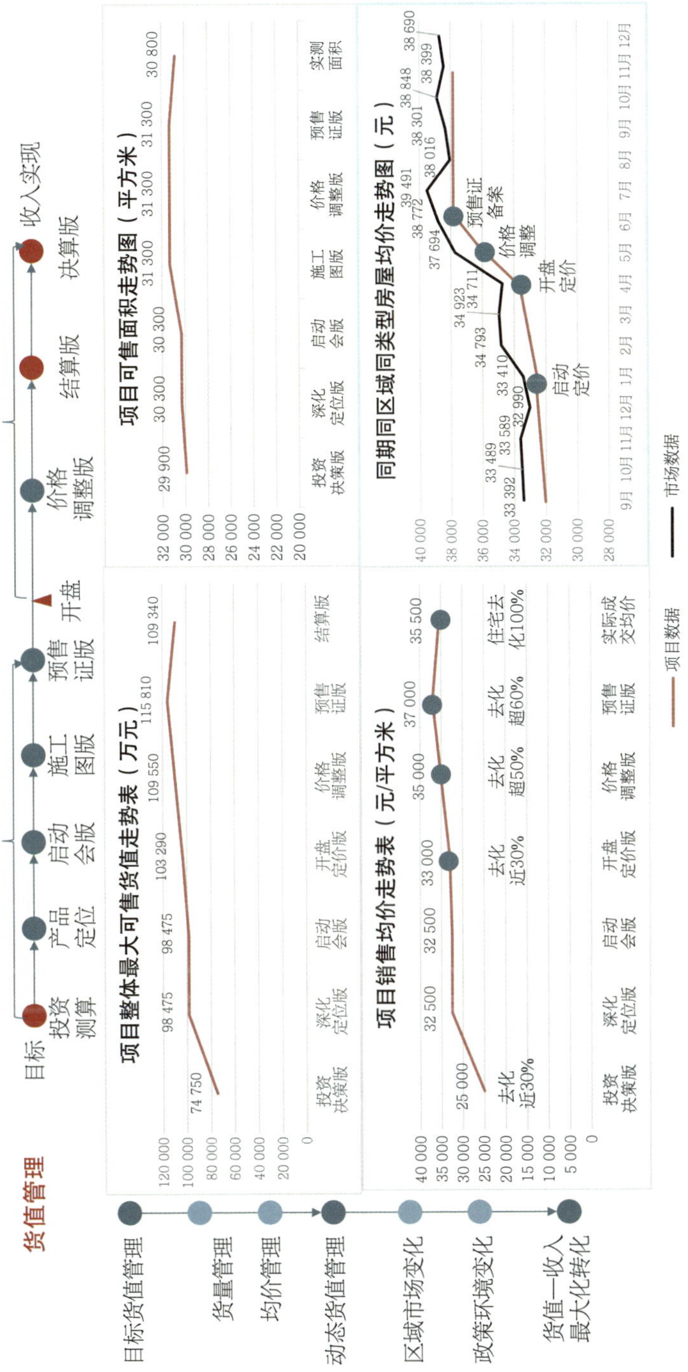

图 6-107　利润—货值动态管理后评估示例

（2）各专业线投入与配合评估

各专业线投入及配合默契与否会体现在项目产品的最终呈现效果上，比如与项目初期产品定位相比是否完美呈现。这要求项目客群定位要适配，客群定位的产品定位要适配，基于产品定位及市场环境的价格定位要合理，基于客群价值诉求的交付标准定位要适配。同时，产品品质的再提升在于项目产品的价值再挖掘、成本再优化、设计再优化等，核心目的是提升企业打造高品质产品的能力，这些都反映了项目各专业的投入和配合程度。

以下从项目总在设计、成本、招采、工程等专业线上重点关注的后评估内容进行阐述。

设计后评估：基于产品 – 设计匹配性原则，聚焦图纸质量、设计品质、设计变更，从方案设计、施工图设计及按图施工三大阶段，对涉及品质的建筑、景观、装修等专业开展设计后评估工作。具体的评估维度如表 6–99 所示。

成本后评估：基于成本适配性原则，聚焦项目目标成本各级科目全过程管控，从开工前期成本策划、施工过程中动态成本管控、竣工后成本结算三大阶段，对项目开发全过程六大成本管控环节，开展各级成本科目对比分析工作。具体评估环节及内容如表 6–100 所示。

招采后评估：基于采购策划合理性原则，聚焦招采效率及招采质量，从合约规划、采购策划、采购实施、采购计划、材料验收、供应商履约评估六大维度，对招采实施后评估工作。具体评估维度及内容如图 6–108 所示。

表 6–99　设计后评估维度及内容示例

设计专业	评估环节	评估内容	评估要点
建筑设计	方案设计阶段	方案设计控制要点	用地条件分析
			建筑产品策划书
			规划设计要点分析
			方案设计任务书
		立面方案设计	品质与成本平衡点把控
			近人空间尺度的着重设计
			外立面设计调整过程分析
		户型设计	经济性、舒适性及豪宅性产品
		部品设计	栏杆
			装饰铁花
			外立面灯饰
	施工图设计阶段	建筑施工图控制要点	施工图设计任务书
			住宅公共空间规范性
		各专业协调（景观、装饰）	各专业方案设计对建筑施工图提条件
			各专业的交接面划分
			综合管网设计
		专项深化设计	外墙砖排版图
			部品深化设计
		材料选型及打样	材料选型
			工程打样
	施工阶段	设计变更单的汇总与分析	图纸错漏空缺
			设计品质提升变更
		品质整改分析	材料品质提升变更
装饰设计	设计阶段	设计指导主控要点	功能人性化设置
			装饰形态构筑
			材料选样定版
			成本控制
			过程打样
		专业协作配合要点	与建筑、景观的边界划分
			建筑综合管网协调
			架空层协调
			标识及信箱协调

（续表）

设计专业	评估环节	评估内容	评估要点
装饰设计	施工阶段	材料认样审验	施工材料样板确认封样
			施工材料进场配合验收
			石材大板厂家看样
		施工样板实施	各施工标段分别选取工程样板层
			根据样板成果，局部调整优化设计，及时修正设计缺陷
			根据样板成果，局部调整并统一施工工艺，以提升施工质量及进度效率
		施工过程配合	施工过程设计要求实施监控
			施工过程即时技术跟踪支持
			阶段性施工成果质量验收配合
	专项研究	节点构造图集	管井、消火栓暗门类
			石材干挂类
			防火门（电梯）门套类
			墙地砖类
		成本控制措施	—
景观设计	设计阶段	景观方案阶段	景观条件反提
			景观建筑的融合
			景观产品策划书
			景观分区目标成本估算
			设计初样（空间推敲）
		景观扩初阶段	建筑专业交底
			建筑、景观、装饰综合协调
			施工单位参与
			过程打样实施
		景观施工图阶段	设计定样实施
			景观最终成本确定
	施工阶段	入场苗木控制	—
		苗木种植时间建议	—
		施工样板实施	—
		施工过程报告	—
	专项研究	景观节点标准图集	—
		景观标识总结	—
		植物配置模式整理	—

合约规划

- **合约规划科目**：与施工图版目标成本做到无重叠、无遗漏，各项成本合理地切分至不同合同科目中
- **合约规划金额**：合约规划总金额≤目标成本（施工图版）
- **招标指导价**：单合同招标指导价的合理性，且指导价≤目标成本金额 - 预留变更率

整体招采策划

- **采购分判**：①各项合同的战略采购、集中采购、分散采购、零星采购分判的合理性；②总部、城市公司、项目部采购界面划分的合理性；③对甲供材、甲指乙供材、乙供材的采购计划划分的合理性
- **采购方式**：公开招投标、邀请招标、比选、直接委托等方式的合理性
- **采购时间**：基于项目开发进度，各项采购的时间策划合理性，如年度、季度、月度采购计划制度的合理性

招采实施

- **供方考察**：基于履约评估结果，评估供方考察与甄选维度的合理性
- **采购谈判**：基于履约评估结果，评估合同谈判过程中注意事项的合理性
- **合同评估**：基于项目开发过程，评估各项合同在签订时各关键事项约定的明确性

采购计划

- **采购计划时效**：基于项目开发建设需要，评估各独立分包、设备材料采购的提报时间、到位时间、进场时间的合理性
- **采购计划质量**：基于项目开发建设需要，评估季度、月度采购计划编制质量的合理性，如技术参数、数量需求、规格参数等

材料验收

- **验收方式**：基于不同材料等级（如品质类、安全类、大宗类、垄断类）的材料验收方式（全检、抽检、免检及复检）的合理性
- **验收标准**：评估各级材料的合格、不合格认定标准，对不合格材料的处理标准及结算标准是否合规
- **验收确认**：基于进场材料，评估各级材料的验收管理责任主体验收的规范性，如施工方、监理方、设计人员、工程人员等

履约评估

- **履约态度**：主动性、积极性、责任性、协同配合度、后续服务等
- **履约进度**：各项工作保质按时完成率
- **履约质量**：各项工作按时按质完成率
- **结果应用**：对各类供应商履约评估结果评级建议合理性

图 6–108　招采后评估六大维度

表 6–100　成本后评估维度及内容示例

序号	成本项目	目标成本（投资决策版）		目标成本（方案版）		目标成本（执行版）	
		总成本（万元）	单位成本（元 / 平方米）	总成本（万元）	单位成本（元 / 平方米）	总成本（万元）	单位成本（元 / 平方米）
一	**土地获得价款**						
1	政府地价及相关费用						
2	合作款项						
3	红线外市政设施						
4	拆迁补偿费						
二	**开发前期准备费**						
1	勘察设计费						
2	报批报建增容费						
3	三通一平费						
4	临时设施费						
三	**主体建筑工程费**						
1	基础工程						
2	结构及粗装修工程						
3	门窗工程						
4	公共部位装修						
5	室内装修						
四	**主体安装工程费**						
1	室内水暖气电管线设备						
2	室内设备及安装费						
3	室内智能化系统费						
五	**社区管网工程费**						
1	室外给排水系统						
2	室外采暖系统						
3	室外燃气系统						
4	室外高低压系统						
5	室外消防系统						
6	室外智能化系统						
7	其他						
六	**园林环境费**						
1	环境设计费						
2	绿化建设费						
3	建筑小品						
4	道路广场建造费						
5	围墙建造费						
6	室外照明						
7	室外零星工程						
8	其他						
七	**配套设施费**						
1	会所						
2	幼儿园						
3	学校						
4	游泳池						
5	球场						
八	**不可预见费**						
九	**无效成本**						

结算成本（结果版）		差额			分析比较	过程优化	建议
总成本（万元）	单位成本（元/平方米）	总成本（万元）	单位成本（元/平方米）	比率（%）	金额（万元）		

工程后评估：基于工程品质提升原则，聚焦工程进度、质量、安全、文明目标实现，从前期工程策划、施工过程管理、工程验收三大阶段，对施工过程的重点难点、工程质量、品质缺陷产生的原因、造成的影响及解决措施开展评估。具体评估维度及内容如图 6–109 所示。

工程策划管理

- **施工目标管理策划**：进度目标、质量目标、成本目标、安全文明目标策划的合理性
- **施工组织设计策划**：项目部管理架构、人员安排及职责分工合理性
- **施工部署策划**：施工总平策划、三通一平方案、临水临电及主管道策划等的合理性
- **施工过程管理策划**：样板带路、工序交接、工序清理、停止点检查、孔洞预留、二次结构固化等
- **施工重点难点策划**：冬雨季施工、农忙季施工、夜间施工、扬尘管控施工、地下管线预留等

施工过程管理

- **进度管理**：工程进度节点完成率、延迟原因、影响程度、解决措施及解决措施的有效性
- **质量管理**：施工图审图、测量控制、计量控制、工序施工质量控制、必检项质量控制等的合标性，以及在施工过程中遇到的重大质量隐患事故及其处理方案的有效性
- **安全文明管理**：标识、标牌、操作规范、安全隐患培训及日常巡检管理等相关管理合规性；重大安全隐患事故及其处理方案的有效性
- **工程巡查管理**：过程巡检得分率、巡检问题整改及时性及一次性达标率
- **重大施工技术难题管理**：重大施工技术难题的原因、解决措施及措施的有效性

工程验收管理

- **分部分项验收**：基于工程质量缺陷、观感缺陷等，评估各阶段分部分项验收的合规性、全面性
- **专项验收**：基于政府相关专项验收的一次性通过率，评估各专项工程施工的合规性
- **规划核实**：基于政府规划核实部门发现的问题，评估在施工过程中存在的管理漏洞及整改落实对项目交付进度、成本、品质的影响
- **竣工备案**：竣备前期资料准备、过程沟通、问题协调及应对措施的有效性
- **验收整改落实**：基于交付前整改问题分类分析，评估施工过程的质量缺陷，并对整改效率、整改措施、整改成本对项目造成的影响进行分析

图 6–109　工程后评估三大维度

【案例】通过产品实现与产品品质再提升来评估各专业线

各专业线的整体后评估会体现在产品实现与产品品质再提升两个维度上。

第一个维度：产品实现后评估。

综合评估的内容是项目产品定位与产品打造是否成功，核心目

的是提升企业产品策划及产品打造能力。

以某项目的产品实现后评估为例，因交付标准与销售承诺偏差较大，引发客户群诉，对企业区域深根战略和品牌价值造成了极大的负面影响，同时因重大群诉事件，质检部重检，责令就工程质量问题和使用功能问题进行整改，并向部分业主给予违约补偿，直接造成企业经济损失几千万元。据此，项目总可针对交付标准实现进行后评估，梳理企业在交付标准上存在的管理漏洞（见图 6–110）。

上述项目的具体评估方法包括：一是关注客户敏感点及交付标准建议与承诺；二是回顾图纸，关注交付标准设计语言转化及产品生产转化；三是研读变更清单，关注审批流程；四是进行整改回顾，关注风险排查机制及落地整改；五是回顾交楼策划，关注交付风险说辞。

第二个维度：产品品质再提升后评估。

与客户期望和标杆企业相比，项目产品可以从哪些方面实现价值再挖掘、成本再优化、设计再优化及品质再提升？综合评估的是产品品质打造的可再提升空间，核心目的是提升企业高品质产品打造的能力。

以某项目产品品质再提升评估为例，通过产品价值点挖掘、客户敏感点满足、成本控制点把控、产品设计缺陷盘点、产品效果把控五大视角，开展产品品质再提升后评估工作（见图 6–111）。

其中，该项目在设计阶段对客户价值诉求转化分析不足，缺失图纸交圈评审机制和评审标准，造成设计图纸存在大量设计缺陷，比如空调点位未预留、空调排水管线未预留、洗手间管线外置、新风系统点位歪斜等，影响项目产品品质整体呈现效果。

基于此，产品品质再提升后评估的操作要点为：一是项目现场踏勘，关注品质细节；二是收集客诉事件，分析投诉原因；三是与业主沟通，对比分析找差距。

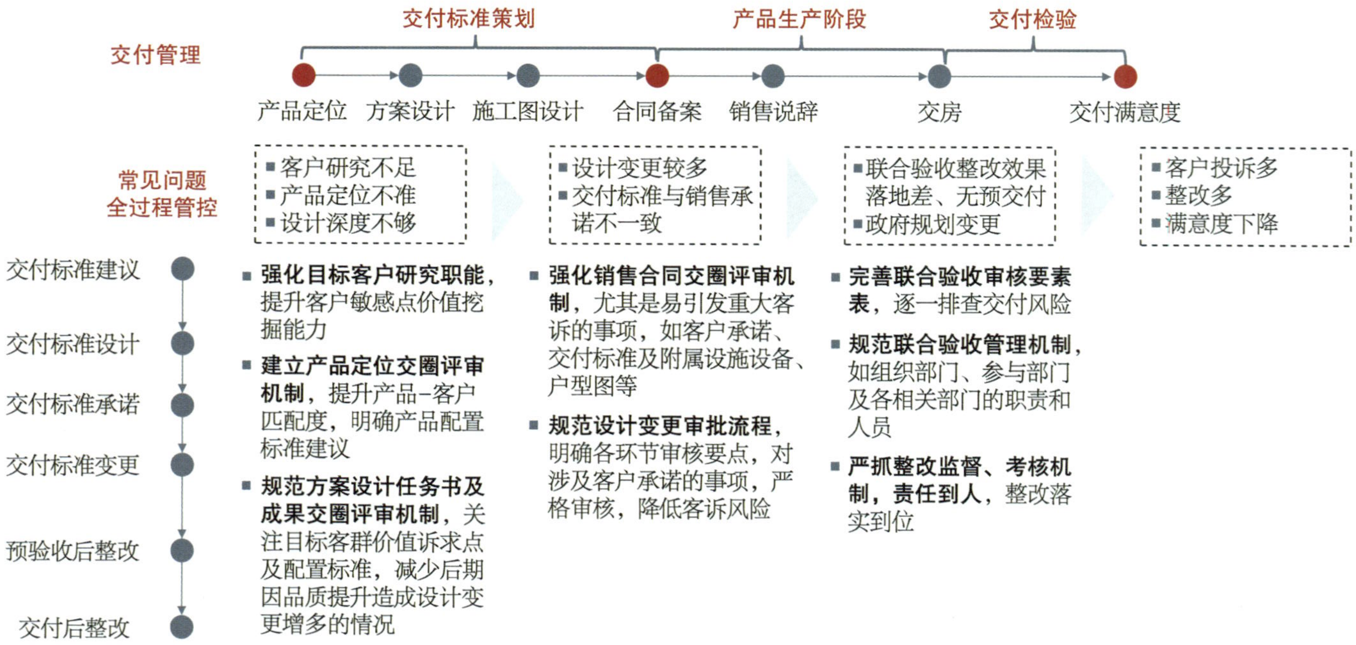

图 6–110　产品实现后评估问题及整改

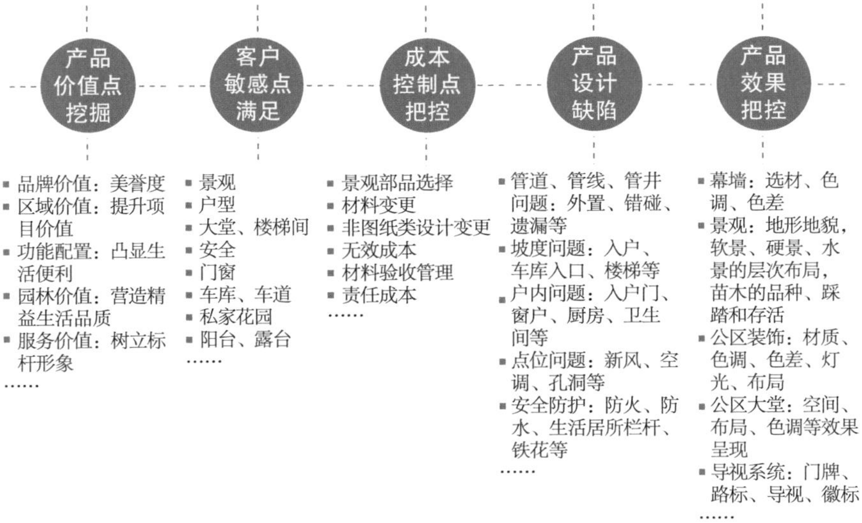

图 6–111　某项目产品品质再提升评估

（3）项目管理后评估

管理后评估是指在项目运营完结后对企业意识层面、组织层面、机制层面、能力层面、风险管控层面等多维度进行全面评估，评估企业管理制度能否支撑项目高效运作。

意识层面，如经营意识，即各专业、各层级是否围绕着项目经营目标实现而统一目标、集中发力；又如协同意识，即各部门、各岗位是否围绕着项目经营目标的实现而协同高效。

组织层面，例如：项目管控模式是否与企业规模、管理成熟度相匹配；项目总定位是否与项目总的综合能力、责权利相匹配；项目层面的部门或专业设置是否与项目管控模式及项目总定位相匹配；各级主体及部门功能定位是否明确、职责边界是否清晰、职责界定是否明确。

机制层面，包括授权机制、协同机制、运营机制、考核激励、激励机制等，评估机制对项目高效运作的保障作用。

能力层面，例如：基于不同项目经营定位的项目运营管控核心能力是否满足；各级主体（含部门）的组织能力能否有效支撑项目开发建设需求；各级员工的专业能力能否胜任项目开发建设各项工作的能力要求；各级员工的能力体系及编制设置是否满足项目对“人”的需求。

风控层面，包括政策风险、法律风险、运营风险、用人风险等。

【案例】通过后评估发现考核机制的问题

某项目后评估时发现，项目整体运营计划完成率高达 80%，各部门项目专项计划完成率均在 80% 以上，各部门月度绩效考核得分均为良好以上。从运营结果上看，项目整体运营效率较高，各专业部门支持项目开发建设力度不错，但最终经营结果却未能达到目标责任书的基准要求。

通过后评估，项目总可以发现上述现象的核心问题在于：一是主次不分，考核导向不明确，各部门工作避重就轻，无计划等级事项竟然被作为部门月度核心工作事项，且考核权重占比较高；二是本末倒置，三级计划权重大于一级计划权重和二级计划权重，非核心工作事项稀释核心工作权重，最终“各部门月度绩效完成情况良好，但项目经营结果不佳”；三是在绩效计划调整上，组织绩效计划调整随意，各部门组织绩效调整审批权限为各专业分管领导所有，而各专业分管领导月度绩效得分为分管专业组织绩效得分均值。

核心原因在于绩效管理管理体系设计不合理。

（4）项目清算评估

企业通过项目经济效益评估、留存资产评估、税务清算、利益分配等为项目公司注销、合作公司项目退出做前置准备。项目清算评估主要适用于开发主体为单个项目运作的项目公司或未来不获取项目的法人主体，以及公司拟注销项目公司、拟退出合作开发项目等。

项目清算评估环节的评估重点，因企业和项目不同而有所差异，一般包括如下六个方面。

一是项目经济效益评估。通过总投资、税前与税后利润、税前成本利润率、全投资及自有资金IRR、现金流回正时间、收回股东投资时间等指标，对项目整体收益情况进行评估。

二是工程款结算评估。对全部工程合同进行盘点评估，明确已结算已支付、已结算未支付、未结算、结算争议等各项合同明细，并明确未结算及结算争议的具体结算计划及处理方案，合理预估项目工程结算总成本。

三是欠款催缴评估。基于项目清算计划梳理项目应收欠款总额、欠款明细清单、欠款催缴计划以及欠款逾期处理方案。

四是税务清算评估。基于项目面积实测报告及相关政府土地增值税清算政策规定，合理进行各业态、各项成本的成本分摊，开展土地增值税清算工作。

五是资产清理评估。基于资产类型及用途，梳理项目各类资产的构成，明确各类资产组织业态、体量大小、实际用途、清理方案及进度。

六是利益分配评估。基于公司章程、合作协议及相关补充条款等，结合项目账面尚未计提的成本情况、税费清算情况、项目存货情况、公司资金情况、历次利润分配情况及账面可供分配的利润，对各相关利益方的利润分配方案进行评估。

项目总在项目清算评估环节的管控要点是关于合理性的评估，包括清算进度合理性、资产清理合理性、成本分摊合理性和利益分配合理性。

第一，清算进度合理性。清算小组由企业高层统筹，资本运作部门主导，工程、财务、成本、营销、客关、报建、物业等相关部门配合。在项目或分期满足85%以上建筑面积完成竣工验收备案手续的条件时，项目总可启动项目清算工作，拟订清算进度计划，并依据阶段性成果进行小组内部评估，月度提报企业高层审议。

第二，资产清理合理性。依据不同业态物业及使用用途，项目总需进行资产的合理性清理。销售资产是指具备销售条件、计划销售但未售出或销控的物业，包括但不限于住宅、别墅、公寓、商铺等资产。自持物业包括用于自主经营获取租赁收入的经营类自持物业、自主使用不对外经营的自持物业、提供给第三方使用的无偿类自持物业、未具备销售条件或未取得确权的短期自持物业、须移交至特定主体的移交类物业，以及由设计功能缺陷、法律纠纷、特定区位造成的无法用于经营及使用的物业，即不可使用的自持资产。

第三，成本分摊合理性。在成本分摊合理性方面，项目总的管控要点为：将项目前期费用和基础设施建设费进行归集合并，按工程设计总面积在已开发与未开发项目之间进行分摊，对已开发项目分摊的费用在已售与未售之间进行二次分摊；将土地购置成本在已开发与未开发、已售与未售之间进行两次分摊；对不同用途的房屋开发按不同的设计要求分摊成本，规避不同用途房屋的开发成本混淆在一起；依据收入与成本配比的原则，按已收房款占应收房款的百分比（实收率）进行成本结转，确保成本扣除项目的准确性，规避将销售后未全部收款的房屋成本一次性结转的错误做法。

第四，利益分配合理性。按照公司章程和合作协议对合作公司进行利润分配时，对尚未计提的成本、费用、税费和尚未实现的可售物业，项目总应充分考虑市场情况后预估销售利润。同时，项目总应将项目预计留存物业从可供分配利润中扣除，预估可供分配的现金利润，避免预支或超分利润。

2. 风险控制要求

项目整体后评估环节的风控要求主要为原因分析、责任界定、问题聚焦及整改提效等方面（见表 6–101）。

表 6–101　项目整体后评估的主要风险要求

风险点	风险描述	风险等级	风控对策
原因分析	对后评估所发现问题的原因分析表面化，未识别根本原因，导致解决方案不合理	高	深度分析问题原因并提出针对性解决方案
责任界定	责任界定不明确或未界定，导致后续无法落地改进	中	所有问题责任及改进实施方案明确责任人
问题聚焦	未对问题分类分级，重点不突出，造成重大问题没被引起关注	中	分清重要紧急度，聚焦重点问题提出改进建议
整改提升	提出的整改提升方案未落实相关责任人及验收要求，导致提升建议未落地	中	明确整改实施责任人及验收标准，确保实现后评估价值

3. 知识点与工具

（1）管理体系改善计划

通过项目整体后评估的整改计划表，项目总可将影响项目经营结果、运营效率的核心问题及解决措施列入整改计划（见表 6–102）。

通过项目整体后评估的管理体系优化计划表，项目总可对影响项目经营结果、运营效率、产品品质及管理效能的关键事项进行重要程度区分，将其列入管理体系优化计划，并明确完成时间及责任部门（见表 6–103）。

（2）新产品改善计划

通过项目整改后评估，项目总可以明确针对产品设计需要改善的事项（见表 6–104）

表 6–102　整改计划表

序号	改进项	改进措施	紧急程度		是否列入管理体系整改计划	责任部门
			立即整改	建议整改		
1	可研时必须明确项目经营定位	基于项目属性、地货比、商业配套、车位配比等，明确适配的项目经营定位	√		√	投资发展
2	可研必须测算两类 IRR 指标	基于不同项目经营定位，测算自有资金及全投资 IRR 指标	√		√	投资发展
3	融资计划	投资测算时，必须制订全项目销售计划、支出计划，并以最大资金缺口明确融资额度、融资成本与融资房贷及还款计划	√		√	财务
4	现金流回正周期	在可研阶段、方案阶段、启动会阶段、销售阶段，必须定期跟踪测算现金流回正周期	√		√	财务 运营
5	报建策划会	增设报建策划会，提前明确政府报建红线，进行方案设计时不允许踩政府红线	√		√	前期
6	方案报规	明确设计人员与报建人员必须同时跑报规的要求	√		√	设计
7	动态投资分析	开盘后每天进行货值盘点（已售 + 未售），每半月进行现金流盘点，每月进行货值、计划、去化、现金流盘点，每次价格变动时进行动态利润分析	√		√	财务 营销 运营

表 6–103　管理体系优化计划表

专业	提升项	具体措施	重要程度			紧急程度			与各部门沟通后意见	体系优化完成时间	主责部门
			非常重要	重要	一般	非常紧急	紧急	一般			
定位	专业人员配置	强化定位阶段各专业相关能力，招聘经验丰富的人员		√			√		目前仍可以第三方为主，但应开始逐步培养自己的定位策划人员	2 个月	营销
	定位流程与客户敏感点把控	■ 制定定位阶段的流程及成果标准 ■ 建立客户敏感点积累库，不断丰富完善各项目体现出的客户评估点	√			√			以 A 项目后评估报告中提出的客户敏感点为基础，继续完善公司客户敏感点积累库		
设计	设计人员配置	增配设计专业人员，平衡设计专业之间的搭配，招聘安装、景观专业设计人员	√			√			设计部和办公室沟通，明确设计人员的标准、数量，提出人员需求及时间，由人力完成招聘和配置	3 个月	规划设计
	规范设计评审指引	■ 建立设计评审管理作业指引，明确设计成果评审的决策层级及方式，以及参与部门及评审或评估点 ■ 建立第三方审图管理指引及合同模板	√			√			B、C 项目已经建立设计评审流程，后续重点关注需要优化调整的地方，8 月底完成		
	设计变更管理程序	■ 优化设计变更流程 ■ 建立设计变更台账 ■ 统计分析设计变更产生的原因、类型、数量等，并提出避免此类变更的措施	√			√			优化现有设计变更流程，7 月底前完成；设计变更台账后续按月度统计，分析变更数量、原因等		

表 6–104 新产品改善计划表

后评估问题点			新项目借鉴			项目类型			是否列入管理体系整改计划	责任部门
分类	问题点	问题描述	在建 A 项目是否需重点关注		针对未来其他项目	现金流型	利润型	均衡型		
			A	具体阐述						
外立面	结构拉板或拉梁影响采光	建筑立面的结构拉梁和拉板设置过密，影响房间采光	√	通过更改进深规避采光问题	设计时尽量避免因立面需要而过度增设构件；在关注外立面美观的同时，考虑材料及施工的可操作性	√	√	√	√	设计
公共部位	公区装修档次低	公区装修档次低，仅为简易装修，墙仅刷白灰、顶棚未做吊顶	√	A 项目公区定位就是精装修，大堂的装修标准为 5 000 元 / 平方米	提高公区装修档次，铺贴饰面砖、制作吊顶等，提高品质，增强美观性		√	√	√	成本
	消火栓箱细节粗糙、配套不齐全	管线细节处理粗糙，影响客户观感，不符合项目定位；没有安装消火栓水龙带、水枪，存在安全隐患	√	A 项目消火栓全部设置在地库，届时根据停车位方向考虑消火栓安置位置	设置设备房，为管网预留空间；消火栓箱配件应在交工前进行安装；按规定将消火栓水龙带折好放在挂架上，并卷实、盘紧放在箱内；消防水枪要竖放在箱体内侧	√	√	√	√	设计 工程
	防火门和消火栓开启时打架	防火门与消火栓设置位置不合理，门和消火栓箱不方便同时开启；消火栓非完全内嵌，容易被碰撞，且不美观		A 项目楼上不涉及消火栓的安装	消火栓宜嵌入墙体中；消火栓要置于易取处，避免与门相互遮挡	√	√	√	√	设计
	开关高低位置不统一	入户大堂顶灯开关和门禁开关安装歪斜，且二者不在同一水平线，感观不佳，有些灯开关已经脱离墙面	√	开关歪斜等在总包合同里就要明确，两个平行线盒之间的高差不能超过 3 毫米	在同一墙面的开关，尽量保持水平一致，增强美观性；提高安装施工的标准，对出现问题部分及时维修	√	√	√	√	设计 工程

后　记

作为项目灵魂人物和操盘手的项目总，对项目的成功肩负重任。随着房企不断发展和项目操盘要求的不断提高，项目总的定位也在不断演变，同时对项目总的管理能力及经营能力要求持续提高。

从项目总的角度来看，项目对其要求的不再是单纯的施工现场安全、进度、质量和工程成本管理，而要求项目总成为一个业务多面手。由于项目总往往出身于某一个专业，从业经历不同，对其他专业知识的掌握程度不同，绝大多数项目总无法熟悉项目中的所有事项及管理要点。在这种情况下，项目总如何补足短板、在项目操盘的不同场景中有效应对？

从企业的角度来看，房企对项目总能力的期望值不断提高，但项目总的选拔、培养和任用往往不尽如人意，房企常常抱怨人不好招、人不好用。因为企业都希望项目总能够承担更多的经营责任，担负起开发全过程的操盘工作，包括协调管理甚至人才培养工作，并能圆满完成项目目标。

项目总操盘能力如此重要，但市面上尚未有关于项目总能力提升、全周期操盘和体系性培养与实战的书籍。

赛普 18 年来致力于房地产行业管理水平提升，基于专业、真诚的核心价值观，希望能够为行业做出一些有价值的贡献，因此在出版《大运营：房地产运营管理体系 3.0》一书之后，启动了本书的编制。我们只希望能把项目总操盘的一些规律性的道、法、术进行总结和提炼，帮助项目总更快、更有体系地掌握操盘全过程中的管控要点，规避常见的风险，也帮助房企更有方向地聚焦项目总培养的重点。

“合抱之木，生于毫末；百丈之台，起于垒土”。作为初版，本书亦是抛砖引玉，相信还有很多不完善之处，期待赛普优秀的客户也能参与进来，一起不断完善、修订。知识源于行业，服务于行业。

本书的创作主体赛普地产研究院秉承管理创造价值的理念，致力于房地产行业全价值链管理与人才培养领域的专业研究，积累了自身独有的咨询方法论与实战案例。前期出版的《大运营：房地产运营管理体系 3.0》已成为房地产行业常备的管理工具书，持续热销并受到了房地产从业人员的广泛好评。

本书的发起主体深圳市赛普管理咨询有限公司，与超过 90% 的房地产百强企业有过良好的咨询或培训合作，通过与全国 2 000 多家房地产企业客户的深度合作，推动企业管理创新并持续提升行业整体管理水平。

从实践中来到实践中去，本书集结了中国房地产优秀企业（如万科、保利发展、碧桂园、华润置地、招商蛇口、旭辉集团、龙湖集团、世茂集团、中梁集团、中国金茂、雅居乐地产、越秀地产、合景泰富、时代中国、三巽集团、银城地产等）的成功案例和实战经验，在此表示衷心感谢。

客户是企业成长的动力源泉，本书的出版离不开客户给予的大力支持与帮助，再次衷心感谢所有客户对赛普管理咨询的成长所做出的贡献。

赛普管理咨询
赛普地产研究院
2020 年 12 月

房地产开发过程是一场陪跑的接力赛

紧盯目标、紧盯接力棒、紧密协同，时刻掌控节奏，才能顺利达成目标。

坚韧　前行